百年经典学术丛刊

中国近世文化史

著

陈安仁

上海古籍出版社

图书在版编目(CIP)数据

中国近世文化史 / 陈安仁著. -- 上海：上海古籍
出版社，2025.5. --（百年经典学术丛刊）. -- ISBN
978-7-5732-1545-1

Ⅰ. K203

中国国家版本馆 CIP 数据核字第 2025NF1660 号

百年经典学术丛刊

中国近世文化史

陈安仁　著

上海古籍出版社出版发行

（上海市闵行区号景路 159 弄 1-5 号 A 座 5F　邮政编码 201101）

（1）网址：www.guji.com.cn

（2）E-mail：guji1@guji.com.cn

（3）易文网网址：www.ewen.co

浙江临安曙光印务有限公司印刷

开本 890×1240　1/32　印张 12.625　插页 3　字数 316,000

2025 年 5 月第 1 版　2025 年 5 月第 1 次印刷

印数：1—1,300

ISBN 978-7-5732-1545-1

G·754　定价：52.00 元

如有质量问题，请与承印公司联系

出 版 说 明

　　陈安仁(1889—1964),字仁甫,广东东莞人。早年毕业于广东高等师范学校。1910 年加入中国同盟会,翌年春,参与援助黄花岗起义。1911 年 10 月武昌起义成功后,出任广东新军军部秘书。辛亥革命前后在广州等地参与编辑《觉魂》《天声》等资产阶级革命派报刊。1918年任南洋英属华侨教育总会议长。1924 年任岭南大学政治训育主任兼教授。1926 年任国民革命军总政治部编审委员。1929 年任国民政府侨务委员。1931 年,被广州中山大学聘为教授,讲授中国政治思想史、中国近代政治史、文化史、中国文学史、孙先生之思想及其主义等课程,并在东莞创办明智学校。抗日战争爆发后,陈安仁积极投身抗日。1938 年任第七战区编纂委员会委员。1944 年任第九战区少将参事。1946 年任国民政府立法院立法委员,兼任国民政府外交委员会委员、经济委员会委员、商法委员会委员。晚年在东莞创办了多所中学。1949 年后赴香港,在崇基学院、珠海学院教授中国文化课程。1964 年因病在香港逝世。

　　陈安仁一生,亦文亦武,亦政亦学。早年跟随孙中山在南洋开展革命活动,颇受孙中山先生器重。20 世纪 30 年代起,他逐渐淡出政界,集中精力从事学术研究,并长期在中山大学执教。他曾任多家中外报社的总编辑、特约撰述人,著述颇丰,其中由商务印书馆出版的论著就有十余种。进中山大学执教前已有《文学原理》《人口问题》《文明家庭教育法》《六朝时代学者之人生哲学》等书问世,30 年代后又出版了《中国政治思想史大纲》《中国近代政治史》《中国上古中古文化史》《中国近世文化史》《中国文化演进史观》《中国农业经济史》《中国国民党党史概要》《孙(中山)先生之思想及其主义》《抗战与建国》《中国近三百年学术思想史概论》等专著,在中国史学研究上影响深远。

陈安仁的《中国近世文化史》(1936 年出版)是一部断代文化史著作,全书共四章,分述宋、元、明、清四朝文化,每章涉及政治、风俗、家族制度、商业、交通、币制、官制、军制、法制、宗教、美术、教育、理学、文学等。此书开断代文化史研究之先河,弥补了以往文化史研究详上古而略中古、近世的不足。该书问世后不久,陈安仁又著《中国上古中古文化史》,从远古至唐五代,将物质与精神两方面的文化形态叙列而评论之,旨在揭示中国文化史的完整发展脉络及其价值。两书共六十余万言,实为一部中国文化通史,出版后在学术界产生了较大的反响,故商务印书馆又于 1947 年将两书结集为《中国文化史》出版。

陈安仁的《中国文化史》力图综合诸文化学派之长,创建起自己的文化史理论框架。对于文化史料,陈安仁从考古学、地质学、生物学、人种学、人类学等各方面去探索,引用经史子集、近代中外著述、报刊资料达数百种,发掘出以往被他人忽略的重要材料,开创出整体性研究的新方法,拓展了新视野,并时有精辟的分析。其中不乏创见卓识且资料丰富,对今天的文化史研究颇有启迪和帮助。

由于《中国文化史》问世已逾八十余年,流传逐渐稀少,现本社据商务印书馆 1936 年和 1938 年版重新排印,并改为横排简体,以便阅读。对于原书的内容,除个别对少数民族歧视性的文字略作删改,明显的排印错误径行改正外,其他一仍其旧,特此说明。

上海古籍出版社

2025 年 1 月

目　　次

自　序

人类以社会为组织之基础,未有社会,则人类之集团无所寄托也;社会以文化为生活之基础,未有文化,则社会之机体无所附丽也。泰罗(Tylor)于其所著《原始文化》中有曰:"文化是包括智识信仰艺术道德风俗,与其他在社会中获得之能力与习惯之总合体。"易言之:文化是包括人类生活之总体,不论物质生活、精神生活,皆为文化之所包。文化不良者,物质生活与精神生活,亦从而受不良之影响;世未有文化不良者,而物质生活精神生活,可得而良也。是故改造人类之生活,须改造文化始;欲创造人类社会种种之制度工具,须创造文化始。人类是与文化相终始,野蛮人类,有野蛮人类之浅演文化;开化人类,有开化人类之进步文化;中国立国已有数千年,在上古时代,文化已经开展,而原始文化如何?史家钩稽,未得而详也。予于所著《中国文化演进史观》一书中国几千年之经济状况与文化演进之关系一篇有曰:"中国几千年文化的进步,可说是播种于伏羲神农黄帝尧舜,而萌芽于夏商,发扬于周秦汉唐,停顿于宋元明清之间。"所谓播种是指有史记载之始言之耳,其未有史记载以前之浅演文化,基础文化,固未获详为探讨也。伏羲之世,与文化之开展有关系者八事:如画八卦,制嫁娶,兴佃渔畜牧,制衣服,筑城邑,创官制,作历数,造琴瑟,凡兹种种,固非上古浅演文化之民族所能语于是也。中国文化已开展于数千年前,在此数千年悠远之时间中,文化之进步,当比世界任何国家为优异,乃反落后,而不能等量齐观,斯则由于宋元明清之间,文化之停顿不进,有以阶之。虽其间如宋代印刷术之发明,儒家思想之

1

转变;元代交通制度之推广,戏曲小说之勃兴;明代与外国交通之锐进,造船工业之进步;清代经史典籍之搜罗,西方学术之模仿;在一时代虽表见文化之特色,而物质文化、精神文化之平均发展,未能与欧美文化锐进之国家并驾齐驱,致影响于国家之衰落,民族之销沉,斯则可慨已。欧洲近代与现代文化之进步,是由于十六世纪欧洲文化获得一新开展之途径。十六世纪文化之新成分,最主要者有下列数种:(一)印刷术之发明,而知识传达甚广;(二)因人文主义(Humanism)之产生,使文艺批评发达甚速;(三)十六世纪间,为绘图与建筑之黄金时代;(四)各国国语文学之发扬光大;(五)近代自然科学之萌芽发生。(参阅 Carlton J. H. Hayes, *A Political and Social History of Modern Europe*,p. 177.)惟在中国宋元明清四代,以文化之发展,偏而不全,又中经异族统治,摧残原有之文化,遂使文化之光芒暗淡,不足语于欧洲十六世纪文化之新生时代也。顾欧洲十六世纪新生时代之文化,非突然发现,而有所胎原,如希腊天文学医学之基本观念,各种文学体裁,戏剧,史诗,圆柱建筑,人体雕刻;罗马之法律典章,凯旋门之建筑;与中世纪在天主教直接指导之下,产生一种之基督教文化,重新研究古代希腊之哲学,各种通用文字,方言文学,民众文学,庄严教堂之艺术;皆足为十六世纪文化开导之前路。中国近世文化虽衔接于唐代,然中经残唐五代之乱离,未能导进其机势,此自宋以后文化之不能平均发展,其一因也。吾人欲知中国现代文化销沉之原因,不可不研究中国近世文化之史实,举凡政治、风习、家族、制度、农业、商业、交通、币制、官制、军制、法制、宗教、美术、教育、学术、理学、文学等类,一一从而钩稽之,详述之,估量宋、元、明、清四代文化之历史价值,从而促进国人向新文化之坦途迈进,完成中国新生时代之文化使命,斯诚国人努力之标准也。是书为数年来于中山大学史学系三年级任文化史一科之讲述,区区二十七万言之论著,未足以概其全,世有大雅,其有以匡之。时民国二十四年七月一日,著者序。

绪　　论

　　世界各国的文化乃是多元的，非是一元的；乃是复杂的，非是简单的；乃是演进的，非是突现的；乃是融合的，非是安插的；乃是机体的，非是堆积的。现代世界的文化，乃由多数的系统组成，而各系统又由种种不同的要素组成，很像人的身体，吸收各种不同的食物而入于胃部，徐图消化，而后将其营养物吸收于机体中，又由它的机能呈新陈代谢之作用，潜滋暗长，而促身体的发展一样。在现代的世界中，惹起千种万态的社会事业，而此千种万态的社会事业，是由千种万态的文化形态相映照而成，此是过去历史上万数千年来，人类文化的创造发展所产出的成果；所以每一个民族每一个国家，不是完全同其他民族其他国家一样，很像人的身体，因机能新陈代谢作用完成体格形貌，而体格形貌不尽人人相同，在现代世界的文化系统中，最重要的系统是极东文化、印度文化、回教文化、西洋文化四大系统，而各系统中，又可分析许多相异的文化要素，如将西洋文化系统中发见其要素，有古代东方文化、犹太文化、希腊文化、罗马文化，以及日耳曼文化，而此等五大要素中，其长于知识，富于想像，卓越于艺术之美，而影响于世界最大的当推希腊的文化。然而希腊的上古文化，除却它本身具有的质素外，乃是吸收附近小亚细亚沿岸的文化而来，即是爱琴（Aegean Sea）文化，同时在其东邻有所谓东方文化的存在，比之爱琴文化，为更盛大的发达，常有刺激爱琴文化的事实。所谓古代东方文化，其中有在尼罗河畔上溯纪元前三千年以上的埃及文化；有米索波达米亚（Mesopotamia）河域同样悠远的加列底(Chaldean)巴比仑人(Babylon)亚西里亚人(Assyrian)的文化；此等古代的东方文化，在几千年间很悠久的发展之中，或依海上交通，或由陆路往来，遂与爱琴文化相接触而刺激其进步。希腊的亚该亚(Achaia)民族，在纪元前二千年的中叶以后，由北方南下进入希腊本土，和爱琴文化相接触，以武力的优势，支持爱琴海的部分，大约数世纪之间，希腊人遂成就许多的大事业（古希腊史的中古时期），在此期中，一面破坏由上古传来的古代文化，一面又徐徐地采长补短，以开发其固有之国民的文化建设的端绪，正如后世的日耳曼人侵入罗马帝国以后，一面蹂躏其古代文化，一面又徐徐地为它所薰陶，以作成现代西欧诸国民之社会的基础一样。文化是发生于社会的接触，而社会的接触，是发生于相互间个人的关系；文化为增进社会接触效能的工具，但同时又为社会接触的结果（Social contacts are made more efficient through culture, which in turn is obtained largely through social contacts），近代文化的进展，是由各种不相同的社会、不相同的民族，互相移动互相接触的结果。白色人种，历史家称为亚利安人种(Aryans)，亚利安在纪元前一万年顷，离开他们的故乡土耳其斯坦(Turkestan)向各处分布，居西亚细亚的为闪族(Semites)，分为巴比仑人，古亚述人，希伯来人，腓尼基人，萨拉森人；进亚非利加的为含族(Hamites)，称为古代埃及人；入印度的便成了印度人。又欧罗巴的可分为四种族：在希腊的为希腊人(Greeks)，在意大利的为拉丁人(Latins)，在西北部的为日耳曼族(Germanü)，在西南部的为克里特族(Celt)，在东部的为斯拉夫族(Slavs)，这些种族继承着他固有的文化，因移动接触之故，在古代文化史上具有伟大的贡献。人类文化最初的发生，历史家称自印度大陆，因人类的移动，把太初的文化传播到各地方，但那所传播的地方，为各地方的地理环境所影响而异化，又随各地理环境所影响的民族性而异化。古代的巴比仑，由亚拉伯移来的塞密族占据着，因而建设了巴比仑王国,到了汉谟拉比王(Hammurabi)的时候,商业及工业都有很大的进步,为巴比仑象征的文化很多,其中最显者,是汉谟拉比的法典,这个法典是由闪族的习惯而发达的(见"*James Henry Breasted*:*History of Europe*",p. 48.),巴比仑人的性习,信仰月神日神,能保护人类,假使有不高兴的事,便反给人以凶祸,更信星辰支配着人的运命,故常留意天体的运行,因之判断吉凶祸福,于是占星术和天文学从而发达。埃及上古的文化,开发于尼罗河的岸滨,因尼罗河的泛滥,教埃及的居民能建造堤防水门及贮水的法子。埃及人富于自然崇拜,深信人死后尚有生命保存,结果将遗骸保存,乃有"木乃伊"的发明。又因尼罗河定期底泛滥,天空澄清之故,土地测量与天体观测都有进步,数学与历术,也因之非常发达。巴比仑与埃及间有二民族,一为希伯来,一为腓尼基;希伯来是富于宗教性的民族,他们崇奉的一神教,因坚贞信仰之故,成为欧洲文化启导原因之一;腓尼基(Phoenicia)东有山脉,西临地中海,土地硗角,不适耕种,所以住民的生活资源,非求之于海洋不可。他们利用利巴嫩山的桧材,建造船舶,从事于海上的发展,出太平洋而达北海;又向陆地组织商队,自阿拉伯、巴比仑、亚述、黑海沿岸、埃及等地输进各种物产;他在世界文化史上的贡献,为开拓各地的交通贸易,输运先进文化国的文化入未开化的地方,可说是文化的传播者;他的文化的开展,一方面由于冒险性的民风,一方面亦由地中海沿岸的地理环境。上古的波斯大帝国,自印度河至爱琴海,自高加索至埃及,领属很大的版图,以宽大的态度,对付属地,因此在军事上及政治上成了大功,它的文学及艺术,虽没有可夸耀的东西,但建筑物颇为伟大,雕刻模仿着亚述的,它宫殿的圆柱,融合埃及与希腊的特征,它的宗教指示着善神的胜利,追求着正义与光明的倾向,以宗教的感化,结果完成统一的大业。在古代西洋文化中,含着希腊与罗马文化两要素,普通西洋史是自希腊始,但是希腊的文明并不是突然而起,如罗马文化受希腊文化之赐,希腊文化胎原于古代东洋的文化,希腊民族合亚该亚族(Achaian)、伊奥利族(AEolian)、爱奥尼亚族(Ionian)、多利亚族(Dorian)四族而成。希腊民族爱美与爱自由、爱自然,其性质适于冥想,产生纯然的理想,他的哲学,开西洋哲学的基础,他的美术,受益古代东洋诸国处居多,尤取范于埃及与米索波达米亚(Mesopotamia)先进诸国的民众的艺术;希腊文化经长期间的发展,而以思想、艺术、哲学为其特长,在此以表现希腊的精神。希腊人的精神在乎自由与调和,一切学问经过此种精神之洗练而迈进,而高深的形而上思想,唯物的原子论,人生的目的论,处世的教训,各种应用的学术、技艺、诗歌、文章、言语的学问,尤其是戏剧,典雅的建筑,崇高的雕刻,华丽的壁画,或嵌镶细工,均表现他自由与调和的精神,形成西洋文化系统有力的要素。古代西洋文化,是由希腊人与罗马人筑其基础,希腊人富于创造性,罗马人富于保守性;希腊人憧憬于真善美,注视着理想的世界,罗马人爱好衣食住,注视着现实世界的享乐,前者于文学与艺术有所成功,后者于政治及法律占了优胜;历史家考察罗马文化,譬作海洋,在各处长育的文化,成为大河注入罗马之海,表现一个综合的文化;希腊人尊重个性虽多创造,而其国家分为小都市国家,不能统一,罗马人注重集团,能以坚固团结之法,共同致力,所以能完成一个大帝国;欧洲人能取两者的特长,以完成近代的文化。从上引说,地理环境与民族特性对于文化的影响,是可以明见了。

中国文化,开展于几千年前,它也不能免地理环境与民族特性的影响。中国文化,起源于沿黄河扬子江流域广大的平原,在这些地方,就有远古原始的民族定住,后来有西北方移动的汉族,以武力征服原住的民族,组织平原的农业的封建的国家制度的形态;依农业气候的观察,发达了天文学与阴历;依天体恐惧与尊崇的感情,发展祀天的宗教观念;依人生需要的关系,发明土木水利医药工艺绘画建筑及竹木记录的雕刻；至周代文化，遂达于高度。春秋战国，以中央政权的衰颓，和群雄割据的对立抗争，政治混乱，社会纷离，在这时候，北方产了孔子的儒学，在南方产了老子的道教，前者是提倡修身齐家治国平天下之道，及忠孝信义仁爱之德，其末流竟成了曲学阿世，为权贵的工具；后者提倡自然哲学，蔑视权威，排斥虚伪，主张任天安命，后来竟成了颓废无为之风。秦汉以后，君权扩张，封建文明颇增彩色；唐代中国统一，国威远播，文化为东亚之冠，日本学者僧侣纷纷留学于中国，尽力灌输中国文化。在那时的统治势力，东达朝鲜，西达波斯，北达西伯利亚，南及南洋群岛，东西交通频繁起来，陆路从长安西行经甘肃新疆，越葱岭，经中央亚细亚，西达波斯，南抵印度。海路则从广州出发，航行南洋群岛间，西抵印度锡兰岛，最西入波斯湾，与阿剌伯帝国交通，贸易都很繁盛。在那时宗教很发达，除本宗儒道二教外，由阿剌伯传入回教，由波斯传入袄教景教，且因玄奘西行，赴印度求佛法，经十九年的时光，归国极力翻译经典，给中国的宗教界及翻译界开展的途径。唐代因不断的向外发扬，帝国统一，政治登进轨道，遂造成开元天宝间历史上的光荣时代；但经过了多年的和平丰乐，一般人因为生活太舒服，流于享乐主义，武人只晓剥削人民，宫廷只晓奢侈度活，社会经济日益枯窘，民生疾苦日益加甚，结果引起黄巢流寇之祸，经过多年的争夺屠杀，造成了五代的局面；在这六七十年的岁月中，可算中国文化史上的黑暗时代。从唐代中叶以后，东北的契丹，北方的回纥，西方的吐蕃，南方的南诏，遂纷纷来侵，直到后晋石敬塘割让燕云十六州给契丹后，从此东北藩篱已失，开此后中国民族屈辱之局，这是中国文化史上一件应注意的大事。

　　中国文化经唐代的隆盛期，本来有此雄厚的文化根据，应该向前迈进，但自宋以后，经元明清数朝，文化竟在停顿期中，这是何故？依我的见解，第一，因为宋代大谈性理形上之学，只注重心观而不注重物观；只注重义理明道,而不注重民生经济;只注重释老空修,不注重现实改造。第二,因为宋朝一代与外患相终始,起初东北有辽人为宋的强敌,到北宋末年,辽的部属,有女真一族突起,先灭辽,继侵宋,宋不能抵抗,徽钦二宗被掳,高宗南渡,迁都于杭州,黄河流域受异族的蹂躏。又过了一百年,金人亦被蒙古所灭,黄河流域二度被蹂躏,经过这几次游牧民族的侵扰,中国元气大伤,而文化亦受不少的摧残。明代崛起,首定江南,次渡河驱除异族,举黄河流域数百年之蛮俗陋习,而一洗刷之,史家比之"去昏垫而之平成",可说是功烈有加。惟开国规模初定,以残酷之手段,杀戮功臣,株连而死者至四万五千人,且屡兴文字狱,以屠杀士人,这种专制的淫威与文化的影响是很重大的。接续满洲游牧民族统治中国,肆行专制束缚诛锄政策,凡汉人之言论思想,均失去自由,中国固有文化之受摧残,不言而喻。就中国几千年历史记载以来,中国文化有所长,亦有所短,其长者不但要保存,且要发扬之,且吸收世界各国(西方包在内)优良的文化,以产生创造更为优美的具有历史价值的文化。中国为文化一古国,它的文化,属于自创,抑由于外界输入?现尚纷纷其说,在历史上一般称为中华、中夏、华夏,对于环住的夷狄而自尊,自视其国为世界文化的中心,这和古代波斯人,自称其国为伊兰(Iran 光明之义),称北方之国——中央亚细亚一带——为士兰(Turan 黑暗之义)一样。中国文化之开展,实为汉族之力,有说其起原是从中央亚细亚移徙的,又一说谓和西亚细亚有关系,然两者都没有可凭的证据,不过汉族初繁殖于黄河沿岸,遂推测发源地,是在那河的上流;又因为加列底(Chaldea)的斯马尔(Smer)及阿加德(Akkad)两民族的文化,偶然与汉族有类似之点,遂谓与西亚细亚有关;英人巴克(Parker)说:"或谓中国文化受之于巴比仑埃及,或谓受之于中国本地,均乏确实证据。"(见《诸夏原来》第三十一章)英人韦尔斯(Wells)说:"中国文化,似为自然发生,未受他助。"(见《世界史纲》第十六章)英人罗素(Russell)说:"中国文化,乃欧洲以外完全独立之发达。"我以为上古汉族由西方迁徙到中国,当然带有原居住地的文化形态,及其移殖中国本土后,与原居中国本土的民族相接触,文化必有因袭(如苗族),大概汉族之先,是在支那土耳其斯坦(China-Turkestan)地方的,它向东方移动,植基于黄河流域,与先占住中国的民族,如通古斯族、图伯特族、印度支那族、土耳其族等,即汉族所谓东夷西戎南蛮北狄等民族,经了多次的战争以后,遂自黄河流域占有至扬子江一带的地方,在这许多民族当中,和汉族对抗得最烈的,乃印度支那族中之苗民,及土耳其族的戎狄,这两族能够与汉族许久相对抗,是有他原有的文化根据以为对抗之资的(如苗族的兵器)。自汉族植基于黄河流域,及扩展势力于扬子江流域以后,几千年来发展他的文化势力,在人类文化史上,是有许多的价值。在这许多的文化中,自然有长有短,有优有劣,有高有下;倘若汉族几千年来所创造的文化均是短的劣的下的,没有价值值不得保存的,则中国民族是应为天演淘汰的民族,必随加列底、巴比仑等古代文化之邦,成为历史上的陈迹了。美人罗斯(E. A. Ross)说:"古代中国文化,盛于东亚,景教入中国,不久消灭,犹太人入开封,失其语言宗教,满洲人入中国,亦失其语言文学,或谓中国如大海,凡流入之物,无不溶化,此言诚然。"(见 *Changing Chinese*)英人罗素(Russell)说:"中国文化有若干处高于西国,至少亦西国之对手。"又说:"中国生于西国之前,或仍存于西国既亡之后,将来西国之兴衰,在中国史上不过占数页之地位,且不过言在某时代内受西人侵扰,至某时代后西人已衰,中国复享平安而已。"(见《中国问题》)美人卜朗(Brown)历述中国古代之发明有说:"在亚伯拉罕时代二百年以前,中国天文学家,已有确实之测算记载;在耶稣纪元以前,中国人已用火炮;在欧人之祖先茹毛饮血穴居野处时代,中国已用茶,用胶,造火药,造陶器,以丝为衣服,以屋为居处;中国人发明活字印刷,在欧人发明活字印刷五百年以前;中国人发明拱形建筑,至今为西方建筑家所用;又如航海所不能不用之罗经,亦为中国人所发明。"(见《中国在太阳之地位》第三章引)英人韦尔斯(Wells)说:"中国逐匈奴西去,以速罗马之灭亡,而救欧洲之停顿;中国给世界以纸章,使能印书印报,以立新世界之根本;中国教蒙古人、匈奴人以战术,使几乎征服欧洲,以惊起欧人,遂发现南非洲北美洲之机会。"(见北京《英文导报》一九二四年五月二十二日伦敦通信)就第一说解释,两种民族相遇,其人数多而文化又高者,常能同化人数少与文化低者。就第二说解释,罗素对中国文化有逾分的颂扬。我以为中国民族如不独立复兴起来,中国文化只有一天衰落一天,中国社会只有一天落后一天,岂敢说仍存于西国既亡之后。就第三说第四说解释,中国文化在历史上确有价值,对于世界确有贡献的。有等人对于中国固有文化,一概贱视,一概抹煞,未免数典忘祖了。

历史发展的阶段和文化发展的程序,不是这样的简单的。我们常看见两个常存的原因存在历史中,即地理的环境和人类的本性,这常存的原因又与其他相为条件的势力相交互,由交互作用变更其性质和内容。人类的本性对于环境的刺激发生反应,便在生活上发生特殊的形态,这种形态支配着科学和技术发达的程度,又由科学技术发达的程度,促进政治法律道德教育文艺等的进步,所以历史上文化演进的步骤

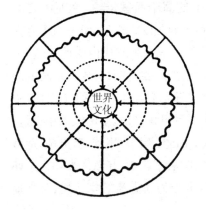

是互相为因,互相为果;文化是复杂的生活机构,各种不同的生活机构,产生各种不同的文化现象,有等是固有的发明,有等是传播的产物,有等是吸收融化的结果,列表如下:

如左图表示其中直而实的线,是指各国原有的文化,其中环而曲的线,是指地理环境、人类本性的文化基础,其中环而虚的线,是指各国

文化之吸收融化，互为影响，互为因果，其中心的圆形，是指各国的文化，均向于世界的人类最高的文化标准，大同的目的而迈进。中国近代的文化与现代的文化，已在于停顿衰落，吸收西方的优良文化及世界各国的优良文化，以创造世界的人类的最高文化，全在于民族的复兴与文化的复兴以为判断。

中国民族不能复兴，或竟由帝国主义者的压迫而至于沉沦；中国文化不能复兴，或竟由帝国者利用文化的势力征服之，丧失文化之主动性发展性，而至于衰落；那末，我们国家已失去世界一员的推动迈进的力量，必像古代加列底、巴比仑的文化，只供史家的凭吊感慨而已。中国的民族，中国的文化，中国的社会，在过去是占人类光荣历史的一页，而今民族也衰败了，文化也退落了，社会也不振了。从这衰败退落不振的地位而发奋复兴起来，是现在中国人所担负的历史使命。我们研究中国的文化史，是认识中国文化的本来面目；研究中国近代文化史，是认识中国近代文化的本来面目；从这个认识上，并对于西方文化迎头赶上，以创造文化的新系统，这是中国人共同努力的目标。

欧洲现代文化的发展，是由于欧洲近代史的转机踏上了科学之路；中国现代文化的衰落，是由于中国近代的文化趋势，走向于内心理性的研究，而没有并力向物质的科学的方面讲求之故。欧洲近代文化发展史的成分有几种：（一）印刷术的发明而知识传达甚广。一四五〇年，荷兰哈连姆镇（Haarlem）有哥斯泰（Lourens Coster）发明活字印刷，其后德国、英国、意国、法国，均已采用，印刷术发明之结果，使书籍的数量大为增加，使错字减少，使书籍需要大为增加。（二）艺术的复兴。十五六世纪欧洲艺术复兴，常模仿希腊、罗马的程式，在建筑雕刻绘画音乐，都有进展。（三）自然科学的开展。自然科学如天文学，在那时已树立基础，伟大思想家，如培根与笛卡儿（Descartes），应用科学的新方法以研究世界一切的事理；物理学家笛氏的《科学方法论》（*Discourse on*

Method，1637 年版)和《哲学原理》(*Principles of Philosophy*)，与培根的著作合并起来，可说为科学界开一新纪元。中国近代文化史上，可说是有伟大的理学家，而没有伟大的科学思想家，所以在近代史文化停顿而不能踏上欧洲科学的道路，就是其中很重要的原因。

第一章　宋代之文化

第一节　宋代之政治社会

　　五代以来，各地割据对立，互争雄长，北汉据今山西北部，后蜀据四川，南唐据安徽、江西、福建，吴越据浙江与江南，荆南据湖北、湖南，南汉据广东、广西。宋所统有者，只直隶、山东、河南、湖南、陕西等地。宋太祖赵匡胤(涿郡人)，为后周太祖世宗两代的名将，屡立战功，当带兵防辽入寇时，受军士所拥戴，践皇帝位(建隆元年，民国纪元前九百五十二年)，其武功可述者：(一) 削平群雄。太祖代周，周昭义节度使李筠起兵潞州(山西长治县)，会北汉伐宋，并据泽州城，太祖遣石守信等分兵击之，下其城；周淮南节度使李重进亦抗命，乃亲征，拔广陵，重进自焚死；湖南张文表据潭州为乱，命慕容延、李处耘等帅师讨之，不久荆南湖南亦为宋有；后蜀孟昶约北汉同侵宋，命王全斌等伐蜀，绕间道出剑门南，克之，遣刘光义、丁德裕会师以张其军，而四川完全为宋有；南汉屡侵宋边，太祖遣潘美帅师伐之，一战破韶州，继逼广州，广南诸镇，遂为宋有；又遣曹彬等伐江南，克池州、铜陵，继又败南唐兵于秦淮，进围金陵，李煜降，江南之地全为宋有；各地渐次平定，始归统一(见《九朝纪事本末》卷六《纲鉴合编》卷二十八)。(二) 对付边患。宋代与外患相终始，太祖对于北方外夷，是取守势的，史称太祖使李汉超屯关南(瓦桥关)，马仁瑞守瀛州,韩令坤镇常山(今河北正定县),贺惟忠守易州,何继筠镇隶州(今山东惠民县),以拒北狄。郭进控西山(卫州刺使兼西巡检),武守琪戍晋州(今山西临汾县),李谦溥守隰州(今山西隰县),李继勋镇昭义以御太原,而辽势可少阻。赵赞屯延州(今陕西的肤施县),姚内宾守庆州(今甘肃庆阳县),董重诲守环州(今甘肃环县),王彦升守原州(今甘肃镇原县),冯继业镇灵武,以备西夏,而西夏不得逞。其政治上可述者:(一)削除藩镇之权。唐代藩镇跋扈,卒致祸国,至五代其势仍在;太祖既得天下,与赵普谋,思削其权,乃罢石守信等典禁兵而以为节度使,令就各镇;继又罢诸功臣藩镇,使奉朝请;节度使有死者或致仕者,以文臣代之;藩镇所领之支郡,直隶朝廷,得自奏事;藩镇领地之租税,甚少上供,乃于诸州置转运使,管理其租税,归之于朝;设通判于诸州,军民之政,皆统治之,事得专达,与长吏均礼,大州或置二员,以分其政权;又命诸州长吏,择本道兵骁勇者,送都下以补禁旅之阙;并选强壮者为兵,分送诸道;下令诸州,凡决大辟,录案闻奏,付刑部详覆,以减藩镇枉杀之弊;自是以后,藩镇节度使之权遂减削了。(二)政治的改革。太祖对于人民政尚宽厚,注意薄敛,令官毋得妄收,逾法收纳者,多免职,天灾病民,旱甚者即蠲其租,又禁铸佛,禁火葬,禁赌博,劝民重农,劝民储蓄,且崇尚节俭,为人民之范,殊不愧为开国规模。

　　宋当太宗炅即位以后,有事于辽夏,而辽人窥伺宋边尤急(辽其先为契丹,居热河,太祖耶律阿保机乘唐末之乱始强大,后奄有今东三省、蒙古、直隶、山西北部,国号辽,与宋对立,为北朝,凡九主,二百十九年为金所灭;其族耶律大石,据寻思干称帝,奄有葱岭东西之地,史称西辽,后灭于元)。民国纪元前九百三十三年,宋太宗大举北伐,先灭北汉,契丹使来问兴师之由,太宗说:"河东逆命,所当问罪,若北朝不援,和约如故,不然,惟有战耳。"自是和好中绝,北汉灭后,乘胜攻辽,取顺蓟二州(顺州现今河北省顺义县,蓟州河北省蓟县),包围幽州,兵势很盛,但其时辽国景宗耶律贤在位,不如穆宗时的腐败，且引用耶律休哥为将，兵力很强，太宗与耶律休哥大战于高梁河（北京之西北即玉泉山经流之河），太宗大败，耶律休哥追击三十余里，杀死宋兵万余人；辽景宗死，圣宗耶律隆绪继立，年方十二岁，由萧太后当国，萧太后命耶律休哥戍守南边，形势更固，但宋太宗误听边将贺令图的话，以为辽国妇人当朝，有机可乘，遂命曹彬、崔彦进、米信、杜彦圭由雄州出兵，田重进由飞狐岭（在今河北省涞源县西北）出兵，潘美、杨业由雁门关（在今山西省代县西北）出兵，大举北伐。曹彬、米信等攻涿州（在今河北省涿县），为耶律休哥所打败；潘美、杨业攻寰、朔、应、云四州（寰州在今山西省马邑县，朔州在山西省朔县，应州在山西省应县，云州在山西省大同县），潘美被耶律斜轸（别作色珍）败于飞狐岭，杨业被杀于陈家谷（在今山西朔县南），太宗遂急召田重进还师，东北各州，大受辽兵抄掠，不得安宁，而连年侵扰不休，宋朝再无力进取。契丹之外，又有西夏，是党项的支族，拓跋氏的后裔，宋太宗时，其后人李继捧立，率其族人入朝太宗，并献地，其族弟继迁不服，屡侵宋边；太宗淳化五年（民国纪元前九百十八年），命李继隆为河西都部署，发兵讨乱，破夏州城，平之，而继迁遂服；已而又叛，继隆讨之，终不能破夏，后继迁又复遣使纳款，乃割夏、绥、银、宥、静五州与之，而西夏暂无事。

宋太宗死，子赵恒真宗继立。恒初立，辽圣宗隆绪亲率师南下至澶州（在今河北省濮阳县西南），派兵渡黄河，抄掠山东，真宗亲自出兵抵御，行至大名（在今河北省大名县，宋朝的北京），辽兵退去。咸平六年（民国纪元前九〇八年），辽圣宗又与萧太后发兵来攻，再至澶州，朝廷惊恐，王钦若请迁都金陵，陈尧叟请迁至成都，真宗意不决，问寇准（华州下邽人，今陕西渭南县东北），寇准力主张出兵亲征说："陛下惟可进尺，不可退寸，河北诸军日夜望銮舆至，士气百倍；若回辇数步，则万众瓦解，房乘其后，金陵亦不可得至也。"于是车驾渡河，进至澶州南城，观望风色。寇准又以为不可，真宗遂渡河，至北城，登城楼。辽兵望见旌旗，知真宗御驾亲

征，十分惊惧，前锋攻至澶州城下，被宋兵击退，辽兵气势渐馁，乃利用
降将王继忠为居间人，与宋朝议和。磋议的结果，宋以岁币银十万两，
绢二十万匹成和，辽主称真宗为兄，真宗称辽主为弟，并称辽国萧太后
为叔母，这就是所谓"澶渊之盟"。这次"澶渊之盟"，虽发动于辽国，结
果也是宋朝吃亏，从民国纪元前九〇八年成和之后，到前七九〇年再开
兵衅，差不多有百二十年之久。

　　真宗在位二十六年死，太子祯立，是为仁宗皇帝。时契丹主隆绪亦
死，其子宗真立，他见到本国富强，想设法恢复被后周世宗夺取的地方，
把兵队集中幽蓟一带示威，一面派刘六苻至宋朝要求割地。仁宗便派
富弼至辽国谈判（民国前八七〇年），辽兴宗责备宋朝不应无端修筑城堡，
增加兵备，指为有背盟约，富弼陈说两国用兵，则利在臣下，言和则利在
主上，反复论难，才取消用兵的意思；但宋朝从此每年增加送给辽国的
银绢各十万两匹。宋朝对辽国的交涉，固然处于弱国被压迫的地位，但
始终因和约的关系，很久没有兵衅，实际上受害较甚的，乃是西夏。元
昊是西夏一个豪杰，他吸收中国和吐蕃两种文化，定官制，造文字，设立
蕃学汉学，区画郡县，分配屯兵，本人兼通中国和吐蕃两种文字，善于绘
画和制造，又精明佛学，他即位之后，西夏的情形就呈蓬勃的现象；民国
纪元前八七三年，元昊举兵侵宋边疆，宋令夏竦做陕西招讨使，韩琦、范
仲淹两人做他的副手，韩琦主张猛攻，范仲淹主张坚守，议论不一，因而
防备疏懈，西夏来攻，致副将任福大败于好水川（在甘肃隆德县东），后又
把陕西四路，分派庞籍守鄜延，范仲淹守环庆，王沿守泾原，韩琦守秦
凤，总是不能得利。元昊虽屡次打胜仗，而国中因连年用兵，也觉困弊，
就遗书庞籍请和，和议成，宋朝封他为夏国王，每年赐银绢茶彩共二十
五万五千（时为西纪一〇四四年）。元昊反叛，虽不过五年，然而宋朝用兵
的耗费，和沿边地方的破坏，所受的损失甚大，陕西地方元气始终没有
恢复（元昊僭逆事可参阅《九朝纪事本末・西夏》卷十四）。仁宗以和议成，乃

召韩琦、范仲淹入枢密,使别将代之,会夏人定境界。后四年,元昊死,少子谅祚立,仁宗亦封谅祚为夏王。

仁宗死,无嗣,太宗的曾孙英宗曙入承大统;在位四年,以久疾没,其子神宗即位。神宗是有振作的,感于连年的外患紧迫,想改革内政,富强国家,以挽其颓势,即位后二年,便选用王安石为宰相(安石字介甫,江西临川县人,生于民国纪元前八九一年,殁于纪元前八二六年),励行新法;王安石变法的主张,是注重富国强兵的,想富国强兵,先要注重财政与军政;他的新法,是注意这两方面的改革。关于前者,便创设一个从根本整理的总机关,即是制置三司条例司,主要职责,是节制兼并,救济贫乏,变通全国的财富,考核三司簿籍,把一年的支出编著定式,因此削减冗费十之四,用来增加官吏俸给。制置三司条例司,所定与民生有重要影响者,一为青苗法,一为免役法。青苗法,是当春天播种时,如农民有资本缺乏者,可揣度收获可得多少赢余,向官府借贷,到收获时归还,叫做青苗钱;其法用各路各州各县的常平仓广惠仓所有钱谷作资本,农民借贷青苗钱作资本,凡借贷青苗钱的,官府取利息二分,当青黄不接之时,借贷于地方的豪强,必受他的剥削,倘政府能当农民不足之时,贷给农民,不取高息,是很好的法子。王安石在《上五事札子》说:"昔之贫者,举息于豪民,今之贫者,举息于官,官薄其息,而民救其乏。"是道实的话。免役法,是想变当时病民之差役制为募役制。差役法,即古代力役之征,当时用人民之力,一岁不过三日,及后为君主者,每滥用之而无节制,唐朝末年以来的役法,更加苛虐,除官绅、将士、僧道外,按民家的人口资产,调使充当差役,有专任保管运输官家物件的衙前,有专任督课赋税的里正户长乡书手,有专任逐捕盗贼匪徒弓手壮丁,有充当杂差人力手力等,种种苦累,民不堪命。韩琦、韩绛等,尝痛论其害,安石主张改为募役法,四方土俗不同,役法轻重不一,凡当役人户,以等第出钱,名免役钱,其坊郭等第户,及成丁单女户,寺观品官之家,旧无差役而出钱者,名助役钱,凡输钱先视州若县,应用雇直多少,而随户等均取,雇直既已足用,又率其数增取二分,以备水旱欠缺,虽增加,毋得过二分。其征收之法,以财产的高下,列为等第,富者征收较重,贫者征收较微,其尤贫者,则尽免之,这诚便民的善政。但当时因不便于富豪,遂致引起士大夫之反对(如苏辙、文彦博等)。此外尚有调剂物价的均输法,古代国家征收租税,多以实物,故因道里远近,而输送之劳逸不均;因年岁之丰歉,而供求之相剂有所不调。均输之法,是通天下之贷,制为轻重敛散之术,使输者有无得以懋迁;凡籴买税敛上供之物,皆得徙贵就贱,用近易远,可以便转输,可以省劳费,可以宽农民。扶助小农小工的市易法,市易法是一种均通物价的专卖法,是择通财之官任其责,凡货之可市及滞于民而不得售者,平其价市之,愿以易官物者听;欲市于官,则度其抵而贷之钱,责期使偿,半岁输息十之一,一岁倍之,这个方法,是方便于一般人民的。尚有就旧法整理改良的,如督责各路官吏注重农田水利,讲究种植方法,修浚陂塘、堤堰、沟洫,《宋史》称:"自熙宁三年至九年,诸路所兴修水利田,凡一万七百九十三处,为田三十六万一千一百七十八顷云。"又整理田赋,举行荒田均税法,每岁九月,委人分地计量,辨地肥瘠而分五等以定税则,换句说是以土地的品质价值,定赋税的高低。关于后者,安石对于军政,先着手裁兵,宋朝养兵百余万,耗用国帑甚巨,都不堪作战,安石执政后,把不堪充任禁军的,淘汰为地方军,不堪充任地方军的,使他们退伍,计由兵额一百十六万二千,减至五十六万八千六百余,后来虽有增加,亦不过六十一万二千二百余(仁宗时,文彦博、庞籍曾建议裁陕西、河北诸路弱兵)。裁兵之后,把全国兵制重行编制,其编制法以将为单位,编全国兵队为九十二将,分驻各路,把军权统一。另又以实行保甲法,是一种民兵制,与今世所谓警察者相类,据《宋史》所载,其大略内容如下:十家为一保,五十家为一大保,十大保为一都保,其同保不及五家者,附于他保,每保置保长一人,每大保置大保长一人,以主户有干才者充之;每都置都保正一人,副一人,以众所服者充之;每一大保,夜输五人儌盗,凡告捕所获以赏从事者。凡同保中有犯强盗、杀人、放火、强奸、传习妖教等罪,知而不以告者罚之;有窝藏强盗三人以上,经三日以上,邻保虽不知情,亦科失觉之罪。此法在京畿试行,以次推行各路。第二步乃训练保甲以为民兵,先集合大保长,使教头和禁军教头等,教以弓马武器,大保长武艺成就,乃以大保长为教头,转教保丁。保甲法之外,还有保马法和军器监;保马法,是人民代官府养马,免除其一部分租税,每年查阅其肥瘠,死病者补偿,三等以上十户为一保,四等以下十户为一社;以待病毙补偿者,保户马毙,保户独偿;社户马毙,社户半偿之,其后遂遍行于诸路。神宗在位十八年,议者反对甚力,遂与保甲之法同罢。军器监,负改良军器之责,此法建议于王雱(安石之子),他说:"今天下岁课弓弩甲胄入交武库者以万数,乃无一坚好精利实为可用者,莫若更制法度,敛数州之作,聚为一处,若今钱监之比;择知工事之臣,使其专职,且募良工为匠师,而朝廷内置工官以总制其事,察其精窳而赏罚之。"神宗以其说为然,遂设置军器监,自设立军器监之后,人民献器械法式的很多。安石对于财政军政的改革,可说是具有政治上的伟大主张,但因为引起当时士大夫的反对,新法不能彻底行之有效,至终亦不能挽回宋朝的国运(以上可参阅拙著《中国政治思想史大纲》二四九至二五五页,《中国史话》第四十三章,《宋史》卷三十七)。神宗时代,对外亦发生种种关系,在位六年时,辽国道宗在河东路沿边增修戍垒,起铺舍,侵入蔚、应、朔三州界内,使其臣萧禧来说,乞行撤废,另立界至,神宗因遣太常少卿刘忱即境上与辽开议,会于大黄平(山西代县境),议不决;明年复遣萧禧来,乃命韩缜与辽使议,定以分水岭为两国界,丧地至七百里之广,议者以是为执政之咎。神宗初立时,边将种谔袭取西夏,取绥州(陕西绥德县),衅开,西夏复侵边,在位三年,西夏秉常大举入环庆,西陲事渐棘手。时王韶献平戎三策,以为:"欲取西夏,宜先复河湟（甘肃巩昌府以西之地），欲复河湟，当先以恩信招抚沿边诸种；自武威之南，至于洮河、兰鄯，皆故汉郡，其地可以耕而食，其民可以役而使，幸今诸羌瓜分，莫能统一，宜并有之，使夏人无所连结。"议定，使王韶主洮安安抚司事；神宗熙宁五年，王韶击吐蕃，大胜，遂取武胜（甘肃狄道县），立为城，复开置熙河路（熙州今甘肃狄道县，河州今甘肃河县），以王韶为经略安抚使，连取河、洮、岷诸州。神宗元丰四年（在位十四年，时民国纪元前八百三十一年），命熙、河、经制李宪等，大举征夏，与种谔、高遵裕等分道出师；遵裕师至灵州，围城久不下，夏人决黄河水灌营，复抄绝饷道，士卒冻溺死，余军溃散，宋军大败。边臣欲报夏，绝其患，给事中徐禧至边，乃筑永乐城（陕西米脂县西），永乐依山，无水泉，卒为夏人所陷，徐禧等败死，李宪等援兵为夏人所妨碍，不能进，将校死者数百人，兵士死者二十余万人，综计灵州永乐之役，宋人死者约六十万，丧弃银钱绢谷，不可胜算。宋平南汉，疆土南邻海，其节度使丁琏遣使入贡，宋封琏为交阯郡王，历受宋封册。时宋方议开疆，知桂州沈起不和于边，乃以刘彝代之。彝至有所经营，以为交阯可取，乃大治戈船，交人来互市者尽遏止，交阯遂由广府、钦州、昆仑关三道入寇，连陷边地，继又攻陷邕州，神宗命郭逵为安南招讨使，赵禼副之。郭逵至长沙，先遣将复邕、廉二州，而自将西征，至富良江，交阯以精兵乘船迎战，宋兵不能济，赵禼设伏击之，斩其太子洪真，交阯遣使奉表纳款，取其数州而还，南边渐定。又神宗对西南夷，亦注意经略，熙宁五年，命中书检正官章惇，察访荆湖北路，经制蛮事，惇招降梅山（湖南安化县西南）峒蛮，置安化县；明年，惇击南江蛮平之；熙宁九年，五溪之蛮悉平，湖南事全定。惇经略蛮事三年有奇，所招降巨酋十数，其他四十余州，俱为宋属。

神宗在位十八年，太子煦立，是为哲宗皇帝。哲宗即位，时年尚幼，由太皇太后高氏临朝摄政，太后尝言新法不便，至是遣散修京城役夫，诏诰中外，禁苛敛，宽保甲保马之法，任用司马光，使与吕公著协力，罢免新法，凡安石所创诸法，铲除略尽；黜吕惠卿、蔡确等，而登庸文彦博、程颐、苏轼等旧党，《史》称为元祐的更化。未几，太后及司马光相继死，时吕惠卿、章惇等，皆退休散地，衔怨入骨，各自依党相攻，而朝臣中分裂为洛、蜀、朔三党；洛党以程颐为首，蜀党以苏轼为首，朔党以刘挚、梁焘、王岩叟、刘安世为首，互相排斥；于是章惇、吕惠卿、蔡京、蔡卞等新法党，乘机会入朝，再振党势，新法次第规复。继则悉贬元祐诸臣，追夺司马光、吕公著等的谥号，政局再变，《史》称为绍圣的绍述（见《宋史》卷四十六）。

哲宗死（在位十五年），无子，立神宗子端王佶，是为徽宗皇帝。徽宗即位之初，皇太后向氏临朝听政，复范纯仁等官，用韩琦之子韩忠彦及曾布等，罢章惇、蔡京等新法党，追复司马光、吕公著等三十余人官，欲以大公至正之心，消除朋党，遂改元为建中靖国。时韩忠彦虽为首相，而政权悉归曾布，曾布原出于章惇之门，曾不多时，即与韩忠彦有隙，迎合徽宗意旨，倾向绍述，讽御史中丞赵挺之，使排击元祐诸旧党，而推荐蔡京，未几，韩忠彦与曾布均罢相，蔡京乃以新法党的领袖而登相位。京既得志，援引党与，皆为僚属，设讲议司，讲述诸新法：遂复绍述之役法，于端礼门外，立党人碑，言司马光以下百二十人为奸党；以台谏论己，悉以党事陷之，贬窜者十余人。时四方无事，府库充盈，蔡京首唱丰亨豫大之说，盛兴土木，滥授官爵，建花石纲，以舟运送江南之花石，又设应奉司、御前生活所、营缮所、苏杭造作局等，掌供奉土木之事，累朝储蓄，为之一空。其后群臣言京罪，乃贬京于杭州，以张商英为尚书右仆射兼中书侍郎，商英改蔡京诸法，劝帝节奢侈，息土木，经过一年，商英复罢，更召蔡京，赐第于京师，以太子太师致仕，命三日一至朝议事。时在朝诸臣，非京之子弟，即其亲戚故旧，京四出执国政，更改法度，竞起土木，疾视人民，天下大困，而边衅亦因之大开，金人之祸遂作。

宋代是受异族侵扰压迫的严重时代。前半期受辽国和西夏的侵扰，后半期受金国的压迫。金姓完颜氏，其地在黑龙江的上游，他的祖先，据说是古代的肃慎氏，三代时候，曾与中国交通，后汉称为挹娄，南北朝时称为勿吉，隋唐时称为靺鞨；靺鞨分为粟末部、伯咄部、安车骨部、佛涅部、号室部、黑水部、白山部；唐朝时粟末、靺鞨两部出了几个英雄，建立渤海国，其疆域包有现今吉林、黑龙江两省，和两省外的俄国属地阿穆尔、沿海两州，朝鲜的咸镜道、平安道的大部分；开国时已有书契，后又派人留学唐朝，一切制度文化，都以唐朝为模范，俨然一个海东文明之国；到五代时为契丹太祖耶律亿所灭（见《唐书本传》）。渤海被契丹灭后，靺鞨人大都服属契丹，《金史》说："在南者系辽籍，谓之熟女真；在北者不系籍，谓之生女真。"《大金国志》说明："熟女真在混同江之南，生女真在混同江之北。"生女真散处于黑龙江、长白山之间，势力不弱，对辽国不十分服从，其中有姓完颜的酋长乌古迺，受辽国任命，为生女真部族节度使，用这名义，吞并附近各部落，一面阻止辽兵入境，至完颜阿骨打时，实力充足了，乃背叛辽国。辽国当宋徽宗时，已经衰弱，天祚帝时，不理政事，对女真多骚扰，阿骨打就乘机激励部下，兴兵攻辽（民国纪元前七九八年），陷宁江州（在今吉林东北），辽天祚帝遣萧嗣先讨之，大败于出河店（在今夫余县附近），金遂取咸州（在今铁岭之东），阿骨打称帝，定国号为金，是为金太祖。金国在其时只想独立，并无吞灭辽国之意，所以宁江州咸州既下之后，就遣使与辽议和，辽国对金国所提出交还仇人阿疏和迁去黄龙府于别地的条件不答应，金太祖乃继续用兵攻破黄龙府，天祚帝自统兵七十万至驼门拒敌，不料内部混乱，只得退兵，金太祖乘胜追至护步答冈（在今热河省开鲁县西南），大败辽兵，继取东京，又派人与辽国议和，和议终不成，辽金再开战。当辽金议和时，宋徽宗听信蔡京、童贯的计划，派马政由海道赴金国通好，请于灭辽之后，把后晋割让契丹的地方交还，金太祖遂约宋同时出兵，宋朝攻辽国的南京，金国攻辽国的中京，金兵屡胜，宋兵连败，结果童贯只得派人到金国，请金兵代攻南京。此时辽晋国王死了，辽人立天祚帝的次子秦王耶律定为皇帝，推尊秦晋国王的妻萧氏为太后，同听政。金太祖承宋朝的请求，亲自蔚州攻破居庸关，并下南京，辽国五京完全失陷，天祚帝于民国纪元前七八六年被金人捕获，辽国就此而亡。辽国宗室耶律大石率余众西走，并天山南路的回纥诸部，而侵入中央亚细亚森马干（Samarkand）降之，自称黑契丹（Kara-Khitai）的加鲁汗（Garu Khan），奠都于吹（Chui）河之上，即所谓西辽，称天祐皇帝，其后渐渐强大，成为西域一大国，至民国纪元前七一一年，被蒙古西部的乃蛮国（Naimam）所灭（据日人高桑驹吉著《中国文化史》并为摩罕默德［Mohammed］所分割）。金国攻下辽国之后，只肯还宋朝燕京和蓟、景、檀、顺、涿、易六州；并且要宋朝把南京的租税给他们，磋商多次，方才妥洽，结果宋朝每年送银二十万两，绢二十万匹，和南京（即燕京）代偿钱一百万缗给金国，金国把南京和蓟、景、檀、顺、应、蔚、儒、妫、奉圣、归化、武、朔等州给还宋朝（蓟、顺、涿、应四州见前注，易州在现今河北省易县，景州在今河北省遵化县，檀州在今河北省密云县，蔚州在今山西省朔县，儒州在今察哈尔省延庆县，妫州在今察哈尔省怀来县，奉圣州在今察哈尔省涿鹿县，归化州在今察哈尔省宣化县，武州在今山西省神池县，朔州在今山西省朔县西北），其他涿、易二州，是辽将郭药师带来投降宋朝，已是宋朝的地方，宋朝把这些地方，连上金人归还的地方，分建燕山府和云山府两路。各州金帛子女，悉为金掠，宋人所得回者只是空城，张浦批评说："图燕之议，国人皆曰不可，独童贯、王黼纳马植邪说，锐意用兵，竭天下之财，仅获七空城，祸衅不解，几亡宋室，其失策无论……贼臣开疆，天不必祐，王安石尚无功，况黼贯哉。"（见《宋史纪事本末》卷五十三）宋朝恢复已失土地，锐意用兵，此是政府的职责，与黩武开疆者，绝不相同，张浦讥为贼臣，未免过甚。当金给还失地时，留平州未给，金把他建为南京，以辽国降将张毂为留守，不久张毂据城降宋（《九朝纪事本末》，张毂作张珏，吕思勉编《白话本国史》作张觉），宋朝受之。时金太祖已死,其弟完颜吴乞买立,是为太宗。太宗责宋纳其叛人,令斡离不攻平州围之,张毂逃至燕山府,金索张毂急,王安中取貌类张毂者,斩其首与之,金知非毂,遂欲以兵攻燕。宋不得已令安中缢杀之,函其首,并毂二子与金。但金国竟据为口实,再命粘没渴、斡离不分两路兵攻宋。宋派童贯驻守太原,郭药师驻守燕山,童贯闻金兵来攻,即行逃跑,后又投降,并引导金兵渡河,遂深入中山府(直隶保定府),徽宗诏天下勤王,遂禅位于太子桓,是为钦宗皇帝。

　　钦宗即位,遣使修好,斡离不想退兵,郭药师以燕山降金,金信其言,进陷信德府(直隶顺天府),粘没渴又围太原急,帝募京东、淮西、两浙兵入卫,金兵已渡河,乃进围汴京,童贯拥宋徽宗先逃至镇江,汴京由主战的李纲奉钦宗固守,斡离不抵京师,宰相李邦彦请割地求和,斡离不提出和议条件如下:(一)宋朝送金五百万两、银五千万两、表缎百万匹、牛马一万头给金国。(二)宋朝割让太原、中山、河间(太原今山西省阳曲县,中山今河北省定县,河间今河北省河间县)三镇给金国。(三)宋朝皇帝尊称金国皇帝为伯父。(四)宋朝使亲王宰相至金国为质。钦宗就汴京城内(开封一名汴梁)搜掠金二十万两、银四百万两先行交付,并使肃王赵枢为质,以张邦昌为计议使,奉康王构往金求成(钦宗桓之弟)。时种师道督泾原秦凤之兵入援,见帝极论和议之不宜,李纲(邵武人,靖康初为兵部侍郎,金兵来侵力主迎战被谪)亦极力主战,他说:"金人无厌,势必用师,彼兵号六万。而吾勤王之师,集城下者,已二十余万,当以计取,可以必胜。"惟李邦彦则专主和,因之议论不一,都统制姚平仲贪功,将兵夜袭金营,不克。金势更张,斡离不诘责用兵违誓,钦宗惧,用李邦彦谋,罢李纲以谢金人。大学生陈东及都人数万上书请用纲,帝以纲为可用,诏为京城防御使,以肃王枢代康王为质,遂遣使持割三镇(太原、河间、中山)之诏书往。金兵围京城已三十日,及得诏割地,不待输金之足,即行退师;但粘没渴还在太原围攻,听得斡离不不议和,得了许多金银,也派人来宋朝,要求利益。宋朝认为和议既定,不应再来需索,遂拒绝他。粘没渴大怒,分兵攻破威胜军、隆德府,进取泽州(威胜军今山西沁县,隆德府今山西长治县,泽州今山西省晋城县)。宋朝认为金国破坏和议,知照三镇固守,而且派兵去救应,又拘留金国使者萧仲恭。萧仲恭的母亲,本是辽国公主,乃诳说能为宋朝招耶律余睹,教他叛金归宋,宋朝误信其言,写信给耶律余睹,托萧仲恭带去,萧仲恭走到燕山,便将信献给斡离不,金国因此便与宋朝决裂,再命粘没渴、斡离不攻宋。粘没渴由西路陷太原、平阳、河南、河阳诸府,至京师;斡离不由东路陷真定(今河北省正定县),长驱至京师。时汴京守兵仍有七万,张叔夜等又率兵来援,而唐恪等仍坚主和议,按兵不动。有兵卒郭京者,自说能用六甲法生擒金将,朝廷使募兵。京尽令守御人下城,与张叔夜坐城楼上,出兵挑战,金兵鼓噪而进,京兵败死,京城遂陷,张叔夜被伤,父子仍力战。帝闻城陷恸哭说:"不用种师道言,以至于此。"于是奉表请降,献两河地;钦宗与徽宗为金人所逼,与太子、亲王、帝姬、皇族三千人,共赴金营,吏部侍郎李若水侍帝在营哭骂不辍,遂死于难;金人执二帝,掠金帛,凡冠服礼器,教坊乐器,祭品,八宝,九鼎,圭璧,浑天仪,铜人刻漏古器,大清楼秘阁三馆书,天下府州图,及官吏、内人内侍、伎艺工匠、倡优,府库蓄积,为之一空。金主诏选异姓即位,乃立张邦昌为楚帝,挟徽宗、钦宗北还,后二帝皆死于金。宋自太祖至徽、钦二帝被虏,计传九主,历一百六十六年,以其建都汴京,在江淮以北,史家称为北宋,高宗构南渡以后,宋都迁于临安,史家称为南宋。

五胡乱华,是异族压迫中国的大剧变,这一次有名的永嘉之乱,造成中国民族大迁徙,以前中国文化的中心点,都在黄河流域,这次就转到长江流域来了;以前没有人迹的地方,现在就成为繁华的区域了。元帝对诸葛恢说:"今之会稽,昔之关中",隋唐之后,南北经济有倒转调换之象,韩愈说"当今赋出天下,江南居十九",可以想见迁徙后的景况。

中国民族第二次大迁徙,是在永嘉之难后约八百年,即靖康之难;金军陷汴京,文化受重大的摧残,且把士大夫家中的子弟妻妾,掳去甚多,均变为奴婢,受很苛待遇,其余大部民众,跟着高宗南渡,从事开发江南各地,杭州在高宗建炎三年建都,此后杭州为南宋的京都,差不多百五十年,造成"上有天堂,下有苏杭"的繁盛。杭州建都以后,中国文化中心亦自汴洛之间,移于东南沿海。但从另一方面看,辽金南下,其影响于汉族者亦甚大,据刘师培《中国民族志》说:"辽金南下以来,其影响汉族者有三,一曰:汉族之北徙也。自契丹南征,朔方沦陷,汉民陷虏,实繁有徒,或归化于虏廷(许元宗《奉使行程录》:言幽民苦刘守光暴虐,逃入契丹,契丹建滦州而处之),或见虏于异域(《金地理志》:言辽以所虏望都民置海山县,以所虏安喜民置迁安县,以所虏定州民置昌黎县,皆汉族为契丹所虏之证,又宋人《儒林公议》说:太宗征契丹之后,河朔之人,数被其毒,驱掠善民入国中,分诸部落,鞭笞凌辱,酷不忍闻,亦汉族见虏之证),而契丹民族,遂向华风(契丹用汉族之民,为汉族所化,观金人以契丹人为汉人,而以宋人为南人,可知汉族多与契丹族相合),及金人南伐,汉民罹祸尤深(《大金国志》:卢益奉使时,言国主自入燕以后,所虏中原士大夫家子女姝姬,凡二三千北归),此实汉族迁徙之一大关键也。加以汉族不振,浸染夷风,祖国山川,弃之如遗,甚至偷息苟生,右虏下汉(《儒林公议》:始石晋时,关南山后初沦虏,民既不乐附,又为虏所侵辱日久,企思中国,常若偷息苟生,周世宗尝止平关南,功不克就,岁月既久,汉民宿齿尽逝,新少者渐便习不怪,居常右虏下汉,其间士人及有识者,亦常愤然,无可奈何),影响及汉族者,此其一。二曰:异族之杂处也。金皇统五年,创屯田军,凡女真契丹之民,皆自本部徙中土,计户授田,与民杂处,号明安穆昆(自燕南至淮陇以北,皆有之),凡数万人(明安穆昆与百姓杂处,民多失业),驱游牧之蛮民,适中华之乐土,是直以中国为牧场矣;《金史》天会六年,禁民汉服,令民削发,汉族之礼俗,无一不变于夷矣,影响及汉族者此其二。……"又说:"江淮大河以北,古称膏腴之区、文物之国者,何今北省诸地，人才湮没，文化陵夷，等于未开化之壤耶？则以与蛮族同化之故也。"洪迈《容斋三笔》说："靖康之后，陷于金虏者，帝子王孙，宦门士族之家，尽没为奴婢。使供作务，每人一月支稗子五斗，令自舂为米，得一斗八升，用为糇粮；岁支麻五把，令绩为裘，此外更无一钱一帛之入。男子不能绩者，则终岁裸体，虏或哀之，则使执爨，虽时负火得暖气，然才出外取柴归，再坐火边，皮肉脱落，不日辄死。惟喜有手艺，如医人绣工之类，寻常只团坐地上，以败席或芦藉衬之，遇客至开筵，引能乐者使奏技，酒阑客散，各复其初，依旧环坐刺绣，任其生死，视如草芥。"从上引证来看，凡一个民族不能生存独立者，他的原有文化必不能保存，甚或为征服的民族所卵翼而同化，或摧残而消灭啊。

　　张邦昌已为楚帝，宋臣多不服，遂于金兵退出汴京之后，推尊宋哲宗的废后孟氏为宋太后，垂帘听政，不久，以宋太后之命，迎立兵马大元帅康王赵构于南京（宋朝以归德府为南京，即今河南省商丘县），是为宋高宗。高宗即位之后，知和议之误国，乃罢耿南仲等，以李纲为相，李纲以十事要说（议国是，议巡幸，议赦令，议僭逆，议伪命，议守，议本政，议久任，议修德，见《九朝纪事本末·宋史》卷六十），然后就位。自李纲为相后，边防军政始稍就绪，而黄潜善、汪伯彦皆帝旧僚，屡阻其议，乃劝帝复主和。纲为相七十七日而罢，黄潜善等代之，二人决策幸扬州，无复有经略北方之意，帝遂幸扬州。民国纪元前七百八十三年，金兵前锋到扬州，高宗避至杭州，金兵大掠扬州而去，不久，金之宗室完颜兀朮带兵渡江，破建康，后直逼临安府（建康现今南京，临安府，宋高宗避至杭州，即改杭州为临安府），高宗又逃至明州，从昌国出海（明州，今浙江省鄞县；昌国，今浙江省的象山县），金兵追逐不及而还，兀朮俘掠财物，退归北方，至镇江遇韩世忠，相持八十余日，兀朮用火攻，才得渡江而去。先是高宗既南渡，用张浚做川、陕、京、湖宣抚使，以经略上游，张浚统兵与金兵战于富平（今陕西的兴平县），浚兵大败，关中多陷落，张浚力任战守，和金兵相持，保守全蜀。金国立刘豫于河南,为齐帝,以为缓冲,金宋之间,得免直接冲突。因此,宋朝的将士,如岳飞、韩世忠等,方能乘间扫平各地的盗匪,勘定内部。时刘豫想买欢于金人,遣刘麟、刘猊、孔彦舟等,分三路兵入犯,都为宋兵打退。金国见刘豫无用,便把他废掉,宋金之间,又成直接冲突的形势。宋朝分主战、主和两派,武人主战,以岳飞为激昂;官僚主和,以秦桧为领袖。高宗由平江还临安时,以赵鼎、张浚为左右相,继使浚都督诸路监江上军,又以岳飞为河北京西招讨使,韩世忠为淮东招抚使;时秦桧为枢密副使,专主和议,力排岳飞之所言,及帝以秦桧为相,和议遂兴。金兵以四路来侵,东京副留守刘锜,大破之于顺昌府,岳飞破之于偃城,韩世忠破之于淮阳,秦桧复言于帝,亟命班师,于是诸将皆退还,秦桧听金人之言,杀岳飞,和议遂成。其条件为:(一)宋朝与金国,东以淮水,西以大散关(在今陕西省宝鸡县南)为界;(二)宋朝向金国称臣;(三)宋朝每年送银二十五万两,绢二十五万匹给金国。和议之后,南宋君臣仍旧腐败,不知振作。自高宗用秦桧主和,以为半壁东南,可以无事,其实不然,绍兴十九年(高宗年号),金之内乱起,金熙宗亶之从弟亮,杀亶自立,是为废帝。废帝野心未死,大举南侵,统军六十万,誓渡江,为虞允文打败于采石,江南始告解严。金主亮临江筑台,自被金甲,登台杀黑马祭天,誓渡江。虞允文受命犒师,或以不宜督战为说,允文对他说:"危及社稷,吾将安避",遂命诸将列阵(见《九朝纪事本末》卷七十四,又《中华通史》第四册一○四一页)。

民国纪元前七五○年,高宗传位于孝宗,孝宗是主张恢复的(绍兴和议成后,宋朝和金朝又开过两次兵衅,一次是海陵的南侵,一次是韩侂胄的北伐),起用张浚做两淮宣抚使,张浚派李显忠、邵弘渊两人出兵,金副元帅纥石烈志宁来援,显忠之兵大溃于符离,继被陷两淮州郡,和议条件:(一)宋主称金主为叔父,(二)岁币银绢各减五万两匹,(三)疆界如绍兴时。孝宗和议成,仍不忘恢复,尝教阅禁军,措置两淮屯田,但至终仍不能挽回积弱之势。民国纪元前七二二年,孝宗传位于光宗,称寿圣皇帝,及寿圣王死,光宗托病不出,乃传位于嘉王,是为宁宗。韩侂胄当国,乘金国势弱,欲立奇勋,遂急以备战,宁宗在位十二年(即开禧二年),下诏伐金,泗州、虹县诸地皆复,惟分师攻宿州、寿州、蔡州、唐州均败绩。吴曦在西蜀练兵,至是亦叛,献关外阶、成、和、凤四州于金,求封蜀王,上游亦失;王大节、李汝翼、皇甫斌、李爽诸失事之将,一时尽贬;而使邱崇宣抚两淮,宋势因而不振。时金廷使布萨揆(别作仆散揆)分师九道南下,宋势益岌岌可危,襄阳、淮东、淮西皆陷落,其间吴曦又以四川叛降金,宋朝更为吃紧。韩侂胄又想议和,叫邱崇暗中遗书金人,金人复书,要得韩侂胄的首领,侂胄大怒,和议又绝。宁宗皇后杨贵妃素与韩侂胄有隙,趁此机会,叫他的哥哥杨次山与史弥远合谋,把韩侂胄杀掉,函首畀金,以赎淮南、陕西侵地,于是金始归大散关及濠州之地与宋。是年金章宗璟没,叔父卫王永济立,是为后废帝。

宋宁宗死,理宗昀即位,国事多误于史弥远、史嵩之。时蒙古势最强,窝阔台为帝,是为元太宗皇帝。太宗承父之志,大举伐金,遣使王檝来宋,请夹攻金,许事成后,归河南之地与宋。汴京为金主所据,乃先攻汴京,金将崔立以汴京降,即囚金太子及皇后送蒙古军,金自完颜旻称帝,凡九世,百十七年而亡,由是宋与蒙古为邻国。金国亡后,宋朝计议收复三京(是东京汴京,北京大名,西京洛阳),贸然出兵侵入汴京、洛阳,既得之而不能守,反因此与蒙古开衅,襄阳、成都都被攻破,江淮一带大受攻击,进围鄂州(今湖北省武昌县)、临江、瑞州(临江现今江西省清江县,瑞州今江西省高安县),亦被攻破。宋理宗信用贾似道为宰相,贾似道亲自带兵去救鄂州,却又毫无办法,派人到忽必烈军中求和,情愿称臣纳贡,划江为界。忽必烈还至开平(今察哈尔省,多伦县北),改国号为元,是为元世祖。世祖即位之后,派人来修好,贾似道把蒙古来使拘禁在真州(今江苏省仪征县),不让他们到临安府,宋将刘整与贾似道不睦,投降蒙古,劝世祖攻掠襄阳。襄阳被围六年，贾似道坐视不救，守将吕文焕，乃忿而投降。元世祖继命宰相伯颜统兵攻宋，伯颜攻破鄂州，由长江顺流东下，一路平定江西、两湖，一路平定真、扬、淮南，一路自统兵进攻临安，临安陷，宋恭帝赵㬎被掳。临安失陷之后，故相陈宜中拥立益王赵昰于福州，是为端宗。元兵占福州，文天祥、张世杰、陆秀夫等乘机谋恢复，屡战不利，端宗逃至硐州（今广东省吴川县），受惊病死，其弟卫王赵昺继立，再避至崖山（在今广东省新会县）。民国纪元前六百三十三年，元兵破崖山，陆秀夫负宋帝投海，诸臣从死者甚众，经七日，尸浮海上者十余万人。张世杰拟退安南，别谋恢复，中途覆舟溺死，宋室遂亡。宋自太祖称帝至是凡三百二十年。宋代得国虽久远，但与外患相始终，辽、金、元北方的异民族，屡侵中国，中国在边防上，没有巩固的兵力；朝中主战主和，没有决定的国策；用人行政，没有坚定的主张；所以宋代之政治社会，陷于分崩离析的景象。差幸民族意识能加强锐化，崖山之役，战败不屈而自愿沉死者十数万人，这种壮烈惊人的举动，诚为历史精神和文化精神光荣的表现啊！

第二节　宋代之社会风习

风俗习惯，是人类行为生活的表现，看人类行为生活是好是劣，是文是野，征验于他的风俗习惯是什么样，就可以知道多少。在风俗习惯里可以分几方面观察，（一）饮食。人类社会的生存，最重要的就是饮食，饮食生产的方法，是属于农业的改进（留在下节详述），如何发明食品及利用烹调，则属于风习的表现，易君左在所编《中国社会史》有说："中国民族的发明食品，烹调方法与饮食俗尚，充分足以表现中国社会的进化程度。"（见一四九页）宋代的饮食风尚何如？据《枫窗小牍》说："旧京工役，固多奇妙，即烹煮槃案，亦复擅名，如王楼梅花包子，曹婆婆肉饼，薛家羊饭，梅家鹅鸭，曹家从食，徐家瓠羹，郑家油饼，王家乳酪，段家熰物，石逢巴子南食之类，皆声称于时；若南迁湖上鱼羹，宋五嫂羊肉，王家血肚羹，宋小巴之类，皆当行不数者。"此可以觇当时饮食之好尚，其普通制作饮食之法，则虞悰《食珍录》言之最详。（二）衣服。人类之穿着衣服，是文化演进的表征，《王制》："东方曰夷，被发文身；南方曰蛮，雕题交趾；西方曰戎，被发衣皮；北方曰狄，衣羽毛穴居。"《礼运》："昔者先王未有麻丝，衣其羽皮，后圣有作，然后治其麻丝，以为布帛。"可知由衣服中可以看见各社会各民族的文化与风习。《宋史·舆服志》："初皇亲与内臣所衣紫，皆再入为黝色，后士庶渐相效，言者以为奇衺之服，仁宗始禁之。紫衫本军校之服，中兴士大夫服之以便戎事；高宗绍兴二十六年，禁毋得以戎服临民，自是紫衫遂废。凉衫其制如紫衫，亦曰白衫，孝宗乾道初，王俨奏：窃见士大夫皆服凉衫，甚非美观，而以交际临民，居官纯素，可憎有似凶服，陛下方奉两宫，所宜革，且文武并用，本不偏废，朝章之外，宜有便衣，仍存紫衫，未害大体，于是禁服白衫。先是宫中尚白角冠梳，人争效之，谓之内样，名曰垂肩等肩，至有长三尺者，梳长亦逾尺，言者以为服妖。仁宗乃下诏，令妇人所服冠，高毋得逾四寸，广毋得逾一尺，梳毋得逾四寸，毋以角为之。"《文献通考》："宋真宗大中祥符间，禁民间服皂班缬衣。"《朝野杂记》述宋代衣服之改变则谓："自渡江以后，人情日趋于简易，不能复故。"妇女服冠，已如上述，而对于缠足，亦为俗之所好尚，《鸡林玉露》："建炎四年（宋高宗纪元），柔福帝姬至，以足大疑之，辇辖曰：金人驱迫跣行万里，岂复故态，上为恻然。"《老学庵笔记》："宣和末（徽宗纪元），妇人鞋底尖，以二色合成，名曰错到底。"《辍耕录》："元丰以前（神宗纪元），犹少裹足，宋末遂以大足为耻。"由上引证，宋代裹足，必风行一时。（三）婚姻。早婚之制，宋亦不能免，观《令文》凡男年十五，女年十三以上，并听婚嫁，《司马氏书仪》则定男年为十六以上，女年为十四以上，与《令文》相差不过一岁。连姻多主因亲及亲之说，以示不相忘，故苏洵以其女嫁内兄程浚之子之才，而其女作诗，有乡人嫁娶重母党之句。姨表兄弟姊妹可成婚，如吕荣公夫人张氏，乃待制张昷女，待制夫人即荣公母申国夫人之姊，然姑舅兄弟，当时犹有疑其不可为亲者，《容斋续笔》亦曾论及。婚姻论财，媒妁之言难信，据袁采著《世范》则谓："嫁娶固不可无媒，而媒者之言，多不能全信。如给女家，则曰男家不求备礼，且助出嫁遣之资；给男家，则厚许其所迁之贿，而虚指数目。若轻信其言而成婚，则积恨见欺，夫妻反目，至于仳离者有之。"陆游《老学庵笔记》说："娶妇谓之索妇。"《清波杂志》说："寻常人家娶个新妇，尚点几个乐人。"袁采《世范》说："今之士族，当婚之夕，以两椅相背，置一马鞍，反令婿坐其上，饮以三爵，女家三请而后下，谓之上高座，不及设者，则为缺礼，虽一时衣冠右族，莫不皆然。"从是而观，可知当时的风习。又辽金婚姻之制，多详于帝室而略于氓庶，金之初兴，立有同姓为婚及继父继母之男女无相嫁娶之禁，未立禁之前，同姓必多为婚，其继父继母之男女有相为嫁娶者可知；金废帝亮时，命庶官许求次室二人，百姓亦许置妾；章宗璟时，又制定人民聘财为三等：上百贯，次五十贯，次二十贯，凡此皆辽金时婚姻制度的大概。（四）丧葬。三年之丧，古之通制，宋当太宗匡义时曾下诏："孝为百行之本，丧有三年之制，著于典礼，以厚人伦，中外交武官子弟，或父兄之沦亡，蒙朝廷之齿叙，未及卒哭，已闻涖官，遽忘哀戚，颇玷风教；自今文武官子弟，有因父亡兄没，特被叙用，未及百日，不得趣赴公参，御史台专加纠察；并有冒哀求仕，释服从吉者，并以名闻。"但后来丧礼尽废，士大夫居丧，饮酒食肉，无异平时，又相从宴集，人亦毫不为怪，至于民间，初丧未殓，亲朋送酒馔往劳，主人亦备酒馔，相与饮啜，醉饱连日，及葬亦如是，甚者初丧作乐以娱尸，及殡葬则以乐道輀车而号泣随之，亦有乘丧即嫁娶者（论出司马温公）。当时信浮屠诳诱，凡有丧事，无不供佛饭僧，说为死者减罪增福，使登天堂，受诸快乐，不为者必入地狱，剉烧舂磨，受诸苦楚；丧祭用纸钱以礼鬼神（纸钱起于汉之葬埋瘗钱，南齐东昏侯始实行之，见洪庆善《杜诗辩证》），宋时纸钱，盛行于民间，火葬之俗，当时最盛，《宋史》绍兴二十七年（高宗纪元），监登闻鼓院范同说："今民俗有所谓火化者，生则奉养之具，惟恐不至，死则燔热而捐弃之，国朝着令，贫无葬地者，许以官地安葬，河东地狭人众，虽至亲之丧，悉用焚弃。"景定二年（理宗纪元），黄震为吴县尉，乞免再起化人亭状说："照对本司久例，有行香寺曰通济，在城外西南一里，本亭久为焚人空亭，约十间以罔利，合城愚民，悉为所诱，亲死即举而付之烈焰，烈焰不化，则又举而投之深渊，哀哉斯人！何苦而遭此身后之大戮耶。"火葬之事，见于《春秋》（《卫侯》），然风俗上，殊不谓然，田单以掘齐墓，烧死人，激怒齐人，而因以破燕；尉佗在粤闻汉掘烧其先人冢，而有反意；汉尹齐为淮阳都尉，所诛甚多，及死，仇家欲烧其尸；东海王越乱晋，石勒剖其棺，焚其尸；杨玄感反隋乃掘其父素之冢，焚其骸骨；可见中国旧俗焚尸，是对待仇人恶人。据《列子》说："秦之西，有义渠之国者，其亲戚死，聚柴积而焚之，熏则烟上，谓之登遐。"荀子说："氐羌之民，其虏也不忧其系累，而忧其死不焚也。"火焚之俗，是出西方，而印度、日本亦火葬盛行，宋代火葬之俗，我以为印度佛教传播中国后，社会风俗感染使然。金国死丧，无百官丁忧之制，故遇亲丧者，但予给假，与宋之重丧丁忧、轻丧给假之例不同。（五）巫觋。鬼神迷信深入人心，病不服药，惟事祈禳，故巫觋得以施其诳诱之术。《宋史·李惟清传》："惟清解褐涪陵尉，蜀民尚淫祀，病不疗治，听于巫觋，惟清擒大巫笞之，民以为及祸，他日又加棰焉，民知不神，然后教以医药，稍变风俗焉。"《侯可传》："可知巴州化城县，巴俗尚鬼而废医，惟巫言是用，可禁之，几变其俗。"《蒋静传》："静为安仁令，俗好巫，疫疠流行，病者宁死不服药，静悉论巫罪，聚其所祀淫像三百躯，毁而投诸江。"《陈希亮传》："希亮知鄠县，巫觋岁敛民财祭鬼，谓之春斋，否则有火灾，民讹言有绯衣老人行火，希亮禁之，民不敢犯，火亦不作，毁淫祠数百区,勒巫为农者,七十余家。"《夏竦传》:"竦徙寿安洪三州,洪俗尚鬼,多巫觋惑民,竦索部中得千余家,敕还农,毁其淫祠以闻,诏江浙以南,悉禁绝之。"巫觋利用邪术,以医病敛钱,在宋代是很普遍的。巫觋邪术,在浅演野蛮的社会也很流行的,美国 Malinowski 在他所著《蛮族社会之犯罪与风俗》一书,曾论及南洋土人的社会中,有所谓术士者,学成了符咒,以医治疾病灾患,以营业敛财,鱼肉善良的。在宋代许多贤有司,加以禁止这种不良的风习,是应该的。(六)养奴。在宋代有养奴的风俗,袁采《世范》有说:"奴仆小人,就役于人者,天资多愚,作事乖舛违背,不能有便当省力之处,如顿放杂物,必以斜为正,如裁截物色,必以长为短,若此之类,殆非一端;又性多忘,嘱之以事,全不能记忆,又性多执,自以为是,又性多狠,轻以应对,不识分守;所以顾主于使令之际,常常叱咄,其为不改,其行愈辩;顾主愈不能耐,于是棰楚加之,或失手而至于死亡者有焉。"据此,可以知道宋代士夫之家,待遇奴仆是怎样的。(七)引用外语。宋代为辽金势力压迫,社会人士有畏其势者,多习用其语言,此如今人之歆羡西方文化势力,以熟习西方语言为荣;宋余靖、刁约奉使于辽,俱有北语诗,余靖诗:"夜筵设罢(侈盛)臣拜洗(受赐),两朝厥荷(通好)情斡勒(厚重),微臣稚鲁(拜舞)祝若统(福佑),圣寿铁摆(嵩高)俱可忒(无极)。"刁约诗:"押燕移离毕(移离毕官名),秀房贺跋支(贺跋支官名),铄行三匹裂(匹裂似小木罂),密谕十貔貍(形如鼠而大,味如豚肉)。"可见当时士大夫,喜引用辽金语言,甚有安插诗句者。宋代风习,略如上述,其文化程度如何可以知了。

第三节　宋代之家族制度

家族制度,是文化的表征,中国家族制度,和其他各国比较起来,可说是采用大家族制度的。在中国旧时代之家庭里，夫妇成为家庭内的一分子，家庭里面，营着二组或三组的共同生活，向来不喜分家，把五代同堂，作为一家繁荣的夸张，这种古代的宗法家族制，在秦代曾受过一次打击，商鞅所谓"民二男以上不分居者，则倍其赋"，就是限制大家族的法令。但是到汉代，这大家族制又复活起来，在《后汉书》可以看见的，所谓："蔡邕叔父，与其弟同居，三世不分财，乡党高其义。"观此可以明白。《风俗通义》引三例如下："袁盎与三兄子弟分居，供给公家费。""薛孟尝与子弟分居，子弟财尽，乃更与之。""戴幼起让财于兄，使妻出居客舍。"大家族制里，以有无相通施惠让财为特点。宋代以前的家族制度，只有皇族和贵族有广大的组织，其余人民组织的范围，大概是限于五服以内，五服以外的关系，就疏远了；因此分炊析居，各营业务，各地虽有聚族而居的村落，实际与异姓团集的邻里坊保一样，而共炊合住，几代合居的大家族，就不多见。直到宋朝，因儒家学说的鼓吹，敬宗睦族的信仰，深入人心，于是宗法转盛，大家族的理想，传为美谈，期诸实现，如宋仁宗时范仲淹在平江府（今江苏省吴县）创建义庄，置义田以赡养族人，其法选族中年长而有才能的，董理出纳事务，将义田收入，供给族人需要，嫁娶丧葬，都有津贴，嫁女者五十千，再嫁者三十千，娶妇者三十千，再娶者十五千，葬者如再嫁之数，葬幼者十千，当时人都很称道他的办法，以为很合于亲亲仁民的儒家主张。宋代儒家学说的抬头，原是五代纷乱残暴的反动，五代时代，如朱友珪的怀愤杀父，竟骂老贼万段；李彦珣的背乡从乱，竟忍心发矢害母；这种骇人听闻之事，不一而足。宋朝统一之后，政府固想竭力扫清乱源，社会一般人，也觉得有矫正薄俗的必要，名分权威，大受拥护，社会上更推广了宗法的势力，学术界朱熹一派大占势力，所以宗法推行，更是得力。宋儒真德秀于《大学衍义》中，对于女子定下一个界说"女子者顺男子之教，而长其理者也，是故无专制义，而有三从之道"，所谓"必敬必戒，无违夫子"，"饿死事小,失节事大","女子无才便是德",遂为家族制度的中心理论,而奉行唯谨。在家族制度中,有许多的流弊,家族共产,弄到为家长者难以兼顾,为子弟者倚赖性成,不肯为一家数十人数百人谋利益而劳动;因为宗法过严,社会观念形成薄弱,宗族过大,缺乏国家思想;在宗法极严的地方,排斥异姓必很厉害,结果酿成互结怨仇聚众械斗的恶风。欧美学者认中国宗法的族居制,是国民团结民众政治的障碍。就家族内部说,家族过大,营共居的生活,每易起嫌怨嫉妒之心,酿成纷争及家族不宁的景象。昔张公艺九世同居,高宗问他的时候,张默写百个忍字以进,族居之苦,可以知之,而且家长贤明,则全家受其益,家长不贤明,则名门巨室,常有陷于破产瓦解,致子孙坠落不堪,这阻碍国家社会发展之种种弊端,在宋代也是不能免的。惟据《宋史》太祖开宝元年六月,对于荆蜀人民,禁止与其父母及祖父母异居分财;同年八月,对川陕诸州下诏,凡与父母别居分财者,处以死刑;太宗淳化元年九月,对川陕人民禁止与父母离居而为人婿。可知这种大家族制,在当时亦不能防维人心,竟有破坏至于与父母分居异财者。

第四节　宋代之农业

中国在地理上,占了寒热气候适宜沃野平原宜于耕种的地带,以所住环境的关系和经济阶段说,是一个典型的农业社会,与"韦鞲毳幕,以御风雨,膻肉酪浆,以充饥渴"的部落民族,其文化的进展,实有不可同日语。在唐代以后、宋代以前五十余年的时间,是中国历史上最混乱的时代,游牧民族的契丹,乘这时侵入中国的内地,由石敬瑭每岁奉纳帛三十万匹以作贡品,并割让幽、冀、涿、檀、顺、新、云、蔚、瀛、莫、武、应、朔、儒、寰、妫等十六州(在今河北、山西、绥、热诸区域),这被契丹占据的地方,终宋之世,都没有恢复。在与契丹战争的时候,农民受着影响,流离转徙,死亡逃散,耕地占有的转移变换甚速,旧的耕地关系之破坏亦更烈,到宋的时候,混战虽渐告结束,但全国经过大混乱之后,因耕地旧有制度的破坏,在这种状况之下亦难以统一整理,故宋代三百二十年中,终不能颁布整理耕地的法令。据《宋史·食货志》第一百二十六载:"农田之制,自五代以兵战为务,条章多阙,周世宗始遣使均括诸州民田(此处所说的均田不是隋唐以前的均田制度,是指耕地兼并转移,有的耕地少而赋重,有的耕地广而赋轻,甚至有等有耕地而无赋税,有等无耕地而赋籍未除,周世宗之令,是均赋,不是均田),太祖即位,循用其法,建隆(太祖纪元)以来,命官分诣诸道均田,苟暴失实者辄谴黜。申明周显德三年之令,课民种树,定民籍为五等,第一等种杂树百,每等减二十为差,梨枣半之。男女十岁以上,种韭一畦,阔一步,长十步,乏井者邻伍为之凿。令佐春秋巡视,书其数,秩满第其课为殿最。又诏所在长吏谕民,有能广植桑枣垦辟荒田者,止输旧租。县令佐能招徕劝课,致户口增羡,野无旷土者议赏。诸州各随风土所宜,量地广狭,土壤瘠埆,不宜种艺者,不须责课。遇丰岁,则谕民讲盖藏,节费用,以备不虞。民伐桑枣为薪者,罪之,剥桑三工以上,为首者死,从者流三千里,不满三工者减死,从者徒三年。"在这法令中,只注意劝课农桑,找不着限制农民的耕地,和对无地的农民,如何设法去均一部分耕地,使他们有田可耕。在当时只有官田和民田两种,没有甚么的均田制度,据宋神宗元丰时,检正中书户房公事毕仲衍投进中书备对内所述,当时田的数量,和官田的分量,如开封府界、京东路、京西路、河北路、陕府西路、河东路、淮南路、两浙路、江南东路、江南西路、荆湖南路、荆湖北路、福建路、成都路、梓州路、利州路、夔州路、广南东路、广南西路,总合四四六三一六三顷六一亩,官田六二六〇三顷七四亩。再据《宋史》载:元丰间,天下总四京十八路,田四百六十一万六千五百五十六顷,内民田四百四十五万三千一百六十三顷六十一亩,官田六万三千三百九十三顷，这两个数目，有许多出入，此外还有两数减除之十万顷，大约是屯田、营田以及省庄田。朱熹奏略说："本州有产田、有官田、有职田、有学田、有常租课田，名色不一，租税轻重，亦各不同。"可见当时除官田和民田外，尚有其他名色的田，这些田，或为中央政府所有，或为各地方政府所有，非是民田的性质。官田是土地所有权属于国家，为国有的财产，归政府管理，为私经济的经营而收其租，与地主之收租相同；宋代除以天荒地、逃户地、山川陂泽等地，以及原属国有的土地，和用政权没收逆产及籍没犯法官民的田产以扩张官田外，另想出很多的法子增加官田：（一）人民田地不与田契相符，以规避租税及胥吏的欺诈，政府按契检核田地，田浮于契者，没为官田，并侵夺下户的闲田。（二）按田追契，无契者没官，有契者则向原卖田者追讨旧契，至无契时，则将田没收。（三）在检验民田时，以不足之尺丈量，量余的田地，则收为官有，指定租课。（四）官田在建中靖国（徽宗纪元）后，以财政困难，屡次出卖，南京则给钞收买，几等于没收，并没收地主限外之田，以为官田。这几种法子，都不是正当的法子，秘书监高斯得上封事力陈："买田之失人心，致天变。"工部尚书张阐言："占百姓之田以为官田，夺百姓之谷以为官谷，老稚无养，一方骚然。"均是说出其弊病，至南宋帝显德祐元年三月下诏："公田最为民害，稔怨召祸，十有余年，自今并给田主。"（见《宋史》一百七十三末段）为时已晚了。公田是与官田一样的，据《宋史·食货志》："公田之赋，凡官庄、屯田、营田等赋，民耕而收其租者也。"《通考》卷七载："公田之法，悬取民间之田契根磨，如田今属甲，则从甲而索乙契，乙契既在，又索丙契，辗转推求，至无契可证，则量地所在，增立官租；一说谓按民契而以乐尺打量，其赢，则拘入官而创立租课。"这可以证明上述第二法的非伪。官田依其耕种的方法，有数种不同的情形：（甲）营田。宋之营田，由五代沿袭而来，和唐初之府兵屯田制相同，分散于州县，不限于边郡，凡官田所在的地方，多置营田，领其事者为营田使，或营田事通判；有等地方，则以转运使兼招致营田使，起初以厢军耕种，或招募兵夫，余田则由弓箭手耕种，官给牛及耕具，有马者加五十亩，每五十亩为一营，以耕种成绩优劣，加以赏罚(见《宋史》卷一百七十六)。(乙)屯田。宋之屯田，异于唐之府兵屯田，与汉之边郡屯田相同，即是置重兵于边为屯田，一面借以保护居民富庶边地，一面可以节省粮饷，田是由军兵耕种，政府遣官设吏以经营之，同时淮南、浙江、福建等地，都有屯田，亦由军兵耕种，以技术拙劣，所出之粮不足供给，大中祥符(真宗纪元)以后，乃改变方策，把屯田多赋民而权收其租，间有屯田获利者，乃是强调民夫，借用人民之牛耕种所致(《文献通考》卷五)，人民受害累者甚大。庆历四年(仁宗纪元)，罢河北屯田，务令人民租佃，各州亦令招人佃种，或募人耕种而收其租；南渡后虽有屯田之名，性质上不复是屯田，成为招人垦荒的性质。(丙)官庄。屯田营田外，尚有官庄，凡官田所在地，随时设置官庄，官庄以招人佃耕为主，令其纳租。官庄的设置，每县以十庄为则，每五顷为一庄，所召客户，五家相保为一甲，推一人为甲头，每庄所属地，置册编号以便管理，官庄事务，则由县尉主管，间有以所收租数，为分庄标准者，每公租达三千石，即置一庄，县以下设分司承佃，政府每年照额收租。(丁)职田。隋唐官吏有职分田，为俸外之禄田，随品级高低，定田数多寡，五代以后遂废，至真宗咸平年复置(《宋史》卷一百七十二)，以官庄及远年逃户田充之，对于国家可免租税，招浮客充佃户，依乡原例纳租课；租分配于州县长吏十之五，余则按职位高下，分给于长吏下之人员，职田的数额，较唐为低，最多者四十顷，少者二顷。但这种职田，亦发生流弊：(1)地亩不足，强令浮客承认租课；(2)不问地之厚薄，一律令纳高额的租金；(3)令地方保正催纳，逋欠则由保正代纳，或勒人民代纳；(4)输送时每额外多取。另外有一种公田，不属于国家，亦不属于私人，所收得的租，只归入特种团体，或特别用途，除寺田外，此种公田，在形式上看像是官田,并设官管理,实质上则不同,不过受政府权力的支配,在官田出卖时,亦常随之出卖;依其性质可分三种如下:(一)仓田。宋有常平仓、广惠仓,前者是调剂物价的,后者是救济灾荒的,皆有公田以为基金,设置官庄经营。(二)学田。学田来源有三:(甲)熙宁三年(神宗纪元),以一部分官田拨给诸路作学田。(乙)绍兴二十一年(徽宗纪元),命拨寺僧绝产以赡学,并将无敕额庵寺的田地,亦拨作学田。(丙)由学者或官吏捐助。前二者没有租税,后者原地已起税作学田后,仍按原数纳税。(三)寺田。佛教传至中国后,在社会上势力很大,南北朝时,寺院领有大量土地,招佃收租,可以不纳税,至宋时,僧尼的社会地位,虽然降低,但侵占民田之风气仍盛,《宋史》卷一百七十三载:"福建八郡之田分三等,膏腴者,给僧寺道院,中下者,给土著流寓。"《宋会要》卷二百八十二载:"私荒地田,法听典卖与观寺(人民),多以膏腴田土作荒废,官司不察,而民水旱岁一不登,人力不继,即至荒废,观寺得之,无复更入民间。"以上所说的,不是国家的公田,而是社会的公田。现在所论及的即是民田:民田是所有权属于人民,而对国家有纳税义务的土地,以纳税的情形来说:可分两种:(一)巨室的民田。巨室是以前为官的,以他们的势力,占了许多的民田,以为己有,为租税的分配者,或以私人领有大量的土地,成为巨室,勾结官场,免差与税,民户负担愈重,国家收入减少,这等巨室,在社会便利条件之下,耕地不断的集中于他们手中,如是耕地成为严重的问题,在社会上所激起的反应,就是限田,而限田之制,亦仅昙花一现于仁宗之世。仁宗即位之初,下诏限田,公卿毋过三十顷,衙前将吏毋过十五顷,逾限则收纳税役,以田赏告者。此等限田之法,本足以挽救兼并之弊,施行之初,未尝不雷厉风行,但朱门豪族终感未便,任事者每以限田不便,未几即废,驯至"承平寖久,势官富姓,占田无限,兼并冒伪,习以成俗,重禁莫能止焉"(见《宋史》一百七十三)。其后苏洵也主张恢复限田,他说:"有田一人,耕者十人,是以田主日累其半,以至于富强,耕者日食其半,以至于穷饿而无所告……吾欲少为之限,而不夺其田尝已过吾限者,但使后之人,不敢多占田以过限耳;要之,数世富者之子孙,或不能保其地,以复于贫,而彼尝已过吾限者,散而入于他人矣,或者子孙出而分之亦无几矣;如此则富民所占者少而余地多,则民易取以为业,不为人所役属,各食其地之全利,利不分于人而乐输于官,夫端坐于朝廷,下令于天下,不惊民,不动众,不用井田之制,而获井田之利,虽周之井田,何以远过于此也?"(见《图书集成》五十八)谢方叔亦主张限田的,他奏折说:"豪强兼并之患,至今日而极,非限民名田,有所不可,是救世道之微权也。国朝驻跸钱塘,百有二十余年矣,外之境土日荒,内之生齿日繁,权势之家日盛,兼并之习日滋,百姓日贫,经制日坏,上下煎迫,若有不可为之势;所谓富贵持柄者,皆非人主之所得专,识者惧焉。夫百万生灵,生养之区,皆本于谷粟,而谷粟之产,皆出于田,今百姓之膏腴,皆归贵势之家,租米有及百万担者,民无百亩之田,频年差充保役,官吏诛求百端,不得已,则献其产于巨室,以规免役,小民田日减,而保役不休,以此弱之肉,强之食,兼并寖盛,民无以遂其生,于斯时也,可不严立经制以为防乎? 去年谏官,尝以限田为说,朝廷付之悠悠……"(谢方叔,宋咸州人,南宋宁宗嘉定进士,历官监察御史,数言得失,淳祐中,知枢密院事,拜左丞相。)可知当时因为耕地很厉害集中到地主商人贵族变相的巨室之手中,限田之说,所以兴起。(二)普通的民田。这种民田占垦田中之最多数,其纳税亦占最多数,这等农田,是国家土地制度的基础。俄国沙发诺夫在所著《中国社会发展史》引述:"在宋朝的时候,因为耕种方法的落后,土地枯竭,已达到空前未有的程度",甚至好灌溉的田地,也得不到收获,这个时期在江苏、安徽,旱魃为虐,竟有这样厉害,有许多地方连井连河流,都涸绝了,牛和其他的牲畜,没有饮料,甚至连鸡犬也没有,在陕西省,常有许多孩子遗弃在道路上(见三四五页),由这种情形,可以知道一般普通农民所受的遭遇。

司马光曾上疏论及此事,他说:"四民之中,惟农最苦,寒耕热耘,沾体涂足,戴日而作,戴星而息,蚕妇治茧,绩麻纺纬,缕缕而积之,寸寸而成之,其勤极矣;而又水旱霜雹蝗蜮,间为之灾,幸而收成,公私之债,交争互夺,谷未离场,帛未下机,已非己有,所食者糠籺而不足,所衣者绨褐而不完,直以世服田亩,不知舍此之外,有何可生之路耳?"(见《宋史》卷一百七十三)因此,宋代遂注意到民食的问题:(甲)栽种桑柘。神宗时劝民栽种桑柘,毋得增赋,官计其活茂多寡,得差减在户租数,活不及数者罚,责之补种,然官奉行不善,民以为病。哲宗初年,准胡昌等奏,请罢之,并蠲除所负罚金,然各州县官吏,能课民种桑枣者,仍优加奖励。(乙)农事指导。关于农事指导,宋代太宗太平兴国中,两京诸路,许民共推练土地之宜,明树艺之法者一人,任为农师,令相视田亩肥瘠,及五谷所宜,凡有丁男耕牛种子者,即同三老里胥,召集余夫,分画旷土,劝令种植,候岁熟共取其利,为农师者,蠲税免役,人民有怠于农务者,农师察得,即白州县论罪,以警游惰,所垦之田,即为永业,官不收其租。这种办法,于农业实有裨益,当时以烦扰之故罢除。(丙)制作农具。宋太宗淳化五年,宋亳数州,牛疫死者过半,官借钱,令就江淮市牛,未至,帝虑耕稼失时,命陈尧叟等依踏犁式制造给民。真宗景德二年,河朔戎寇之后,耕具颇阙,牛多瘠死,出踏犁式,诏河北转运使,询于民间,如可用则由官造给与之。(丁)扑除害虫。宋太宗时连岁旱蝗,淳化二年,蝗害更甚,仁宗时,遇有蝗生,募民捕之,蝗子一升,换菽粟三升或五升;神宗熙宁八年,谓有蝗蝻处,委县令佐躬亲打扑,如地方广阔,多差通判职官,监司提举,分任其事,除蝗之法,视前代为备。淳熙年间(孝宗纪元),又以法令申敕各部,凡诸蝗初生,若飞落,地主邻人隐蔽不言,耆保不即时申举扑除者,各杖一百,许人报告;当职官承报不受理,及受理而不亲临扑除,或扑除未尽而妄申净尽者,各加二等;可知当时如何注重扫除蝗害。(戊)限制火田。纵火燎原,有伤植物,所以欧美各国,甚注重保护森林。宋大中祥符四年（真宗纪元）下诏："火田之禁，著在《礼经》，山林之间，合顺时令；其或昆虫未蛰，草木犹蕃，辄纵燎原，则伤生类。诸州县人畲田，并如乡土旧例，自余焚烧野草，须十月后，方得纵火，其行路野宿人所在，检察，毋使延烧。"可知对于农事护生，是注意到的。（己）开垦荒土。宋太祖时，奖掖树艺，开辟荒土，令州县记其数，即为官吏考成之计。太宗端拱初，复亲耕籍田，以示提倡。淳化五年（太宗纪元），凡州县旷土，许民请佃为永业，蠲三岁租，三岁外，输三分之一，当时垦荒虽免常赋，而以租税繁重，逃赋众多，吏胥迫索，已垦者宁旷弃，愿垦者惧扰累，陈靖条陈办法：凡逃民复业及浮客请佃者，委农官勘验，以给授田土，州县不能议其差役，乏粮种耕牛者，令司农以官钱给借，其后以陈靖为京西劝农使，劝人民垦田。真宗景德初，下诏诸州，不堪牧马闲田，招主客户，多大种莳，以沃瘠分三等输课。仁宗天圣中，下诏民流积十年者，其田听人耕，三年而后收赋，减旧额之半。后又诏流民能自复者，赋亦如之，计四十年间垦田，约三千余万顷。（庚）置官劝农。真宗景德四年，以知州兼管内劝农事，通判兼劝农司，诸路转运副使，兼本路劝农使。天禧四年（真宗纪元），即以诸路提点刑狱朝臣为劝农使，使臣为副使，所至取民籍，视其差等，不如式惩革之，劝恤农民以时耕垦。仁宗敦本务农，躬耕籍田，为天下先。（辛）兴修水利。宋朝颇注意以兴修水利，凡诸州长吏令佐，能劝民修陂池沟洫之久废者，及垦辟荒田，增税二十万以上者，议赏；嘉祐中（仁宗纪元），唐州守赵尚宽开辟废渠，引水灌田，几数万顷，特进一官。神宗熙宁元年，襄州宜城令朱弦，复修水渠，溉田六千顷，诏迁一官。元丰元年（神宗纪元），诏开废田水利，民力不能给役者，贷以常平钱谷。哲宗元祐四年，诏濒河州县，积水冒田，在任官能为民经划，疏沟畎，退出良田，自万顷至千顷者，分级奖赏。南渡后，江南水利大兴，水田之利，亦富于中原（可参阅《中国民食政策史》一一四页）。宋代不但注重栽种桑柘，农事指导，制作农具，扑除害虫，限制火田，开垦荒土，置官劝农，兴修水利，以使民食不致缺乏，且设防范水旱饥荒之义仓制度。宋太祖承五季大乱之后，见仓储久废，于建隆四年下诏说："多事之后，义仓废寝，岁或小歉，失于预备，宜令诸州于所属县，各置义仓，目今官所收二税（夏秋二税），石别税一斗，贮之，以备凶歉给与民。"乾德三年，又制定义仓粜给散办法；凡民有欲借义仓粜充种食者，县具籍申州，州长官即计口贷讫，然后奏闻，不俟报可。仁宗皇祐五年，右司谏贾黯奏请设立民社义仓说："今天下无事，年谷丰熟，民人安乐，父子相保，一遇水旱，则流离死亡，捐弃道路。发仓廪赈之则粮不给，课粟富人则力不赡，转运千里则力不及事，移民就粟则远近交困。……则民饥而死者过半矣。愿仿隋制，立民社义仓，诏天下州军，遇年谷丰登，立法劝课蓄积，以备凶灾。"义仓时置时罢，所以又设立常平仓，太宗淳化三年，京畿年丰，分遣使臣于四城门，置场增价以籴，命名常平，岁饥则减其值以便民。真宗景德三年（前九〇六年），始于京东西、河北、河东、陕西、江南、淮南、两浙皆立常平仓，沿边州郡不置，特设司农寺以主其事。天禧四年（真宗纪元），又于荆湖、川、陕、广南皆置常平仓，凡诸州通河及大路人烟繁处多籴，其僻在山险之处，止约本处主客户收籴。仁宗景祐初，常平钱粟改由诸路转运使与州长吏举所部官掌之，其后有州郡移用之事，乃下诏止之，不数年间，常平储积有余，而兵食不足，命司农寺出常平钱百万缗，助三司给军费；久之，移用数多，而蓄藏无几。神宗熙宁二年，以常平散敛未得其宜，而行青苗法，青苗法是春散秋敛，将籴本转贷于农民，春贷十千，随夏税缴还，秋贷十千，年终缴还，每期各纳息钱二千。苏辙、司马光等曾加以反对，南宋朱熹亦以为其法不能行于天下。另又有社仓，社仓原由人民经营。孝宗乾道四年，朱熹之故乡饥荒，向建宁府给借常平米六百石，设置社仓。至淳熙八年（孝宗纪元）十一月，熹为浙东提举，乃将其建议于朝，孝宗从其言，下诏诸路，仿行其法，而任从民便，其散敛之事，与本乡耆老公共措置，州县并不得干预抑勒。社仓推行，是为地方人民所自动，但陆九渊以为："社仓固为农之利，然农田常熟，则其利可久。苟非常熟之田，一遇歉岁，则有散而无敛；来岁缺粮种时，乃无以赈之，莫若兼置平粜一仓，使无贵贱之患；析所粜为二，每存其一，以备歉岁，代社仓之匮，实为常利也。"由上引证，可知宋代之义仓、常平仓、社仓等制度，实为救济民食之办法。

辽金两国入寇中国，为游牧民族与农业民族接触之时期，及其接触既久，对于农业的土地的了解，亦随之而较明。辽之田地，据《辽史·食货志》，有二种可分：（一）为军人屯边之公田，即沿边各置屯田戍兵，易田积谷，以易军饷，在屯者力耕公田，不输赋税。（二）为民种之在官闲田，及听民自种之私田，即人民应募或治闲田，或治私田，计亩出粟，以赋公上。辽人苦于征戍，每岁农时，一夫侦候，一夫治公田；又以田地无制度，由农田而起之租赋，甚为不均。金国对于田地有所谓通检推排之法，即岁括实种之田，计亩征敛，大抵手续繁重，吏胥上下其手，故结果反以厉民，国家只以赋税之收入为中心，并不关心于大多数民众土地分配之疾苦。金之公田，在于闲荒及亡辽时籍没的土地；金之制度，贫民得请佃公田，《金史》四七《食货志》："量田以营造尺五尺为步，阔一步长二百四十步为亩，百亩为顷。民田业各从其便，卖质于人无禁，但令随地输租而已。……凡官地，猛安谋克及贫民请射者，宽乡一丁百亩，狭乡十亩，中男半之。"金世宗时有一大规模之括田运动，这种括田，是将百姓之田，括为官地，不问而知是遗害于人民的。此外金有特种地主，是从金人入寇中国，一般从龙之臣，欲酬其开创之功，势非给与以优厚的土地不可，所以形成特种之地主阶级，因优待这等猛安谋克从龙之臣，势必致夺平民之土地以与之，《金史》八十三《张汝弼传》述及世宗时："诏徙女真猛安谋克于中都，给以近郊官地，皆瘠薄；其腴田皆豪民久佃，遂专为己有。上出猎，猛安谋克人前诉所给地不可种艺。诏括官田在民久佃者与之。因命张汝弼议其事,请条约立限,令百姓陈过限,许人首告,实者与赏。"由此可知猛安谋克想假借名义以得肥田。其余特种之地主阶级,即为现役军人,因国家重视军人之故,军人成为特殊势力,每易占田,《金史》九十五《张万公传》载:"章宗明昌间,时主兵者,言比岁征伐,军多败衄;盖屯田地寡,无以自赡,至有不免饥寒者,故无斗志。愿括民田之冒税者,分给之,则士气百倍矣。"因此军夺民田之事,在在可见,及其末年,民多流离而金遂亡。

第五节　宋代之税制

宋代的税法,原于唐制,而分夏税秋税。据《宋史》一百七十四载:"赋税自唐建中初(德宗纪元)变租庸调法,作年支两税,夏输毋过六月,秋输毋过十一月,遣使分道按率;其弊也,先期而苛敛,增额而繁征,至于五代极矣。宋制岁赋,其类有五:曰公田之赋,凡田之在官,赋民耕而收其租者是也。曰民田之赋,百姓各得专之者是也。曰城郭之赋,宅税地税之类是也。曰丁口之赋,百姓岁收身丁钱米是也。曰杂变之赋,牛革蚕盐之类,随其所出变而输之是也。岁赋之物,其类有四:曰谷,曰帛,曰金铁,曰物产是也。谷之品七:一曰粟,二曰稻,三曰麦,四曰黍,五曰穄,六曰菽,七曰杂子。帛之品十:一曰罗,二曰绫,三曰绢,四曰纱,五曰绝,六曰䌷,七曰杂折,八曰丝线,九曰绵,十曰布葛。金铁之品四:一曰金,二曰银,三曰铁镴,四曰铜铁钱。物产之品六:一曰六畜,二曰齿革翎毛,三曰茶盐,四曰竹木麻草刍菜,五曰果药油纸薪炭漆蜡,六曰杂物。其输有常处,而以有余补不足,则移此输彼,移近输远,谓之支移,其入有常物,而一时所输,则变而取之,使其直轻重相当,谓之折变,其输之迟速,视收成早暮而宽为之期,所以纾民力,诸州岁奏户帐具载,其丁口男夫,二十为丁,六十为老,两物折科,物非土地所宜而抑配者禁之。"宋代人民之佃官田者,运送租物则有水脚,政府杂征则有抑配,应用物品则有折纳,而增加租额,则以皇帝的诏命行之,违令者除退佃之外,还要惩罚,官佃所接触的为胥吏,多上下其手,以勒索人民。据《宋史》一百七十三载:"诸籍没田募民耕者,皆仍私租旧额,每失之重;输纳之际,公私事例迥殊,私租额重而纳轻,承佃犹可,公租额重而纳重,则佃不堪命,州县胥吏与仓库官执事之人,皆得为侵渔之道于耕者也。"关于民田赋税分为正税与附加税,正税是对其他杂税或附加税而说的。唐代之两税,是资产税,宋代之二税,是土地税,两者虽均夏秋二季征收,形式上相同,而性质则不同,《唐会要》卷八十三载:"户无主客以见居为簿,人无丁中以贫富为差;不居处而行商者,所在州县税三十分之一,度所取与居者,均使无侥幸。"这是按资产之大小并和商税合一。两税变为二税的时候,人民负担则大不相同,第一,二税资产审定的标准,最后只有土地,单独担负了两税下一切资产税,较之两税固为加重;较之租庸调的田租丁庸户调的分担,更为加重。第二,租庸杂徭悉省,而两税之外,不复加敛,这是两税的立法,也是建中以后的诏书所宣示的(见《两宋田赋制度》引《文献通考》卷三说),及两税施行,一切杂税,渐次恢复,并超过了两税的正额。到宋之两税,科敛于田亩之上的附加税,税额繁重,在正税之上,又增加数倍。第三,身庸以税的形态,加入于两税之中,政府有役,以钱雇募,差役日重,政府的雇钱不复出,差役更加重负担。第四,身庸在两税法破坏于后,分两方走,一以劳动的形态,出现而为差役,一以租税的形态,出现而为丁口之赋,后者虽只行长江以南各地,却是国家的正式收入。到了南宋,就成为普遍的税法。第五,两税是以贫富为差,合于公平的租税原则,至宋则巨室有特殊的地位,差役可以免除,田税可以抗而不纳,使赋役集中于小户,小户于自己的常赋之外,又代纳在社会上有特殊地位者减免下来的税役,这当然是加重负担于一般人民的。宋代课税准则,大约有五:(甲)以土地面积为准则。以土地面积课税,是历代相传的主要税法,宋代各地情形,极不一致,两浙以绢米计,每亩纳三尺四寸,米一斗五升二合,桑地每亩纳绢四尺八寸二分,原物折价和杂税的折纳,至每亩纳税两千文;江南东西路,每亩税额分作三等,上等每亩至税钱二百文,苗米二斗二升;福建每亩税额及江南又不同,以福州一处说,中田每亩钱四文米八升,下田钱三文七分,米七升四勺,上田不详。(乙)以收益为准则。浙西、浙东、淮西各路,有按土地收益课税的。(丙)以耕牛为准则。以土地册丧失,无法征收,不能不采用这种办法。(丁)以下地种子为准则。这种方法,也是因土地册籍丧失,以田亩课税,不能施行,故以所下种子为准。(戊)以丁口为准则。以丁口为准则是与上二者情形相同,也是因为土地册籍丧失之故,但田多者或丁少,田少者或丁多,无田者或有丁,以丁课税,在税额平均上,还不及耕牛及种子,较为真实。宋代租税的物品,本色与金钱兼纳,本色多变为政府所需要之物,且多折为货币。宋代工业进步,国外贸易发达,银为当时所需要,以社会经济的进展,促使货币的变化,在社会演进史上是具有意义的。租税政策,常影响于户口之登记及垦田之申报,宋代最盛时候,垦田和户口,比较前代均相差很多,垦田在元丰八年(神宗纪元),计四百六十一万六千五百五十六顷,仅及汉时二分之一,不及隋时四分之一,唐时三分之一;户口在元丰六年,主客户共一千七百二十一万一千七百一十三,口二千四百九十六万九千三百。户口超过隋唐,口不及两汉远甚,户多口少,成为特殊现象。垦田及户口之申报减少,租税的收入,就受直接的影响。

附加税,是以正税税额为基数,以成数或定数,附于正税之上而加征的税法。宋代虽没有附加税的名称,很多的税目,意义与附加税相同:(甲)义仓税。太祖乾德元年,诏诸州各置义仓,于二税之上,别收一斗,作为义仓积粟以备凶歉,给与灾民(见《宋史》卷一百七十六),这是十分之一的附加税。(乙)和买。和买本不是租税,因其时政府用绌绢甚多,人民亦多绌绢纳输,每年春天机织开工的时候,贫者借贷作本,帛成偿债,以时价跌落及倍称之息的关系,人民吃亏甚大,所以政府预给帛钱,以便人民及时输纳,立法初意本善;及后给钱少,收帛多,民感不便,不愿受官钱,而政府则以定额本钱均敷于人民,于是和买遂为民间之赋,由不便而至于为害,敷于田亩之上,则变为附加税。(丙)进际税。进际税,即是每田十亩虚增六亩,即十亩纳十六亩之税,换句说:就是纳十分之六的附加税,桑地十亩虚增八亩,即十亩纳十八亩之税,附加的更多,因此叫做进际税。(丁)牛革税。牛皮牛筋,为制造军器的材料,五代时为政府收用,或出钱收买,严禁出境,违者处以死刑,宋仍沿着这种制度,建隆四年(太祖纪元),定牛皮一张,并随筋角,共折纳钱一贯五百文;开宝八年(太祖纪元),以之附加于田亩之上,诏租每二十石,输牛革一张,折钱一半。(戊)头子钱。开宝六年,令川陕人户两税,输纳钱帛,每贯收七文,每匹收十文,丝绵一两,茶一斤,秆草一束,各一文。熙宁二年(神宗纪元),每石亦收五文,并将这种制度通行于各路。(己)法定加耗。加耗是征收制度上的弊端,由弊端进而为法定的税制,即所谓法定附加税,各地征收情形不同,大约正税一石收耗一斗四五升,每草十束收耗一束,或竟随意增收。税制中总有一种杂税,杂税是对正税说的,即所谓杂变之赋,《文献通考》卷四载:"自唐以来,民计田输赋外,增收他物复折为赋,即所谓杂变之赋也,亦谓之沿纳,而名品烦细,其类不一。"宋代田赋税的杂税,一面沿袭,一面增设,兹略述其大概:(1)农器税。农器税是五代的普遍税法,宋初仍沿用着。(2)支移脚钱。以有余补不足,移此输彼移近输远之谓;政府假支移之名,令农民输钱,不愿支移者,则输纳路程所需要的脚钱,有一石贴三斗七升者,一斗有纳钱五十六文者,可知税额的烦重。(3)折变增价。《文献通考》卷四对于折变所下的定义说:"入有常物,而一时所须,则变而取之,使其值轻重相当,谓之折变。"折变以每月初旬之市场价格为准,估计中价,互为折变,日久弊生,折变遂为政府增加收入的方法,且为吏胥欺诈的工具,人民原以本物纳税改为以钱纳时,则将物价估高;人民原以钱纳税改为以物纳时,则将物价估低;有时以绢折钱,又以钱折麦,以绢较钱,钱倍于绢,以钱较麦,麦倍于钱,结果成为四倍之多。(4)罚税。人民析居,照例加税,谓之罚税。(5)斛面。斛面系纳税时,以斛斗量谷,将谷之上面突起,以便多收,叫做斛面。宋代沿用方法,更为精密。其他尚有各色杂钱及预征,有预征至于四岁五岁者(见《文献通考》卷五)。

宋之消费税,和田赋列于同等地位,关于消费税,征税的物品种类,如盐、茶、酒、面、醋、香、矾、丹、锡、铁十种,兹略为分述如下:(一)盐。盐自唐以后,为政府所垄断,不许人民私制私卖的。据《宋史食货志》卷一百八十一载:"盐之类有二,引池而成者曰颗盐,《周官》所谓盬盐也;鬻海鬻井鬻碱而成者曰末盐,《周官》所谓散盐也。宋自削平诸国,天下盐利,皆归县官,官鬻通商,随州郡相宜,然亦变革不常,而尤重私贩之禁。"宋朝因西北多事,故于颗盐尤为注重,其售卖之法,分官鬻及通商二法,官鬻是由官自卖,禁人私鬻。通商则令商人入银官中,领盐发卖。(二)茶。宋代榷茶之制,也和盐法大略相同,禁止私贩,行通商法,得以入钱官中,赴他处取茶。(三)酒鞠醋矾。宋初酒课很轻,到南宋以后,财政困难,才加重酒课,诸州城内,皆置务酿酒,县镇乡间,许人民酿酒而定岁课。当时不但榷酒,连醋矾香等日用之物,也在重榷之列。(四)矿税。宋代采矿权,均操于政府,民间不得私采。据《通考》载:"冶坑国朝旧有之,官置场监,或民承买,以分数中卖于官,旧制,诸路转运司本钱亦资焉。其物悉归之内帑。崇宁(徽宗纪元)以后,广搜利穴,榷赋益备,凡属之提举司者,谓之新坑冶,用常平息钱与剩利钱为本,金银等物,往往皆积之大观库,自蔡京始也。"可见北宋末年,对于采矿赋税之法,更为完备。

丁口之赋,始于五代,为宋正式的租税,是加于个人身上的人头税,这种赋税,只是行于长江以南各省。据《文献通考》卷十一载:"身丁钱者,东南淮、浙、湖、广等路皆有之,自马氏据湖南始取永、道、郴州、桂阳军、茶陵县民丁钱绢米麦。嘉祐四年(仁宗纪元),诏无业者与除放,有业者减半,然道州丁米每岁犹为二千石,人甚苦之。绍兴五年(高宗纪元),守臣赵坦请以二分敷于田,一分敷于民丁。诏下其议,漕司言如此,则贫民每丁当输二斗有奇,乞尽敷于田亩。言者以为太重,请捐其一,诏漕司相度。"建立丁身钱的税法,实财政收入的政策,南宋且为税收的主要源泉,故对于丁口纳税的年龄,定为较长的期间,男夫二十岁为丁,六十为老,纳税时期达四十年之久,但女户及残疾者免纳,年老者在订立户籍时,不予退去,若家贫无力输纳,丁壮流亡,老弱独留,只要丁籍存在,催输甚急。两浙身丁钱,可以折绢,每丁纳绢一丈绵一两,皆取于五等下户,资产少者输纳,大者不及,即无产的下户,也一样的负担。《宋会要》卷二百九十九载,常州、宜兴"无税产人户,每丁纳丁盐钱二百文",可以证明。丁口赋,为宋代之繁苛税法,纳税者不能负担时,有两个规避的办法,一个是杀子不养,知建宁府赵彦端说:"民有生子而杀之者,为的幼时无力赡养,长则复有身丁钱之患。"范成大说:"处州丁钱太重,遂有不举子之风。"其后且有严申杀婴的禁令,可知当时杀子风气之甚。再一个办法,是逃避或改业。《文献通考·户口考》引叶水心说:"使之穷居憔悴无地以自业,其驽钝不才者,且为浮客为佣力;其怀利强力者,则为商买,为窃盗。"《宋会要》卷三百零三论丁钱苛敛说及:"是以其民苦之,百计避免,或改作女户,或涉居异乡,或舍农而为工,或泛海而逐商,曾不得安其业。"由此可以知道丁口赋的繁苛了。

力役,是以税的形态,提供于国家或政府的;宋之差役,繁苛骚扰,成为社会的严重问题,《通考》卷十二载:"国初循旧例,衙前以主管官物;里正、户长、乡书手以督课赋税;耆长、弓手、壮丁,以逐捕盗贼;承符人、手力、散从官以奔走驱使。在县曹司至押录,在州曹司至孔目官,下至杂职虞候,拣掏等人,各以乡第等户差充。"衙前不仅主管官物,且供给官物,并得运输官物,在官物尽竭官吏犹苛索之际,每由衙前供应,相沿成习,官吏则视衙前为个人输入的源泉,遂由主管变为供给,而衙前多由乡愚充任。里正、户长、乡书手,主课督赋税;耆长、弓手、壮丁则担任逐捕盗贼。里正和户长的职役特重,以第一等户充前者,第二等户充后者,耆长之职役较轻。里正督课赋税,凡有欠逋,须负责赔补,轮差者多倾家败产;乡书手在里正户长之下,主催收租税及典卖田产。另有保正,担任督催税赋,并以税户三十家差一人充甲头,每年轮换一次,主催纳税赋,及办理免役。弓箭手略似常备民军的性质,招集乡民之习骑射者,以防盗贼。其他杂役,在政府机关仓库牢狱门禁等处供职者,以及其他土木工程,皆不支付的,由乡户等第差充。宋代的差役,是不平均的,其富家拥有大量田地,不应差役者,为数颇多。《文献通考》卷十二乾兴元年(真宗纪元)臣僚上言:"以三千户之邑五等分等,中等以上,可任差遣者约千户,官员形势衙前将吏,不啻一二百户,并免差遣。"千户之中,有一二百户之最富者免役,则差役之所及者,是小富户及一般平民和单贫小户,负担结果,必感受痛苦无疑,因这种不均的情形,造成恐怖不安的社会问题,所以在仁宗即位的时候,特提出法律限制,凡隐匿田产及差役者,百日内自首,改正名户,限满不首,被人告发者,命官使臣除名,公人百姓决配。太平兴国三年(太宗纪元),京西转运使程能也提出九等法,想把差役尽放在富者身上。《文献通考》卷十二载:"诸州户供官役,素无等第,望品定为九等,著于籍;以上四等,量轻重给役,余五等免之;后有贫户,随所升降。"因违背豪富的利益,仅付转运使审查,没有实行;韩绛也提出均役于富的五则法:(一)凡乡户视资产多寡置籍,分为五则;(二)差役以轻重分为五等,和资产相应;(三)第一等重役十,当役十人,列第一等户百;第二等重役五,当役五人,列第二等户五十,以备一番役使;(四)五则籍藏通判治所,遇差役同长吏以下按视之;(五)转运使提典刑狱,察其违慢,施以监督。这种办法,实行虽有相当效果,但不能救济弊深害重的差役法。差役弊害,论者颇多,韩琦知并州时上书说道:"州县生民之苦,无重于里正衙前,兵兴以来,残剥尤甚,至有孀母改嫁,亲族分居,或弃田与人,以免上等;或非分求死,以就单丁;规图百端,苟脱沟壑之患。"韩绛为三司时,亦指出这种惨状说:"害农之弊,无甚差役之法,重者衙前多致破产,次则州役亦须重费,向闻京东有父子二丁,将为衙前,其父告其子云:吾当求死,使汝曹免冻馁。自经而死。又闻江南有嫁其祖母及与母析居以避役者,此大逆人理,所不忍闻"。(均见《文献通考》卷十二引)差役法的弊害已如是,所以王安石变法时,特施行募役法,以替代之,将差役之可除者除之,其不可除者,则由国家募民之愿充者以充之;其没有充募役者,则易征徭的性质为赋税的性质,而其征收之法,以财产之高下,列为等第,随等输钱(可参阅拙著《中国政治思想史大纲》二五四页)。免役钱的规定如下:(一)凡当役人户,以资产等第出钱,叫做免役钱;(二)坊郭户亦以资产等第出钱,单丁、女户、寺观、仕宦之家,旧无差役而出钱者,叫做助役钱;当役户、坊郭户、官户、女户、单丁、寺观六者之钱,叫做六色钱;(三)雇役钱之外,另取二分,以备水旱欠阙,叫做免役宽剩钱;(四)凡酒税、坊场等所出之钱,原来酬衙前者,叫做坊场钱,自是收官自卖,以其钱同役钱给雇役。这种办法,各地情形不同,得从各路之所便为法,人民输纳现钱或现物,听从其便(参阅刘道元《两宋田赋制度》一四五页)。免役钱之资产标准,依据邓绾、曾布与司农寺所审议的办法:(一)乡户计资产之多寡,分为五等,坊郭户分为七等,岁以夏秋随等输钱;(二)乡户自四等,坊郭自六等以下免输;(三)两县有资产者,上等各随县,中等并一县输,析居者随所析而升降其等;(四)官户、女户、寺观、未成丁减半输。输钱的资产高下,即其户之高下,以之著于册籍,人民巧避失实,由郡县负责;资产变动,随变动为户之升降,所出之钱,以合物力的大小为准,故定坊郭五年、乡村三年一审定,若故为升降者,以违制论。免役出钱,常有巧避失实,吕惠卿于熙宁七年,乃创定手实法以除其弊,规定贫富由人户自己报告,各负隐匿之责。其法:(一)官定田产中价,使民各以田亩多少高下自行报价,家室亦报;(二)家资分有蓄息和无蓄息二种,凡不蓄息之钱五,当蓄息之钱一;(三)隐匿者,许他人诘告,若是真实,则以三分之一充赏;(四)政府制定表式,令人户填写送县,县汇集起来,以所报价,列定高下,分为五等;(五)以一县之役钱本额,定各等民户所当输之钱数;(六)写明各户之资产等第,与所输之钱数,出示两月,使人民知悉。役钱负担,以资产之多少为标准,人民自然不肯多报,以诘告可将资产没收的缘故,也不敢少报,此法后以官吏奉行烦扰,未几即罢。免役法与差役法的比较:第一,差役法,只有物力低下的小户单独负担,及不到没有物力的人户,也及不到物力雄厚的富豪;而免役法上及于巨富豪右的大户,同是以资产为等第,而等第画分则不同。第二,差役法只及于物力低下的小户,免役法于当役户之外,旁及于官户、女户、单丁、寺观、坊郭户,负担范围扩大,负担分量减轻。第三,差役法繁重,常致官吏苛扰勒索。免役法给钱募人,差役成为靠雇钱为生的职业,官吏不能从中巧施诛求。但免役法亦有弊害,弊害在于法的本身:第一,役之多寡,以人户之资产为依据,而资产审定的标准,立法者没有限定,同时又令各地从所便为法,以致各地顷亩税额不同,甚至日用之物、家畜之产,亦在审定之列,弄成骚扰不堪。间有役钱已输,他种名色的力役,又复征派。第二,募值太轻,募人多不肯就,终或不给予役钱。宋之租税册籍有二:(一)两税版籍;(二)形势户帐籍。征收时期以各地气候不同而分别规定,夏税多纺织物,秋税多谷物,前者定为五月十五或六月一日起征,七月三十或八月五日纳毕,最迟延至十月纳足;后者定九月一日起征,十二月十五日纳毕,最迟延至明年二月,值闰月时,则由地方官临时奏定。以上就是宋代税制的大概。

辽的税法，其详不得而知，据《续通典》卷九载："辽赋税之制，自太祖任韩延徽始制国用，太宗籍五京户丁以定赋税。圣宗太平七年，诏诸在屯者，力耕公田，不输赋税，此公田制也；十五年募民耕滦河旷地，十年始纳租，此在官间田制也；又诏山前后未纳税户，并于密云、燕乐两县占田，置业入税，此私田制也；各部大臣，从上征伐，俘掠人户，自置郛郭为头下军州，凡市井之赋即归之，此头下军州赋制也。其余若南京岁纳三司盐铁钱折绢，大同岁纳三司税钱折粟，又开远军民岁输税，向例斗粟折五钱，耶律穆济守郡时，表请折六钱，各随地异宜，当时称为利民之政焉。"又据《续文献通考》田赋卷一载："兴宗重熙十二年十月，定均税法。""十四年以南京道新定税法太重，减之。""道宗清宁二年七月，遣使分道平赋税，劝农桑。"可知辽也注意薄税之政。

金租税法，官地收租，私田输税。《续文献通考》卷一载："租之制不传，大率分田之等为九而差次之；夏税亩取三合，秋税亩取五升，又纳秸一束，束十有五斤；夏税六月，止八月，秋税十月，止十二月，为初中末三限，州三百里外，纾其期一月。章宗泰和五年，以十月民获未毕，不可遽令纳税，改秋税限十一月为初；中都、西京、北京、上京、辽东、临潢、陕西地寒，稼穑迟熟，夏税限以七月为初。凡输送粟麦，三百里外，石减五升以上，每三百里，递减五升。"金的租税，有夏税秋税，其制与宋大同小异，其征收额，有牛具税，又名牛头税，以每来牛三头为一具，限民口二十五，受田四顷四亩有奇，岁输粟大约不过一石。有物力税，《金史·食货志》："租税之外，算其田园屋舍车马牛羊树艺之数，及其藏镪之多寡，征钱曰物力；物力之征，上自公卿大夫，下逮民庶，无苟免者。"又说："计民田园邸舍车乘牧畜种植之资，藏镪之数，征钱有差，谓之物力钱；遇差科必按版籍。先及富者，势均则以丁多寡定甲乙，有横斜则视物力，循大至小均科，其或不可分摘者，率以次户济之；凡民之物力，所居之宅不预。"物力钱,亦称推排物力,乃分按民之贫富而课之,金自国初推行此税以来,弊害百出,人民极感困苦。《续通考》卷一载:"世宗大定五年十一月,立诸路通检地土等第税法。先是二年五月,有言以用度不足,奏预借河北东西路中都租税,帝以国用虽乏,民力尤艰,不允,至是立通检法。帝又问参知政事魏子平曰:古者税十一而民足,今百一而民不足,何也? 子平对曰:什一取其公田之入,今无公田而税其私田,为法不同,古者有一易再易之田,中田一年荒而不种,下田二年荒而不种,今乃一切与上田均税之,此民所以困也。"均税所以使贫富负担均平,惟行之贵得其道,否则必发生弊害也。

第六节　宋代之商业

宋代政治,陷于萎靡不振,在这种情形之下,商业当难以发展,要想政府以其余力从事以促进或保护商业的发展,是不容易的。原来宋代商业,可以有促进的动机:第一,就是工业的发达,如在同一丝织品的种类中,有很多不同的绫、罗、绸、绉、绢、缬等,而瓷器和漆器,也视前代为精美,采矿事业,也视前代为发达,工业生产力至此既经膨胀。第二,就是航运的发达,不独内河航运事业发达,即是海运事业也有发达。有这种种原因,假使政治有显著的进步,商业势力可以发展;但因为政治不良,政府施种种病商的政策以摧残商业,商业哪里会有发展? 宋代的都市,随着商业的发达而增加繁荣,从性质上分别,可以分四类:(一)是政治中心的都市,如北宋的汴京(开封)和南宋的临安,因政治的关系,同时为商业的重心。(二)是东南沿海一带的商埠,即贸易良港的所在,如广州、泉州、明州、杭州、华亭、上海、江阴、温州、漱浦、密州等,均是宋代国际贸易的中心地点。(三)是内地航运的要冲,如扬州、真州、楚州、泗州、虔州、江陵、婺州、台州、潭州、吉州、嘉州、凤翔、斜谷等地。（四）是北番及西南蛮夷贸易的城市，如镇州、易州、霸州、雄州、沧州、保安军、镇戎军、永康军、威茂州等。兹就其中重要的城市贸易状况，略述如下：（一）开封。开封是北宋的都城，《宋史·地理志》说它是："处四达之会，故建为都；政教所在，五方杂居。"它是漕运的中心地，商业自呈繁荣之状，在那里置有杂买务和杂买场，以主禁中贸易，由京朝官内侍参主其事，以防侵扰，以免唐代宫市的流弊。（二）临安。临安是南宋的都城，即是现在的杭州，人口富庶，街市栉比，分为十个市区，每区有大街一条，横贯城之两端，城内沟浍小河甚多，桥梁之数，约达二千，河岸有许多石筑之堆栈，容积很大，外洋所运来的货物，都屯贮在堆栈中，以应市区需要；城内手工业发达，工人数目很多，大道能通达全省；由这种情形，可以知道当时商业的状况了。（三）广州。广州自唐以来，为国外贸易的中心地，宋初国外贸易兴起，政府特置提举市舶司，据朱彧《萍洲可谈》："崇宁初(徽宗纪元)，三路各置提举市舶司，三方唯广最盛。"它的繁荣，可想而知。（四）泉州。泉州到了宋代，为对外贸易良港，特设立提举市舶司，专司其事，它的形势，在当时正不在广州之下(参阅郑行巽编著《中国商业史》一二〇页)。商税在宋代，成为国家岁入的大宗，太祖初年，首先就整理商税，订定税则，以免苛滥，自后守为家法，凡州县小邑，对于任何商税的征收，都不敢专擅创例，必待取得诏旨允许之后，然后遵行。但自淳化年间(太宗纪元)，创为商税额收比较之制，熙宁年间(神宗纪元)，又创为本州税额比较之制以后，租法渐坏，商税的轻重，就全出于官吏的意思。据《宋史》卷一百八十六载："商税凡州县皆置务，关镇亦或有之，大则专置官监临，小则令佐兼领州，仍令都监监押同掌，行者赍货，谓之过税，每千钱算二十；居者市鬻，谓之住税，每千钱算三十；大约如此，然无定制，其名物各随地宜而不一焉。"徽宗政和间，于则例之外，增收税钱一分，钦宗绍兴间，增收三分或五分；自经总制钱开征以后,遂以十分为率,以三分归本州,以其余七分归经总制司,是为七分增税钱,商税因而日重。宋代有所谓关市之征的商税,兹据《通考》十四卷载熙宁十年以前天下诸州商税岁额表,节录如下:(一)四十万贯以上者,为东京、成都、兴元三属。(二)二十万贯以上者,为蜀、彭、永康、梓、遂五属。(三)十万贯以上者,为开封、寿、杭、眉、绵、汉、嘉、卬、简等十九属。(四)五万贯以上者,为西京、北京、徐、郓、邠、颍等三十属。(五)五万贯以下者,为南京、青、齐、沂、兖、淮阳等五十一属。(六)三万贯以下者,为密、登、莱、潍、曹、淄、郧、唐、孟等九十五属。(七)一万贯以下者,为随、金、均、信阳、莫、霸等三十五属。(八)五千贯以下者,为广济、房、保安、安前、丹、广信、顺安、镇戎、熙、庆、成、鄜、宪、岚、慈、宁化、火山等七十三属。以上是当时各州商业税额收入的大概。另有市利税,凡商货入京者所征收之税;力胜税,凡商人贩卖米粟者,另纳此税;酒税,凡由民酿酒者,皆有岁课;契税,凡民典卖田宅牛畜,皆纳契税;板帐钱,凡帐簿所记数目,而征收一定的税额;经制总钱,凡卖酒、鬻糟、商税、牙税、头子钱、楼店钱等,都稍增其数,而别列收系。

宋有"入中"的办法,即是商人输钱于京师榷货物,官给以券,到一定的地方,去取一定的官卖品。"入刍粟",即是商人纳刍粟于边郡,边郡给之以券,或到京师和其他积钱的地方去取钱,或偿之以官卖品。真宗末年,以缗钱和茶和香药犀齿,偿给入刍粟于西北边的人,于是西北边郡,专想招徕刍粟,将刍粟的价格抬高,国家偿给入刍粟的人的东西,就都变成贱卖,边郡收了刍粟,只顾发券,并不管国家现存的货物共有若干,以致持了券,兑不到物品,券价大跌。入刍粟的,本来是沿边的土人,得了券,并不自己去取物,都是卖给商人和京师的"交引铺"的;商人和交引铺,都要抑勒他的价钱,券价一跌,反要折本,自然无人来入刍粟,那末,国家虚费了许多官卖品,而边郡的刍粟,仍不充实。宋初官卖的茶,本是除掉本钱,再加上利息,卖给商人的(比方每斤官给园户本钱二十五文,卖给商人的价是五十六文,则三十一文就是息),仁宗时行"贴射法",就不给本钱,令商人和园户直接买卖,国家只收向来所取的息(比方商人到园户买茶一斤,应输钱三十一文给国家)。仁宗嘉祐四年(1059),把向来息钱的半额,均摊在茶户身上,谓之租钱,茶户输租之后,听其自由买卖,此法历神宗、哲宗两朝,无甚改革。徽宗时重行禁榷,其法:产茶地方的人民,许其赴场输息,给与"短引",在旁近州郡卖茶;其余的,悉令商人到榷货务纳金银缗钱;或沿边州军入刍粟,榷货务给之以钞,商人持钞到茶场上去取茶。茶场发茶的时候,另给一张"长引",商人拿着这张"长引",向所到的州军去,再完纳一次商税,这是徽宗崇宁元年的办法。其后又罢各茶场,令商人就京师或所在州县请给"长引"或"短引",自己去园户买茶。盐是当时政府所专卖,商人买盐要换钞,换钞之后,又要贴输钱,在后才可得到盐。除茶盐之外,酒面矾,也是为政府所专营的事业,其次是"和买"及"和籴"。"和籴"是什么地方丰收,便派人增价籴谷;或者什么地方要米谷,而转运为难,便派人去设法收买。"和买"所买的是布帛,亦有预先给钱,随后收帛的,则谓之"预买",这本是政府同人民做买卖的事,并不是收税;后来就有强买、抑价、不即给价、给价不足的弊病。和籴则每石取耗,预买则按月硬配,或外加名目收钱,或预买的帛,令折输钱,或预付的钱,有重取其息的弊病,结果成为加重人民的负担(参阅吕思勉编《本国史》卷三,一八〇页)。

　　宋代的均输法和平准法,是王安石变法所行的新政。均输之法,是为通天下之货,制为轻重散敛之术,使输者已便,而有无得以懋迁;凡籴买税敛上供之物,皆得徙贵就贱,用近易远,可以便转输,可以省劳费,使富商大贾,不得乘急邀利(见《宋史》卷一百八十六),此法本在利民,及其末流,至和商贾争利,其法终不能行。市易法,据《宋史·食货志》载:"市易之法,本汉平准,将以制物之低昂而均通之,其弊也,以官府作贾区,公取牙侩之利,而民不胜其烦矣。"此法渊源于保平军节度推官王韶倡为缘边市易之说,并采魏继宗议而制立的,《食货志》载:"熙宁五年,遂诏出内帑钱帛,置市易务于京师,先是有魏继宗者,自称草泽,上言:京师百货无常价,贵贱相倾,富能夺,贫能与,乃可以为天下;今富人大姓,乘民之亟,牟利数倍,财既偏聚,国用亦屈,请假榷货务钱,置常平市易司,择通财之官,任其责,求良贾为之转易,使审知市物之□,价贱则增价市之,贵则损价鬻之,因收余息以给公上;于是中书奏在京置市易务官,凡货之可市,及滞于民而不售者,平其价市之,愿以易官物者听,若欲市于官,则度其抵而贷之钱,责期使偿,半岁输息十一,及岁倍之,凡诸司配率,并仰给焉。"市易法可分为三项。(甲)结保贷请。凡商人收买官物,或请借官款而无抵押品者,则由三人相保;其偿期以半年及一年为限;半年者纳利息一分,一年者纳利息二分,过期不偿者,则除缴应纳利息之外,更加罚钱;结保贷请,有似于现在之信用交易和信用借款,大略相同。(乙)贸迁货物。商人之货物,可以发卖及滞销者,愿卖入官,就先由官府支钱收买;或愿和官物互相交换者,也得听其自便。前者是间接交易,后者是直接交易,贸迁货物,即是政府专卖。(丙)立契抵押。凡商人赊买官物,或请借官款,而以田宅或金帛为抵押品者,其付偿办法,以及偿期和延期付偿办法,都和结保贷请相同;这种办法,一方就是抵押交易,他方就是抵押借款。以上诸法,行于神宗熙宁间,以内藏库钱帛置提举,在京设市易务,后改为都提举市易司,而秦凤、两浙、黔州、成都、广州、郓州六市易司皆归其统辖。此法行之不久,遂生流弊,与王安石利民之旨相违。《宋史·食货志》载:"嘉熙三年(理宗纪元),臣僚言:今官司以官价买物,行铺以时直计之,什不得二三,重以迁延岁月而不偿,胥卒并缘之无艺,积日既久,类成白著,至有迁居以避其扰,改业以逃其害者,甚而蔬菜鱼肉,日用所需琐琐之物,贩夫贩妇所资锥刀以营升斗者,亦皆以官价强取之,终日营营而钱本俱成乾没,商旅不行,衣食路绝。望特降睿旨,凡诸路州县官司买物,并以时直,不许辄用官价,违者以赃定罪,从之。"(见卷一八六)可见此法行之颇久,及其末流,遂加以法律取缔。

宋代国内商业固属发展,而对于国外贸易,已脱离开国初期的幼稚现象而有进步,在国外贸易所征收的税额,成为国家收入的大宗。南宋军需浩繁,度支不足,政府更设法奖励国外贸易,以期税收的增加。宋代南北东西海陆诸边都有与外人贸易之事,东南沿海一带如广、泉、明、杭诸州,都各自专置提举市舶司,以司理西域诸国和南洋诸国商人来华贸易之事;西北陆地及沿海一带如代、潞、保安、镇、易、雄、霸诸州军,都置有榷场或博易场,与辽、金、夏诸国交易,东海岛夷,高丽、新罗诸国与中国往来贸易,大概乘船至登、莱二州境内行之;至于西南夷在今川、滇、桂一带者,也与中国交易。宋承唐制,各地置市舶司,将收入为国用大宗,《宋史》卷一百八十六载:"互市舶法,自汉初与南越通关市,而互市之制行焉。后汉通交易于乌桓、北单于、鲜卑;北魏立互市于南陲,隋唐通贾易于西北;开元定令,载其条目,后唐亦然;而高丽、回鹘、黑水诸国,又各以风土所产,与中国交易。宋初循周制,与江南通市,乾德二年,禁商旅毋得渡江,于建安、汉阳、蕲口置三榷署,通其交易,内外群臣,辄遣人往江浙贩易者,没入其货,缘江百姓及煎盐亭户,恣其樵渔,所造屦席之类,榷署给券,听渡江贩易。开宝三年,徙建安榷署于扬州,江南平,榷署虽存,止掌茶货;四年置市舶司于广州,后又于杭、明州置司,凡大食、古逻、阇婆、占城、勃泥、麻逸、三佛齐诸蕃,并通货易。"淳熙二年(高宗纪元),诏广州市舶除榷货外,他货之良者,止市其大半,大抵海船至十,先征其一,价直酌蕃货轻重而差给之,岁约获五十余万斤条株颗;太平兴国初(太宗纪元),私与蕃国人贸易者,计直满百钱以上论罪,十五贯以上黥面流海岛,过此送阙下。淳化五年(太宗纪元),申其禁,至四贯以上徒一年,稍加至二十贯以上黥面,配本州为役兵。天圣以来(仁宗纪元),象犀珠玉香药宝货充轫府库,尝斥其余以易金帛刍粟,县官用度,实有助焉,而官市货数,视淳化则微有所损,皇祐中(仁宗纪元),总岁入象犀珠玉香药之类,其数五十三万有余,至治平中(英宗纪元),又增十万。熙宁五年,诏发运使薛向曰:"东南之利,舶商居其一,比言者请置司泉州,其创法讲求之。"契丹在太祖时,虽听缘边市易,而未有官署,"太平兴国二年,始令镇、易、雄、霸、沧州各置榷务,辇香药犀象及茶与交易,后有范阳之师,罢不与通。雍熙三年(太宗纪元),禁河北商民与之贸易;时累年兴师,千里馈粮,居民疲乏,太宗亦颇有厌兵之意。端拱元年(太宗纪元),诏曰:'朕受命上穹,居尊中土,惟思禁暴,岂欲穷兵,至于幽、蓟之民,皆吾赤子,宜许边疆,互相市易,自今缘边戍兵,不得辄恣侵略。'未几复禁,违者抵死,北界商旅,辄入内地贩易,所在捕斩之"。从上引证,可知当其始,私与蕃国人贸易是有限制的,北方因为敌国的关系,恐怕敌人借贸易以侦探国情,故采闭关政策;对于东南海疆贸易,且采奖励政策。宋代国际贸易可分:(甲)陆路贸易。陆路国外贸易,以宋和辽、金、夏为主。(1)宋辽互市,宋初两国贸易在沿边之地,政府未曾设有官署,太平兴国二年,令镇、易、雄、霸、沧州各置榷务,特派人员携带货物去交易,出口货有茶、香、药、犀象,而入口货则有钱、银、布、羊、马、橐驼;不许输出的货品,在宋则有绵、漆器、秔糯;在辽则有马、羊、膻、银。(2)宋夏互市,真宗景德四年,始于保安军置榷场,继于镇戎军增置榷场,专司两国互市事宜;出口货有缯、帛、罗、绮、香、药、瓷、漆器、姜、桂等物;而入口货则有羊、马、牛、驼、玉、毡毯、蜜蜡、麝脐、毛褐、羚羊角、碙砂、翎毛、甘草等物;西夏商品,以原料居最多数。(3)宋金互市,宋金互市始于南宋,宋于淮西、京西、陕西等地置榷场;而金则于寿州、邓州、凤翔、唐州、颍州、蔡州、洮州、泗州等地置榷场;宋输出于金之商品有新茶、荔支、圆眼、金橘、犀象、丹砂,就中以茶为大宗;而金输出于宋之商品,则有丝、绵、绢等物;两国禁止输出品,在宋则有应造军器之物及犬马等；在金则有米、面、羊、豕及可作军器之物。宋代因为对于辽、金、夏常常用兵，所以互市是时许时禁，榷场是旋置旋废的。（乙）海外贸易。宋当统一之初，与北方契丹从事兵战，对于南方无暇顾及，在太宗雍熙四年以前（986），尚禁止海路贸易（见《宋史·太宗本纪》），惟广州因承唐代之盛，于太祖开宝四年即已设立市舶司，以管理对外通商事务，所以贸易很兴盛。据梁廷柟《粤海关志》所引称，当时进口货物，即就乳香一项而说，已年达三十四万八千余斤（见《蒲寿庚事迹》三二页），《宋史·食货志》载，"广南舶司言，海外蕃商至广州贸易，听其往还居止，而大食诸国商亦丐通入他州及京东贸易"，据此，可知广州所占海外贸易的形势了。及真宗咸平三年（1000），复开放杭州、宁波，为对外贸易地；哲宗元祐二年，又增开泉州，此等商港，均相继设立提举市舶司，以监督对外贸易，广州地位为泉州所替代，进出口之船舶均辐辏于泉州，一时为海上贸易之冠（见《中国国际贸易史》引赵汝适《诸蕃志》）。钦宗末年，金陷汴京，宋室迁都，想借海外贸易以弥补物资缺乏，乃奖励通商，《宋会要》："绍兴七年，上谕：市舶之利最厚，若措置合宜，所得动以百万计，岂不胜取之于民……绍兴十六年，上谕：市舶之利颇助国用，宜循旧法以招揽远人，阜通货贿。"因此对外贸易日渐发展，当时税收所入，每年常在二百万缗上下。至于对外贸易方法，在宋太宗时，为官督商办性质，到太宗末年和真宗时，为官营专业，禁止民间私营，犯者处罚。其时外人来华贸易者，以阿拉伯人为最盛，泉州广州都有居留地，广州外人居留地，则有历史上极为著名之蕃坊，北宋朱彧《萍洲可谈》（《守山阁丛书》本）卷二："广州蕃坊，海外诸国人聚居，置蕃长一人，管勾蕃坊公事。"泉州外人之居留地，在州城之南，普通称为泉南，泉南临晋江之流，海上交通颇为便利。宋时各朝咸奖励蕃客通商，《宋史》卷百八十五《食货志》："绍兴六年，知泉州连南夫奏请：诸市舶纲首，能招诱舶舟，抽解物货，累价及五万贯十万贯者，补官有差。"常发诏书劝诱蕃商来航中国，《宋会要》太宗雍熙四年条载："遣内侍八人，赍敕书金帛，分四纲，各往海南诸蕃国，勾招进奉，博买香药、犀牙、真珠、龙脑；每纲赍空名诏书二道，于所至处赐之。"因为这样，宋代对于蕃商，特加以优遇，每年十一月蕃舶归国之际，中国官吏常设宴慰劳送别，南宋周去非《岭外代答》(《知不足斋丛书》本)卷三："岁十月，提举(市舶)司大(稿)设蕃商而遣之。"《宋会要》绍兴十四年条载："每年于十月内，依例支破官钱三百贯文，排办筵宴，系本司(即市舶司)提举官同守臣犒设诸国蕃商等。"每有蕃船到中国，以宾主之礼与贸易商人相见，《宋史》卷四百四十六《苏缄传》载："广州领蕃舶，每商至，则择官阅实其资，商皆豪家大姓，习以客礼见主者。"蕃客有犯罪或非法之行为，往往宽恕不问，侨居中国之外国人，若犯徒刑以上之重罪，则由中国官吏审判；若在此限度以下，一律引渡与蕃坊，由彼等之蕃长自己判断(见北宋末年朱彧《萍洲可谈》卷二)，似拥有治外法权的特典。其时主要商品输出者，有磁器、绢布、樟脑、大黄、铁器、砂糖、金属等项；输入者有香料、宝石、象牙、珊瑚、刀剑、纺织品等；这等货物的运贩，大都经阿拉伯人的商船，因为当时之阿拉伯人，在远东据有三佛齐(今苏门答腊之浡临邦 Palembang)之根据地，中西贸易皆须经此，故泉州与浡临邦两地间，每年尚有定期航行数次；除阿拉伯商人之外，海外诸蕃在直接或间接和中国有贸易往来者，南洋方面，则有 Kalah-bar，Java，Sumatra，Philipine Island，印度洋方面，则有 Indian，非洲方面，则有 Egypt，Alexander，可知海外贸易的兴盛了。

辽国自得中国燕云十六州之后，版图扩大，物产丰饶，商业便于发展，先就国内贸易而说，南京(今北平)人口繁密，有三十万之多，水陆百货，都汇聚于其间。又外城分南北两市，早晨集于南市，夜间集于北市。上京(今内蒙古巴林旗东北)则南城各有楼对立，下列市肆，交易用布，不用现钱，外国商人亦有来上京贸易者，以回鹘商为最著名，上京南门之东,有回鹘营,就是回鹘商人的居留地。至于国外贸易,除南边置榷场和宋通商以外,并在高昌、渤海立互市,当时女真、鞑靼、于阗、波斯鲁、高丽等国都和辽通商,入口货有金、帛、布、蜜蜡、蛤蛛、兽皮、牛、羊、驼、马、人参、毳罽之类(见郑行巽编《中国商业史》一三三页)。

　　金国本为游牧民族的部落,初无商业可说,后来破辽灭宋,深入黄河淮河两流域,国土既辟,国富增加,天产益饶,金人借此以为国内外交易的商品,其时上京(今吉林阿城县治南)有市,各路冲要之区也置市,并有市税征收。至于国外贸易,于沿边置有榷场和宋通商,据《二十四史九通政典类要合编》卷二百三十五引:“海陵正隆六年四月(金主亮,名迪古乃纪元,为耶律元宜所弑,后追废为海陵王),诏汝州百五十里内州县,量遣商贾,赴温汤置市。”“章宗承安元年五月,以久旱徙市,越数日,诏复市如常”;“五年正月,如春水谕点检司,车驾所至,仍令百姓市易”;“泰和三年四月,谕省司官中所用物,如民间难得,毋强市之”。可见金也是注意商业的。

第七节　宋代之交通

　　宋代对于国外贸易如此之发达,是有借赖于交通事业之发展,倘没有交通事业之发展,则国外商业是谈不到的。交通事业包括水路陆路而言,据当时因交通事业之发展而交通之国家,如朝鲜,于宋太祖建隆三年,高丽国王昭遣广评侍郎李兴祐等来朝贡,锡以制书,昭卒,其子伷袭位,于太宗时,遣国人金行成入就学,行成擢进士第,累官至殿中丞,后通判安州。太平兴国七年,伷卒,其弟治袭位,雍熙元年,遣使来贡,又遣本国学生崔罕王彬,至国子监肄业。如日本,于太宗雍熙元年,日本国僧奝然与其徒浮海而至,献铜器十余事。如占城,于宋太祖建隆二年,其王遣使来朝,以后屡贡方物;光宗庆元六年,其国主遣使奉表贡方物及驯象二。如三佛齐国(Sarbaza),于宋太祖建隆元年九月,其王悉利胡大霞里檀遣使李遮帝来朝贡。如阇婆国(Java),于宋太宗淳化三年十二月,其王穆罗茶遣使陀湛、副使蒲亚理、判官李陀那假澄等来朝贡。如勃泥国(Sumatra 西北),于宋太宗太平兴国二年,其王向打遣使赍表,贡大片龙脑、光龙脑、玳瑁、檀香、象牙;神宗元丰五年二月,其王锡理麻喏复遣使贡方物,其使乞从前州乘海舶归国,从之。如天竺(印度),乾德三年,沧州僧道圆自西域还,开宝后(太祖纪元)天竺僧持梵夹来献者不绝(参阅《续通典》卷一百四十七,《九通政典汇要合编》卷二百四十)。从以上的引述,可以反证宋代对于国外的交通是如何之推广,而后有各方遣使进贡的事实。宋代之水陆交通,陆不如水,兹就航运事业,略为引述如下:自隋开凿运河以后,南北水道交通日便,至宋代内地江河航运日益发展,只看漕运事业的发展,可以知其大概。宋代漕运分四路至汴都。其一,就是东河(汴河),东南之粟,由淮入汴。其二,就是西河(黄河),陕西之粟,由三门、白波转黄河入汴。其三,就是南河(惠民河),转输陈蔡等州之粟。其四,就是北河(广济河),输运京东十七州之粟。漕运事业的发达,当然影响于交通了,据《文献通考·国用考》,述及诸州岁造漕运所用船数,在太宗至道末年,共为三三三七艘;至仁宗天禧末年,则减去四二一艘,造船厂所在的地方,就是虔州、吉州、明州、婺州、温州、台州、楚州、潭州、鼎州、嘉州和凤州、斜谷,此外如扬州、泗州和江陵,也是输漕转粟,至于海上交通,大概都是在东南沿海一带,如广州、泉州、明州等地,都为当时海舶寄泊之所,当时阿拉伯与中国交通往来的路程,是由波斯湾港,经阿曼(Oman)的麦斯克底(Mascate),至南印度的库莱姆(Koulam),再绕马来半岛,以达现在的广东,或其他南方诸港。至其所用船舶,可分四等,独樯舶最大,载重一千婆兰(每一婆兰合华斤三百),其次是牛头舶,其大当独樯舶的三分之一。又其次是三木舶，当牛头舶的三分之一。最后以料河舶为最小，当三木舶的三分之一。海洋交通事业，中国船只数目也甚多，而船身也比蕃舶大，操舟华人航海技术甚高，因为能利用信风及罗盘针，其时航行南洋中国船之构造及设备，已较为完整，关于此种航行外洋之中国船，在朱彧之《萍洲可谈》卷二中有详细之记事，更参酌北宋徽宗宣和五年(1123)由海路往高丽使者徐兢之《高丽图经》(《知不足斋丛书》本)卷三十四客舟记事，与南宋度宗咸淳十年(1274)吴自牧所作之《梦粱录》卷十二江海船舰记事等书，可知道宋代航行外洋之中国船，其构造形体与航术有如下：(一)船舶之大者可载五六百人。(二)特置纲首(船长)、副纲首、杂事等职，为取缔乘客及水手，并以笞治船员中不服从命令者。(三)船幅广阔，殆成正方形，下侧渐狭尖，成刃形，以便于破浪。(四)船有布帆及席帆二物，正风之时用布帆，偏风之时用席帆。(五)各船备有正副碇石二个，俱在船首以藤索维之，借辘轳以上下之。(六)无风之时则用撑力，每船有橹八挺或十挺，有时更超过之。(七)船之内部划分数区，其在区界之处作严重之墙壁，施以种种设备，务使船之一部受伤能不至影响于全体。(八)舟师夜观星辰，昼察太阳，以定航路方向，遇阴晦之时，专依指南针以定方向。(九)在航海中，时以钩系于长绳之端，摄取海底之泥，以便由此等泥质，推定位置，又常下铅锤，以测水量浅深。(十)航行时期，定有标准，自南海至中国者，须在发西南风之旧历四月末至五六月之间；反之，自中国往南海者，须在发东北风之十月末至十二月之间。据《萍洲可谈》与《高丽图经》之记事，可知十一世纪末期之时，及十二世纪初期之时，海上航行之中国船已使用罗盘针；罗盘针之使用，在航海史上文化史上为极重要的事件，然其起源于何时何地，以及如何传播于世界，直至今日尚无定说。据英文本《中国古代历史》一书，略谓中国人虽比较的早知磁石之指极性，以及测定方位之使用法，然对于罗盘针之利用，则未尝知之。阿拉伯人在中国经商之间，由中国人处学得关于磁石之智识，遂利用之于航海。譬如火药之使用，实中国人发明之，或火炮之使用，则反传自欧洲也。今早知磁石指极性之中国人，而对于罗盘针之使用，则反传自阿拉伯人，其理固与前者相同（*The Ancient History of China*，pp. 126–136），但是阿拉伯人在航海上使用罗盘针系先于中国人之说，无何种证据；中国人之使用罗盘针乃传自阿拉伯人之说，也无何种证据；我们要知道在宋代是中国船只最发达之时代，其时中国船之使往南洋及海外者甚多，倘不能使用罗盘针，则不能定航路方向，如是书所说，中国人关于磁石指极性之智识，及测定方位之使用法已经早知，则关于罗盘针之利用，当然可以联想知道的。又宋代对于交通事业，也知利用轮船，据《宋史》卷二百六十五《岳飞传记》，谓南宋高宗绍兴五年(1135)，岳飞征伐洞庭湖中贼徒之时，贼徒曾使用轮船，其原文有说："以轮激水，其行如飞。"南宋末吴自牧《梦粱录》卷十二杭州西湖之车船一节载称："船棚上无人撑驾，但用车轮脚踏而行，其速如飞。"利用推进机，以在湖上航行，能否利用于远洋之航行，没有史籍之证明，不能断定(可参阅日本桑原骘藏著《唐宋元时代中西通商史》汉译本九七页)。据《中外交通小史》所载及，阿拉伯人来中国者，曾破高仙芝的兵于怛罗斯(Taraz)城，阿拉伯人所俘中国的兵士有善于造纸的工人，因命俘虏在撒马尔干(Samarkand)地方设厂造纸，因此造纸术由阿拉伯传到欧洲；后来罗盘也因中国的船舶往来南海阿拉伯一带，阿拉伯人因知此物更由阿拉伯人传至欧洲，可知宋代中西交通对于文化的影响(见四二页)。

第八节　宋代之币制

宋之钱法，有铜铁二等，而折二折三当五折十，则随时立制，因地定规；四川、湖广、福建皆用铁钱与铜钱兼行，江南旧用铁钱十，当铜钱一；太祖初，特铸宋通元宝，凡诸州轻小恶钱加以禁止，私铸者皆弃市，江南钱不得至江北；太祖开宝四年，下诏雅州百丈县置监冶铸铁钱，岁铸九千余贯增十炉，禁铜钱入两川。因蜀郡一带自宋初时，即沿旧习行使铁钱，而铜产稀少，材料常感困乏，所以铁钱时有铸造。太宗即位，更铸太平通宝钱，江南旧用铁钱，于民不便，乃于升、鄂、饶等州产铜之地大用铜钱，铜钱既不渡江，益以新钱，则民间钱愈多，铁钱不用，悉镕铸为农器，以给江北流民之归附者，后遂除铜钱渡江之禁。太平兴国四年，令铜钱入蜀而铁钱不出境，令民输租铁钱十，纳铜钱一，时铜钱已竭，民甚苦之，商贾争以铜钱入川界，与民互市，铜钱一得铁钱十四，又于镇江、升州、江西、饶州等地方，置钱监铸钱。淳化元年，铸淳化元宝，至道元年铸至道元宝，并规定以后每改元即更铸钱，均称元宝而冠以年号，同时因为原料缺乏，令于饶州、信州产铜地开采铜矿，并收集铜器，以为补救之策。真宗咸平初，申新小钱之禁，令官置场尽市之。二年，宰相张齐贤请置监广铸，令虞部郎冯亮等按视至建州，置丰国监，江州置广宁监，凡铸钱用铜三斤十两，铅一斤八两，得钱一千，重五斤；三年凡铸钱一百二十五万。仁宗时，兵事日急而用度不足，陕西铸当十大钱，与小钱并行；河东亦铸当十铁钱，助关中军费；未几，关中奏罢河东铸大钱铁钱，而陕西复采仪州竹尖岭黄铜，置博济监，铸大钱，因令江南铸大铜钱，而江、池、饶、仪、虢各州，又铸小铁钱，悉辇至关中，数州钱杂行，大约小铜钱三，可铸当十大铜钱一，因此民间盗铸者甚众，钱文大乱，公私皆患（见《续通典》卷十一《食货》），后用叶清臣等议，以小铁钱三，当铜钱一，盗铸乃止。神宗时，置铜铁钱皆当二，谓为折二钱，是时诸路铜铁诸监，日有增加，每年所铸铁钱五百九十四万余贯，铜钱五百六万余贯，官铸日盛，而国用日多，常苦钱少；议者又以王安石当国，罢除铜禁，奸民销钱为器，边关海舶，不复禁钱之出使然。《续通典》卷十一载："自太祖平江南,江、池、饶、建置炉,岁鼓铸至百万缗,积百年所入,宜乎贯朽于中,藏充足于民间矣。比年公私上下,并苦乏钱,百货不通,人情窘迫,谓之钱荒,不知岁所铸钱,今将安在?夫铸钱禁铜之法旧矣,令敕具载,而自熙宁七年,颁行新敕,删去旧条,削除钱禁,以此边关重车而出,海舶饱载而回,闻沿边州军钱出外界,但每贯收税钱而已,钱本中国宝货,今乃与四海共用,又自废罢铜禁,民间销毁,无复可办,销镕十钱,得精铜一两,造作器用,获利五倍,如此则逐州置炉,每炉增数,是由畎浍之益而供尾闾之泄也。三年,计诸路铸钱,总二十七监,铸铜铁钱五百九十四万九千二百三十四贯。八年,复申钱币阑出之禁。"(时哲宗已即位)哲宗时,虽然禁铜钱出界,然每年铸钱之数,至终不能复盛。哲宗元符二年,下诏陕西悉禁铜钱,在民间者尽送官,并就京西置监。徽宗时,蔡京当国,用陕西转运副使许天仪议,铸折十铜钱,每贯重十有四斤七两,募民间私铸工人出为官匠,使并其家设营以居之,号铸钱院,所铸钱于陕西行铁钱地成之,于诸路行铜钱地用之,使绝私铸之患。又以契丹用中国铁铸为兵器,器犀利,乃改铸夹锡钱,凡贸易不用夹锡钱者,听人告讦,国内骚然,人民嗟怨,后复废之。宣和时(徽宗纪元),转运使宋乔年铸乌背漉铜钱进,诏以漉铜式颁诸路,并颁大观新修钱法于天下,又置真州铸钱监,以本路不依式钱及当二钱,用旧式改铸当十钱。南宋经兵革之后,州县困弊,鼓铸皆废,高宗建炎元年,工部郎李士观论及:"江、池、饶、建州四监,岁铸钱百三十三万余缗,多未输者,请令发运司委官催督",时东南小平钱甚重,张寿言:"改当十为当三,无私铸之利,请行于东南。"于是当三大钱始通于淮、浙、荆、湖诸路。其后又铸建炎通宝,小平钱及绍兴元宝折二钱、折三钱数种。孝宗时,有淳熙元宝、乾道元宝、隆兴元宝三种。宁宗时,有庆元、嘉泰、嘉定、开禧四种,又有小平钱、折二钱、当三钱、当五钱之别。理宗宝庆元年,行大宋元宝钱,及绍定通宝、端平通宝、嘉熙通宝、嘉熙重宝、淳祐通宝、淳祐元宝、开庆通宝、景定元宝等。理宗宝祐元年，诏新钱以皇宋元宝为文，时贾似道当国，请提楮币改造金银见钱关子，以一准十（关子之制，上一黑印如西字，中三红印相连，如日字，两旁各一小长黑印，像一贯字），银关既行，物价顿贵（参阅《中华通史》一〇八七页《续通典》卷十二《食货》）。

宋代币制，还有一件事和民生有关系的，便是钞法。中国币制，在古代本是金铜并用的，而金为秤量制，铜为铸造制，到汉朝还没有改。魏晋以后，黄金便日少，有人说都是由于写经造像的销耗。黄金是很少的，黄金并不在多数人手里流转，而多在富贵家庭里用为装饰之物。中国历代的币制，是紊乱时多，整理时少。五代时有一两国，竟用起铁钱来，宋朝不能厘革，于一定的区域中，仍旧听铁钱行使，除江南、四川外，不准行用铁钱，四川以交通不便的地方，使用这笨重的货币，于是数百年来扰乱中国经济界的钞法，就以此为发源地。宋朝使用纸币，起于真宗的时候，先是蜀人患铁钱太重，自行发行一种纸币谓之"交子"，每一交子计钱一缗，三年一换，谓之一界（每三年将旧的尽行收回，另发新的一次），以富民十六户主之；后来富民穷了，渐渐不能付钱出来，致有争讼，转运使薛田乃请于益州设立交子务而禁其私造，因此，民间自行发行的纸币，就变为官发。神宗熙宁时，曾将此法推行于河东、陕西，旋即停罢，蔡京当国推广用的区域，又改其名为"钱引"，当时除闽、浙、湖、广外，全国通行，然滥造滥发，没有兑现的预备，以致一缗只值钱十余文。南渡以后，初时行用的仍名"交子"，后来又有"会子"、"关子"（会子初仅行于两浙，后来亦只行于两淮、湖北、京西；关子系末年所造），亦系分界行使，但不能兑现，每界又不能按时收回，往往两界或两界以上同时行使，其价格亦不能维持（参阅吕思勉《本国史》三编一八七页）。孝宗力振币政，虑"交子"之病民，诏出内库及南库银一百万两买之，而在外商贾因低价收购，会子终莫得而悉收。其他行于四川者名"川引"，行于淮者名"淮交"，行于湖南者名"湖会"，终宋之世，发钞愈多，折阅亦愈甚。

辽之旧俗，重游牧，分部落，以马匹计富裕，逐水草而居，民无定所，本无货币交易；自耶律氏兴盛以来，制造日增，文化进步，始铸钱以济国用。辽太祖以土产多铜，广造钱币，遂致富强，以开帝业。太宗置五冶太师以总四方钱铁。景宗乾亨中，以旧钱不足于用，始铸乾亨新钱，钱用流布。圣宗统和十四年，凿大安山，取刘守光所藏钱，散于五计司，又出内藏钱，赐南京诸军司；太平中，兼铸太平钱，新旧互用。兴宗重熙二十二年，长春州置钱帛司。道宗清宁二年，诏行东京所铸钱；九年，令诸路不得货铜铁以防私铸。道宗大康九年，禁外官部内货钱取息；十年，禁毁铜钱为器；大安四年，禁钱出境。是时钱有四等，名咸雍、大康、大安、寿隆，后经费浩繁，鼓铸仍旧，国用不给。至天祚之世，更铸乾统天庆（天祚帝年号）二等新钱，其时上下穷困，府库亦无余积。

金初起时，行使货币，均袭用辽宋旧钱。金主亮正隆三年，始置宝源、新丰，利用三监铸钱，名正隆通宝，轻重如宋小平钱，与旧钱通用。世宗大定元年，命陕西参用旧铁钱；十年，以官钱多积，恐民间不得流通，令各处贸易金银丝帛，以图流转；十三年，命非屯兵之州府，以钱市易金帛，运致京师，使钱币流通，以济民用；十六年，又铸大定通宝，继诏与旧钱并用。章宗明昌三年，令民间流转交钞当限其数，毋令多于现钱；泰和三年，铸大钱，以一直十，名泰和重宝，与钞参行。宣宗贞祐三年，七月改交钞之名，为贞祐宝券，不久，千钱之券，仅值数钱；兴定元年，又改造一种贞祐通宝，以一贯当宝券千贯，四贯等于银一两；五年，又造兴定宝泉，一贯等于宝券四百贯，两贯等于银一两；元光二年，又立法，银一两，不得超过宝泉三百贯，凡物可值银三两以下者，不许用银，以上者三分为率，一分用银，二分用宝泉，及珍货重宝，京师及州郡置平准务，以宝银相易。哀宗正大间，民间遂以全银市易；天兴二年，印天兴宝泉于蔡州，自一钱至四钱为四等，同现银流转。

第九节　宋代之官制

　　魏晋南北朝隋唐的官制，与秦汉的官制不同；宋朝的官制，又与唐朝不同；其显而易见的，便是中央政府，在唐朝时候，是合三省为相职，中书取旨，门下封驳，尚书承而行之，此时重要政务，都在六部手里。宋初则以同中书门下平章事为首相，参知政事为次相，共掌政事；兵权则由枢密使掌握，此三者皆有宰相之实权，而三司之太师太傅太保，及三公之太尉司徒司空，则作为宰相的加官；其他省、台、寺、监等官仍依唐制，然自沿袭既久，居其官者，多不知其职。宋代合户部盐铁度支为三司，专设一使，做了中央的财政机关。兵事本来是兵部专管，到后来事实上又发生出一个枢密使来，一切政务都要参预，这种官最初是用宦官做的，兵权在宦官手中，渐渐侵占兵部的职权，于是"中书治民，三司理财，密院主兵"，成为中央政府三个对立机关。枢密使本唐代宗时始初设置。据《二十二史札记》卷二十二载："唐中叶以后，始有枢密使，乃宦官在内庭出纳诏旨之地；昭宗末年，朱温大诛唐宦官，始以心腹蒋元晖为唐枢密使，此枢密移于朝士之始。温篡位，改为崇政院，敬翔、李振为使；凡承上之旨，皆宣之宰相，宰相有非见时，而事当上决者，则因崇政使以闻，得旨则复宣而出之。然是时止参谋议于中，尚未专行事于外，至后唐复枢密使之名，郭崇韬、安重海等为使，枢密之任，重于宰相，宰相自此失职。今按唐庄宗时崇韬为使，明宗时安重海为使，晋高祖时桑维汉为使，汉隐帝时郭威为使……郭威为使时，率兵平三叛，归西京，留守同中书门下平章事王守恩官已使相，肩舆出迎，威怒之，即以头子命白文珂代之；守恩方在客次待见，而吏已驰报，'新留守视事于府矣'，守恩遂罢；可见当时枢密之权等于人主，不待诏敕而可以易置大臣……于是权势益重，遂至称兵犯阙，莫不响应也。"由此可知道枢密使在五代时权力最重。宋代以平章事为真宰相，大抵二人，而又别设参知政事，称执政官，以为宰相之副，此为神宗元丰以前之制。自元丰新改官制，其后宰相之职凡五变：元丰新官制于三省置侍中、中书令、尚书令，以尚书令之贰左右仆射为宰相；左仆射兼门下侍郎，以行侍中之职；右仆射兼中书侍郎，以行中书令之职；废参知政事，置门下中书二侍郎，尚书左右丞以代其任。这是一变。徽宗时，蔡京以太师总领三省，号公相，乃废尚书令，改侍中中书令为左辅右弼；改左右仆射为太宰少宰，仍兼两省侍郎。这是二变。钦宗时，改左右仆射为左右丞相。这是三变。高宗南渡，用右仆射吕颐浩之言，以尚书左右仆射并为同中书门下平章事，门下中书侍郎并为参知政事，并罢左右丞。这是四变。孝宗时，改左右仆射为左右丞相，并诏侍中中书尚书令设而不除，可并删去，以左右丞相充其位。这是五变。统括来说：自宋承唐制以平章事为真宰相以后，由平章事变而为左右仆射，变而为太宰少宰，又复变而为左右仆射、左右丞相；执政官由参政改左右丞，由左右丞复改参政。高宗时不但对于中枢宰相官职改制，且简省冗职，如罢宗正寺以属太常寺，以卫尉太仆二寺属之兵部，太府司农二寺属之户部，光禄鸿胪二寺属之礼部，而惟留太常太理二寺；又少府将作（按将作监掌宫室、城郭、桥梁、舟车、营缮之事）二监则合于兵部，国子监则属之礼部。其后宗正、大府、司农三寺，及少府国子二监仍然复旧，大概高宗南渡以后，因财政紧急，所以实行裁汰冗职。宋代有各部，分任国家重要政务，如吏部有尚书一人，掌文武官吏选试拟注资任迁叙荫补考课之政，封爵策勋赏罚殿最之法。凡文阶官之等二十，武选官之等五十有六，幕职州县官之等七，散官之等九，皆以左右高下，分属于四选：（甲）尚书左选，文臣京朝官以上，及职任非中书省除授者，悉掌之。（乙）尚书右选，武臣升朝官以上，及职任非枢密院除授者，悉掌之。（丙）侍郎左选，掌自初任至幕职州县官。（丁）侍郎右选，掌自副尉以上至从义郎。若文武官虽不隶左右选，而职任系中书省枢密院除授者，皆吏部奉行；吏部长贰及所隶郎官，其属有司封、司勋、考功，凡官十有三；尚书一人，侍郎一人，郎中、员外郎、尚书选二人，侍郎选各一人，司封、司勋、考功各一人。如户部有尚书一人，掌军国用度，以周知其出入盈虚之数。凡州县废置，户口登耗，则稽其版籍，若贡赋征税敛散移用，则会其数而颁其政，以土贡辨郡县之物宜。以征榷抑兼并而佐调度，以孝义婚姻断嗣之道和人心，以田务券责之理直民讼，凡此归于左曹。以平常之法，平丰凶，时敛散；以免役之法，通贫富，均财力；以伍保之法，联比闾，察盗贼；以义仓之法，救饥馑，恤艰阨；以农田水利之政，治荒废，务稼穑；以坊场河渡之课，酬勤劳，省科率；凡此归于右曹。尚书置都拘辖司，总领内外财赋之数。凡钱谷帐籍长贰选吏钩考，其属有三，为度支、金部、仓部，凡官十有三，尚书一人，侍郎二人，郎中、员外郎、左右曹各二人，度支、金部、库部各二人。如礼部有尚书一人，掌礼乐祭祀朝会宴享学校贡举之政。侍郎一人，为尚书之贰，奏中严外，辨同省牲及视馔腥熟之节，祭天地鬼神之献礼。郎中一人，员外郎一人，参预礼乐祭祀朝会宴享学校贡举之事。膳部郎中一人，员外郎一人，掌牲牢酒醴膳馐之事。主客郎中一人，员外郎一人，掌以宾礼待四夷之朝贡。祠部郎中一人，员外郎一人，掌天下祀典道释祠庙医药之政。如兵部有尚书一人，掌兵卫武选车辇甲械厩牧之政令，以天下郡国之图而周知其地域。凡陈卤簿，设伏卫，饬官吏，整肃番夷，其属有三，为职方、驾部、库部，设官十，尚书侍郎各一，四司郎中、员外郎各一。如刑部掌刑法狱讼奏谳赦宥叙复之事，凡断狱本于律，律所不该，以"敕""令""格""式"定之，审其轻重，平其枉直。其属有三，为都官、比官、司门，设官十有一，尚书一人，侍郎二人，郎中员外郎，刑部各二人。如工部掌天下城郭宫室舟车器械符印钱币山泽苑囿河渠之政，其属有三，为屯田、虞部、水部，设官十，尚书侍郎各一人，工部屯田、虞部水部郎中、员外郎各一人。从唐朝的官制，变成宋朝的官制，创设许多临时特设的机关，而六部亦失其职，譬如户兵二部的职权，都在三司（合户部、盐铁、度支为三司，专设一使）和枢密院；礼部的职权，则在太常礼仪院；工部的职权，则分属军器监、文思院等。六部之外，有六部监门官一员，掌司门钥；六部架阁掌储藏帐籍文案；御史台掌以仪法纠百官之失；秘书省置监、少监、丞各一人，监掌古今经籍图书、国史实录、天文历数之事，少监为之贰而丞参领之；殿中省置监、少监、丞各一人，监掌供天子玉食医药舆辇之政令，少监为之贰而丞参领之；太常寺置卿、少卿、丞各一人，博士四人，主簿、协律郎、奉礼郎、大祝各一人，卿掌礼乐郊庙社稷陵寝之事，少卿为之贰，丞参领之；宗正寺置卿、少卿、丞、主簿各一人，卿掌叙宗派属籍，以别昭穆而定其亲疏，少卿为之贰，丞参领之；大理寺，元丰官制行，置卿一人，少卿二人，正二人，推丞四人，断丞六人，司事六人，评事十有二人，主簿二人，卿掌折狱详刑鞫谳之事，少卿分领其事鸿胪寺，置卿一，少卿一，丞主簿各一，卿掌四夷朝贡宴劳给赐送迎之事，少卿为之贰，丞参领之；司农寺掌籍田种植畜产平粜利农之事；太府寺掌供祀祭香币帨巾神席及校造升斗衡尺之事；国子监掌以经术教授诸生之事；将作监掌祠祀太庙缮修内外营造绘饰之事；军器监掌造兵器旗帜戎帐之事；都水监掌川泽河渠津梁堤堰疏凿浚治之事；司天监掌察天文祥异钟鼓漏刻写造历书之事；殿前司掌殿前诸班直及步骑诸指挥之名籍，与统制训练蕃卫戍守迁补赏罚之事；侍卫亲军掌侍卫扈从及大礼宿卫之事；环卫官掌拱卫皇室之事（参阅《续通典》卷二十七至卷三十一，又《九通政典类要合编》卷一百八十二）。从以上引证，可知宋代中央官制的大概。宋代的官制有一特点，就是所谓官者是用之以"定禄秩"，至于实际任事，则全看差遣而定，做这个官，使治这件事，也要另外用敕差遣的。到神宗时，才参照《唐六典》改正官制，命省、台、寺、监各还所职，是为元丰的新官制。

关于地方官制,宋代取中央集权主义,地方之官有京师外州的分别,京师所治,恒立尹以理之,宋代地方加多,改唐分道之法为路,太宗匡义时分中国为十五路(京东、京西、河北、河东、陕西、淮南、江西、湖南、湖北、两浙、福建、西川、陕西、广东、广西),神宗时又为二十三路(京东东、京东西、京西南、京西北、河北东、河北西、河东、永兴、秦凤、淮南东、淮南西、两浙、江南东、江南西、荆湖北、荆湖南、福建、成都、潼川、利州、夔州、广南东、广南西),徽宗时,又增二路(云中、燕山),共二十五路。南宋以后,宋地狭小,东南所保,路仅十六(浙西、浙东、江南东、江南西、淮南东、淮南西、荆湖南、荆湖北、京西、成都、潼川、利州、夔州、福建、广南东、广南西),每路所统,有府有州,有军有监,府州军均有领县;府有知府事,州有知州事,军有知军事,而总管于路。凡路多置有监司(见《中华通史》一〇八〇页引),以监督地方行政,又设经略安抚使,掌一路民兵之事,统率其属而听狱讼,颁禁令,定赏罚,稽钱谷甲械出纳之名籍;设发运使,副判官掌经度山泽财货之源,漕淮浙江湖六路储廪,以输中都,而兼制茶盐泉宝之政,及专举刺官吏之事;设都转使、转运使、副使判官,掌经度一路财赋而察其登耗,有以足上供及郡县之费,岁行所部,检察储积,稽考帐籍,凡吏蠹民瘼悉条列上达,及专举刺官吏之事;设提点刑狱,掌察所部狱讼而平其曲直,所至审问囚徒,详覆按牍,凡禁系淹延不决,盗窃逋窜不获,皆劾以闻,并举刺官吏之事(见《九通政典汇要合编》卷一百八十四),据此,可以知道宋代是采取中央集权主义的。此外,宋初召诸藩镇入京师,各赐以第,分命朝臣,出守列郡,号为权知军州事,军是指兵、州是指民而说,其本官高的,则谓之判,以后遂为定制。诸府州军监不设正官,只派文官朝臣出去治理,谓之知某某府事,知某某州军监事;即各县也不设县令,只用中朝官外补,谓之知某某县事,诸州又有通判以为佐贰,长吏和通判都得直接奏事,县令也由吏部考课分别等差。宋朝的外官,分为厘务亲民两种:亲民官是由差遣的形式,派出去代向来的地方官的;厘务官是专治一事而直属于中央,这种办法都是把向来地方官所兼管的事情,析出一部分来归于中央,所以说宋朝是行集权制的。

辽国设官分为南北,北面治宫帐、部族、属国之政,南面治汉人州县、租赋、军马之事。所谓帐是辽主所居者,谓之御帐,此外又有皇族四帐,遥辇氏九帐,国舅二帐,渤海帐,奚王帐(遥辇氏是前代君主之后,渤海、奚王是契丹的贵族),所谓宫是天子的禁卫军,部族是辽国里游牧之民,属国是北方游牧之族,不直接归辽国治理的,只就其酋长授以官名,来通朝贡,有兵事时亦可向其征兵,但诸国可随意出兵或助饷。辽北宰相府有左右宰相,掌佐理军国之大政;南宰相府亦有左右宰相,掌佐理军国之大政。太祖天显元年,大东丹国置中台省,有左大相、右大相、左次相、右次相;其属部设有某部右宰相、某部左宰相,此皆北面宰相之制;其南面官则于中书省设大丞相、左丞相、右丞相、同中书门下平章事、参知政事;尚书省有左仆射、右仆射;其三京宰相府(中京、东京、南京)有左相、右相、左平章事、右平章事。北面官,北宰相府宰相下有总知军国事、知国事等官;南宰相府亦有总知军国事、知国事等官;南面官中书省有堂后官主事、守当官;尚书省有左右司郎中、左右司员外郎。北面的政府,是北枢密院掌兵部,南枢密院掌吏部,北南二大王院掌户部,夷离毕掌刑部,宣徽南北院掌工部,敌烈麻都掌礼部,而北南二宰相府总之(北面官中又分南北)。南面的官,有三公、三师、枢密院、省、台、寺、监、卫。外官则有节度、观察、防御、团练诸使和刺使、县令。又有一种头下州军,是宗室外戚大臣之家,自行筑城而朝廷赐以州军之名的。

金的官制,大概模仿宋,元遗山《张万公碑铭》载:"金制,自尚书令而下,有左右丞相为宰相,尚书左右丞为执政官,凡内族外戚及国人有战功者为之;其次则横霫人,又次则杂用汉进士,不过以示公道而已,无相权也。"又《续通典》卷三十五载:"金左右丞相各一员,平章政事二员……左右丞各一员……参知政事二员,为执政官,为宰相之贰,俱列于尚书省,位在尚书令下。熙宗时,率以宗室王公除拜丞相,平章政事或参知政事,往往带元帅衔,出则统军,入则佐政,礼遇亦极优焉。"关于其设置之时代,据《二十二史札记》卷二十八载:"《韩企先传》:金太祖定燕京,始用汉官宰相赐左企弓等,置中书枢密院于广宁府,而朝廷宰相自用女真官号,太宗初年无所更改;及张敦固伏诛,移中书省枢密院于平州,蔡靖以燕山降,又移置于燕,凡汉地选授官职,调发租税,皆承制行之;自时立爱、刘彦宗、韩企先官为宰相,其职皆如此,故规为设施,不见于朝廷之上,惟治官政,庇民事,内供京师,外给转饷而已。后斜也、宗干当国,劝太宗改女真旧制,从汉官制度;天会四年(熙宗纪元),始置尚书省以下诸司府寺。十二年,以企先为尚书右丞,汉人为真相,自此始。"其为用兵而设的官,有都元帅和左右副元帅,其余的官,大抵用宋辽旧制。

第十节　宋代之军制

宋之军制,大概有四:(一)禁军,为天子之卫兵,守卫京师以备征伐。(二)厢军,由各州募集而供役使。(三)乡兵,选于户籍或应募,使之团结训练,以为所在防守。(四)蕃兵,内附的蕃人,具籍塞下,团结以为藩篱之兵。以上皆隶属于殿前都指挥使、侍卫亲军都指挥使、马步军都指挥使的三司。据《宋史》卷一百八十七载:"太祖起戎行,有天下,收四方劲兵,列营京畿,以备宿卫;分番屯戍,以捍边圉;于是将帅之臣,入奉朝请;犷暴之民,收隶尺籍;虽有桀骜恣肆而无所施于其间,凡其制为什长之法,阶级之辨,使之内外相维,上下相制,截然而不可犯者,是虽以矫累朝藩镇之弊,而其所惩者深矣。咸平以后,承平既久,武备渐开;仁宗之世,西兵招刺太多,将骄士惰,徒耗国用,忧时之士屡以为言,竟莫之改。神宗奋然更制,于是联比其民,以为保甲;部分诸路,以隶将兵。虽不能尽拯其弊,而亦足以作一时之气,时其所任者王安石也。元祐绍圣(哲宗纪元),遵守成宪,迨崇宁大观间(徽宗纪元),增额日广而乏精锐,故无益于靖康之变,时其所任者童贯也。建炎南渡,收溃卒,招群盗,以开元帅府,其初兵不满万,用张、韩、刘、岳(张浚、韩世忠、岳飞、刘锜)为将,而军声以振,及秦桧主和议,士气遂沮。孝宗有志兴复而未能,光宁以后,募兵虽众,士宇日蹙,况上无驭将之术,而将有中制之嫌,然沿边诸垒,尚能努力效忠,相与维持,至百五十年而后亡,虽其祖宗深仁厚泽,有以固结人心,而制兵之有道,综理之周密,于此亦可见矣。"《宋史》所载,制兵有道,综理周密,未必尽然,因宋朝之兵较之辽金,亦觉薄弱。考禁兵之制,是宋太祖监前代之失,萃集精锐于京师,于建隆元年,下诏殿前侍卫二司,各阅所掌兵,拣其骁勇,升为上军,老弱怯懦,置剩员以处之;诸州长吏,选所部兵送都下,以补禁旅之阙;又选强壮卒,定为兵样,分送诸道,军制集权于中央。太祖时至讲武殿阅诸道之兵,得万余人,以骑兵为骁雄,步军为雄武,并隶于侍卫司,且命王继勋主持之。真宗咸平四年,诏陕西沿边州军兵士,选其精壮者,升为禁军,又命使臣分往各州,选取有力者共二万人,各于本州置营,升为禁军。统计太祖开宝年间之兵籍,有三十七万八千,而禁军马步有三十五万八千;真宗天禧年间之兵籍,有九十一万二千,而禁军马步有四十三万二千;仁宗庆历年间之兵籍,有一百二十五万九千,而禁军马步有八十二万六千。至于水军,高宗建炎初,李纲请于沿江淮河帅府置水兵二军,要郡别置水兵一军,次要郡别置中军,如明州水军、镇江驻扎御前水军、沿海水军、潮州水军、江阴水军、广东水军、江州水军、池州都统司水军、漳州水军、泉州水军、殿前澉浦水军、鄂州都统司水军、建康都统司治安水军、通州水军、两淮水军等,约共三万五千人。厢兵之制,是诸州之镇兵内总于侍卫司,一军之额,有分隶数州者,或一州之管,兼屯数州者。在京诸司之额五,隶宣徽院,以分给畜牧缮修之役,而诸州则各以其事相属。太祖建隆初,选诸州募兵之壮勇者,部送京师以备禁卫,余留本城,然少加训练,类多给役而已。真宗天禧元年,诏选天下厢兵迁隶禁军者,凡五千余人;二年,诏河北禁军疲老不任力役者,委本路提点刑狱;庆历中,招收广南巡海水军,皆予旗鼓训练,备战守之役;皇祐中河北水灾,农民流入京东三十余万,安抚使富弼募以为兵,拔其尤壮者,得九指挥,教以武技,分置于青、莱、淄、徐、沂、密、淮阳七州军。仁宗嘉祐四年,复诏西路于浑、濮、齐、兖、济、单各州,置步兵指挥六,如东路法,于是东南州军多置教阅,厢军皆以威勇忠果壮武为号,训练如禁军。神宗元丰之末,总天下厢兵马步指挥凡八百四十,其为兵凡二十二万七千六百二十七人,而府界及诸司或因事募兵之额尚不在内。哲宗元祐二年,太师文彦博言,厢军旧隶枢密院,新制改隶兵部,且本兵之府岂可无籍,枢密院亦以为言,乃诏本部自今进册,以其副上枢密院;三年,诏京西路厢军以三万五百人为额,又诏天下州郡,以地理置壮城兵。高宗建炎而后,兵制不定,至孝宗乾道中,只四川厢军二万九百七十二人,其后废置损益,随时不同。欧阳修曾论及厢兵之弊说:“国家自景德(真宗纪元)罢兵三十三岁矣,兵尝经用者老死几尽,而后来者未尝闻金鼓识战阵也,生于无事而饱于衣食也,其势不得不骄惰……夫就使兵耐辛苦而能斗战,虽耗农民为之可也,奈何有为兵之虚名,而其实骄惰无用之人也。古之凡民长大壮健者皆在南亩,农隙则教之以战,今乃大异,一遇凶岁,则州郡吏以尺度量民之长大而试其壮健者,招之去为禁兵,其次不及尺度而稍怯弱者,籍之以为厢兵(一作军),吏招人多者有赏。而民方穷时;争投之,故一经凶荒,则所留在南亩者惟老弱也,而吏方曰:不收为兵,则恐为盗。噫! 苟知一时之不为盗,而不知终身骄惰而窃食也。古之长大壮健者任耕,而老弱者游惰,今之长大壮健者游惰,而老弱者留耕也,何相反之甚耶?然民尽力乎南亩者,或不免乎狗彘之食,而一去为增兵,则终身安佚而享丰腴,则南亩之民不得不日减也,故曰:有诱民之弊者,谓此也。"(见《文献通考》卷一百五十二)乡兵之制,是选自户籍,或土民应募,在所团结训练,以为防守之兵。太祖建隆四年,分命使臣往关西道,令调发乡兵赴庆州;真宗咸平四年,令陕西纳税人户家出一丁,号保毅,官给粮食,使之分番戍守;五年,陕西缘边丁壮充保毅者,至六万八千七百七十五人。仁宗康定初,诏河北河东添籍强壮,河北凡二十九万三千,河东十四万四千,皆以时训练,后以正兵不足,乃籍陕西之民,三丁选一,以为乡弓手;庆历二年,籍河北强壮,得二十九万五千,拣十之七为义勇,且籍民丁以补其不足,河东拣籍如河北法;各路乡兵,以义勇军为最盛。蕃兵之制自熙宁以后,尤重蕃兵保甲之法。真宗咸平初,秦州极边置千人,分番守戍。边地蕃人内附者,拣选之以为蕃兵,神宗熙宁七年三月,王韶言:河州近城川地招汉弓箭手外,其山坡地招蕃弓箭手,给地一顷,蕃官两顷,大蕃官三顷。元丰二年,计议措置边防,以泾原路正兵,汉蕃弓箭手,为十一将,分驻各州;五年二月,诏提举熙河等路弓箭手、营田、蕃部,共为一司,隶泾原路制置司;四月,诏蕃弓箭手阵亡,依汉弓箭手给赗,弓箭手出战,因伤及病不能自还者,并依军例赐其家;元丰三年,诏泾原路募勇敢如鄜延路,以百人为额。自是以后,蕃部益众,而弓箭手多蕃兵。哲宗元符二年四月,环庆路经安抚司言新筑定边城,有西夏人来投蕃部甚众,乃将归顺之人,就新城收管给田,并选置正副二员,总领蕃兵。宋代因西北边事日急,乃行大募兵制,禁兵厢兵之数达百余万,神宗时,曾汰冗兵为民。熙宁初,王安石变募兵而行保甲,保甲法以十家为一保,选主户之有干力者为保长,五十家为一大保,选一人为大保长,十大保为一都保,选为众所服者为都保正,又以一人为之副,使各贮弓箭,讲习武艺;保甲法行,募兵乃衰,此法废置不定,故民兵之制,至终亦陷于衰替(参阅《宋史》卷一百九十二)。关于马政:太祖始置养马二务,承前代之制,初置左右飞龙二院,以左右飞龙二使领之。太宗太平兴国四年,诏市吏民马十七万匹以备征讨。真宗咸平元年,别置佑马司,掌戎人驱马至京师,辨其良驽,平直以市,分给诸监牧养。神宗即位,留意马政,于是枢密副使邵亢请以牧马余田,修稼政以资牧养;熙宁五年,举行户马,元丰七年,举行保马,统是以官马责之于民,令其畜养,凡户马蠲其科赋,保马蠲其征役。哲宗即位,议者争言保马不便,乃下诏以两路保马分配诸军,余数发太仆寺,不堪支配者,斥还民户,而责给回原价。从上简单的引述,知道宋代亦是注意骑兵之制(参阅《通考》卷一百六十)。

辽国兵制共有六种:(一)御帐亲军。(二)宫卫军。(三)大首领部族军。(四)部族军。(五)五京乡丁。(六)属国军。乡丁以其为耕稼之民,不能成为战斗的主力;属国不是直接属辽治理,有时可以助多少兵,故两者都不能成为正式军队。惟御帐亲军、宫卫军、大首领部族军(亲王大臣的私兵)虽其所属各异,而统是部族军队,故以这些部族军作为正式军队。辽初起时,通国皆兵,凡民年十五以上,五十以下,悉隶兵籍,有事调遣,器皆自备,每正军一名,有马三匹,人马不给粮草,故四出抄掠。

金初起时,部落极为寡弱,其时诸部之民,壮者皆兵,部长谓之孛堇;有警则下令于本部及诸部的孛堇征兵。诸部的孛堇,若战时兵少,称为谋克,兵多称为猛安(太祖二年,始定以三百人为一谋克,十谋克为一猛安),太祖起兵之后,凡诸部之来归者,悉授以猛安谋克,即辽人汉人之来归者,亦以此职授之,其意盖欲得他部的助力。其后熙宗(名亶,本名赫拉)时,乃罢汉人渤海人之承袭猛安谋克,而专以兵权归他的部族。

及海陵王(金主亮追废为海陵王)时,统率多数的猛安谋克,迁都于汴京,从前尚武风气,日就消亡。

第十一节 宋代之法制

宋太祖赵匡胤削平群雄,统一中原后,遂提出修订政制的大纲,以削除军人内溃之祸:(一)凡节度使病故出缺,或升官辞职的,渐用文官继任。(二)各州设立通判,统治州中一切军民大事,与中央政府直接,以分节度使的权势。(三)节度使只许统治其驻在地的一部,其余兼辖的各部,统改由中央政府直隶,以缩减节度使的统治区域。(四)在各路设置转运使,组织地方财政收支机关,不许把持地方财政。他对于政制已然如此,而对于法制,则沿袭《唐律》及五代之旧,形式虽有更易,而精神实没有大异。太祖初年,急以统一司法权为务,据《文献通考》卷一百六十六载:"宋太祖皇帝建隆三年,定大辟详覆法,上惩五代藩镇专条之弊,初令诸州奏大辟案,委刑部详覆,又令诸州参与司法掾同断狱。"宋代承继五代紊乱之后,用刑不免严酷,曾采用惨无人理的凌迟刑,及前代的黥刑,但在太祖初年,是颇注意于宽刑的,《渊鉴类函》卷一百四十七载:"开宝二年(太祖纪元)五月,上以暑气方盛,深念缧系之苦,乃下手诏两京诸州,令长吏督掌狱掾,五日一检视,洒扫狱户,洗涤枷械,贫不能自存者给饮食,病者给医药,轻系小罪即时决遣,无得淹滞。八年三月,有司言自三年至今,诏所贷死罪凡四千一百八人。上注意刑辟,哀矜无辜,尝读《虞书》叹曰:尧舜之时,四凶之罪,止从投窜,何近代宪网之密耶?盖有意于措刑也。故自开宝以来,犯大辟罪,非情理深害者,多贷其死。"《通考》卷一百六十六:"宋太祖二月诏曰:王者禁人为非,乃设法令,临下以简,必务哀矜;世属乱离,则纠之以猛;人知耻格，则济之以宽；窃盗之生，本非巨蠹，近朝立制，重以律文，甚非爱人之旨，自今窃盗赃满五贯足陌（缗钱出入以八十为陌）者死。"至太宗真宗时，亦仰承太祖之意，对于狱刑比较慎重，《通考》卷一百六十六又载："太宗太平兴国三年，改司寇参军为司理参军，以司寇院为司理院，令于选部中选历任清白能折狱辨讼者，为之秩满，免选赴集，又置判官一员，委诸州，于牙校中择干局晓法律高资者为之，给以月俸，秩满上其殿最，有逾滥者，坐长吏以下；其后又诏诸州察司理参军，有不明推鞫，致刑狱淹滞，具名以闻，蔽匿不举者，罪之。"《渊鉴类函》卷一百四十七载："太宗太平兴国六年，诏自今长吏每五日一虑囚情，得者即决之；诏自今系囚，如证佐明白，而捍拒不伏者，集官属同审问之，勿令胥吏拷决；上颇虑天下有滞狱，复建三限之制，大事四十日，中事二十日，小事十日，有不须追捕而易决者，不过三日；九年三月，令诸州十日一具囚帐，及所犯罪禁系日数以闻上。"又载："景德元年（真宗纪元），诏诸道州军，断狱内处断、重断、极断，决配朝典之类，未得论决，具狱以闻。河北提点刑狱陈纲上言，杖罪械系者，其枷未有定制，望今特置以十五斤为准，从之。大中祥符二年，诏御史台、开封府及在京凡有刑按之处，令特置司纠察；令刑部员外郎知制诰周起等，充凡徒以上罪，即时具收禁移报，内未尽埋及淹延者，追取款辞，详阅驳奏。"又据《通考》载："七年，殿中侍御史曹定上言：诸州长吏有罪，恐为诉讼，即投牒自首，虽情状至重，亦以例免。诏自今如实未有显露，即以状报转运使，如格当原免，亦书以历。十月，御史台鞫杀人贼，狱具知杂王隋请脔割之，上曰：五刑自有常制，何必为此，本情已见，一死足矣。又内供奉官杨守珍使陕西督捕贼，因请捕获强盗至死者，望以付臣凌迟，用戒后来，诏所捕贼送所属，依法论决，毋为惨毒。"从上引证，可以知道太宗真宗两朝，对于淹滞刑狱及加刑凌迟者，是不以为然的（参阅拙著《中国法律史大纲》一〇〇页引）。

　　宋代法典之多，是超越各代，前此的法典，不过是每易一君主，即编修一次而已,但宋代每改一年号必有一次乃至数次的编修,所以从宋初到末年的时候,所历年月无不从事于编纂法典的事业,这些法典大多数都早已散失,现在的一部《宋刑统》,它的内容,全然照抄《唐律》,只不过把"期亲"改为"周亲","竟"字因避帝王讳改为"尽",而在当时又不都是现行法,惟有"准"的字样,和"臣等参详"的字样,所规定的条款,才是真实的宋代法律(参阅《中国法律发达史》五五四页)。据《通考》载:"仁宗天圣四年,有司言敕增至六千余条,请命官删定,从之。建隆初,编敕四卷,才百有六条,太平兴国中,增至十五卷,淳化中倍之,咸平中,增至万八千五十有五条,芟其繁乱,定其可为敕者,二百八十有六条,总十一卷,又别为《仪制令》一卷,当时便其简易;大中祥符七年,又增三十卷,千三百七十四条,又有《景德农田敕》五卷,与敕兼行,至是复增至六千余条,命官删定。"据王应麟《玉海》卷六十六说:"国初用唐'律''令''格''式'外,有后唐《同光刑律统类》、《清泰编敕》、《天福编敕》、《周广顺类敕》、《显德刑统》,皆参用焉。"往后更有"敕"、"令"、"格"、"式"、"刑统"、"编敕"、"条法"、"条例"、"法度"、"断例"、"条贯"、"仪式"、"条约"、"条式"、"德音"种种色色的名目;《宋史·刑法志》卷一百九十九说:"宋法制,因唐'律''令''格''式'而随时增益,则有编敕一司一路一州一县,又别有敕,建隆初诏判大理寺窦仪等上《编敕》四卷,凡一百有六条,诏与《新定刑统》三十卷并颁行天下,参酌轻重为详,世称平允。……神宗以律不足以周事情,凡律所不载者,一断以敕,乃更其目曰'敕''令''格''式',而律恒存乎敕之外。"《渊鉴类函》卷一百四十七载:"元丰(神宗纪元)二年,编敕所上新修式,始分'敕''令''格''式'为四。"神宗以前,所有法制,一依唐之旧,分"律""令""格""式"四种,所谓律,仍用周世宗《大周刑律统类》,不过随时以敕变更,所以每帝必修订敕一次,颁行天下,用补律之不逮。初则律为主而敕为补,其后因更改频繁,几乎只知有敕,而不知有律,神宗时因将旧律废除,分"敕""令""格""式"四种。敕是禁于未然，令是禁于已然，格是设于此，以待彼之至，式是设于此使彼效之；凡入笞杖徒流死，自名例以下，至断狱十有二门，丽刑名轻重者，皆属敕；自品官以下，至断狱三十五门，约束禁止者，皆为令；命官之等十有七，吏庶人之赏等七十有七，又有倍全分厘之级凡五等，有等级高下者，皆为格；表奏帐籍关牒符檄之类凡五卷，有体制模楷者，皆为式；宋代法制，实于神宗时完成，但是神宗所颁之"敕""令""格""式"，仍多用旧文损益，其损益意义具载于《看详》卷，所谓《看详》卷，即是详明旧律去取的意义，藏之有司以备参照的(见拙著《中国法律史大纲》一○五页)。哲宗践位，对于新法无甚变更，只将大理寺治狱罢去，仍复旧制，于开封府多置判官一员，并设推勘法官，治理在京钱谷事务，不久又恢复大理寺治狱制，并从中丞刘挚右谏议大夫孙觉之言，令刊修元丰"敕""令""格""式"，据《刑法志》载："哲宗亲政，不专用元祐近例，稍复熙宁元丰之制，自是用法，以后冲前，改更纷然。"徽宗践位，对于法制略有所变更，其中可注意者如下：(一)崇宁元年，诏取前后所用例，以类编修，凡与法妨碍者悉除去，法所不载，然后用例，不能引例而破法，此举实合于罪囚法定主义。(二)下诏各州县，仿周官司圜之法，筑圜土以居强盗贷死者，此是近世年狱之制；昔日徒刑与现在徒刑，名同而实异，所谓徒即发本省驿递应役，在古代谓为输作；其与流异者，流则发配远方，徒则近在本地，但亦有徒而不作工的，至徽宗时，始定圜土之制，昼则役作，夜则拘之，视罪轻重，以为久近之限，限满准许拘役圜土者充军，无过者释之。(三)大观二年，更定笞法，凡笞悉用小杖行决，笞十为五，二十为七，三十为八，四十为十五，五十为二十，不以大杖比折；其后重和元年四月，又更定其制，徒二年半杖九十者折十七，徒二年杖八十者十五，徒一年半杖七十者十三，徒一年杖六十者十二；笞五十者十，笞四十者八，笞三十者七，笞二十者六，笞十者五。(四)政和四年，诏审讯期限，凡死囚五日，流罪三日，杖笞一日；所以免稽延时日也。(五)州县虐吏借杖为溜筒,用铁钳项,以竹实沙而贯之,非理惨酷,诏悉禁止。(六)诏州县官,不亲听囚而使吏鞫讯者,徒二年,此为后世州县官亲自鞫囚之所始。宋以前,州县皆设有治狱之官,以佐州县官,为州县官者对于刑狱多不亲审,一委属下,故徽宗有是诏令。(七)宣和二年,虑及州郡审理狱犯,官吏因缘为奸,刑及贫民,而富者以贿设法规免,有失公平,遂下诏奏案并列户之高下,察其吏奸者而惩之,使贫苦之民不致受凌。凡兹七端,可见徽宗时更定法制的大概。宋代南渡,高宗践位,对于法制改革者数事:(一)令当职法官,凡遇枷锁应依式检教,不得为非法之具,这是关心狱囚的痛苦。(二)尚书六曹下逮百司,凡所用法令,初无划一,奸吏得以舞文,乃下诏划一法令,这是解除审判官吏的予夺自由。(三)建炎四年八月,下诏官吏犯赃,虽未加诛戮,若杖脊流配,决不可贷,又下诏赃罪至死者籍其家,这是严惩犯赃的官吏。(四)吏部尚书周麟之奏称:选具绍兴二十五年以前批状指挥令敕令看详,可削则削,毋令与敕令混淆,用以禁止用例破法,这是免权奸的枉法施刑。孝宗即位后,时戒以酷刑鞭扑囚犯,戒以轻心定死罪,戒以事例破成法,此外又颁检验格目于诸路提刑司,以清检验之弊,并改善刺配法,凡编配者,不专放海外及岭南远恶之地。宋代刑名本沿唐制,只有笞杖徒流死五等,其后凡贷死者,以为徒流未免太轻,于五刑外,特设刺配,使之远离乡井,但同一刺配,又分配隶、羁管、编管;配隶即配为军役或皂隶,配管即配入军营作役,编管即由地方官编入册籍,使之作役;以编管为最轻,以配隶为最重。

宋代法院编制,可分为中央与地方二项:中央的,有大理寺、御史台、刑部、审刑院、门下省。地方的,有县令、知州事通判府尹、路监司,掌狱讼听断之事。宋代对刑之适用,完全与《唐律》一样,至于刑之加重的规定,如《宋刑统》卷第六《名例律杂条》所有的条文,均仿《唐律》。在刑法分则上分:(一)侵犯帝室罪,(二)内乱罪,(三)漏泄罪,(四)渎职罪,(五)藏匿犯人罪,(六)伪证罪,(七)诬告罪,(八)失火放火罪,(九)决水罪与过失水害罪,(十)私有私造禁兵器罪,(十一)危险行为罪,(十二)妨害交通罪,(十三)妨害秩序罪,(十四)伪造货币罪,(十五)伪造文书印文罪,(十六)私作斛斗秤度罪,(十七)亵渎祀典罪,(十八)残尸掘墓罪,(十九)贩卖私盐私矾私茶罪,(二十)赌博罪,(二十一)奸非罪,(二十二)法官冶游罪,(二十三)重婚罪,(二十四)妨害卫生罪,(二十五)杀人罪,(二十六)殴伤罪,(二十七)遗弃罪,(二十八)略诱及和诱罪,(二十九)窃盗及强盗罪,(三十)诈欺取财罪,(三十一)侵占罪,(三十二)赃物罪,(三十三)毁弃损坏罪等。

关于民法:如人之法,丁口男夫二十为丁,六十为老;身份,在《宋刑统》一书仍保留着《唐律》中部曲、奴婢、官户等字样。婚姻方面,禁止西北沿边诸州民与内属戎人婚娶,士族家毋得与佣雇之人为姻。承继,以诸应分田宅及财物兄弟均分,妻家所得之财,不在分限,兄弟亡者,子承父分,兄弟俱亡,则诸子均分;寡妻妾无男者承夫分;兄弟皆亡,同一子之分。

关于物权:如所有权,则规定田为水所侵射,不依旧流新出之地,先给被侵之家,若别县界新出依收授法;其两岸异管,以正流为断。如质权,则规定应典及倚当庄宅物业与期限外,虽经年深元契见在,契头虽已亡殁,其有亲的子孙及有分骨肉证验显然者,不限年岁,并许收赎;如是典当限外,经三十年后,并无文契,及虽执文契难辨真虚者,不在论理收赎之限,由现田主一任典卖。凡田土屋舍有连接交加者,当时不曾论理,伺候家长及见证亡殁子孙幼弱之际,便将难明契书扰乱别县,空烦刑狱证验终难者,经二十年以上不论,即不在论理之限。有故留滞在外之年,违者以不应得为从重科罪。凡典卖倚当物业,先问房亲,房亲不要,次问四邻,四邻不要,他人并得交易;房亲著价不尽,亦可就价高处交易;如业主牙人欺罔邻亲,契帖内虚抬价钱,并据所欺钱数与情状轻重,酌量科断。如业主填纳罄尽不足者,勒同署契牙保邻人同共赔填。凡典卖物业或指名质举,须家主尊长对钱主或钱主亲信人,当面署押契帖,如有专擅欺蒙者,从律处分。如借贷,凡公私以财物举借者,任依私契,官不为理,每月取利,不得过六分,积日虽多,不得过一倍,家资尽者,役身折酬,役通取户内男口,又不得回利为本。

附录 宋代折杖法表

刑 名	一 等	二 等	三 等	四 等	五 等
笞刑五等	笞十 (臀杖七)	笞二十 (臀杖七)	笞三十 (臀杖八)	笞四十 (臀杖八)	笞五十 (臀杖十)
杖刑五等	杖六十 (臀杖十三)	杖七十 (臀杖十五)	杖八十 (臀杖十七)	杖九十 (臀杖十八)	杖一百 (臀杖二十)
徒刑五等	徒一年 (脊杖十三)	徒一年半 (脊杖十五)	徒二年 (脊杖十七)	徒二年半 (脊杖十八)	徒三年 (脊杖二十)
流刑三等	流二千里 (脊杖十八配役一年)	流二千五里 (脊杖二十配役二年)	流三千里 (脊杖二十配役三年)		
死刑二等	绞	斩			

辽本契丹民族,一切典章制度,仍未脱野蛮时代习俗,其后至太祖时,始模仿中国的法制,在太祖以前虽有法制,大概残酷,不脱报复主义;凡出师祭告先祖,必以人为牺牲,例取当死罪囚一,置所向之方,以乱箭射之,被除不祥,班师时亦如是。又有车辒、支解、炮掷、投崖等酷刑,如有咒詈者,更用熟铁椎舂其口,死之;其从坐之人,则量罪之轻重而处之杖刑。据《辽史·刑法志》载:"辽以用武立国,禁暴戢奸,莫先于

刑……太祖太宗，经理疆土，擐甲之士，岁无宁居，威克厥爱，理势然也；子孙相继，其法互有轻重，中间能审权宜，终之以礼者，惟景圣二宗为优耳；然其制刑凡有四：曰死曰流曰徒曰杖；死刑，有斩绞凌迟之属，又有籍没之法；流刑量罪轻重，置之边城部族之地，远则投诸境外，又远则罚使绝域；徒刑，一曰终身，二曰五年，三曰一年半，终身者决五百，其次递减百，又有黥刺之法；杖刑自五十至三百，凡杖五十以上者，以沙袋决之；又有木剑大棒之数三，自十五至三十，铁骨朵之数，或五或七，有重罪者，将决之以沙袋，先于椎骨之上及四周击之；拷讯之具，有精细杖及鞭烙法，粗杖之数二十，细杖之数三，自三十至于六十；鞭烙之数，凡烙三十者鞭三百，烙五十者鞭五百，被告诸事应杖而不服者，以此讯之。"辽国立法尚简，当兴宗时，纂修耶律亿以来法令，参以古制，凡五百四十七条，颁行诸道；至辽道宗时，将旧制更定法制，为五百四十五条，取律一百七十三条，又创增七十一条，凡七百八十九条，增编者至千余条；其后又续增至百余条，条例既繁，愚民莫知所避，犯法者日多，于是又复诏行旧法，务从简约。据《辽史·刑法志》载："道宗五年诏曰：法者所以示民信而致国治，简易如天地，不忒如四时，使民可避而不可犯；比命有司纂修刑法，然而不能明体朕意，多作条目，以罔民于罪，朕甚不取，自今复用旧法，余悉除之。"道宗虽然如此下诏，但至天祚帝时，又复用严刑。辽国法院的编制，有大理寺、御史台与刑部相当之"夷离毕"。至地方司法管辖区域，有军、县、城、堡。在刑法分则上，有讪谤朝廷罪、漏泄罪、失火罪、决水罪、私有兵器罪、妨害秩序罪、贩卖禁物罪、奸非罪、杀伤罪、遗弃罪、和诱罪、窃盗及强盗罪、诈欺取财罪、侵占罪、毁弃损坏罪。关于民法：如婚姻则分别阶级，大族不得与小族为婚，嫁娶必奏而后行；如买卖则禁止在市场交换布帛不合尺度者，及禁止布帛短狭不合尺度者。

金代起自东北，不脱游牧民族面目，用刑多是野蛮，至太祖时，始渐采用中国制度,及太宗嗣位,灭辽而有其地,更及中国燕云十六州,因渐创立法制。据《金史》卷四十五《刑志》载:"太宗虽承太祖无变旧风之训,亦稍用辽宋法。天会七年,诏凡窃盗但得物,徒三年,十贯以上,徒五年,刺字充下军,五十贯以上死,征赏如旧制。熙宗天眷元年十月,禁亲王以下佩刀入宫,卫禁之法,实自此始。三年,复取河南地,乃诏其民,约所用刑法皆从律文,罢狱卒酷毒刑具,以从宽恕;至皇统间诏诸臣,以本朝旧制兼采隋唐之制,参辽宋之法,类以成书,名曰《皇统制》,颁行中外。"海陵王时,屡次续降制书,与《皇统制》并行;世宗时,下诏重定之,名《大定重修制条》;章宗时,又照《唐律》的样子,重修"律""令""格""式",名《泰和律义》;至是始有较完备的法制。金代中央的法院编制,分为大理寺、御史台、刑部。地方的法院编制,以县令一员,掌平理狱讼等事,路所颁各州,计为三等,一为防御州,一为节镇州,一为刺史州,掌各路之兵刑等事。在刑法分则上,分侵犯皇室罪、内乱罪、漏泄罪、诬告罪、逮捕监禁脱逃罪、失火罪、私盐罪、掘墓罪、饮酒罪、赌博罪、奸非罪、杀伤罪、遗弃罪、略诱罪、窃盗及强盗罪、侵占罪、毁弃损坏罪。在民法上之行为能力,男女二岁以下为黄,十五以下为小,十六为中,十七为丁,六十为老。身份分人民为种人、汉人、南人三种阶级。婚姻则定金钱买卖之制,禁同姓为婚。债权买卖,规定买土地文契及卖地立契,为今日田宅契的滥觞。

第十二节　宋代之宗教

五代末年,后周世宗破毁寺院,禁度僧尼,佛教因而大衰;至宋太祖时,崇信佛教,兴修废寺,许造佛像,遣僧人行勤等百余人往印度寻求经论,又印行《大藏经》,僧徒之自印度归者亦复不少,故佛教之势至宋代而大盛；至太宗时，前后度僧尼十七万人，立译经传法院于东都，使西僧译经论，翻译之业因之大盛，已译之经有四百余卷，僧尼之数达四十六万余人。当时佛教之最有势力者，以禅宗为首（佛教之一派，此宗直指人心，见性成佛，不立文字，号为顿门，又名心宗），仁宗时，设禅寺于汴京，以僧怀琏为之主，自是禅宗流传益广，名僧有祖印、契嵩；及神宗哲宗之世，名僧前后辈出，净源为华严宗（此宗以《华严经》为据，中国译有两种：一名《古华严》，一名《大方广佛华严经》）中兴之祖，慧龙为禅宗黄龙派之祖，当时缙绅学士喜与僧徒往来，悦习禅书，影响遂及于儒教。南宋时以国用不足，令僧尼皆纳丁钱，或卖度牒以充军费，故佛教不及北宋的兴盛。

道教自唐以来盛行，五季惟苏澄隐得养生之术，名振当时。宋初太祖曾赐华山道士陈抟以希夷先生之号，但没有尊尚道教。真宗时，加老子以尊号，于京师作玉清昭应宫，华丽无比，赐张道陵后张正随号为真静先生，由是赐号之事遂常行。仁宗时，赐号张乾曜为澄素先生。至徽宗时，则最信道教，崇宁四年五月，赐信州龙虎山道士张继元号虚靖先生；大观二年三月，颁金箓灵宝道场，仪范天下。政和三年四月，作玉清和阳宫于福宁殿东，奉安道像，又赐方士王老志号洞微先生，王仔昔号通妙先生，林灵素号通真达灵先生，并从林灵素之言，立道学，又命林灵素讲道经。时道士皆有俸，每一观给田不下数百千顷，凡设大斋，辄费缗钱数万（见《九朝纪事本末·宋史》卷五十一）。后以灵素骄横，斥还故里，而徽宗亦为金所虏，道教遂衰落，至南宋国家多难，亦不能振兴。

回教，自阿剌伯人谟罕默德唱兴回教，流行于亚细亚之西部，势力日盛，至唐时阿剌伯人来广东，由是中国始知有此教。宋初，喀什葛尔酋长布格拉始信回教，其部下亦多崇信之，后布格拉征土耳其斯坦，虏回回人种而还，其人种皆奉回教，然只行于西域各地，至中国本部尚未流行。后元太祖攻金时，其部下之兵多奉回教，太宗攻宋时亦然，由是回教遂开东渐之基。

中国是一复杂的多神的宗教国家,又可说是泛神教的国家,泛神教谓神与世界相亲,不置神于世界之外,故世界之万有,皆神之表现,历代帝王之郊祭,可说是此种意识的表现。宋初沿旧制,祭东岳于兖州,西岳于华州,北岳于定州,中岳于河南府;太祖乾德元年,湖南平,遣使祭南岳;开宝四年,广南平,遣使祀南海;五年,诏岳渎并东海南海庙,各以本县令兼庙令,尉兼庙丞,专掌祭祀。太宗太平兴国八年,河决滑州,遣枢密直学士张齐贤往白马津,以太牢沉祀,自是凡河决溢修塞皆致祭。真宗景德三年,令澶州置河渎庙,春秋致祭;大中祥符元年,封禅礼毕,加号泰山为仁圣天齐王;十一月,车驾至澶州河渎庙,进号显圣灵源公;四年,祀汾阴,命官祭西海及汾河,车驾至潼关,遣官祭西岳及河渎,复亲谒华阴西岳庙,群臣陪位,遣官分奠庙内诸神。仁宗康定元年,封东海为渊圣广德王,南海为洪圣广利王,西海为通圣广润王,北海为冲圣广泽王,江渎为广源王,河渎为灵源王,淮渎为长源王,济渎为清源王。神宗元丰三年,令每方岳镇共为一坛,海渎则共为一坎,以五时迎气日祭之;八年,益封西镇吴山为成德王。徽宗政和三年,规定岳镇海渎的坛位。高宗绍兴七年,修岳镇海渎之祀岁。孝宗乾道五年,太常少卿林栗言:"国家驻跸东南东海、南海,实在封域之内,南海广利王庙,时降御书祝文,令广州行礼。"宋制每岁以春秋二仲月及腊日,祭太社太稷为大祀,州县则春秋二祭,刺史县令初献,上佐县丞亚献,州博士县簿尉终献,牲用少牢。方丘在宫城北十四里,以夏至祭皇地祇,以孟冬祭神地祇,其南郊亲祀昊天上帝,则并设皇地祇之位。又于立春后丑日祀风师,立夏后申日祀雨师,立秋后辰日祀灵星,以四时祭朝日夕月。以宫殿之一为明堂,以正月朔行大享礼,大享昊天上帝。祭天为王帝重大的祭祀,宋太祖乾德元年十一月,始有事于南郊,合祭天地于圜丘,据枢密院陈襄等详定郊庙礼文上奏说:"臣等谨案周礼大司乐冬日至圜丘(冬至祭天之处,土之高为丘圜者,象天圜也,因高以祀天故于地上),六变以祀天神；夏日至方丘，八变以祭地祇；夫祀必以冬日至者，以其阳气来复于上天之始也；祭必以夏日至者，以其阴气潜萌于下地之始也。"（见《续通典》卷四十五）就上引证来看，凡世界不论山川河海均有神明寄托，而为人所当崇拜的王帝为天之子，所以要举行祭天；山川河海之神，比较天神为低，所以王帝祭祀山川河海之神时，能加以一种封典；群臣是比山川河海之神次一等，所以群臣可以陪位；研究中国的宗教文化，这要注意之一点。

多神的宗教，以为天地山川河海，有它的原有之神，而人死了，也可以变神的。自唐元宗时，立周武王汉高祖庙于京城；代宗时，立轩辕黄帝陵庙四时祭祀；昭宗时，建汉昭烈帝庙于涿州。宋太祖乾德元年，诏历代帝王国有常享，因令祀先代帝王，每三年一享，以仲春之月，牲用太牢，本州长官主祭，有司以上佐行事，官造祭器送诸陵庙。以孔子为先圣，死而为神，立庙以祀之。宋真宗大中祥符元年十一月，真宗至曲阜，备礼谒文宣王，庙内外设黄麾仗，并以孔氏宗属陪位，命官分奠七十二弟子及先儒，复至孔林以树拥道，降舆乘马至墓所，设奠再拜，追谥元圣文宣王，祭以太牢，修饰祠宇，给便近十户，奉祀茔庙。

辽太祖神册元年正月，命有司设坛燔柴祭告天，即皇帝位；辽制，凡国有大故及行军，必以黑白羊祭天地，或以青牛马祭天地。辽太祖天赞三年九月，拜日于蹛林；穆宗应历二年，日南至，始用旧制，行拜日礼；圣宗统和元年十二月，千龄节拜日月，《辽史》述及拜日礼是极其隆重的。圣宗统和二年四月，祭风伯；道宗清宁元年，皇帝射柳后，往风师坛行礼；辽尊木叶山为镇，时临幸致祭，兼及辽河之神，国俗每岁冬至，屠白羊白马白雁，各取血和酒，天子望黑山而祭。辽诸帝各有庙，圣宗开泰八年，建景宗庙于中京，九年十二月，诏中京建太祖庙，制度祭器从古制（参阅《续通典》卷四十六至五十二）。

金初，因辽旧俗有拜天之礼，太宗即位，告祀天地，设位而祭；主亮天德以后,始有南北郊之制,朝日用本国礼;太宗天会四年正月,始朝日于朝元殿;熙宗天眷二年,定朔望朝日仪,皆就殿南向再拜。金熙宗皇统三年五月,初立社稷;海陵贞元元年,有司奏建社稷坛于上京,世宗大定七年,建坛于中都,州县祭享,如唐宋旧仪。金初无宗庙,太祖天辅七年,建宁神殿于上京,以时荐享,自是诸京皆立庙,惟在京师者则称大庙;太宗天会三年十月,诏建太祖庙于西京。金制,前代帝王三年一祭,以仲春之月祭伏羲于陈州,神农于亳州,轩辕于坊州,少昊于兖州,颛顼于开州,高辛于归德府,陶唐于平阳府,虞舜、夏禹、成汤于河中府,周文王武王于京兆府。就以上引证来看,可以知道宗教是人类文化的表证,不论野蛮人、半开化人、文明人,都有他们的宗教,而他们宗教意识的高下浅深,亦可以证明他们的文化程度。辽金两国就他的文化程度说,当然不及宋朝,而在宋朝的宗教仪式,如祭天地山川河海社稷宗庙,他们仿效成为己族宗教的仪式。中国本身的宗教,由外来宗教的(如佛教、基督教等)影响及传播,亦可以看出中西宗教的文化程度。

第十三节　宋代之美术

本节所论列之美术,特举音乐、绘画、书法、建筑、雕刻,其文学诗学,另为一节以论之。美术是人类感情的表现,亦可说是人类文化真实的表现。人类的文化,不仅发挥在思维方面理智方面,而且发挥在感情方面;由第一方面发展,便成了科学,由第二方面发展,便成了美术。人类在日常的生活和社会的生活中,恒有所感触而发生情绪,这个情绪,由喜、怒、哀、乐、爱、恶、欲等内心作用,接连不断的发生滋长,有了这种种情绪,必然表现于行为动作之中,而美术就是这些情绪表现的方式。美术的本身,是社会的产物,因为离开社会的生活,而个人的生活无从附着；离开社会的相互关系，而个人的情绪无从附着。当一个人以言语表现诗歌时，没有他人的合奏与欣赏时，是不能充分表现情绪的；以动作摄取他物而表现雕刻或建筑时，没有他人的鉴赏与同情，是不能充分表现艺术的价值的。各国有各国的美术，各民族有各民族的美术，看他们的美术是如何的，就知道他们的文化是如何的，兹略述宋代的美术如下：（甲）音乐。五代所好的音乐，不过胡部郑声，后周王朴更定雅乐，宋太祖匡胤以其声高，不合中和之节，乃命和岘更定律吕。《续通典》卷八十五载："宋太祖建隆三年二月，有司请改一代乐名，并太庙四室酌献迎俎送神乐章，诏翰林学士窦俨撰进，四月，俨上新定二舞，十二乐曲名并乐章，改周文舞崇德之舞，为文德之舞；象成之舞，为武功之舞；改乐章十二顺，为十二安，盖取治世之音安以乐之义。祭天为高安，祭地为静安，宗庙为理安，天地宗庙登歌为嘉安，皇帝临轩为隆安，王公出入为正安，皇帝食饮为和安，皇帝受朝皇后入宫为顺安，皇太子轩悬出入为良安，正冬朝会为永安，郊庙俎豆入为丰安，祭享酌献饮福受胙为禧安。……四年和岘言：按唐贞观十四年景云见，河水清，张文收彩，古朱雁天马之义，作《景云河清歌》，名《燕乐元会第二奏》者是也。伏见今年荆南进甘露，京兆东州进嘉禾，黄州进紫芝，和州进绿毛龟，黄州进白兔，欲依月律，撰神龟甘露紫芝嘉禾玉兔五瑞各一曲，每朝会登歌首奏之。六年，岘又言：汉朝获天马赤雁神鼎白麟之瑞，并为郊歌；国朝合州进瑞木成文，驯象自南方至，秦州获白乌，黄州获白雀，并合播管弦，荐于郊庙，诏岘作瑞文驯象玉乌皎雀四瑞乐章，以备登歌。"由此可知和岘当时之改定律吕创作乐章，是为在朝廷中歌舞，以粉饰太平的。太平兴国三年群臣上寿，复用宫县二舞登歌五瑞曲，自此遂为定制。真宗景德二年，翰林学士李宗谔，编有《乐纂》，自后不但朝觐时奏乐，且于大祀时亦用乐。仁宗时，亲置乐曲，以夹钟之宫，黄钟之角，太蔟之徵，姑洗之羽，作景安之曲，以祀昊天；初有李照者，以知音名，改定雅乐，谏官御史,皆论其非,继复旧制,后命阮逸、胡瑗,集合礼官,参定声律,更作钟磬。神宗时,杨杰又条上旧乐之失,使范镇、刘几共改雅乐,后又以范镇之声不正,更改作乐;杨杰著《元祐乐议》,力破范镇之说,礼部太常亦言范镇乐法,自系一家之学,难以参用,而乐如旧制。徽宗时,有方士魏汉津者,更作雅乐,是为大晟乐。崇宁三年七月,景钟成,景钟者黄钟之所自出,垂则为钟,仰则为鼎,音韵清越,其高九尺,拱以九龙,可知当时乐器的进步。南宋国事不宁,无余力以从事音乐的创作,其他如辽则用晋乐,金则用辽乐,厥后又用宋乐,转相沿袭,殆失其真。(乙)绘画。中国之画,唐代为盛,至于五代如南唐之徐熙,前蜀之释贯休,凡所制作,为当时所宗。宋兴绘画名手其最著者,前有李成、范宽、董源、释巨然,李成山水最精,逼近自然;范宽初师李成,后学荆浩,笔力劲健,亦长于山水;董源擅秋风远景,多写江南真山水;释巨然山水学董源,造诣极精,其后则有李公麟及米芾;公麟号龙眠山人,尤精于山水佛像,山水似李思训,佛像近吴道子;米芾工画,写山水人物自成一家,其子米友仁亦能书画,世称其父子曰大小米,此外苏轼及其子苏过,亦能画。徽宗以帝皇而娴习各种之画艺,南宋以后,虽间有以画称,究其创作,不及东京之盛;又其末年,郑思肖以画兰名,三百年来画家之突兀绝群者,惟此一人。辽金以武治国,对于美术,初无提倡,故绘画不足称,必欲求其一二人,则辽之萧瀜,金之赵秉文、武伯英,堪称其选。(丙)书法。宋太宗喜书法,一时公卿以下皆效钟繇、王羲之的笔法,及李宗谔司科举,士子皆学其书,宋绶作参知政事,举朝皆效其体,李宋之书虽盛行,尚不免有宋寒李俗之评;及蔡襄既贵,士庶皆学其书,襄书姿格极高,为宋代第一;其后王安石为相,时人又多学其书,自是讲古法者甚少,惟刘瑗的隶书,滕中及赵仲忽的草书,鲍慎由的行书,赵震的篆书,皆名重一时,若苏轼、黄庭坚辈,皆成一家之风;又米芾亦能书,而尤以苏轼之书笔力雄健,至今为人所羡。(丁)建筑。宋代建筑亦有进步,观万寿山之经营,可知匠事已超于前代，周密《癸辛杂志》载："京师有八卦殿，八门各有树木山石，无一相类，皆嵌石座，亦穿空与石窍相通，此其构造之精，可谓轶人意表。"宋时建筑足以超越前人者，惟帝都宫室，宋以开封为东京，河南为西京，两京宫殿寺观规模宏备；至桥梁建筑亦大进步，如太宗时之延安桥，仁宗时之安济桥，及福建之洛阳桥，规制皆甚宏壮；其尤足称者，神宗敕撰《营造法式》一书，为我国有建筑专书之始，至金代台阙殿寝之制，更所究心，废帝亮时，尤多创建。（戊）雕板。我国书籍，由竹木而帛楮，由传写而石刻，代有进步，降及隋唐，著作益富，卷轴益多，于是雕板印书之法，即萌芽于是时，据明朝陆深《汾燕闲录》说："隋文帝开皇十三年十二月八日，敕废像遗经，悉令雕板，此印书之始也。"《国史志》说："唐末益州始有墨板，多术数小学字书。"然隋唐雕板之法仅属萌芽，尚未大行，雕板之兴是在五代。后唐明宗长兴三年二月，宰相冯道等奏命判国子监田敏，依石经文字以校正九经而付之印板，王溥《五代会要》说："长兴三年二月，中书门下请依石经文字刻九经印板，敕令国子监集博士生徒，收西京石经本，各以所业本经，广为钞写，然后雇召能雕字匠人，各随帙刻印，广颁天下，如诸色人要写经书，并须依所印敕本。"王明清《挥麈录》说："蜀相毋公，蒲津人，先为布衣，尝从人借《文选》、《初学记》，多有难色，公叹曰：恨余贫不能力致，他日稍达，愿刻板印之，庶及天下学者。后公果显于蜀，乃曰：今可以酬宿愿矣。因命工日夜雕板，印成二书，复雕九经诸史，西蜀文字由此大兴。至宋时，其书遍海内，初在蜀雕印之日，众嗤笑，后家累千金，子孙禄食，嗤笑者往往从而假贷焉。"可知雕板之术，是始于五代之末的毋昭裔，其后所谓家刻本者，乃相次出现。北宋之初，雕印书籍，先佛藏而后儒书，常磐大定《大藏经雕印考》引南宋僧志盘《佛祖统记》说："宋太祖开宝四年，敕高品、张从信往益州，雕《大藏经》板；至太宗太平兴国六年，板成进上，凡四百八十一函，五千四十八卷。"其后赓续刻书，经史注疏皆备，王应麟

《玉海》卷四十三说："太宗端拱元年，敕司业孔维等，校勘孔颖达《五经正义》，百八十卷，诏国子监镂板行之。真宗景德二年，幸国子监，历览书图，观群书漆板，问祭酒邢昺曰：板数几何？昺曰：国初印板止及四千，今至十万，经史义疏悉备。帝褒之，因益书库十步，以广所藏。"宋时镂板之地，则在吴、粤、闽三处，以杭州越板为上，福建麻沙板最下。刻板虽视抄写为便，然仍须按书雕之，于是在宋仁宗庆历中，布衣毕升始作活板，江沙虞《皇朝事实类苑》说："庆历中，有布衣毕升为活板，其法用胶泥刻字，薄如钱唇，每字为一印，火烧令坚，先设一铁板其上，以松脂蜡和纸灰之类冒之，欲印则以一铁范置铁板上，乃密布字印，满铁范为一板，持就火炀之，药稍熔则以一平板按其面，则字平如砥，若止印三二本，未为简易，若印数十百千本，则极为神速，常作二铁板，一板印刷，一板已用布字，此印者才毕，则第二板已具，更互用之，瞬息可就，每一字皆有数印，如之也等字，每字有一十余印，以备一板内有重复者，不用则以纸贴之，每韵为一贴，木格贮之；有奇字素无备者，旋刻之，以草火烧，瞬息可成。"据此，则活板可说是始于仁宗时。但毕升死，法为其徒所得而不能广传，遂至中绝。活板发明传达文化比较迅速，西洋活板之发明，在西历纪元约一千四百年间，而中国发明活板则在庆历时，约当西历纪元一千〇四十余年间。欧西关于活板之发明，始于德国曼慈（Mainz）人约翰古田堡（Johann Gutenberg），一四三六年发明金属的活字，至一四五〇年活字印刷始兴，其后斯脱拉司堡（Strasburg）人彼得舒化（Peter Schöffer）乃改良之，发明活字的铸造；一四六二年以后，遂播传于欧洲各国，后于中国木板印刻之发明者约八百年，活字印刷之发明者约四百年（参阅日人高桑驹吉著《中国文化史》汉译本三一七页）。宋代雕板有这样的进步，而书籍之出版日多，藏书日富，自太祖建隆至大中祥符，著录总三万六千二百八十卷；仁宗庆历初，成书凡三万〇六百六十九卷；孝宗淳熙五年，存书四万四千四百八十六卷；较崇文院所藏，实多一万三千八百一十七卷；宁宗嘉定十三年，以《四库》之外，又续书目，得一万四千九百四十三卷；而太常博士所藏之书，诸郡诸路刻板而未及献者尚不在内。而私家之藏书者，如濮安懿王之子荣王宗绰，聚书至七万卷（见高似孙《史略》），宋敏求家藏书至三万卷（见柯维骐《宋史新编》），李淑家藏图书有二万三千一百八十六卷（见晁公武《郡斋读书志》），陈直斋藏旧书至五万一千一百八十余卷（见周密《齐东野语》），周密家三世积累凡有书四万二千余卷（见《杭州府志》），观此，雕板事业之发展，影响于文化的进步可以知了。

第十四节　宋代之教育

宋太祖鉴于唐季藩镇偏重之弊，重用文史，削除武人之权对于教育颇能注重：（甲）大学教育。太祖沿袭周制，创立几个国立学校，属于大学的，有国子监和太学；国子监简称国学，是一个贵族学校，入学资格，限定在朝七品官以上的直系卑属，据神宗熙宁四年，侍御史邓绾言："国家治平百余年，虽有国子监，仅容释奠斋庖，而生员无所容，至于太学未尝营建，止假锡庆院廊庑数十间，生员才三百人。"可知这等贵族学校的学生人数是不多的，因为校内学生已经限定品官子孙，自非一般平民所能插足，而且宋初取材方法，有依据家族身份封序的，称为补荫，品官子孙是在奏荫之列，经一次铨试手续便可得官，不一定要依靠学校，所以这种教育机关，到底不大发达。真宗景德年间，下诏文武升朝官的嫡亲可以附学取解，远乡久寓京师文艺可称的，经过命官保证，监官考试，亦可附学取贡；解是解送省试，贡是贡上朝廷，就是把国学当作宣泄人才的尾闾，不限定于贵游子弟，至那时名额是没有一定的。原来宋初待遇国子学生，不过准其拔解赴省，而拔解赴省的，又另有科目一途，因此,不把国学看得十分重要,历来着实在学的,平均不过一二十人;仁宗觉得这个弊端,便立下一强制的办法,学生至少要学满五百日,旧尝充贡的满百日,经过本监教授官检实日数,京朝官保任无差,才准参与解试,每十人定额发解一人。又定在监学生每月旦日,须亲向学历题到一次,倘遇有故,必须请假的时候,还要立定期限,不得超过一个月的范围,违限的,即行酌量除籍,但谏官余靖反说这办法不对,不久就把期限废除。到神宗时,把入学的资格放宽,学生的名额规定二百人,以四十人为发解的最高限,考校的方法,完全照太学的积分计算,可是学务仍然不大振兴,那时因为学生毁谤新法的结果,禁止师生接见,弄得书中疑义无所询问。哲宗元祐六年,对于师生接见的禁令废除,许其随时谒见请益,一方面又恢复讲训考课各式;元符元年,又把入学资格扩充,诏准命官自身亦得补学,但不得过四十人而已,国学到此,已变一研究院的性质,不一定是仕进的阶梯了。徽宗崇宁三年,把国子监停止招生,直到高宗中兴,才在南京行在恢复国学,设讲官博士二人,学生三十六人,并把他随幸的士子,全数充选,中经孝宗、宁宗、理宗各朝,冒滥之弊,仍不能免,其后遂把国子监停办,当国子监停办之日,有把学生移付太学的叫做“寄理”,有编入内舍及上舍的而异其待遇(参阅徐式圭《中国教育史略》五一页)。太学是低级的贵族学校,带些平民性质的,入学资格:(一)八品以下官的子弟,(二)特别优异的平民。太学和国学,同归于国子监管辖,他的入学资格比国学宽,名额比国学多,据陈邦瞻《宋史纪事本末》载:“熙宁四年十月,立太学生三舍法,釐生员为三等,始入太学为外舍,定额为七百人;外舍升内舍,员三百;内舍升上舍,员一百;各执一经,从所讲官受学,月考试其业,优等以次升舍,上舍免发解(按宋时科目分为三级:(一)解试在诸州举行,(二)省试在礼部举行,(三)殿试由天子临御覆试),及礼部试,召试赐策。其正录学谕以上舍生为之;经各二员,学行卓异者,主判直讲,复荐之于中书,除官;其后增置八十斋,斋三

十人,外舍生至二千人。岁一试,补内舍生,间岁一试,补上舍生,弥封
誊录,如贡举法。"这叫作"熙宁三舍",是历史上有名的一个学制。安石
行新法,主张改革教育,以为士当少壮时,宜讲天下正理,若闭门学作诗
赋,及其入官,世事皆所未习,乃罢诗赋及帖墨,专以经义论策试士。元
丰中颁学令,上舍试分三等,上等不须殿试而命以官,中等免礼部试,下
等免解试。太学外舍生,初不限名额,后来因为学生拥挤,限额七百人,
由外舍升内舍的二百人,由内舍升上舍的一百人,总合一千人;熙宁四
年的时候,又因为学舍太狭,把锡庆院和朝集院改造,建立四座讲堂,一
间办事人的"直庐",一间寄宿舍,教职员方面,除主任教务的主判外,增
置直讲十人,二人同讲一经,合成五经,他的选任,或由中书选派,或由
主判奏举,原无一定,其下更有学正学录学谕等,每经二人,和现在的助
教生一样,由上舍学生中推任,又限定学生都要认定一经专修,向直讲
受学。元丰二年,又颁布学令,并增建太学为八十斋,每斋容三十人,外
舍生二千人,内舍生三百人,上舍生百人,总二千四百人(见《文献通考》),
凡诸生始入学,验所隶州公据以试补,中者充外舍,斋长谕月书其行艺
于籍(行谓率教不戾规矩,艺谓治经呈文),每季终考于学谕、学录、学正、博
士,然后考于长贰,岁终校定,具注于籍,以俟覆试,视其校定之数,参验
而序进之;试验方法:有私试、公试两种。凡私试,孟月经义,仲月论,
季月策;公试初场以经义,次场以论策,试上舍如省试法;凡内舍行艺与
上试之等俱优者,为上舍上等,取旨命官;一优一平为中,以俟殿试,一
优一否或俱平为下,以俟省试;唯国子生不预考选(见《宋史·职官志》)。
私试秀异特别请旨除授,公试通榜部注教官。此外,学规分为五等:
(一) 关暇,就是关禁几个月,不许出入。(二) 迁斋,就是移易教授,若
其人果不肖,则所迁之斋可以不受,必本斋同舍生公同陈请,方许放还。
(三) 自讼斋,就是自宿自处,同舍亦不敢过问。(四) 夏楚,就是施以
体刑。(五) 屏斥,使他不齿于士林。又外舍生,若入学五年,不预校

定，及不曾请列国学解，或不曾公试入等者，终岁检校除籍。（见邦伟编《中国教育史》一九七页）大学教材必修科为五经，由各生专修一种；随意科有律义等，由学生随意研究，所采书籍，系王安石所著《三经新义》（《诗》《书》《周礼》）。哲宗即位，因为元祐诸臣攻击新政的结果，连三舍学法一并推翻，并停止太学推思特授之例。后由监察御史郭知章上表请求恢复元丰学制，重行推恩，于是诏废元祐新法，沿用旧制，但稍限推恩注官的名额，上等舍每岁二人，免试礼部每岁五人，秋解每岁二十人而已。《宋史纪事本末》卷三十八载："徽宗崇宁元年八月甲戌，蔡京请兴学贡士，县学生选考，升诸州学，州学生三年贡太学。考分三等：上等补上舍，中等补中舍，下等补内舍，余居外舍。诸州军解额，各以三分之一充贡士。京又请建外学，乃诏即京城南门外营建，赐名辟雍，外圆内方，为屋千八百七十二楹，太学专处上舍、内舍生，而外学则处外舍生，士初贡至，皆入外学，经试补入上舍、内舍，始得进处太学，太学外舍，亦令出居外学，于是上舍至二百人，内舍六百人，外舍三千人。"又载："三年九月，罢科举法，时虽设辟雍太学，以待士之升贡者，然州县犹以科举贡士，蔡京以为言，遂诏天下取士，悉由学校升贡，其州郡发解，凡试礼部法皆罢。四年五月，行三舍法于天下。"徽宗时，科举已废，以八行举士，即是孝、友、睦、姻、任、恤、中、和，与此相反的，就是八刑；凡民备有八行者，乡上之县，县延入学，审考无伪，即以上州，州等其第，上者即奏贡大学免试，即补上舍；补后再经司成审考不诬，即行申送中书省，释褐命官，补州学上等上舍，犯八刑的永远不列学籍。高宗绍兴十三年，在南京行在兴建大学，设祭司业各一人，管理学务，博士三人，担任教授，正录各一人，分任助教，新招上舍生三十人，内舍生百人，外舍生五百七十人。学生入学逾月，斋长书其行艺于籍，季终比较程度，稍为中选的，送给学谕考试，再十日考于学录，再二十日考于学正，再三十日考于博士，四十日考于长贰，这种考试，比较前时为严密。孝宗承位，创行免除解试之例，是和教育精神相违反的。淳熙中，诏令诸生兼习国技，依成绩的高下，比照他科分数平均计算，可见注重尚武精神。理宗淳祐六年，赐诸学扁题及诸生束帛，并诏学官诸生，公举经明行修气节之士。度宗时，贾似道为相，患太学生恣横，欲以术笼络之，乃借庆典推恩，叠免三学解试省试。南宋时，太学生省试，较之乡举之所得为优，所以人人争赴太学，以取捷径，师生漠然，未尝有德行道义之教，月试季考，冒昧行之，朱子学校贡举私议载："熙宁以来，所谓太学者，但为声利之场，而掌其教事者，不过取其善为科举之文，师生相视，漠然如行路之人，月试季考，只以促其嗜利苟得冒昧无耻之心，殊非立学教人之本意。"从此以观，可以知道当时太学教育的腐化。然从当时的学生运动以观，如陈东（字少阳，镇江丹阳人）等，统率太学生伏阙上书，论国事，请诛蔡京、梁师成、李彦、朱勔、王黼、童贯六贼；又以金人迫京师，李邦彦与金和，李纲主战，邦彦因少失利，罢纲而割三镇，陈东又率诸生伏宣德门下上书，请用纲，斥邦彦，军民徙者数万；国家养士如此，亦足以表见爱国热诚。（乙）专门学校。宋代专门学校中分几种：（一）律学。神宗熙宁六年，在国子监里附设一个律学，学生名额多寡不定，教授四员，凡命官及得有命官二人保任的举人，皆准入学，先入学听读，而后试补列籍。教授方面：分断案律命两系，其教材系采用古今律义，凡新颁律例，刑部即须颁发一份以备修习，每月一公试，三私试。习断案的：公试设案判断一道，内含刑名五事至七事；私试刑名三事至五事。习律令的：公试律义三道，私试二道入学补试定例系用公试。命官在学公试，断案律令俱优的，准用吏部铨法授官；举人在学的，准用太学条例。设学正一人，多半由明法科中选官兼任；管干学规一人，即由教授四员中，指定一人住学兼任；并照太学先例官给晚食。（二）算学。神宗元丰七年，置算学一科，诏选命官精通算学的向吏部考试，把考试中选的上等除博士，中次授学谕。学校课程及编制：纵的分本科选科两种，横的分上舍内舍外舍三级。以《九章》、《周髀》、《历算三式》、《天文书》等为本科;以《易》、《书》、《春秋》、《公羊》、《穀梁》二传,认修一经,为选修科;公私试三舍法,略如太学。(三)书学。书学始于徽宗崇宁三年,课程分实用和学术两种:实用方面,系学习篆书、体书、草书三种字体;学术方面,系学习《说文》、《字说》、《尔雅》、《博雅》、《方言》为本科,《论语》、《孟子》义为随意科,课外加习大经者听。(四)画学。创立于崇宁三年,内分科学为实用与学术两种:实用绘画为人物、山水、鸟兽、花竹、屋木。学术研究,以《说文》、《尔雅》、《方言》、《释名》教授。(五)医学。医学初隶太常寺,神宗时置提举制局,始不隶太常;初置教授一员,后增置医学教授四人,在局设立一个学校,学生常以春试取三百人为额,仿三学之制,立三舍法,为三科以教诸生,有方脉科、针科、疡科。方脉以《素问》、《难经》、《脉经》为大经,《病源千金翼方》为小经,考察升补等,略如诸学之法。其选用最高者,为尚药医师,余各以等补官。(六)武学。武学在宋仁宗时创立,不久停废。神宗熙宁五年,设一个武学于武成王庙,以兵部侍郎韩缜、内藏库副使郭固主持其事,以阮逸为教授,学生定额百人,内分贵族平民和保免三种。在训育方面,是采择历史上忠义气节用兵战绩编纂成书;在实习方面,是弓马武艺阵法三种;学生在学三年卒业,卒业生本系使臣的,授给三路巡检或砦主各职;自身的,试授经略司教队,见习三年,再行升补大使职务。其简放外任将军者,要三人连保,毕业考试不及格的,留学逾年再试。(七)宗学。凡诸王属尊者,立小学于宫,王室子孙年龄在八岁以上十四岁以下的,都可入学。徽宗崇宁三年,在南京西京分立两个敦宗院,院置大小学教授二人,专门教授皇族子孙,叫做宗学,把从前私立的宗学改名宫学。高宗绍兴十四年,又在临安宫里设立宗学,置大小学教授二人,专教南宫北宅子孙,生员额百人,小学生四十人,职事各五人。宁宗嘉定九年,把私立宫学一律取消,并入宗学中,改由宗正寺主管学务,升教授官为博士,增置博士一人,学谕一人,从前附听讲的近属子弟,准其随同入学参与公试,公试及格,正式补授宗学生,宗学解试,仿照太学规制待遇,不得另立阶级。(八)小学。宋之国立小学,学生资格以八品以下至庶人子弟为适合,每岁补试一次,学生毕业考试不及格的,可以在学补习,补习三考仍不及格的,除名出籍。徽宗政和四年,小学甚为发达,学生人数将近千人,入学年龄自八岁至十二岁止,定例以诵经书字多寡差次补外舍,其能文者,试本经义一道,稍通补内舍,优者补上舍。(九)乡学。乡学分为两种:(1)官立乡学。仁宗景祐四年,诏藩镇始立学;庆历四年,诏诸路州军监各令立学,学生二百人以上,许更置县学,自是州郡皆有学。聘用教授原则上,系由各道使者选派部属官充任,或本处学人有德艺者充当。神宗元丰元年,州府学官共五十三员,诸路惟大郡有之。哲宗元符二年,命诸路选派监司一员,提举学校事务,推行三舍方法,每州每岁考送上舍一人,内舍生二人,贡入京师,州内舍生免试入太学外舍,州上舍生暂附太学外舍,待考试后正补内舍,三考不及格,退回本州。徽宗崇宁时,重申州县立学之命,州郡每学设教授二人,但要学生人数在五百人以上乃论,在八十以下的,以在州有科名之官兼任,一州人数太少的,可合二三州共立一学。县学教授,事实上多由县署有出身之官兼任,县学生在学三月,不曾犯二等罚的,次年试补州学,有权与试,叫做岁升;州学生在学三年考送太学一次,叫做升贡。学校试验分考试考察两种:考试手续,纵的有公试私试的不同,横的有升贡岁升舍试的互异;考察是查核学生平常行艺,记入簿内,称为籍。(2)私立乡学。宋代私立乡学,有由州官建立和人民自办两种。由州官建立的,仍名州学,其由私人创立的称为书院,他的学田书田,由官津贴的颇多,也有一切款项,全属地方担负的。宋代的四大书院,是值得注意的,兹分述如下:(王应麟《玉海》述四书院之历史甚详)(甲)白鹿书院。五代南唐江西庐山白鹿洞起一个学馆,置田以给诸生,学者大集,由本州使臣兼任洞主(李善道为洞主)掌教授,当时谓之白鹿洞国庠。太平兴国三年,知江州周述言:"庐山白鹿洞学徒数千百人,请赐九经书肄习。"诏从之。仁宗皇祐五年,孙琛建学馆十间,称白鹿洞书堂。孝宗淳熙六年,朱熹重建,在那里讲学多年。(乙)岳麓书院。宋太祖开宝九年,湖南路潭州守朱洞于岳麓山抱黄洞下,作讲堂五间,斋序五十二间,以待四方之学者。真宗咸平四年,潭州守臣李允则更增大其规模,中开讲堂,并立图书馆。理宗淳祐六年,又在潭州湘西起个别馆,名为湘西岳麓书院,把原有岳麓书院改名精舍。(丙)嵩阳书院。嵩阳书院在河南登丰县太室山下,五代时所建立;太宗至道二年七月,赐院额及印本九经书疏。真宗大中祥符三年,赐太室书院九经。仁宗景祐四年,赐予书田一顷,并置学官。(丁)应天书院。院在河南归德府,大中祥符二年,诏应天府新建书院,以府民曹诚为助教,曹诚就戚同文聚徒讲经之旧居,建学舍百五十间,收书千五百余卷,招致生徒,自行讲学。仁宗景祐二年,以书院为府学,给田十顷。私家讲学之风,盛于北宋;书院讲学之风,盛于南宋;故南宋时书院比较为多。宁宗开禧中,则衡山有南岳书院,嘉定中涪州有北岩书院;至理宗时,应天有明道书院,苏州有鹤山书院,丹阳有丹阳书院,太平有天门书院,徽州有紫阳书院,建阳有考亭书院、庐峰书院,崇安有武夷书院,金华有丽泽书院,宁波有甬东书院,衢州有柯山书院,绍兴有稽山书院,黄州有河东书院,丹徒有淮海书院,道州有濂溪书院,兴化有涵江书院,桂州有宣成书院,全州有清湘书院;度宗时淳安有石峡书院,衢州有清献书院;其他士大夫之讲学自行建置者,尚不在此数。书院如此之多,所以宋代学风,盛于前代。

宋代的科举制度,亦有关于教育制度者,兹略为论列之:唐代取士,专由科举,宋沿唐制更为注意,据《续通典》卷二十一载:"宋太祖以唐末进士不第,多至失职,乃广开科举,然每岁放榜,所取极少,如安德裕作魁日九人而已,盖天下未混一也;至太宗朝所得,率江南之秀;真宗景德二年，帝谓寇准曰：方今文武多士，岂无才识优异未升进者耶？至于将帅之任，尤难得人，前代试以制策，观其能否用求才实，亦为国之远图也；因出唐制科之目，采其六用之。四年，中书门下言应制科之陈绛、夏竦、史良等三人，文论稍优，可预召试，上谓辅臣曰：比设此科，欲求才识，若但考文艺，则积学者方能中选，苟有济世之才，安得而知，朕以为六经之旨，圣人用心，固与子史异矣，今策问宜有经义，参之时务。王旦曰：文风丕变，由陛下道化。因命两制各上策问而择用之。"宋代科举之法，有制举常贡之别，制举不常行，或行或罢。太祖乾德元年，诏九经一举不第者，一依诸科，举人许令再应，后并诗书易学究为一科，又置制举三科：（一）贤良方正能直言极谏；（二）经学优深可为师法；（三）详闲吏理，达于教化。太宗太平兴国二年，御试合格举人，内出诗赋题；八年，进士诸科始试律义十道，进士免帖经。真宗增设六科，未几废之。至于仁宗，复制举六科，（一）贤良方正直言极谏；（二）博达坟典明于教化；（三）才识兼茂明于体用；（四）详明吏理可使从政；（五）识洞韬略运筹决胜；（六）军谋闳远才任边寄，以待京朝官；别增三科（高蹈丘园、沉沦草泽、茂才异等），以待布衣；置书判拔萃科，以待选人之应书者，皆先试于秘阁，中格，然后帝亲策之。其常贡，则诸州每秋发解冬集礼部春考试，凡进士试诗赋论及帖经墨义，诸科专试帖经墨义。仁宗庆历间，命范仲淹等更张贡举，先策论而后诗赋，罢帖经而问大义。神宗元丰间，颁学令，上下试分三等。哲宗元祐间，立十科举士法，又复诗赋与经义兼行，立为两科。理宗表彰程朱，贡举学校，皆以程朱之学为正派，用之取士。宋代科举，初时悉沿唐制，神宗以后，改革最多，有罢者，有罢而后立者，有沿其名而变其实者，有名实俱变者。宋代是甚注重科举，然科举取士，结果亦变成虚文，发生弊端。

　　辽起朔漠之地，文化闭塞，本来没有甚么教育可说。五代时，晋高祖把燕云十六州割让给他，于是把临潢旧地升做上京，南京的辽阳旧地改为东京，又定幽州析津府为中京，云州大同府为西京；五京定后，渐染中国文化，它的政制，分为南院北院，教育行政直接隶属南司。辽太祖定都上京，作孔子庙，颁行契丹字，置上京国子监，设祭酒、司业、监丞、主簿等官；太宗时，在南京设立太学；圣宗为南京太学生员，置水磑庄一区，使经费能够支配。道宗在中京设立国子监一所，颁发经传所书籍，增置各校助教博士各一人，又在各州县立学，如黄龙府学、兴中府学、高州学、良乡县学等。关于科举，景宗时，始修南京礼部贡院；圣宗统和六年，诏开贡举；九年，放进士及第只一人，又有乡府省三试之设，乡中曰乡荐，府中曰府解，省中曰及第，凡举进士皆汉人，若契丹人有就科目者，以违制论（费甚渥将军庶箴子富鲁，举进士，主文以国制无辽人试进士之条，闻于上，上以庶箴擅令子就科目，鞭二百），辽制书禁甚严，国人著述，只准刊行于境内，有传于邻境者，罪至死；它的用意，以为国之虚实，不可传播邻邦故也。

金初教育制度，多半仿自宋辽，国立大学，也有国子监和太学两种，海陵王天德三年，设立国子监，专门教授贵族子弟，定额百人，分习词赋经义两科；入学资格，年龄满十五岁以上；身份宗室外戚，大功以亲属，及功臣或三品以上官的兄弟子孙。太学主教次等贵族和一般优秀的平民，世宗大定六年，设立太学，名额扩充为四百。学科分《易》、《书》、《诗》、《礼纪》、《周礼》、《春秋》、《论语》、《孟子》、《孝经》、《老子》、《荀子》、《杨子》、《史记》、《前后汉书》、《三国志》、《晋书》、《宋书》、《齐书》、《梁书》、《陈书》、《后魏书》、《北齐书》、《周书》、《隋书》、《新旧唐书》、《新旧五代史》。金时国立小学附设在太学中，凡具有国子监入学资格，年龄未满一十五岁的，一概收入附小教授。乡学有府学、节镇学、防御州学，共八十四处，学生共千八百人；诸路女真府学凡二十处，员额无定；又京外医学，分十科。关于科举，先后设词赋、经义、策试、律科、经童诸科，又有女真进士科，专试女真文字，初但试策，后增试论，谓之策论进士；律科经童中选者谓之举人（见《续通典》卷十八）。太宗即位，有南并宋地之志，急欲得汉士以抚辑新附之汉人，故先开科举，无定期，亦无定额。太宗天会二年，一岁中再举试。世宗大定二十八年，定三月乡试，八月府试，第二年正月会试，三月廷试。章宗明昌元年，诏免乡试；二年，定女真进士限丁之制，凡户止一丁者，不许应试；两丁者许一人，四丁二人，六丁以上止许三人。武举试有射贴、远射、射鹿、刺板诸法。

第十五节　宋代之学术

此节所论之学术，包括医术、天文、算数、地理、史学、经学而说，其文学、理学，另为专节论之。（甲）医术。宋代对于方技之士，必加选择，而刘翰尝被诏与马志、翟熙、张素、吴复珪、王光祐、陈昭遇同详定《唐本草》，凡《神农本经》三百六十种，《名医别录》一百八十二种，《唐本失附》一百一十四种，有名未用一百九十四种，刘翰等又参定《新附》一百三十二种，既成，诏中书舍人李昉等详覆，定为印板，所印行之新旧药物合九百八十三种，并目录二十一卷，医学著作之盛，可以想见。其后如王怀隐、赵自化各以医称，编录之繁，过于前代。辽起塞外，亦有精于医者，如耶律达鲁精于医，察于形色，即知病源。金刘完素尤精于医，所著有《素问玄机原病式》一卷、《伤寒标本心法汇萃》二卷等书（参阅《中华通史》一一〇五页）。（乙）天文。宋之初兴，近臣如楚昭辅，文臣如窦仪，号知天文；太宗之世，召天下伎术有能明天文者，试隶司天台，匿不以闻者罪论死；既而张思训、韩显符辈，以推步进，其后学士大夫，如沈括之议，苏颂之作，亦皆臻于幻妙；靖康之变，测验之器尽归金人，高宗南渡，至绍兴十三年，始因秘书丞严抑之请，命太中局重创浑仪，窥测占候，因以不废。宁宗庆元四年九月，太史言月食于昼，民间上书言月食于夜，及验视如民间言,乃更造统天历,可见当时民间天文之学,有精于太史者(见《二十四史九通政典类要合编》卷二百七)。金取汴京,对于中国文物加以毁坏,惟浑仪则移于燕,金宣宗南渡,以浑仪熔铸成物,不忍拆毁,又因艰于运载,遂委之而去,以后遂不复铸,而中国历史上重要之测天仪器,遂不复传。历谱之学,首尚推步,太祖建隆二年,以推验稍疏,诏王处纳等别造新历,四年历成,赐名应天,未几气候渐差。太平兴国四年,行《乾元历》,未几气候又差,继作者有《仪天》、《崇天》、《明天》、《奉元》、《观天》、《纪元》,历百六十余年而八改历。南渡之后,继之而作者,有《统天》、《乾道》、《淳熙》、《会元》、《统天》、《开禧》、《会天》、《成天》,至其末世,历百五十余年而八改历。辽历屡差,金用《大明历》,间一修改,当其事者为赵知微。(丙)算数。宋代以算数著名者,为秦九韶(字道古,秦凤间人也,寓居湖州,少为县尉),理宗淳祐四年,九韶以通直郎通判建康府,著《数学九章》九卷,发为立天元一法,《四库全书总目》载:"《数学九章》十八卷,宋秦九韶撰;是书分为九类:一曰大衍,以奇零求总数,为九数之纲;二曰天时,以步气朔晷影及五星伏见;三曰田域,以推方圆幂积;四曰测望,以推高深广远;五曰赋役,以均租税力役;六曰钱谷,以权轻重出入;七曰营建,以度土功;八曰军旅,以定行阵;九曰市易,以治交易。虽以九章为名,而与古九章门目迥别,盖古法设其术,九韶则别其用耳。此书大衍术中所载立天元一法,能举立法之意而言之,其用虽仅一端,而以零数推总数,足以尽奇偶和较之变,至为精妙,苟得其意而用之,凡诸法所不能得者,皆随所用而无不通。后元郭守敬用之于弧矢,李冶用之于勾股方面,欧罗巴新法易其名曰借根方,用之于九章八线,其源实开自九韶,亦可谓有功于算术者矣。"神宗元丰间,将古今算书刊入秘书省,如《黄帝古章》、《周髀算经》、《五经算法》、《海岛算经》、《孙子算法》、《张丘建算法》、《五曹算法》、《算术记遗》、《辑古算法》、《夏侯算法》等;高宗绍兴孝宗淳熙以后刊刻者,如《议古根原》、《益古算法》、《证古算法》、《明古算法》、《辨古算法》、《明源算法》、《金科算法》、《指南算法》、《应用算法》、《曹康算法》、《贾宪九章》、《通征集》、《通机集》、《盘珠集》、《走盘集》、《三元比零歌》、《钤经》、《钤释》等书。可知宋代算术的进步。（丁）地理。宋代地理学亦有进步，如《太平寰宇记》、《元丰九域志》、《舆地广记》等书，固为地理学上的要籍。《太平寰宇记》一百九十三卷，宋乐史撰；《元丰九域志》十卷，宋王存等撰；《舆地广记》三十八卷，宋欧阳忞撰；又《乾道临安志》三卷，宋周淙撰；《咸淳临安志》九十三卷，宋潜说友撰。其他尚有地图，如《南北对镜图》、《混一图》、《指掌图》、《西南蛮夷朝贡图》、《契丹疆宇图》、《契丹地理图》、《福建地理图》、《益州地理图》等。（戊）史学。宋代史学可谓发达，宋太祖开宝六年，薛居正奉诏监修《五代史》，参与撰修者，有李九龄、李穆、刘兼善、李昉、张澹、扈蒙、卢多逊等，凡一百五十卷，有本纪六十一篇，志十二篇，传七十七篇，把五代的《实录》，以及范质的《五代通录》作稿本，编纂成书。欧阳修奉仁宗诏与宋祁等撰《唐书》，凡二百二十五卷，又私撰《五代史》，纠正薛居正的旧史，他的义例较为谨严，但是略于事实，疏于考证，全书祖法于《春秋》，而叙述取则于《史记》；至吴缜的《五代史纂误》，杨陆荣的《五代史志疑》，是为批评他的书而作的。司马光于英宗时，费十九年的岁月，撰成《通鉴》，凡三百九十四卷，上起战国，下终五季，所记事实有一千三百六十二年，参考杂史至三百二十二种之多；这部书内容丰富，为中国唯一编年史的巨著。又撰《资治通鉴考异》三十卷，以辨正谬误；《资治通鉴目录》三十卷，以钩元提要；《资治通鉴释例》一卷，以明著书凡例；《稽古录》二十卷，以详论历代治乱之理。刘恕于英宗时，采取《史记》、《左传》所未载的周威烈王以前史，撰《通鉴外纪》十卷。李焘于孝宗时，仿司马光《资治通鉴》，撰续修《资治通鉴长编》凡九百七十八卷，述自宋开国以来至钦宗事实，最为详尽。袁枢于孝宗时，撰《通鉴纪事本末》四十二卷，自三家分晋，终周世宗征淮南，总括数千年事迹，令人一览了然,于编年纪传二体之外,独创一体。郑樵于宋高宗时,撰《通志》二百卷,章学诚于《文史通义·释通》说:"郑氏《通志》,卓识名理,独见别裁,古今人不能任其先声,后代不能出其规范;虽事实无殊旧录,而诸子之意,寓于史裁。"可见推重之至。吕祖谦于孝宗时,撰《大事纪》十二卷,所记事实,始周敬王三十九年,至汉武帝征和三年,书法仿司马迁。朱熹于孝宗时,仿《春秋》体,作《通鉴纲目》五十九卷,上列纲,下列目,纲如《春秋经》,目如《左氏传》,此书之纲,是朱熹门人依《凡例》而修,目则赵师渊所作,朱熹仅作《凡例》一卷而已。(己)经学。宋代治经,拘守唐人注疏,不许稍有抵触孔颖达、贾公彦之主张,其后大起反动,首揭旗帜者,当推孙复,复治《春秋》,以为三传皆不可靠,其他欧阳修则改窜《诗经》甚多,并疑《易》之《系词》非出自孔氏;同时有刘敞著《七经小记》,与从前的注疏,亦多不同。兹将宋代治经派别略述于下:宋儒治《易》者,始于刘牧,牧学于陈抟,作《易数钩隐论》;邵雍亦传陈抟《易》学,其子伯温有《易学辩惑》,弟子陈瓘,作《了翁易说》,咸以数推理。苏轼《易传》多言人事;程颐《易传》黜数言理;张浚、朱震、程大昌、程迥诸人,皆以推数为宗;吕祖谦主张复古本,朱子本之,作《周易本义》及《易学启蒙》,亦理数兼崇。更有以心学释《易》者如杨简,以图象说《易》者如朱元升。宋儒治《尚书》者,始于苏轼《书传》;林之奇作《尚书全解》,郑伯熊作《书说》,是以史事说《书》;史浩之《尚书讲义》,黄度之《尚书说》,皆随文演绎,近于讲章;黄伦《尚书精义》,魏了翁《尚书要义》,胡士行《尚书详说》,对于训话,尚能保存。欧阳修作《毛诗本义》,与郑立异不主一家;苏辙广其义作《诗经说》,立说专务新奇。南宋时治《诗经》者,有王质及郑樵,专攻《小序》,程大昌专攻《大序》;王应麟作《诗地理考》,博采古籍,是有价值之作。治《春秋》学者,始于孙复,复作《尊王发微》,废弃传注,专论书法;刘敞作《春秋权衡》评三传得失,以己意为进退;胡安国作《春秋传》,借今文以讽时事,与经旨不符;而张洽之

《春秋集说》，黄仲炎之《春秋通说》，皆舍事言理，弃传言经。研究《仪礼》者，始于张淳，淳作《仪礼识误》，考订注疏；魏了翁作《仪礼要义》，皆以纂辑旧说为主；研究《礼记》者，有《卫湜集说》，征引该博；治《周礼》者，始于王安石之《新义》；郑伯谦之《太平经国书》、王与之《周礼订义》则长于议论，不考典章；惟朱申之《周礼句解》则较为征实。自魏晋南北朝以来，经说之变迁，未有如宋代之甚，此则略论其概梗而已。

第十六节　宋代之理学

　　宋儒之研经，是对于古代的经学，趋尚训诂之途，而为之考证；至宋儒之理学，是宋代文化之特色，而表见其思想与往代不同，故另为专节概论之。宋代的国势虽然很衰弱，但在思想方面，是占着一个重要的时代。宋代在中国哲学史上思想史上所以能产生一新的学派创立理学，就是因为由汉以后失去权威的儒家学说，融会了佛家和道家的哲学思想成分，重新巩固它的阵营。宋朝初兴的时候，社会受着五代纷乱的影响，有志救国的人，都想用儒家学说为挽救人心之道，但儒家学说素乏哲学上的根据，与当时在学术上占重要地位之佛家道家的思想难与并驾，所以就参杂佛、道的思想，开辟一闳大幽渺的境界，与其他的学派相竞争，而心性的理学，乃大放异彩。由汉至宋，千余年来，道家思想时与儒术混淆，图谶纬候之书，充斥两汉，自魏王弼、何晏以老庄注《易》、《论语》，两家思想渐次融合，其后每届乱离之世，学者往往惑于长生之说，轻视儒家章句之学，进而以方术自遣。五代之乱，士君子遁迹山林者尤多，如陈抟之棲华山，种放之隐终南，图书之学赖之以传，学者据之以说性道，朱子发（名震，谢上蔡门人，程门再传）作《汉上易解》说："陈抟以《先天图》传种放，种放传穆修，穆修传李之才，之才传邵雍（此兼言理数一派),放以河图洛书传李溉,李溉传许坚,许坚传范谔昌,谔昌传刘牧(此言数一派),修以《太极图》传周敦颐,敦颐传程颢、程颐(此言理一派)。时张载讲学于程邵之间,故雍著《皇极经世书》,牧陈天地五十有五之数;敦颐作《通书》,程颐述《易传》,载造《太和》、《参两》等编。"(引见《宋史》本传及《宋元学案》三十七)。中国哲学最古的典籍,是一部《周易》,诸子学说中思想渊深的,是老子和庄子,这《周易》和老庄的学说,在东汉以后因神仙家的窃取,为道教的根本教义,宋时《周易》已经过了陈抟、种放一班道士之手,沾染着许多道教的气息,所以理学的两个先锋邵雍和周敦颐,就是受了道家的薪传的,他们二人受陈抟、种放所传的学说,演绎《先天图》和《太极图》的理论,后来遂成为理学家讲究心性的根据(参阅《中国史话》第四十四章)。从上引证,就知道宋代理学与道家思想的关系。宋代理学与佛家思想更有关系,据谢无量《朱子学派》论宋代儒学与释氏之关系说:"达摩东来,禅宗遂盛,传至五祖弘忍门下,有神秀、慧能二大师,立南顿北渐之别。南宗经唐五代,分为临济、沩仰、云门、法眼、曹洞五宗。宋时临济宗方会出,开杨岐宗;又慧南出,立黄龙宗;前后共成五家七宗。……宋初诸宗,云门宗最盛。有契嵩者,著《镡津文集》,颇论儒释合一之旨,集中有《辅教篇》,以佛之五戒十善,比于洪范之五福六极;又作《皇极论》,《中庸解》,明儒释相通,又有《非韩论》三十篇,力诋韩退之辟佛之谬;当时文人黄晞、李觏之徒,皆惊其才。云门宗又有雪窦重显、圆通居讷、佛印了元三人。圆通居讷与欧阳修善,佛印了元又周濂溪所契者也。……当时临济派分黄龙杨岐二宗,黄龙门下有大东林之常总,常总高弟有无尽居士张商英,著《护法论》,藏经收之。《归元直指》记黄龙慧南禅师与诸人之关系曰:濂溪初扣黄龙慧南禅师教外别传之旨……濂一日与张子厚同诣东林论性,总曰:吾教中多言性,所谓真如性,法性;性即理也,有理法界、事法界,理事交彻,理外无事,事必有理。诸子沉吟未决,濂毅然出曰:性体冲漠,唯理而已,何疑耶？横渠曰：东林性理之论，唯我茂叔能之。濂问《太极》，总曰：《易》在先天，无形有理，盖太极即《易》也，无形之理，即无极也；天地间只是一气，进退而为四时，以一气言之，皆元之为也。按濂溪《太极图说》，古有谓出自鹤林寺僧寿涯者，或谓国一禅师，以道学传于寿涯禅师，师传麻衣，麻衣传陈抟，抟传种放，放传穆修，修传李挺之，李传康节，康节即邵子也。穆修又以所传《太极图》，授之濂溪周子，已而周子扣问东林总禅师《太极图》之深旨，东林为之委曲剖论，周子广东林之语，而为《太极图》焉。以上虽出禅流记载，其间或不无附益之词，惟濂溪尝与当时高僧往还议论，则宜可信也。濂溪开宋代道学一派，二程受业濂溪，朱子又私淑二程，此其渊源所系，至不可略。"宋代诸子，出入于老释，反求诸六经而后有得。朱子早年博涉内典，后致力儒道，思与佛老相抗，然其明善复初为性、虚灵不昧为心之说，仍不脱佛学之旨。陆九渊学主涵养，诠心乐道，颇近宗门顿悟，后人本朱熹之言，以禅学攻之，而九渊亦尝诋朱熹为禅学。陈北溪答赵季仁书谓："象山曾问禅理于宋呆门下之德光禅师。"宋时佛学大行，当时名流，无论直接间接，均与佛学有关的。兹将宋代理学家各派学说，择其大要述之，并略为比较如下：（甲）周敦颐。周敦颐字茂叔，道州营道人，原名敦实，避英宗讳，改名敦颐；生于宋真宗天禧元年，神宗熙宁六年卒（1017—1073），年五十七。熙宁初，知彬州；因赵抃及吕公著荐，为广东转运判官，提点刑狱，历官南康军，因家庐山莲花峰下，前有溪，合于湓江，取营道故居濂溪以名之，学者称濂溪先生。居南安时，程珦通判军事，视其气貌非常人，与语，知其为学知道，因与为友，使二子颢、颐往受学。颐著有《太极图》，明天理之根源，究万物之终始，又著《通书》四十篇，发明《太极》之蕴。他的《太极图说》，是宇宙论之根据，说明宇宙发生演变的原理。

《太极图说》："无极而太极，太极动而生阳，动极而静，静而生阴。静极复动，一动一静，互为其根，分阴分阳，两仪立焉。阳变阴，合而生

太极图

无极而太极

乾道成男　　坤道成女

万物化生

（见《宋元学案》卷十一《濂溪学案》上）

水、火、木、金、土，五气顺布，四时行焉；五行，一阴阳也；阴阳，一太极也；太极本无极也。五行之生也，各一其性；无极之真，二五之精，妙合而凝，乾道成男，坤道成女，二气交感，化生万物，万物化生，而变化无穷焉。"宇宙的本体，由于无极而太极，所谓无极者是什么？即是宇宙无形无状无声无臭的变化之理，由这变化之理，而演生世界的物质和动植物及人类，黄宗炎作《太极图辨》，指为方士修炼之术，辨不出这种道理。《太极图说》又说："惟人也得其秀而最灵，形既生矣，神发知矣，五性感动而善恶分，万事出矣；圣人定之以仁义中正而主静（自注无欲故静），立人极焉。故圣人与天地合其德，日月合其明，四时合其序，鬼神合其吉凶，君子修之吉，小人悖之凶，故曰：立天之道，曰阴与阳；立地之道，曰柔与刚；立人之道，曰仁与义。"由宇宙观而推及于人生观，以为人类万物，同出一源，是持一元论；以人类为万物中之最灵，是持性善先天说；以圣人为人群中之轨范，是持儒家之道德。关于《太极图说》的批评，不一其人，最显者为陆象山，他与朱晦庵辩论"无极而太极"之说，信札往来，直至七次，到底没有解决。周子说宇宙的根本原理是无极，乃从老子"无名天地之始，有名万物之母"的思想胎化出来；"无极"二字，老子庄子都已说过，如"归复于无极"，入无极之门，"以游无极之野"。老子是主张有生于无的，正是周子所胎原的意思。究竟"无"是什么？无，不是没有，乃是不可知；太极之上加无极，不是说从没有中发出一个太极来，是说太极的来源是不可知的，很像佛教所说宇宙的究竟为不可思议一样。太极是什么？是宇宙动的根原，因为有了动，就发生重大的变化，动极有时转静，静不过是人所未感觉的动，所以能够静极复动，倘使静不是人所未感觉的动，则静将永远不复动了。朱熹解释太极说："极是道理之极至，总天地万物之理，便是太极，太极只是一个实理以贯之。圣人谓之太极者，所以指夫天地万物之根也；周子因之，而又谓之无极者，所以著夫无声无臭之妙也。"吴澄解释太极说："太极者何也？曰：道也。道而称之曰太极，何也？曰假借之辞也。道不名也，故假借可名之器以名之也；以其天地万物之所共由也，则名之曰道，道者大路也。以其条派之微密，则名之曰理，理者玉肤也。"朱熹与吴澄之解释，都是以道理为太极，而没有说出宇宙发生演变的理。周敦颐《通书》言诚，即图说之太极，故《诚上章》说："诚者圣人之本也。太哉乾元！万物资始，诚之原也。乾道变化，各正性命，诚斯立焉，纯粹至善者也。"《诚下章》说："圣，诚而已矣；诚者五常之本，百行之原也。静无而动有，至正而明达也。"《圣第四》说："寂然不动者诚也，感而遂通者神也。"敦颐本其宇宙论之主张，以太极包括宇宙之一切，而人生亦为宇宙之所包；以诚为人性之本，五常之本，以圣人为能存天理，故诚、神、幾（幾微）的境界，惟圣人可以达到。他对于人生之见解，以立诚为本，以知幾慎动为要，以中正为教，以去欲为功，以思通为归，依此修养而人欲乃可尽去，所以能与天地合其德，日月合其明，四时合其序，鬼神合其吉凶。（乙）程颢。程颢字伯淳，世居中山博野（今直隶津海道西部之地），后徙为河南洛阳人；生于仁宗明道元年，卒于神宗元丰八年（1032—1085），年五十四。逾冠，中进士第，调鄠县主簿、上元县主簿，移晋城令。神宗素知其名，每召见，从容咨访。安石执政，颢被旨赴中堂议事，与安石意见不合，乞去言职，继改签书镇宁军判官。哲宗立，召为宗正丞，未行而卒。文彦博采众论题其墓，曰明道先生。有《文集》、《语录》，合在《二程全书》，及《考正大学》一篇。程颢的宇宙观，是以生生为其根本的原理，《语录》说："生生之谓易，是天之所以为道也；天只是以生为道，继此生理者，只是善也。善便有一个元的意思；元者善之长，万物皆有春意，便是继之者善也，成之者性也。"又说："天地之大德曰生；天地细缊，万物化醇，生之谓性。万物之生意最可观，此元者善之长也，斯所谓仁也。人与天地一物也，而人特自小之，何哉？"从此引说以观，他的宇宙论以生为根本原理，比之周敦颐以无极为根本原理，较为明显确实。他虽以生为宇宙根本原理，但对于宇宙万物的现象，则采相对论，而不采绝对论。《语录》说："天地万物之理，无独必有对，皆自然而然，非有安排也。"又说："万物莫不有对，一阴一阳，一善一恶，阳长则阴消，善增则恶减；斯理也，推之其远乎！人只要知此耳。"又说："天下之善恶皆天理。谓之恶者非本恶，但或过或不及，便如此，如杨墨之类。事有善有恶，皆天理也。天理中物，须有美恶；盖物之不齐，物之情也。但当察之，不可自入于恶，流于一物。"又说："质必有文，自然之理；必有对待，生生之本也。有上则有下，有此则有彼，有质则有文，一不独立，二则为文，非知道者，孰能识之？天文，天之理也。人文，人之理也。"宇宙现象，皆有所对待，故说"万物莫不有对"；对待，是宇宙自然的现象，它的本身无所谓善恶，故说"天下善恶皆天理"；现在所视为善者，他时或以为不善；现在所视为恶者，他时或以为不恶。此地之所视为善恶者，他地所视或以为无善无恶。但他的立论，不是彻底的，所以换一论调，"天理中物，须有美恶，盖物之不齐，物之情也，但当察之不可自入于恶，流于一物。"所以他不能冲出理学的范围。天理涵有善恶，这善恶的性，由人类自幼的气禀而分别之，《语录》说："生之谓性，性即气，气即性，生之谓也。人生气禀，理有善恶，然不是性中元有此两物相对而生也。有自幼而善，有自幼而恶，是气禀自然也。善固性也，然恶亦不可不谓之性也。盖生之谓性，人生而静，以上不容说，才说性，便已不是性也。凡人说性，只是说继之者善也，孟子言人性善是也。夫所谓继之者善也，犹水流而就下也,皆水也。有流而至海,终无所污,此何烦人力之为也。有流而未远,固已渐浊;有出而甚远,方有所浊。有浊之多者,有浊之少者,清浊虽不同,然不可以浊者不为水也,如此则人不可以不加澄治之功。故用力敏勇则疾清,用力缓怠则迟清;其清也,则却只是元初水也。亦不是将清来换却浊,亦不是取出浊来置在一隅也。水之清,则性善之谓也,故不是善与恶在性中为两物,相对各自出来,此理,天命也,顺而循之则道也。循此而修之,各得其分,则教也。"善恶由于气禀之说,蔡元培于《中国伦理学史》论及:"其意谓善恶之所由名,仅指行为时之过或不及而言。"依我的解释,程颢的意思,在性中实无善恶两物相对各自出来,惟如水经过相当的地方,相当的时候,渐染污浊而变迁为恶,但他说到:"生之谓性,性即气,气即性,生之谓也。""有自幼而善,有自幼而恶,是气禀自然。"又很像性包涵善恶,禀性之善者则为善,禀性之恶者则为恶,则何以"性中实无善恶两物相对各自出来"呢?可知他论善恶之界说,亦是含混不清的。程颢的人生论与他的宇宙论,是相一致的,他对于人生之见解,是要使人体认宇宙生生之理,《识仁篇》说:"学者须先识仁。仁者浑然与物同体,义、礼、智、信,皆仁也。"《遗书》二说:"仁者以天地万物为一体,莫非己也,认得为己,何所不至。"《遗书》七说:"若夫至仁,则天地为一身,而天地之间,品物万形为四肢百体,夫人岂视四肢百体而不爱者哉?圣人仁之至也,独能体是心而已。"宇宙一切乃生之大流,人类之有仁心者,乃表见生之现象,与天地万物为一体,如孟子说:"万物皆备于我"之谓,识得此理,则一切行事,皆本此心作之,不须防检,不须穷索,程颢根据仁的主张,以发挥他人生之道德实践论,如《通书》第十章所说:"志伊尹之所志,学颜子之所学",不走入玄之又玄的道路;且根据是以表见他政治的主张:(1)立法要本于人情,通于物理,圣王之法,有时可改。(2)人当须师友以成其德,以养成尊德乐善之风。(3)建官所以修百度而理万化,故官职不可混淆,职业不可废弛。（4）当制常产以厚民生，经界必正，井地必均，以防富者之兼并，贫者之流离。（5）政教当始于乡里，以联属统治其民。（6）当注重庠序学校之教，以明人伦，化成天下。（7）多养骄兵，徒耗国力，禁卫之外，当渐归之于农，否则将贻大患。（8）耕多食少，以尽地力，以勤人功，以防凶岁，以止盗贼。（9）当均多恤寡，以救济数逾百万游手游食之民。（10）当竭力生产，以兴山泽之利，同时并修礼制，以戒奢靡（见所上神宗治法十事书，择要录于此），凡兹十端，亦可说是政治的实践论，不落于空幻的。（丙）程颐。程颐字正叔，河南人，明道先生之弟，生仁宗明道二年，徽宗大观元年卒（1033—1107），年七十五。幼有大志，年十四五，与兄颢受学于濂溪；十八，上书阙下，劝仁宗黜世俗之论，以王道为心。后游太学，撰《颜子所好何学论》，见重于胡瑗，处以学职。英宗、神宗间，大臣屡荐皆不起。哲宗初，擢崇正殿说书，士人归其门者甚盛。颐以天下自任，议论褒贬，无所规避，与翰林学士蜀人苏轼不合，两家门下，互相标榜，遂分党为洛蜀，因党论削籍，窜涪州；徽宗即位，移峡州，复其官。崇宁二年，言者诋颐以邪说惑乱众听，乃避居龙门之南。五年，复宣议郎，致仕。大观元年九月，卒于家。程颐为学，本于至诚，其见于言动事为之间，疏通简易，不为矫异，朱子说："明道说话有说过处，伊川较子细，说较无过。"（见《语类》）论者谓明道曾参杂释老，立说有二氏之痕迹，至程颐则承濂溪明道弥缝之后更不参漏，于儒倍加亲切云。所著书有《易传》四卷、《春秋传》、《文集》，其平日讲说，门人合明道而录之，以为《语录》。涪人立祠祀颐于北岩，世称为伊川先生。程颐的宇宙论，比之周敦颐以无极为宇宙原理，较为切实。他以理代无极太极之说，《遗书》卷十五说："天下之物皆能穷，只是一理"，"万物皆是一理，至如一物一事虽小，皆是有理。"卷十八说："天下物皆可以理照，有物必有则，一物须有一理。"天下事物，皆具一理，而理即是天地间自然的法则。明道揭出天理二字，伊川揭出性即理之言，并以穷理之说，以连合天人相关之道。伊川复提出气字，以表见宇宙之动作，《遗书》卷十五说："人气之生，生于真元。天之气，亦自然生生不穷。至如海水，因阳盛而涸，及阴盛而生，亦不是将已涸之气却生水，自然能生，往来屈伸，只是理也。"宇宙一切之变化，似有大气为之鼓荡，即宇宙自然运动的伟大力量，变化可以成为气象万千，而宇宙之理为不变之定则，是固定的。程颐对于人生论则提出：（甲）养气。养气是去人欲以合天理：（1）主敬，主敬则不敢慢，不敢欺，所以他说："人道莫如敬"，"君子之遇事，无巨细，一于敬而已"，"圣人修己以敬，以安百姓"，后儒多谓伊川改周子主静之说为主敬。（2）集义，他说："敬只是涵养一事，必有事焉，须当集义，只知用敬，不知集义，却是都无事也。"（见《学案》十五）敬以持内，则中心有主；义以统外，则行动得宜。（乙）穷理。（1）致知，程颐分知为二类，为见闻之知与德性之知。见闻之知，是博物多能之知；德性之知，是内部不假见闻之知，所以他主张进学以致知，是发见德性之知。（2）格物，他说致知在格物，是发扬见闻之知，《遗书》卷二十五说："物有本末，事有终始，则近道矣；人之学，莫大于知本末始终；致知在格物，则所谓本也，始也；治天下国家，则所谓末也，终也。治天下国家，必本诸身，其身不正，而能治天下国家者无之；格犹穷也，物犹理也，犹曰穷其理而已矣。穷其理然后足以致之，不穷则不能致也。"《遗书》卷十八说："凡一物上有一理，须是穷致其理。"《遗书》卷十五说："物即事也，凡事上穷其理，则无不通。"从上引说而观，则程颐致知之论，一在明心见性之知，一在格物穷理之知，中国几千年来的文化，只在道德伦理上，注重德性之知，不晓在物理上，注重见闻之知；所以科学落后，不能与欧美科学发达的国家并驾齐驱，就是这个缘故啊！（丁）邵雍。邵雍字尧夫，生于宋真宗大中祥符四年，卒于神宗熙宁十年（1011—1077），年六十七。其先范阳人，晚迁河南。幼具雄才，刻苦自励，时北海李之才（挺之）摄共城令，授以图书先天之学，多所自得，著书十余万言，行于世，如《皇极经世书》、

《观物篇》、《伊川击壤集》、《渔樵问对》等,世称康节先生。邵雍的宇宙观,在他的卦位图可以表见,其图凡六:(1)八卦次序图,(2)八卦方位图,(3)六十四卦次序图,(4)六十四卦圆图方位图,(5)方图四分四层图,(6)卦气图。与周敦颐《太极图》同一渊源,而以数理的关系,说明天人相关之理。但濂溪说太极,康节说先天,先天是与后天相对的,《观物外篇》说:"先天之学,心也。后天之学,迹也。出入有无死生者,道也。"《观物内篇》说:"道为天地之本,天地为万物之本;以天地观万物,则万物为物;以道观天地,则天地亦为万物;道之道,尽于天矣;天之道,尽于地矣;天地之道,尽于物矣;天地万物之道,尽于人矣。"日本高濑武次郎《中国哲学史》说:"邵子不但单说万有,且约而归之心界,言宇宙万有,自心而生,森罗万象,皆起于心,则全属主观唯心论,与佛教所谓万物唯一心,心外无别法之说相同;然邵子始终不作唯心说,未见以自然界为精神界,以非我为我也。"邵子虽未见以自然界为精神界,以非我为我,但邵子十分看重这个心,《渔樵问答》说:"物莫大于天地,天地生于太极。太极即是吾心,太极所生之万化万事,即吾心之万化万事也。故曰:天地之道,备于人。"可知邵子不但作唯心说,而且作绝对的唯心说,他于《观物外篇》说:"心为太极,道为太极。"与佛天上地下唯我独尊之说相同。据此,邵子之宇宙观可说是心观,有如他之《先天卦位图》说:"万化万事,生于心也。"邵子依据心观以建立他的人生论,《观物内篇》说:"人之所以能灵于万物者,为其目能收万物之色,耳能收万物之声,鼻能收万物之气,口能收万物之味。声色气味者,万物之体也;耳目口鼻者,万人之用也;体无定用,唯变是用;用无定体,惟化是体;体用交而人物之道,于是乎备矣;……能以一心观万心,一身观万身,一物观万物,一世观万世者焉。"日本渡边秀方于所著《中国哲学史概论》说:"邵子好作宇宙大观的议论,以说古今的经世,伦理道德方面的问题,本非所长;但他的人生观,在其从他的宇宙观演绎出来的意味上,多少也有特色。"所谓物心一如万物一体的人生观，就是这个意义了。邵子又依据心观以建立他的政治论，他说："夫天下将治，则人必尚行也；天下将乱，则人必尚言也。尚行，则笃实之风行焉；尚言，则诡谲之风行焉。天下将治，则人必尚义也；天下将乱，则人必尚利也。尚义，则谦让之风行焉；尚利，则攘夺之风行焉。五霸，尚言者也。尚行必入于义也，尚言，必入于利也，义利之相去，一何远之如是耶！是知言之于口，不若行之于身；行之于身，不若尽之于心。"能尽此心，则能尽天地之心，所以他说："人之神，则天地之神"，"心一而不分，则能应万变"，这是何等看重自我的精神。（戊）张载。张载字子厚，世居大梁（今河南开封县），生于宋真宗天禧四年，神宗熙宁十年卒（1020—1077），年五十八。少志气不群，喜谈兵，年二十一，上书谒范文正公，一见知其远器，乃警之曰："儒者自有名教可乐，何事于兵"，因劝读《中庸》，后虽翻然有志于道，已求诸释老，乃反求之六经，尝坐虎皮讲《易》，京师听者甚众，一夕二程至与论《易》，兼语道学之要，涣然自足说："何事旁求"，于是尽弃异学。熙宁初，迁著作郎（唐以前此职为掌国史之官，至宋别有国史院，故著作郎为寄禄官），以吕公著之荐，召对，神宗问治道，则主张为治法于三代。时王安石方行新法，横渠不善之，久之托疾归君南山下，终日危坐一室，左右简编，俯读仰思，志道甚笃。后为太常礼院，与有司议论不合，复以疾归，不久遂逝，世称横渠先生。著有《东铭》、《西铭》、《正蒙》、《理窟》、《易说》等书。朱熹尝谓："横渠严密，孟子宏阔；孟子平正，横渠高处太高，密处太密。"其中《正蒙》一书，尤可窥其思想为北宋哲学著述中之巨构。横渠之宇宙论，与周子之言太极，邵子之言先天，程子之言理气不同，横渠以宇宙间一切现象，是出于一气之变化，《正蒙·太和篇》说："太虚无形，气之本体；其聚其散，变化之客形尔。至静无感，性之渊源；有识有知，物交之客感尔。客感客形，与无感无形，惟尽性者能一之。"又说："太和所谓道，中涵浮沉升降动静相感之性，是生细缊相荡胜负屈伸之始；其来也，幾微易简；其究也，广大坚固。”他以太和为世界原理，性是人间原理，正和佛教的法界一心相当。太和中有虚气二者的对立，又和佛教的动、静、不变、随缘相当(参阅《宋儒和佛教》，《哲学杂志》三百五十四、五号)，但是横渠之所谓气，是指宇宙间之变化现象，而太虚为气之本体，太和与太虚，名词不同而意义则一；横渠以宇宙互相对待而表现其作用，所以说：“两不立则一不可见，一不可见，则两之用息，两体者：虚实也，动静也，聚散也，清浊也，其究一而已。”所谓一者，即宇宙之本体，太和太虚是也。他对于人生观之见解，可谓思想纯正，态度明显，表见博爱的主张。《西铭》说：“乾称父，坤称母，予兹藐焉，乃混然中处，故天地之塞吾其体，天地之帅吾其性，民吾同胞，物吾与也……尊高年所以长其长，慈幼弱所以幼其幼，圣其合德，贤其秀也。凡天下疲癃残疾，惸独孤寡，皆吾兄弟之颠连而无告者也，于时保之，子之翼也，乐且不忧，纯乎孝者也；违德曰悖，害仁曰贼，济恶者不才，其践形唯肖者也。”万物与人类同为一体，这等思想，是具有彻底的世界主义之旨趣，而非汉唐儒者所能说。(己)朱熹。朱熹字元晦，亦称仲晦、晦庵，生于南宋高宗建炎四年，卒于宁宗庆元六年(1130—1200)，享年七十一。十八岁时，登进士，授同安主簿，后自同安徒步见李延平，其学大进，乃弃从前空远不切之言，而以二程之学为归。其为学穷理以致其知，反躬以践其实，而以居敬为主。所著书有《易本义》、《启蒙》、《蓍卦考误》、《诗集传》、《大学中庸章句》《或问》、《论语孟子集注》、《太极图通书西铭解》、《楚辞集注辩证》、《韩文考异》，所编次有《论孟集议》、《孟子指要》、《中庸辑略》、《孝经刊误》、《小学书》、《资治通鉴纲目》、《宋名臣言行录》、《家礼》、《近思录》、《程氏遗书》、《伊洛渊源录》等书。日本渡边秀方说：“他的学系，差不多来自程门，但思想那样博大的他，囿守程学，自不能满足，所以周、张、邵诸子外，上自六经，下及孔门一系，旁及老庄——凡百思想，殆无不熔于他自己的那大炉内，层层精炼，而以其醇味为血为肉为用。在这些意味上，所以我们不如说他是一个批判总合的大学者，——与其说是一个独创的大哲学家。"又说："天分这样丰富的他，所以我们为他求对手于泰西时，除 Aristotle 及 Kant 外，当难发见第三人。他绞其不世出的头脑，更订古典的注释，给以一贯的理义外，又于仁义理气太极等阐明其内容，使各得其所。他这精神，当和 Kant 立认识论的范畴的精神同其价值。"(见《中国哲学史概论》第二编六二页)可知朱熹的思想在宋代理学的位置了。朱子的宇宙论，根本于濂溪与伊川，以太极为宇宙本体，而分为理气二物，故朱子之纯正哲学，可说是二元论，所说的理，等于濂溪所说的太极；所说的气，等于濂溪所说的阴阳两仪。他说："理气本无先后之可言，然必欲推其所后来，则须说先有是理；然理又非别为一物，即存乎气之中，无是气则是理亦无挂搭处。"又说："天地之间，有理有气；理也者，形而上之道也，生物之本也；气也者，形而下之器也，生物之具也；是以人物之生，必禀此理，然后有性，必禀此气，然后有形。"(均见《语类》卷一)他以为天地初生，只是气，气有阴阳，阴阳有水火，天地始初混沌未分时，只有水火，水之滓脚便成地，初间极软，后来方凝结，这种思想与近代地质学家，论地球之生成有些同，他以水火为物质的原素，比之周敦颐由阴阳而生五行之说，较为切实。朱子的人生论，是以仁而定伦道的根元，他说："学者须先识仁，仁浑然与物同体，义礼智信皆仁，识得此理，以诚敬存之，不须防检，不须穷索，若心懈则有防，心苟不懈，何防之有；理有未得，故须穷索，存久自明，安待索学，此道与物无对，大不足以名之，天地用皆我用，孟子言万物皆备我，须反身诚，乃为大乐若反身未诚，则犹是二物有对，以己合彼，终未有之，又安得乐。"(见《全书》二)他以仁为百行的基础，一切道德，都包涵在内，至于狭义的仁，始终用"仁者心之德也，爱之理也"等意义，以使仁为具体化。仁为人生道德最高的标准，倘能体认仁而躬行实践之，则行为自无不善，《全书》四十七说："仁是爱底道理，公是仁底道理，故公则仁，仁则爱。"又说:"仁字说得广处是全体;恻隐慈爱底,是说他本相。""仁是根,恻隐是萌芽,亲亲仁民爱物,便是推广到枝叶处。"可见他说的仁,不是空洞的仁,而是实践的仁。(庚)陆九渊。陆九渊字子静,自号存斋,金溪人(今属江西豫章道),生高宗绍兴九年,光宗绍熙二年卒(1139—1191),年五十四。幼有大志,孝宗乾道八年,举进士。孝宗淳熙二年,吕伯恭约象山及其季兄复斋,与朱晦庵会于鹅湖,论辩多所不合,自是有朱陆异同之论。《中国哲学小史》说及:"一般人之论朱陆异同者,多谓朱子偏重道问学,象山偏重尊德性,此等说法,在当时即已有之;然朱子之学之最终目的,亦在于明吾心之全体大用,此为一般道学家共同之目的。故谓象山不十分注重道问学可;谓朱子不注重尊德性不可。"(见七四页)朱子与象山立论有冲突之点,大抵朱指陆偏于内心工夫,乃禅宗余派,非儒家正宗;以为学者当求古昔圣贤的遗言于书中,而修身之法,自洒扫应对始。陆则指朱为舍本逐末;以为学问之道,不在外而在内,不在古人的文字而在其精神(参阅《中国史话》四十四章四二页)。冯友兰论及:"朱子之学,尚非普通所谓之唯心论,而实近于现在所谓之实在主义,吾人若注意此点,即可见朱陆之不同,实非只其为学或修养方法之不同;二人之哲学根本上实有差异之处。朱子言性即理,象山言心即理,此一言虽只一字之不同,而实代表二人哲学之重要的差异。"(见《中国哲学小史》八八页)冯氏论朱子之学,近于现在所谓之实在主义,又非普通之所谓唯心论,恐未必然,现代实在论,为唯心论之一种反动,以人所认识者,为外界之实在,为实在之真相,独立自存,非心所造。若朱子之论,是彻底之唯心论,朱子论性是未动,情是已动,心包得已动未动。性是心之理,情是心之动。陆象山言心即理,此心此理,实不容有二。他们之区别,是名词的歧异,而主张唯心之论则同;是为学或修养方法的歧异,而主张明心见性则同。他们虽共同主张唯心,但朱学平实,主保守,注重现在的秩序,过于未来的希望;陆九渊以周敦颐、程颢为师承,偏重于培养德性一方面。朱学重学问思辨，陆学重简易直截；朱学在即物穷理，陆学言心即理；朱学重经验，陆学主直觉；朱学重归纳，陆学重演绎，此二派不同之点。陆子九渊对于宇宙论是如何的主张呢？朱子主张无极太极，陆子则以为只有太极而无无极，《全集·论宇宙惟理》说："塞天地一理耳，学者之所以学，欲明此理耳。此理之大，岂有限量？"卷三十二《则以学文篇》说："宇宙之间，典常之昭然，伦类之灿然，果何适而无其理也？"朱子以太极为宇宙本体而分为理气二物，而陆子以理为宇宙构成之惟一原则，不言气，故陆子是主张一元论的，《全集》卷一《与曾宅之书》说："心一理也，理一理也，至当归一，精义无二，此心此理，实不容有二。"他以理为宇宙之根本原则，且以理为心之根本原则。由此宇宙论以建立他的人生论，所以说："宇宙便是吾心，吾心即是宇宙。"故以自我为人生研究的中心，《语录》说："宇宙内事，乃己分内事；己分内事，乃宇宙内事。"又说："心之体甚大，若能尽我之心，便与天同。"这是何等尊重自我意识的庄严口气。以上略论宋代理学代表之中心人物，如周敦颐、程颢、程颐、邵雍、张载、朱熹、陆九渊，把其主要的思想列出，可以知道他们的渊源。

中国学术界，可说是儒释道互相消长的时代，两晋南北朝是道学发达的时期，全唐是佛学发达时期，两宋是儒学发达时期。但两宋虽然是儒学发达时期，他们的思想，许多是参杂于佛道的成分的，就中国整个文化史来论，可说中国的学术，至宋代竟成为总合大放异彩的时期。文化之花，萎残于五代，五代的兵戈戎马，将所有都践踏了，宋代开国之君努力培育，至八十年后，才见萌蘖，时有胡安定（瑗）、孙泰山、石徂徕等出来，又有范文正、欧阳文忠、韩忠献等左提右挈，于是学校遍于各处，师儒之道以立；其他苏洵、苏轼、苏辙、王安石、曾巩一辈文士，亦专以提掖人材崇奖学术为己任，他们都是在文化上有贡献的。但是为宋代文化上学术上的大打击的，就是新旧党派之争，及外敌侵侮之急，使非有私家书院讲学之风,则宋代的文化,未必有我们今日所想像的兴盛啊(可参阅缪天绶《宋元学案选注序》十八页,及《东方文库》三十二种《中国社会文化》四八页引)。宋代理学的特色,即是理气心性二者的研究,前者是本体论的问题,后者是心理伦理道德的问题;前者多取于老庄及《易系辞传》,用以构成儒教的世界观的;后者则和佛教中的禅宗多有参入,把古来子思孟子所主张的性说,更学理化以成宋代理学的特色。日儒渡边秀方说:"把儒道佛三教,内面地浑融总合起来,创出一新机轴的,不待说就是现在所说的宋学。这宋学把人间性情那样绵密地研究过的现象,真是世界学界上一大异彩。它在现今思想界上,虽差不多全被闲却,但在绝叫人间平等自由的今日,考究人间的性情的问题,自不能不说是根本问题。"(见《中国哲学史概论·近世哲学》四页)中国文化史上学术史上讲形而上学最发达的时代,要算宋朝,因为那时候的理学家,大半讨论到本体问题,当时的学派,既然称它为理学为道学,可知它实与纯粹的儒学有些不同。纯粹的儒学,以伦理为立足点,讨论的范围,只限于人生道德的实践方面,理学却进一步研究到宇宙本体问题,所以不能算它是纯粹的儒学,这种儒表佛里的理学,对于宇宙原理,有精微的发挥,从学术的本身说来,是一种进步现象啊。儒家思想,古来实支配中国人心,成为中国人行为的规范,但儒家本身到宋代是一个大转变期,就是从说经义谈修齐治平的儒家,转变为谈理气心性的儒家,即是由经学而变为理学,或可说是道学。《宋史·道学传》:"道学之名,古无是也,三代盛时,天子以是道为政教,大臣百官有司以是道为职业,党庠术序师弟子以是道为讲习,四方百姓日用是道而不知;是故盈覆载之间,无一民一物,不被是道之泽以遂其性,于斯时也,道学之名,何自而立哉。……宋中叶,周敦颐出于舂陵,乃得圣贤不传之学,作《太极图说》、《通书》,推明阴阳五行之理,命于天而性于人者,了若指掌。张载《西铭》,又极言理一分殊之情,然后道之大原出于天者,灼然而无疑焉。仁宗明道初年，程颢及弟颐实生，及长受业周氏，已乃扩大其所闻，表彰《大学》《中庸》二篇，与《语》《孟》并行；于是上自帝王传心之奥，下至初学入德之门，融会贯通，无复余蕴。迄宋南渡，新安朱熹，得程氏正传，其学加亲切焉。大抵以格物致知为先，明善诚身为要，凡《诗》、《书》、六艺之文，与夫孔孟之遗言，颠错于秦火，支离于汉儒，幽沉于魏晋六朝者，至是皆焕然大明，秩然而各得其所，此宋儒之学，所以度越诸子，而上接孟氏者欤。"观此，宋代的理学（道学）在中国学术史上的位置就可以知道，而朱熹也曾申述过："秦汉以来，圣学不传，儒者唯知训诂章句之为事，而不复求圣人之意，以明夫性命道德之归。"可说宋代理学为儒家孔孟思想的复兴运动了。

第十七节　宋代之文学

有宋一代，在人文史上实值得注意的时代。在理学的发展，已为一代的光辉，而文学的钻研，已改唐诗取士的倾向，而为散文的倾向，于文体之变迁上，实划一新时期。宋代文学，其间上下三百余年，遗文故献传于今日者，汗牛充栋。年代未远，文献容易征考，论者谓宋代文学之进步，归功于国家之奖励，《宋史·文苑传序》说："艺祖革命，首用文吏而夺武臣之权，宋之尚文，端本乎此；太宗真宗其在藩邸，已有好学之名，及其即位，弥文日增，自是厥后，子孙相承，上之为人君者，无不典学；下之为人臣者，自宰相以至令录，无不擢科；海内文士，彬彬辈出焉。国初杨亿、刘筠犹袭唐人声律之体，柳开、穆修志欲变古，而力弗逮，庐陵欧阳修出，以古文倡，临川王安石、眉山苏轼、南丰曾巩起而和之，宋文日趋于古矣。南渡文气，不及东都，岂不足以观世变矣。"于此，可见宋人文章流别的大概。兹略为分论之：（甲）文。宋代三百年间的散体文，上承唐旧而发挥光大，渐入道学派文以载道之圈。散体文，即旧说所谓古文，宋代之学古人文体者，以欧、曾、王、苏为正宗。自魏晋六朝以后，文尚骈俪，至中唐元结、杜甫等始为散体，韩愈、柳宗元益发挥而光大之，以其越八代而复西汉之古，故号古文。至晚唐五代，文体又渐次卑微，甚或流于浮艳，宋初亦未能改变，西昆派杨亿等于诗尚辞采，于文亦骈俪为高。欧阳修起，有柳开、穆修、尹洙、石介等导之于前；有曾巩、王安石、三苏父子承之于后；而韩柳复古之风大昌，重见西汉散体文之旧，究其文体，则由骈俪之习，而复于散行之体。旧说所谓古文，即是散体文。宋代古文家，后世奉为正宗者，有欧阳、曾、王、三苏，其余如周敦颐、张载、程颢、程颐以及朱熹、吕祖谦等，在哲学史上占有地位，其文亦洗浮靡之习，是为道学派之文。南渡以后，薛季宣、陈傅良、叶适、陈亮等，致力典章经济，其为文亦异于流俗，是为功利派之文。道学派之文，是主张文以载道，所以说："不知务道德，而第以文辞为能者，艺焉而已。"《柳开文集》，张景为作序说："先生生于晋末，长于宋初，拯五代之横流，扶百世之大教，续韩孟而助周孔，非先生孰能哉？先生之道，非常儒可道也；先生之文，非常儒可文也；离其言于往迹，会其旨于前经，破昏荡疑，拒邪归正，学者忠信，以仰以赖。"苏轼序《六一居士集》，其称颂欧阳修说："晋以老庄亡，梁以佛亡，莫或正之，五百余年而后得韩愈，学者以愈配孟子，盖庶几焉。愈之后三百有余年，而后得欧阳子，其学推韩愈、孟子以达于孔氏，著礼乐仁义之实，以合于大道，其言简而明，信而通，引物连类，折之于正理，以服人心，故天下翕然师尊之。"柳开、欧阳修之文，何以为当时人士所称道？就是因为他们以孔孟仁义道德之理，以文章发挥之。道学派以经术道德自任，本不屑于词章之末，及周、邵、张、程、朱、陆诸人之为文，以平实坦易为主，故说理多精粹，非普通文士所能及。至功利派薛季宣、陈傅良、叶适，皆永嘉人，陈亮永康人，故又号永嘉学派。薛季宣尝师事伊川之门人袁溉，而兼重事功；陈傅良师事薛季宣，为学以通知成败谙练掌故为长，为文多切于实用；叶适祖述季宣，而文章雄赡，才气奔逸；陈亮与朱熹友善，其为学俱以读书经济为事，鄙薄空疏之论。南渡以后，道学功利两派诸人文体，大抵沿袭欧阳修及曾、王、三苏，各得其一节之似。晚宋文体，卑靡益甚，独文天祥、谢枋得有可得而称者，天祥大节照耀千古，为文亦极雄赡，如长江大河；枋得之名，彪炳史册，其文亦博大昌明，具有法度。其他制举之文，苟有志功名，莫不由此进身，即莫不于此致力，就其形式言，不失为散体文的附庸（参阅《宋文学史》一五——五三页）。（乙）诗。宋诗在中国文学史上，可说是蔚然大观的，明方孝孺对于宋诗推崇备至；清代吴之振、吕留良同辑《宋诗钞》，之振作序，尤极言宋诗不腐，他说："宋人之诗，变化于唐，而出其所自得，皮毛落尽，精神独存，不知者或以为腐，后人无识，倦于讲求，喜其说之省事而地位高也，则群奉腐之一字，以废全宋之诗，故今之黜宋者，皆未见宋诗者也。……宋之去唐也近，而宋人之用力于唐也尤精以专……曹学佺序《宋诗》，谓取材广而命意新，不剿袭前人一字，然则诗之不腐，未有如宋者矣。"吴之振对于宋代之诗，不以为腐，但宋代之诗比唐代之诗，已有所不及，有人说："唐诗里面许多伟大的独具的特色，在宋诗里面，却消失掉了，第一、宋诗消失唐代那种悲壮底边塞派的作风。第二、宋诗消失唐代那种感伤底社会派的作风。第三、宋诗消失唐代那种哀艳底闺怨宫怨诗的作风。第四、宋诗消失唐代那种缠绵活泼底情诗的作风。"（见《宋诗研究》九页）我们要知道宋诗何以不及唐诗？唐诗何以能表现它里面令人鼓舞、凄怆低徊痛哭的情调世界？宋诗何以不会承受唐诗那优秀作风去发展？这不是诗的时代已经过去，而是唐宋两代民族精神的表现不同。在唐代国运兴盛，民族精神激越发皇，所以能表现它悲壮的气概，如王昌龄的《从军行》所咏的"但使龙城飞将在，不教胡马度阴山"，卢纶的《塞下曲》所咏的"欲将轻骑逐，大雪满弓刀"，那种作风，表现民族势力向外发展的精神，在宋代是没有的。在宋代数百年受北方民族的侵扰,陷于威服的境地,诗之雄壮意境的开展,随此消失而无余,所以走至冷静的景象,而没有奔进回荡的气概。宋诗虽然不及唐诗,但凭宋诗人的努力,也造成在文学上占特殊地位的宋诗坛。宋诗的描写有特殊的进步,第一、宋诗格外整炼有规矩;第二、描写能细致;第三、描写特别冲淡。《御定四朝诗录》说及宋诗人凡八百八十二家,《宋诗纪事》搜罗宋诗人至三千八百余家,《宋诗纪事补遗》又补录三千余家,比较《全唐诗著录》的二千多诗人,数量上已经超过。至于个人的作品则更丰富,如陆游、杨万里的诗,都在万篇以上,王安石、苏轼等的诗篇,都在数十卷以上;宋之诗人及作品已那样发达,所以派别门户自然很多,《漫堂说诗》论宋诗派别说:"唐以后诗派略可指数,宋初晏殊、钱惟演、杨亿号西昆体。仁宗时,欧阳修、梅尧臣、苏舜钦谓之欧梅,亦称苏梅,诸君多学杜韩。王安石稍后亦学杜韩。神宗时,苏轼、黄庭坚谓之苏黄。又黄与晁补之、张耒、陈师道、秦观、李廌称苏门六君子。庭坚别开江西诗派,为江西初祖。南渡后,陆游学杜、苏,号为大宗。又有范成大、尤袤、陈与义、刘克庄诸人,大概杜、苏之支分派别也。"胡云翼宋诗研究,根据许多诗话列为九种:(1)西昆体——杨亿等代表,宗李义山;(2)晚唐体——寇准等代表,宗晚唐;(3)白体——王禹偁等代表,宗白居易;(4)唐体——欧阳修、梅尧臣等代表,宗杜、韩;(5)元祐体——苏轼、黄庭坚等代表;(6)江西派——陈师道等代表,宗黄庭坚;(7)理学派——程颐、张载等代表,宗邵雍;(8)永嘉派——徐照等代表,宗晚唐;(9)江湖派——刘克庄等代表,宗五代。《沧浪诗话》以个人为体,分七派:(1)东坡体;(2)山谷体;(3)后山体;(4)王荆公体;(5)邵康节体;(6)陈简斋体;(7)杨诚斋体。这种种的区分,不是严格的诗派的区分,不过论及宋诗的变迁及风格,可以如此区别而已。宋初的诗,是古典派的西昆体,此派领袖是杨亿(字大年,建州浦城人),钱惟演、刘筠等十七人附和之,他们崇奉李商隐，专以用典琢字为能事，当时反对西昆体，有林逋的闲逸，王禹偁的平易，惟势力太小，不久便有苏舜钦的豪迈，梅尧臣的幽淡，极力廓清西昆体雕镂的习气，其中欧阳修为领袖，他的诗是李、韩、杜三大家变化而成，得韩愈的成分较多，偏向于散文化的方面。与西昆体同时的诗体，尚有白居易体与晚唐体两派，隶属于这两派的诗人，除林逋、王禹偁、苏舜钦、梅尧臣之外，尚有徐铉、寇准、魏野、潘阆、韩琦、范仲淹等。他们在名义上虽是学白居易体，学晚唐体，实际上不是完全拟古而能够自立风格；欧阳修鼓吹苏舜钦、梅尧臣的诗，为他们向西昆体进攻的后援，另还作了一部《六一诗话》，来表示自己诗的主张，同时又抬出韩愈来作为学诗的指归；欧阳修所以极力反对西昆体，是因西昆体专以声病对偶为工，且有剽剥故事雕刻破碎之故。欧阳修在宋的诗坛，树立革新运动的旗帜，但他的革新运动，是复古的，卫道的，而不是彻底的革新运动。在宋代诗坛上具有权威的，除却欧阳修之外，尚有其他三人：（1）王安石，安石的诗，许多人说是学杜甫的，他少年时代的诗，是很放纵很恣肆，他的议论，他的主张，往往在诗歌里表现出来，晚年诗律尤精，造语用字，间不容发，意与言会，言随意遣，浑然天成，殆不见有牵强之处。（2）苏轼。苏轼是造成宋诗的新生命的，如杨亿、刘筠、钱惟演等的专摹西崑，固然不是宋诗；李昉、徐铉、王禹偁等的学白体，也不是宋诗；寇准、魏野、潘阆等的晚唐体，也不是宋诗，又如梅圣俞专学唐人的平淡处，欧阳修专学韩愈的古诗，也不是宋诗（可参阅《宋诗研究》六五页）。苏轼的诗，能自出己意，不落唐人的窠臼（见《沧浪诗话》），他的诗豪放天成，是散文化的正宗，最能代表宋诗的特色，《瓯北诗话》说："以文为诗，始自昌黎，至东坡益大放厥辞，别开生面。"《昭昧詹言续录》说："东坡只有长体，格不必高，而自以真面目与天下相见，随意吐属，自然高妙。"苏轼的门下，有黄庭坚、张耒、晁补之、秦观，都是诗人，号苏门四学士，加上陈师道、李廌，便是六君子，这可以看出他在当时文学上的势力（见《中国诗词概论》九四页）。（3）黄庭坚。散文化的诗，不事雕琢，专讲意境，字句的清新，固然是一种长处，可是矫枉过正，不免有生硬之处；走到极端的，便是江西诗派，而以黄庭坚为领袖。庭坚（自号山谷道人）本是苏门的诗人，诗与苏轼、陈师道齐名，在当时号称元祐体，又号苏黄，又号黄陈，但后来山谷的诗誉日隆，被尊为江西宗派的领袖以后，便独霸诗坛；庭坚虽自出己意以为诗，但他的诗的创造性，不及苏轼诗的强烈，他的诗是专凭学力养成的，所以受古文艺的影响，如陶渊明、杜甫、韩愈的诗，都是给他影响很深的。有人说江西诗派好的特点，实在是没有；而坏的特点，就是学着黄山谷的生涩瘦硬，奇僻拗拙，而变本加厉，到其末流，诗都不能卒读。吕本中所作江西宗派图，自庭坚以降，计列陈师道、潘大临、谢逸、洪朋、洪刍、饶节、僧祖可、徐俯、林敏修、洪炎、汪革、李錞、韩驹、李彭、晁之冲、江端木等二十五人（其中有等非江西人），所列诸人，庭坚以下，陈师道最著。师道亦苏门六君子之一，其诗规模杜甫之沉郁而失之僻涩，谈江西诗派，咸以师道与庭坚并举。南宋诗人以陆放翁、杨诚斋、范石湖、尤梁溪、萧千岩等为著名，杨诚斋尝序《千岩摘稿》说："余尝论近世之诗人，若范石湖之清新，尤梁溪之平淡，陆放翁之敷腴，萧千岩之工致，皆予之所畏者。"尤梁溪又说："近世士人，喜宗江西，温润有如范至能者乎？痛快有如杨廷秀者乎？高古如萧东夫，俊逸如陆务观，是皆出自机杼，岂有可观者。"他们所长的，可说是叙事清新，然而俚俗平浅，一转而为卑近纤巧，为人所讥（可参阅顾实编《中国文学史大纲》二三九页）。南宋有一个诗人陆游（字务观，号放翁，越州山阴人，生于 1125 年），在诗坛上表见特异的色彩；在被金人压迫偏安江表风雨飘摇的南宋，陆游开拓心胸，引起他内心爱国的情感，而喷发不平的呼声，这和其他北宋诗人冷静的头脑是不同的。我们看他所撰之《观大散关图有感》、《楼上醉书》、《闻均州报已复西京》、《长歌行》等篇，是何等悲壮之感。又宋遗民的诗，有文天祥的《文山集》，汪元量的《水云集》，谢枋得的《叠山集》,谢翱的《晞发集》,郑思肖的《所南集》,他们遇着国破家亡,每以诗歌发泄他们的情感。(丙)词。自诗与乐脱离后,唐人以绝句度曲,五代两宋衍成长短句,遂创词调,词以播入管弦之故,除句的长短比近体诗为自由以外,至于音律的束缚,较近体诗为尤甚。康熙钦定词谱,有二百二十六调,二千三百六体,词的产生,是从乐府方面演进,词的起源,有说是起于李白的《清平调》《菩萨蛮》《忆秦娥》数阕,有说是起于张志和的《渔歌》,有说是起于晋女子子夜的《子夜歌》,有说是起于梁武帝的《江南弄》,有说是起于隋炀帝侯夫人的《看梅曲》,有说是起于屈子的《离骚》或《诗经》三百篇(参阅陈冠同编《中国文学史大纲》一二六页)。词至于宋,为全盛时代,小令、中调之外,更增长调,而词调大都成于此际。有宋一代,实为词体大备的时期,因为宋之词,与唐诗有同一价值,占了一个上承诗下开曲的重要位置,毛晋《宋六十一名家词序》有说:“夫词至宋人而词始霸,曼衍繁昌……各体始大备,其人韶今秀世,其词复鲜艳殢人,有新脱而无因陈,有圆倩而无沾滞,有纤丽而无冗长,有峭拔而无钩棘,一时以之赓和名家,而鼓吹中原,肩摩于世云。”词之独盛于宋,很像诗之大昌于唐,实是中国文学演变之自然过程。自唐以迄宋初,词家作品,皆为小令(旧说五十八字以内为小令,五十九字至九十字为中调,九十字以上为长调),唐人长短句皆名小令,每一小令,可演为长调或中调,不必因字数而为区分。宋代词家不特能继五代诸家而起,且能一扫以前浮靡之习,由锻炼而归于醇雅,至东坡而又横放极出,直欲上追李白,当时作者,帝王如太宗、徽宗、高宗,大臣如寇准、韩琦、司马光、范仲淹、欧阳修,无不善为小词,极清新俊逸之致;其他如道学、武夫、妇人、女子、方外、宦者,亦多通晓音律,制腔填词。当时词学,可分二派:一为北派,一为南派;南派婉约,北派豪放;南派蕴藉,北派恢宏;属于南派有李后主、晏元献、柳耆卿、张子野、周美成、秦少游、李易安等及其他南宋名家。属于北派者,有苏东坡、辛稼轩、刘改之等。世多谓南派为正宗,北派为正体。(丁)戏曲。戏曲是古时的俳优同乐舞合起来的,俳优只有说白,舞队大抵合歌,两者混合,就成了戏曲。大概六朝时代,已稍有戏曲的形式,如隋唐间所传的《代面》《摇踏娘》等,都是扮演故事,兼用歌曲,五代之际,更加进步。宋《崇文总目》录《周优人曲辞》二卷(赵上交、李昉等编)。北宋就有杂剧的作家,《武林旧事》载宋官本杂剧名目,多至二百八十本,都是两宋通用的戏曲。南渡初,又盛行温州杂剧,为南曲之祖(参阅谢无量著《平民文学之两大文豪》九页)。戏曲为混合的艺术,杂剧之称,始见于《宋志》,由杂剧表演的动作而说,实导源于乐舞;由杂剧歌唱的乐曲而说,则实导源于乐府;由杂剧文艺的体制而说,则其渊源实不出于一端,材料方面,或本于史传,或原于辞赋,或出于小说,或咏于诗歌,或采于平话,大都取材于以前的文艺为多。宋之歌曲,其最通行而为人人所知者,是为词,宋人宴集无不歌以侑觞,然大概徒歌而不舞,其歌亦以一阕为率。据王国维《宋元戏曲史》所考定,宋代乐曲自简单之词,渐趋繁复者,凡有数种:其歌舞相兼而仅以一曲反复歌之者曰传踏;其遍数较多,而仍限于一曲者曰大曲;其少变大曲之例者曰曲破;合数曲而成一乐者曰诸宫调;取一宫调之曲若干以成一体者曰赚词。中国戏曲的组织,由于三个部分:一为科,即表示演者在舞台的动作的;一为白,即演者的说话;一为曲,即演者所唱的辞句;三者之中,以曲为最重要。宋时伶人所唱者,都为当时盛行的新体的词,后来金人占据了中国北部,旧词之格,往往于嘈杂缓急之间,乃别创一调,这就是北曲的起源。其后南曲渐渐发达,南曲为南方人改变词调所创造的,在宋时已有之。当北曲盛时,南曲也被收入它的势力范围之内,然北曲究竟不大谐适于南方人的耳官,所以不久南曲便发达起来,渐有占夺北曲地位的倾向。宋代尚有滑稽戏、杂戏、歌舞戏,滑稽戏始于开元,而盛于晚唐,入宋以后,流变渐繁,刘攽《中山诗话》所记:"祥符天禧中,杨大年、钱文僖、晏元献、刘子仪以文章立朝,为诗皆宗李义山,后进多窃义山语句。尝内宴，优人有为义山者，衣服败裂，告人曰：吾为诸馆职捃扯至此。闻者欢笑。"从这则故事看来，可以知道宋时滑稽戏之一斑。杂戏第一是傀儡，有悬丝傀儡、走线傀儡、杖头傀儡、肉傀儡、水傀儡等，这是敷衍故事，与滑稽戏不同。第二是影戏，这是宋以前没有的，《事物纪原》说："宋朝仁宗时，市人有能谈三国事者，或采其说加缘饰，作影人，始为魏吴蜀三分战争之象。"《东京梦华录》所载京中伎艺，有影戏，有乔影戏，南宋尤盛。影戏为物，专以排演故事为事，与傀儡相同。歌舞戏至宋时始成熟，如欧阳修之《采桑子》十一首，述西湖之胜，赵德麟之《商调·蝶恋花》十首，述会真之事，重叠一调，连续而歌，只是徒歌不舞，还算不得是戏曲。与戏曲较有关系的是队舞，《宋史·乐志》说："每春秋圣节三大宴，小儿队、女弟子队，各进杂剧队舞，实始于宋。"《武林旧事》所记舞队，其装作种种人物，或间有故事，所异于戏剧者，则演剧有定所，而舞队则巡回演之，后来戏名曲名中多用其名，可知其与戏剧非毫无关系（可参阅卢冀野编《中国戏剧概论》四〇页，柯敦伯著《宋文学史》一八三页）。（戊）小说。小说家是始于两汉，班固《汉书·艺文志》说："小说家者流，盖出于稗官，街谈巷语道听途说者之所造也，孔子曰：虽小道必有可观者焉，致远恐泥，是以君子弗为也，然亦弗灭也，闾里小知者之所及，亦使缀而不忘，如一言可采，此亦刍荛狂夫之义也。"（王者欲知闾巷风俗，故立稗官。）小说至于宋代，风气渐变，因为宋以前，大率为秾艳绮缛之文字，至于宋代，则开白话小说的先路；《永乐大典》中有平话一门，专收优人以前代轶事敷衍而口说之书，今所传《宣和遗事》即此类之书。明郎英《七修类稿》卷二十二说："小说起于宋仁宗时，盖时太平盛久，日欲进一奇怪之事以娱之。"宋代平话所以兴盛，就是此故，兹分述宋代小说种类于下：（一）演义类。宋代虽无演义类之小说，然浑词小说实即后世演义小说之始祖。（1）《宣和遗事》，为南宋无名氏所作，记徽宗钦宗之事，徽钦自国亡以后，父子蒙尘，被囚于五国城，备尝艰辛，客死异域,用笔极委曲凄怆,而以秦桧力主和议,致未能恢复中原,深致愤慨。(2)《五代平话》,此为近年新出现之景宋残本,实为讲史类之书,文体亦似《宣和遗事》;所记载者,为梁、唐、晋、汉、周之军谈,惟缺《梁史》与《汉史》之下卷,是演义小说之始祖。(3)《京本通俗小说》,此书亦近年出现之景宋残本,书中略字俗字甚多,且均为残缺不全之零本,每卷中可全读者甚少,惟自第十卷至十六卷之二册,间有成篇之短篇小说,如《碾玉观音》、《菩萨蛮》、《西山一窟鬼》、《志诚张主管》、《拗相公》、《错斩崔宁》、《冯玉梅团圆》;书中记事与《宣和遗事》相仿,惟较为琐碎,是南宋人手笔。(二) 杂记类。(1)《太平广记》五百卷,宋太平兴国初,诏李昉等取古今小说编纂成书,同《太平御览》上之,赐名《广记》。(2)《归田录》二卷,宋欧阳修撰。他如司马光之《涑水纪闻》,邵伯温之《见闻录》,王彦甫之《麈史》,王铚之《默记》,周密之《武林旧事》、《齐东野语》,叶梦得之《石林燕语》,皆杂记类的小说。(三) 神怪类。(1)《夷坚志》,宋洪迈景卢撰,凡四百二十卷。所记均为鬼神怪异的事实。(2)《青箱杂记》十卷,宋吴处厚撰。(3)《洞微志》十卷,宋钱希白述。他如何薳之《春渚纪闻》,王巩之《闻见近录》,张君房之《乘异记》,张师正之《括异记》,聂田之《俱异志》等书,均是志怪异的小说。(四) 志艳类。(1)《丽情集》二十卷,宋张君房、唐英合编。(2)《侍儿小名录》一卷,宋张邦基撰。(3)《杨太真外传》,宋乐史撰。以上四类,均为宋代的小说。宋代小说,所以度越前代,是因作者不以专门著作为事,而对于一般社会以传播灌输为事,所以利用白话(如《京本通俗小说》),在文学史上是值得注意的事(参阅《宋文学史》二一二页,徐敬修编《说部》七〇页)。

辽立国共二百零九年,太祖时已以汉字为基础,创为契丹大小二体文字,且习汉文,又尝买中国书籍至万卷,藏于望海堂。辽圣宗时(929—1030),制曲五百余首,又尝以契丹大字译白居易《讽谏集》,题诗其上。兴宗亦擅长汉文,尝赋诗赐宠臣。天祚帝的萧文妃善歌词,见金人势盛而帝畋游不绝，忠臣疏斥，作《讽谏歌》二首以为激劝。辽之宗室亦多文士，圣宗时有宁王长没、耶律资忠。兴宗时有耶律庶成，及其弟庶箴，其子蒲鲁。又有耶律韩留、耶律陈家奴、耶律良均。道宗时有耶律孟简，然其文学亦无足观。

　金之濡染汉族文化，较辽为后。太祖灭辽，得辽人韩昉而用之，文物始见进步。金之诸帝如金主亮、世宗、显宗、章宗，无不嗜好学问，长于诗文。金之文学，可分为三个时期：自太祖立国，至金主亮南侵被杀，为金之初叶，为文学第一期，共四十五年，最初十余年文学无可纪述。灭辽与北宋之后，竭力罗致辽宋文人，奉使之士有文名者，每强留不遣，或执而不杀，强迫官之；致自辽的，有韩昉、胡砺、王枢、魏道明、左企弓、虞仲文等。致自宋的，有宇文虚中、高士谈、施宜生、蔡松年、吴激、马定国、王競等。大概而论，金之文，不如诗之盛，他们本为无文字的，及输入汉族文化，美之情操焕发，遂倾向于诗。金诗亦具有特色，前此宋之诗失之散文化，后此元诗，不免词曲化，而金诗乃是纯然之诗，故有宋诗之新而无其鄙俚，有元诗之丽而无其纤巧，受风土的影响，颇呈悲壮之观；元遗山（名好问）之《中州集》，全集金诗，其作家无虑二百四十余人，可谓盛矣，清人赵瓯北以为："律诗之可泣可歌者，杜甫以外几绝响，而遗山有之，沉挚悲凉，自为声调。"因遗山生长漠北，多豪杰之气，又值金社沦覆，发而为慷慨悲歌，是出于至情，故不求工而自工。自金世宗即位，至宣宗南渡，共五十四年，为金之中叶，文学为第二期。世宗对宋讲和后，与民休息，及章宗继承世宗治平局面，进而正礼乐，修刑法，制典章，文物灿然大备，所以在世宗章宗时，人才辈出，为金代文学最盛时期。第三期自宣宗南渡，至元好问之死，为金代之末叶，共四十三年。金自南渡后，国势已由盛而衰，而文学反有蒸蒸日上之势，赵秉文、杨翼云，南渡后名望日隆，俨然成为文坛盟主。北渡之后，王若虚、元好问为金最后的文学家。

第二章　元代之文化

第一节　元代之政治社会

蒙古人，其本身无文化研究之可说，然其远征所及，于东西文化上，发生几多之间接影响，梁启超说："成吉斯汗以漠北一部落崛起，数十年间，几混一东半球，曾不百年，子孙沦灭退伏沙漠，正如世界历史上一飓风。"观其言，可知蒙古武力影响之大。李思纯于《元史学》有说："吾人以近代民族接触文化转输之眼光观之，则蒙古崛起，虽仅为沙漠间一野蛮部落之事实纪载，若其南并中国西侵欧洲两役，则于东西两方文化史上，有较重要之影响与价值。"蒙古之铁蹄，带着许多残毁的血腥，而在这血腥之壅土上，培殖近世灿烂文明之花啊。蒙古，是女真同族，蒙古出于室韦，《魏书》作失韦，是契丹之种类，在南者为契丹，在北者号为室韦；肃慎、挹娄、靺鞨诸族，皆在松花江以南，室韦则在嫩江沿岸，蒙古部族实鞑靼、室韦之混种，而鞑靼又为靺鞨及沙陀突厥之混种(据吕思勉《中国民族史之考证》)，在黑龙江支流，额尔古纳河(Argun)右岸，有两种部落游牧，一种是属东胡种的塔塔儿(Tatar 一作鞑靼)，一种是有时属突厥种，有时属蒙古种或蒙古杂种的弘吉剌(Kongirat)，在秃兀剌河(Tula)斡难河(Onon)怯绿连河(Kerulén)等河的上源肯特山(Kentei)一带，是蒙古族孛儿只斤(Börǒigän)族所居的地方，此族是产生成吉思汗（Gengis-Rhan）的蒙古族（参阅冯承钧译《蒙古史略》二页）。蒙古在辽金时为其隶属，及至部长恰不勒（Kabuluk）乃始称汗，逮其孙也速该（Yasugay）乃并合附近诸部，势日强大，其后为塔塔儿所杀，长子铁木真（Temutchin）嗣立，有大略，征服各部落，西纪元一二〇三年，诸部族遂推铁木真为蒙古部长，号成吉思汗，并并吞内外蒙古之地，乃于西纪元一二〇六年，会斡难河源诸酋长而即大汗位，这就是元的太祖（参阅高桑驹吉著《中国文化史》汉译本三二三页）。太祖统一漠南北，遣哲别灭乃蛮（Naiman），自将灭花剌子模（在今阿母河之西），遣哲别、速不台袭钦察部，破阿罗思联军于阿速海附近，继旋军灭西夏；别遣将西征至里海，更沿西峰逾高加索山而西，侵入俄罗斯，在位二十二年，征服者四十余国，举内外蒙古、满洲、中国之北半部、天山南北两路、中亚细亚，暨欧洲东境，悉隶版图。考其所以成此空前之伟业：（一）蒙古国典非经库里尔泰大会（合诸宗王大将群藩列首组成）所共推者，不得为蒙古大汗，所以选出之人，必是才智出众，素有民望者。（二）蒙人娴习骑射，故对于骑兵尤精，驰骋不倦。（三）将官对于部下兵士，鼓励有方，行法森严。（四）朔方畜牧，妇孺皆能，壮男虽多年用兵，而供给不致缺乏。有此数因，能够所向无敌。西纪元一二二七年，元太祖已死，蒙古诸王将相会，开库里尔泰会，拥戴窝阔台大汗即位，是为太宗。太宗初奠都于喀喇和林（Karakorum），继太祖遗志（成吉思汗于亡西夏后，拟乘胜伐金，行至六盘山得病而死），于西纪元一二三四年灭金，并威服高丽，继于一二三六年，更起大军五十万以术赤之子拔都（Batu）为总督，以其兄斡鲁朵（Orda）、己子贵由（Kuyuk）、孙海都（Kaidu）、拖雷之子蒙哥（Mangu）为将，以速不台为先锋，遣令西征。速不台进渡亦的勒（Ityr 河，今之窝瓦 Volga 河），征不里加尔（Bulgar），蒙哥攻钦察；拔都则北向屠列也赞（Riazan），陷莫斯科（Moscow）及诺弗哥罗（Novgorod），更转锋南向，烧基辅（Kiev），蹂躏斡罗思各地。拔都先率一军，蹂躏瓦拉西亚（Wallacia），击破马札儿(Magyar, 匈牙利)军于沙约(Sayo)河上,陷迫司特,逐走其国王,渡秀纳(Danube)河,屠格兰(Gran);其别的军队,则更入奥地利(Austria),直迫意大利之威尼斯(Venice),海都则率别军向孛列儿(Poland),取克拉考(Krakau),入西勒斜(Silesia),破欧北诸侯王的连合军于洼尔斯他特(Wahlstadt),转东南侵摩拉维亚(Molavia),攻阿尔妙慈(Olmütz),退至马札儿,与拔都相会,欧罗巴全土,皆为震撼,这是第二次入欧洲的蒙古军,威势比第一次更大。及太宗死,所向无敌的蒙古军,乃被召回(可参阅高桑驹吉著《中国文化史》三二六页,韦休编《中国史话》第三册七二页)。太宗死后,贵由推为大汗,是为定宗,因体弱多病,在位三年便死。蒙哥推为大汗,是为宪宗,宪宗登位后,使其弟忽必烈讨伐大理(唐时的南诏国)、吐蕃,使兀良哈台征服安南,使其弟旭烈兀经略波斯和亚细亚地方,疆域开拓得很大。宪宗既降服西南三国,乃命其弟阿里不哥(Arikbukha)留守喀拉和林,西纪元一二五七年,亲率大军南下攻宋,死于军中。其弟忽必烈从贾似道之请,与宋和北归;一二五九年,至开平,乃号大汗,伐阿里不哥;一二六四年,阿里不哥降,遂奠都于燕京,立国号曰元,这就是有名的元世祖。至是遣伯颜伐宋,陷其都城临安,继取福州,遂灭宋而统一中国(1279)。中国统一,欧亚并包,乃置四汗国以诸王镇之,列表如下:

始封者	国　名	封　地	都　城	存　灭
太宗子孙	窝阔台汗国	乃蛮部故土	叶密立(今塔城)	元灭之
察哈台	察哈台汗国	西辽故土	阿力麻里(今伊犁)	帖木儿灭之
拔都	钦察汗国	里海咸海以北	萨来	莫斯科公灭之
旭烈兀	伊儿汗国	伊兰高原	马拉固阿	帖木儿灭之

四汗国始封之君,皆拓地有大功者,而世祖居中国为大汗,四汗皆受其统治。蒙古西侵,所兼并臣服之国至多,中亚一带,部落错综,至远西诸国,或在里海南北,或在波斯湾附近,其更远者,则在黑海一带,尽为蒙古势力所及之地,兹列一简明表于下:(表见《元史学》一七页,本《西域传》及 Howorth 氏《蒙古史》所制)

中 名	西 名	地 址	战胜及征服年月
角儿只	Georgia	里海黑海之间高加索山南	太宗十二年 一二四〇
小阿昧尼亚	Little armenia	今阿昧尼亚国西南	太宗十二年 一二四〇
阿持女佩占	Azerbrÿan	花剌子模西北	太祖二十年 一二二五
克儿漫	Kerman	里海西北	太宗元年 一二二九
海拉脱	Herat	印度以北波斯东南	定宗元年 一二四六
土耳其	Turks	黑海以南波斯以西 地中海以北	宪宗八年 一二五八
罗 姆	Rum	黑海以南	太宗十一年 一二三九
印 度	Hindu	波斯东南临海	太祖二十年 一二二五
报 达	Bagdad	波斯大城西临体格里斯河	宪宗八年 一二五八

中　名	西　名	地　　址	战胜及征服年月
木剌夷	Mulahids	里海以南	宪宗六年 一二五六
西里亚	Syria	阿拉伯北方	宪宗八年 一二五八
斡罗斯	Russ	今俄罗斯	太宗九年 一二三七
钦　察	Kipchak	或作奇卜察克 高加索山附近	太宗九年 一二三七
康　里	Kanlis	自咸海西至里河	太祖十九年 一二二四
马札儿	Magyars	今奥斯马加	太宗十二年 一二四〇
波　兰	Poland	今波兰	太宗十二年 一二四〇

附注：表中土耳其及印度，系战胜而未征服之国。

　　蒙古人虽是建立广大的帝国，然而他们的行动不脱游牧民族的气习，他们的武力虽然令人惊叹，他们的政治思想还是属于部落时代，征服一处地方，只知道烧杀掳掠，对于被征服者和被征服的地方，应该用什么方法去治理，没有懂得。当蒙古太宗灭了金国的时候，近臣别迭曾经献议道："把汉人留着于国家没有什么好处，不如把他们完全除去了，用这些地方做我们的牧场。"可以看出他们凶悍的性质。他们打破一处地方，即行大屠杀，幸而有一个契丹人耶律楚材，很得成吉思汗和他的后人的信任，他屡次设法阻止蒙古军人残酷的举动，保全各地文化事业不少。蒙古人得了中国，虑及汉人之反抗，于是有种种政策，如移江南宗室大臣之家于内地，诸官长皆用蒙古人，色目人亦得为次官，又其次乃用汉人（灭金所得）、南人（灭宋所得之江南人）；又分人民为十等，即是官、吏、僧、道、医、工、匠、娼、儒、丐，儒与娼丐为列，可见其对于中国固有文化的抹煞。成宗以后，虐遇中国人尤甚，屡申汉人挟军器之禁。仁宗时以科举限制汉人南人，更须于考试各门之外，别通蒙古字学和回回教，才得赐给出身。他们对于中国一般人民，诚恐发生叛变，防范甚严，各地派兵驻防，完全用一种兵力高压政策；民政长官，往往使驻防军队的军官兼充，军官大都常驻一地，所以多与当地土豪恶霸朋比为奸，强夺人民的田产房屋，搜括人民的钱财，那末，他们统治中国，有甚么好的政治呢？蒙古国风，父子不必次及，故至元室没有制出继承之法，篡夺之祸时生，拥立的权臣，多有混乱国政。世祖死后，诸王之中有觊觎汗位的，因为伯颜是宿将重臣，辅立成宗，所以不曾有事变，成宗末年多疾，事多决于皇后不鲁干（Bulugan），欲立成宗从弟阿难答（Ananda），右丞相哈喇哈孙阳为赞成，而暗中遣人迎接武宗。武宗死后，仁宗即位，要立明宗为太子，旋又听了宰相铁木迭儿（Timudar）的话，立了英宗。仁宗崩，英宗立，英宗因铁木迭儿的贪虐，穷治其党，御史大夫铁失惧就结党密谋杀帝，而迎立泰定帝。泰定帝既立，诛铁失及其党，已而帝赴上都（开平），旋死，天顺帝就在上都即位，年方九岁。武宗旧臣燕帖木儿（Yak Timur）时签书枢密院事，乃暗结死党，迫胁百官，迎立武宗的儿子，一面遣人迎接明宗于漠北，一面又遣人迎接文宗于江陵，文宗先至，摄位以待明宗，燕帖木儿举兵陷上都，天顺帝不知所终。明宗即位和林，到漠南，文宗入见，明宗忽暴死，于是文宗再即帝位。文宗杀兄自立，事后不免天良发现，遗嘱皇后翁吉喇氏，必须立明宗的儿子；文宗死后，燕帖木儿要立文宗的儿子燕帖古恩，皇后不许，遣使迎立宁宗，数日而卒，燕帖木儿又要立燕帖古恩，皇后仍不答应，乃把顺帝迎接进京，燕帖木儿怕他即位后，追举明宗暴死之事，迁延不肯立他，恰好燕帖木儿死了，顺帝才即位。顺帝信喇嘛，耽淫乐，益复滥发交钞，结果国帑空虚，赋课愈重，民力愈削，驯至人心离叛，元室遂危。那时汉族受蒙古族之压迫，已有八十余年之久，各方群雄，乃顺人心之倾向，而起革命之师。朱元璋领众据金陵，并湖南、湖北、江西，继又破张士诚，收其江淮之地；更降方国珍，定浙江，平福建两广之地，而其将徐达、常遇春，且北进并河北，到处破元军，顺帝奔上都。自元世祖统一中国，至是凡九十八年而亡。兹将明太祖传檄中原之文录于后，以见汉民族的文化，至终不致为游牧民族所蹂躏的缘故啊。据《纲鉴汇纂》卷三十九载："我太祖命大将徐达，副将常遇春，北定中原，驰檄谕齐鲁河洛燕蓟秦晋之人曰：自古帝王临御天下，中国居内，以制夷狄，夷狄居外，以奉中国，未闻以夷狄居中国治天下者也。自宋祚倾移，元以北狄入主中国，四海内外，罔不臣服，此岂人力，实乃天授，然达人志士，尚有冠履倒置之叹。自是以后，元之臣子，不遵祖训，废坏纲常，有如大德（成宗年号）废长立幼，泰定以臣杀君，天历（文宗年号）以弟酖兄，至于弟收兄妻，子烝父妾，上下相习，恬不为怪，其于父子君臣夫妇长幼之序，渎乱甚矣。夫人君者，斯民之宗主；朝廷者，天下之根本；礼义者，御世之大防；其所为如彼，岂可为训于天下后世哉。及其后嗣沈荒，失君臣之道，又加以宰相专权，宪台报怨，有司毒虐，于是人心离叛，天下兵起，使我中国之民，死者肝脑涂地，生者骨肉不相保，虽因人事所致，实天厌其德，而弃之之时也。古云：胡虏无百年之运，验之今日，信乎不谬；当此之时，天运循环，中原气盛，亿兆之中，当降圣人，驱逐胡虏，恢复中华，立纪陈纲，牧济斯民，今一纪于斯，未闻有济世安民者，徒使尔等战战兢兢，处于朝秦暮楚之地，诚为可悯。方今河洛关陕，虽有数雄，忘中国祖宗之训，反就胡虏禽兽之名，以为美称，假元号以济私，恃有众以要君，阻兵据险，互相吞噬，反为生民之巨害，皆非华夏之主也。予本淮古布衣，因天下乱，为众所推，率师渡江，居金陵形势之地，今十有三年，西抵巴蜀，东连沧海，南控闽粤，湖湘汉沔，两汉徐邳，皆入版图，奄及南方，尽为我有；民稍安，食稍足，兵稍精，控弦执矢，目视我中原之民，久无所主，深用疚心。予恭天承命，罔敢自安，方欲遣兵北逐群虏，拯生民于涂炭，复汉官之威仪，虑人民未知，反为我仇，挈家北走，陷溺尤深，故先谕告，兵至民人勿避；予号令严肃，无秋毫之犯，归我者永安于中华，背我者自窜于塞外；盖我中国之民，天必命我中国之人以安之，夷狄何可强得而治哉。尔民其体之，如蒙古色目，虽非华夏族类，然同生天地之间，有能知礼义，愿为臣民者，与中华之人抚养无异。"我们看这篇檄文，就知道蒙古游牧民族窃踞中国，他的政治腐败，礼教废弛，文化低落的一般情形；也可以知道朱元璋之领导群众以起义师，是以保障中国的文化，挽救中国的人民，扶持中国的礼教为宗旨。他以为低下文化的民族不应统治中国的，所以说："中国居内，以制夷狄，夷狄居外，以奉中国，未闻以夷狄居中国，治天下者。"就这点民族意识的表现而说，元朝统治中国，不百年而亡，是无怪其然的。日人高桑驹吉于所著《中国文化史》说："假使这个旷古的大帝国，而像唐宋一般的国祚长久，那么，一定会吸收新文明，鼓吹新思想，而为数千年的学术界开一新生面，在中国文化史上，划出一新纪元来；惜乎世祖以后更不见有英主，帝业忽衰，国命遂绝，这是我们现在所为为此大帝国的生命，尚不及百年而悲，而同时又为此新兴国的文化，于将开未开之际，即已为风霜所侵而凋落，实抱无涯之遗憾也。"（见三三九页）高氏脱离民族意识的立场，而以亚细亚大一统的帝国透视，所以为元帝国的生命不及百年而悲；但不知道这新兴国的游牧民族统治中国，国祚长久，而中国汉族文化之受压迫，受摧残，更至不可以限量；而东方文化在历史上负有盛名之国家，受这巨风所扫荡，实抱无穷之遗憾也。元代在文化史占有地位者，是它的武力远征，不是它的文物制度；是中西文化之交通联络，不是世界文化之特立创造啊。

第二节　元代之农业

　　西纪元一二七六年蒙古人伯颜之入临安,虏宋恭帝北去,史家所谓蒙古入主中国者是也。蒙古之入主中国,比以前之五胡乱华不同,五胡乱华,没有将中国的全境占去,而蒙古之入主,则把中国的全境为异族所统一,将整个的汉族,作成蒙古游牧民族的征服者,在历史的意义,较以前之任何时代为严重。当蒙古人侵入中国统制中国的北部和全部后,对于他的本族人种,看为神胄贵裔,对于汉人南人,看为被剥削的阶级。当时元人在各地的屯田军,有蒙古军和汉军之分,蒙古军自然完全是蒙古人的军队,而汉军的兵士,虽为汉人南人,但他的主要军官,完全是蒙古人,那时汉军虽然同有屯田,主要的生产部分,还是为蒙人所有。遍布各地的屯田,固然是将宋公田之一部分,分散于各军士,但是主要的来源,还是从战争中掠取于一般农民的。据《元史·世祖纪》:"至元(世祖年号)二年,又以河南北荒闲地,分给蒙古军耕种。"世祖以至元十四年灭宋,其后十余年至至元二十五年,犹欲夺民田以为屯田(见《元史》一百四十八《董文用传》),凡此均可征元初对于汉人之土地,都是随便侵占的。元时从农民的耕地掠取中所设置的屯田,当武宗至大元年时,已有一百二十余所,总共耕地一七二○二○顷二一亩,这时屯田的数目,比宋时已增加了十一万多顷。当时的屯田,除大部分的军屯外,还有一部分是民屯,对于这民屯,常移民去耕种,但当时的移民,不是将人多土狭、没有耕地的农民,移到耕地宽大的地方,是将一些已有耕地的农民,强迫他们抛弃熟地,去耕生地;结果反是减少生产力,而成为压迫农民的工具。而且诸军户不能种屯,往往移民代耕而收其租,如河南等处的屯田,人户皆内地中产,因远徙而失业,这可以看出元时屯田制度的弊害(参阅张霄鸣著《中国历代耕地问题》一八八页)。蒙古人不但占据民田为屯田,并且将农民好好的耕地,占据为牧场,以养羊马,或作猎场娱乐之用。元世祖正统三年,禁诸道戍兵及势家畜牧犯桑枣禾稼者,又禁蒙古军不得以民田为牧地,在《元史》上不断的记载着招民开牧地为田,也可见元时牧地之多。此外贵族官僚也凭着政治上的权威,向农民掠夺强取,如元时东平布衣赵天麟所上的书说:"今王公大人之家,或占民田近于千顷,不耕不种,谓之草场,专放孳畜;又江南豪家,广占农田,驱役佃户。"《元史·成宗本纪》成宗谓台臣说:"朕闻江南富户侵占民田,以致贫者流离转徙。"《通考》载:"大德元年十一月,禁诸王驸马并权豪勿夺民田,其献者有刑。至大二年正月,又禁诸王公主驸马受诸人承献公私田地,及擅招户者。"《元史》世祖至元十三年和十五年,皆下命令禁止管军将校及官吏以势力夺民田庐的,都要归还本主,由这禁止命令来看,就知道当时的王族官僚以势力夺农民田地者之多。其由皇帝赐与贵族及官僚的田也很多,这等官田是由民间取来的,或平宋后将宋之官田没收得来的,《二十二史札记·元代以江南田赐臣下》条载:"元代之赐田,即南宋之入官田,内府庄田。"据《续通考》卷六所载:"元时多以官田分赐臣下,纪传所载,有世祖中统二年八月,赐窦默等田为永业田,四年八月,赐刘整田二十顷,至元十六年正月,赐昝顺田,十八年,赐郑温常州田三十顷,二十一年,赐相威近郊田二千亩,二十二年,赐李昶、徐世隆田各十顷。时安南国王陈益稷来归,赐汉阳田五百顷,又赐王积翁田八十顷。……其赐公主者,则武宗至大二年,赐鲁国大长公主平江稻田一千五百顷。文宗至顺元年,赐鲁国大长公主平江田五百顷。顺帝至正九年,赐公主不答昔你平江田一千五百顷。"一顷计一百亩,一千五百顷,计十五万亩,赐田一人至十五万亩地,可知其夺取之滥。当时占据大批耕地的,不但是王族贵人官僚地主商人,而寺观亦占着大批耕地,《续通考》卷六载:"世祖中统二年六月,赐僧听怀孟邢州田各五十顷,八月,赐庆寿海云二寺陆地五百顷。成宗大德五年二月,赐昭庆宫、兴教寺地各五百顷,上都乾元寺九十顷,万安寺六百顷,南寺百二十顷。仁宗初,赐大普庆寺田八万亩,延祐三年正月,赐上都开元寺江浙田二百顷,华严寺百顷,七月,赐普庆寺益都田百二十顷。泰定帝泰定三年十月,赐太天源延圣寺吉安临江田千顷。文宗天历二年十一月,赐集庆万寿两寺平江田百五十顷,至顺元年四月,以所籍张珪诸子田四百顷赐护圣寺。顺帝至正七年十一月,拨山东地土十六万二千余顷属护圣寺。"可见元代历代帝王都有田赐给寺观,因为蒙古人非常迷信佛教,故他统治中国以后,给予许多便利予寺观僧人。王族贵人官僚已攘夺许多农民的田地,农民之失掉耕地而变为佃农遭受剥削者,必定非常之多;又加以富豪之占取民田,农民所受的痛苦,更不堪言,所以当时有主张设法限制的。东平布衣赵天麟于所上的《太平金镜策略》中说:"贫家乐岁终身苦,凶年不免于死亡,荆楚之域,至有雇妻鬻子者,衣食不足,由于富豪兼并故也。方今之务,莫如复井田,尚恐骤然骚动天下,宜限田以渐复之,凡宗室王公之家,限几百顷;巨族官民之家,限田几十顷……凡限田之外,蔽欺田亩者,坐以重罪;凡限外之田,有佃户者,就令佃户为主;凡未尝垦辟者,令无田之民,占而辟之……凡占田不可过限,凡无田之民不欲占田者听;凡以后有卖田者,买田亦不可过限。"又成宗时郑介夫亦主张限田,他说:"今之豪强,卒难禁止,惟有限田之法,可以制之,酌古准今,宜为定制,每一家无论门阀贵族人口多寡,并以田十顷为则。有十顷以上至于千顷者,令听分析,或与兄弟子侄姻党,或立契典卖外人,但存十顷而止,十顷以下,至于一亩者,许令增买,亦至十顷而止,宽以五年为限;如过限不依制而田富于故者,除十顷外,并收入官,然官不归于公,仍将官没田召卖于贫民,所得田价,一半输官,一半给主,彼富者亦甘心而无词,不出十年,而豪强不治而自无矣。此法不惊民,不动众,不用井田之制,而获井田之利,使周公复生,何以易此哉。"我们看赵天麟主张限田之额，宗主王公之家限几百顷，巨族官民之家限几十顷，亦有几万亩几千亩之多，还是可占着广大的耕地，有这广大的耕地，亦可以称富农。依郑介夫的限田法，可至十顷而止，十顷有一千亩，亦不算是彻底的限田，十顷以下至于一亩者，许令增买，那贫苦的农民，有什么力量可以增买？当时大地主的势力，不可一世，官府的力量，不能诘治，《元史·成宗纪》大德六年正月，关于此种的记录有说："帝语台臣曰：朕闻江南富户侵占民田，以致贫者流离转徙，卿等尝闻之否？台臣言曰：富民多乞护持玺书，依倚以欺贫民，官府不能诘治。"同书一七三《燕公楠传》，一九五《盖苗传》，及《元典章·户部五荒田》也有同样的记载，可见当时豪强之大地主侵占民田必盛行全国，区区限田的命令，是不能禁止的，即能禁止，亦可以藉分析与兄弟子侄姻党之名，而实行着原来广大面积耕地的占据。元代尝注意到整理耕地，因为土地制度混乱，赋税是不能公平的，仁宗延祐元年(1314)，平章章闾有说："经理大事，世祖已尝行之，但其间欺隐尚多，未能尽实。以熟田为荒地者有之，惧差而析户者有之，富民买贫民田而仍其旧名输税者亦有之；由是岁入不增，小民告病。"(见《元史·食货志》)，元初土地制度混乱，欲免隐税与均役，只有令有田之家从实自首，即所谓经理法；其法先期揭榜示民，限四十日，以其家所有田自实于官，或以熟为荒，或以田为荡，或隐占逃亡之产，或盗官田为民田，指民田为官田，及僧道以田作弊者，并许诸人首告，十亩以下，其田主及管干田户，皆杖七十七；二十亩以下加一等；一百亩以下一百七，以上流窜北边，所隐田没官，那县正官不为查勘，致有脱漏者，量事论罪，重者除名。经理法与北宋神宗时吕惠卿之手实法差不多，均为土地制度混乱时之救济法，但行之而苛扰殊甚。据新《元史》卷六十八《食货志》载，经理法实行以后，御史台臣言："蔡五九之变，皆由你咱马丁经理田粮，与郡县横加酷暴，逼抑至此，新丰一县，撤民庐千九百区，夷墓扬骨，虚张顷亩，流毒居民。"仁宗延祐间行经理法，至泰定天历之初，遂弃置不用，然所以除隐田之括田，则行之颇久，经理是普遍施行，括田是局部实行。《元世祖本纪》称世祖至元四年，括西夏民田，征其租；成宗元贞元年，诏江浙行省，括隐漏官田；经理括田，本欲使田尽出赋，然不能括田于真正匿田之富豪。元代对于农业，颇知注意：（甲）农政。世祖时首以御史中丞孛罗为大司农卿，又命各路择通晓农事者，充劝农官，劝农桑，惩游惰。又中央置劝农司，各地置劝农使，立司农司，以中丞左丞张文谦为司农卿，专掌农桑水利；至元二十三年颁布农桑十五条于各路，兹附载于下：（1）诸县所属村疃五十家为一社，择高年晓农事者为社长。（2）每社增至百家，别设社长一员，不及五十家者与近社合为一社。地远人稀，不能相合，各自为社者听。（3）社长专以教劝农桑为务，本处官司不得将社长差占，别管余事。（4）社长宜奖勤罚惰，催其趁时耕作，仍以田塍树牌杙，书某社某人地段，社长以时点视。（5）每丁岁植桑枣二十株，或附宅植地桑二十株，其地不宜桑枣者，听植榆柳等，其数亦如之，种杂果者，每丁限十株，仍多种苜蓿，备凶年。（6）河渠之利，委本处正官一员，偕知水利人员，以时浚治，如别无违碍，许民量力自行开引。地高水不能上者，命造水车；贫不能造者，官给车材；俟秋成之后，验使水之家，俾均输其值。（7）近水村疃，应凿池养鱼并鹅鸭之属，及种莳莲藕茭菱蒲叶，以助衣食。（8）社内有疾病凶丧之家，不能耕种者，众为合力助之。社内之疾病多者，两社助之，其养蚕者亦如之。（9）耕牛死，命均钱补买，或两和租赁。（10）荒田除军营报定及公田外，其余投下探马赤军之自行占冒，从官司勘当得实，先给贫民耕种，次及余户。（11）每社立义仓，社长主之；丰年验各家口数，每口留粟一斗；无粟者抵斗存留杂色物料，以备凶荒。（12）本社有孝弟力田者，从社长、保甲、本处官司，量加抚恤；若所得不实，亦行责罚。（13）有游手好闲及不遵父兄教令者，社长籍记姓名，候提官到日，审问情实，书其罪于粉墙，犹不改，罚充本社大役。（14）每社立学校一，择通晓经学者为学师；农家子弟入学，如学文有成者，申覆官司考验。(15)每年十月，委州县正官一员，巡视本管境内，有蝗处遗子之处，设法除之，务期尽绝。这条例内容包涵着救荒、教育、互助和种植、水利、督劝农民耕作等，能够实行，对于农民当然有相当的利益（该条例见《通考》与《新元史》所载），但结果官吏藉农社以遂其敲诈，豪绅假借社长之威权以资其剥削。（乙）和籴。元世祖中统二年，照市价略增十分之一以籴粮。至元二十二年，始命江南秋收，官为定例收籴，次年减价出粜，大抵用以充军储。至于和买之法，诸和买物须验出产停顿去处，分俵均买，又须于收物处，榜示见买物色及价钞，物既到官，钞即给示，仍须监之置簿，以备检勘。（丙）荒政。元代对于荒歉救济有二种：（一）蠲免人民差役赋税。（二）振贷以米粟，或平价出粜，另有仓储制度以备凶荒。（甲）常平仓。常平仓始于至元六年，其法丰年米贱，官增价籴之，至米贵之时，官减价粜之；八年以和籴粮及诸路仓所拨粮贮常平仓。武宗至大二年九月，令路府州县设立常平仓，以权物价，于丰年收籴粟麦米谷，俟青黄不接时，减价出粜。元代所设之常平仓，大都在于河北、河南、山西、陕西、山东、安徽北部之间，大江南北则少。（乙）义仓。义仓始于元世祖至元六年，其办法，每社立一仓，名曰义仓，由社长主之。丰年验各家口数，每亲丁纳粟五斗，官吏不得拘检借贷，歉岁就给社户食之，米及十年，仓庾充实，但民见其害，不见其利。（一）因掌仓者，投充是役，侵削小民。（二）因点检科敛社民，粜卖义谷。（三）出贷时丰年有米，则勒令民户承贷，凶荒之岁，则推称已贷尽绝，惟务肥己，不恤济人。（四）回收时三五成群，遍绕乡村，催索通贷，加收斗谷，虚申按验。东平赵天麟鉴于其弊，奏请改制，凡社长社司掌管义仓，不得私用，凡官司不得拘检借贷，及许纳杂色（参阅《续通典》卷十六《食货》，冯柳堂著《中国民食史》一二四至一二八页）。元代虽知注重农政荒政，但是因王族贵人富豪军人之广占良田，而贫农之受鱼肉者甚多，许多失掉耕地的农民,结果陷于佃奴的地位。《元典章·三圣·政二》载减私租,至元二十三年二月,世祖诏书说:"江南有地土之家,召募佃客,所取租课,重于公税数倍,以致贫民缺食者甚众。今拟将田主所取佃客租课,以十分为率,减免二分。"同书一九户部《种田》更载,大德八年江浙行省上奏说:"江南佃民,多无己产,皆以富家佃种田土分收子粒,以充岁计。若值青黄未接之时,或遇水旱灾伤之际,多于佃主之家借债贷粮,接缺食用,候至收成,验数归还,有田主之家,当念佃户借贷口粮,揭取钱债不须勒令,多取利息,方才应付,或于立约之时,便利添答数目,以利为本;才至秋成,所收子粒,除田主分受外,佃户合得粮米尽数偿之,还本利更有不敷,抵当人口,准折物件,以致佃户迁移,土田荒废。"又同书五七《刑部》一九《禁典》记载,至元十九年御史台所说:"切见江南富户,止靠田土,因买田土,方有地客,所谓地客,即系良民,主客科派,其害甚至于官司差发;若地客生男,便供奴役,若有子女,便为婢使,成为妻妾……又有佃客,男女婚姻,主户常行拦当,需求钞贯布帛礼数,方许成亲。其贫寒之人,力有不及,以致男女怨旷,失时淫奔伤俗……前项事理,即亡宋弊政,至今未能改革。南北王民,岂有主将,佃户看同奴隶,役使典卖,一切差役,皆出佃户之家。"由是以观,田主役使佃民,买卖佃民,或干涉其婚姻之种种不法行为,都是使佃民感受痛苦的。在官田之佃户,比较能受到减租恩典,惟实际上官田之监督者,上下其手,佃民之受实惠者亦少。

第三节　元代之社会风习

蒙古人为游牧部落,其风俗习惯不与汉族同,入据中国后,有沾染汉人之风习者,而汉人亦有沾染他的风习者。据赵翼《陔余丛考》:"元时蒙古色目人,有同汉人姓名者,如察汗帖木儿,系出北庭,以祖父家于颖州,遂姓李,字庭瑞。丁瑞年本西域人,以其父职马禄丁为武昌达鲁花赤,遂以丁为姓而名鹤年。又有内地人作蒙古名者,如贺胜鄂县人,字伯颜。杨朵耳只及来阿入赤皆宁夏人。刘哈喇不花本江西人。褚不华本隰州人。昂吉儿本张掖人。朵儿赤本宁州人。杨杰只哥本宝坻人。李忽兰吉本陇西人。抄儿本汴梁阳武人。谢仲温本丰州人,而其孙名孛完。綦公直益都人,而其子名忙古台。事俱见《元史》,亦一时风尚也。"据赵云崧《二十二史札记》:"元时汉人,以蒙古名为荣。"今人之多以欧西名相尚,亦犹是。蒙古色目人皆散处各地,常有与内地人联姻者。《陔余丛考》:"元时蒙古色目人,听就便散居内地,如贯云石,乃功臣阿里海牙之孙,而居江南。葛逻禄乃颜随其兄宦游,而居浙之鄞县。萨都剌、木苔失乃蛮氏,而为雁门人。泰不华本伯牙吾氏,其父塔不台,始家台州。余阙本唐兀氏,其父始居庐州。肖乃合本秃伯怯烈氏,而家东平。忽都铁木禄本赤合鲁氏,而家南阳。彻里本燕只吉台氏,以曾祖太赤封徐邳二州,遂家徐州。怯烈本西域人,而家太原。察汗本西域人。铁连本乃蛮人,而皆居绛州。孟昉本西域人,而居北平。纥石烈希元本契丹人,而居成都。……按元世祖至元二十三年,以从官南方者多不归,遣使尽徙北还,可见自元初,色目人已多散处他邑;不宁惟是,更有与内地人联姻者,如伯颜不花之母鲜于氏,乃鲜于枢之女(见《元史》),松江人俞俊,娶也先普化之侄女。《元史》:大德七年,以行省官久任,多与所部人联姻,乃诏互选其久任者。"蒙古人色目人,散处汉人地方,又多与汉人联姻,其风习自然有沾染汉人者。元代蒙古人有养奴之风习,据《辍耕录》一七《奴婢》所载:"今蒙古色目人之臧获,男曰奴,女曰婢,总曰驱口,盖驱口驱丁,即驱使丁口之意。"又载:"国初平定诸国,日以俘到男女,正配为夫妇,而所生子孙,永为奴婢。"元代社会秩序混乱,人身买卖比其他时代特别增多,《元史》一六《耶律楚材传》:"先是州郡长吏,多借贾人银以偿官息,累数倍曰羊羔儿,利在奴其妻,犹不足偿。"《元史》一七三《崔彧传》:"江南理财积久逋赋,期限严急,胥卒追逮,半于道路,民至嫁妻卖女,殃及亲邻,维钱塘受害最惨。"《元典章》五六《刑部》载:"大德(成宗年号)十年三月,御史台……切见江南地面自归以来,被卖良民为多。"又载:"延祐(仁宗年号)三年三月十八日,行台……中原江南州郡,近年以来,良家子女,假以乞养过房为名,恃有通例,公然展转贩卖,致使往往陷为驱奴。"贩卖人口之俗,不但汉民族为然,即蒙古人中,也有为贫苦所迫以致卖妻子者,《元史》一三四《和尚传》载:"蒙古军在山东河南者,往戍甘肃,跋踄万里,装橐鞍马……资皆自办,每行必鬻田产,否则卖妻子;戍者未归,代者当发,前后相仍,困苦日甚。"同书《仁宗纪》:"比闻蒙古诸部困乏,往往鬻子女于民家为婢仆,其命有司赎之,还各部。"元代卖人风气,不独普遍于汉土,且广行于满蒙各地,蒙古人中,也有委身为其所轻侮的汉人南人之奴隶者。惟鬻卖人口为不良之风习,元代也如历代朝廷一样,屡发禁令,加以阻止,其命令仅据《元史》本纪,随便可见者,则有世祖纪元至元十五年正月,十八年五月,仁宗纪元延祐二年正月,二年二月,英宗纪元至治二年九月等不少实例;更详细规定种种法规(见《元史》一〇三—一〇五),可见当时人口典卖极为盛行。人口买卖,在元朝不仅在民间流行,即诸海港与大都市等,更有卖付与外人的。《元史·刑法志》载:"诸市舶金银铜钱、铁货、男女人口、丝绵缎疋、销金绫罗、米粮、军器等,不得私贩下海,违者舶商船首纲首事头火长,各杖一百七,船物没官。"当时并且有反对外国奴婢不断的输入于中国者,如《元史》一三九《朵尔直班传》中有说:"禁取姬妾于海外",达官贵人有蓄高丽女为奴婢,否则不为名家,且有由南海诸国收入黑奴,高其价以为买卖。此外在元代蒙古风习中,于衣食住行丧葬等事,亦可表见者。据郑所南(思肖)《心史大义略序》载:"旧鞑靼所居,并无屋宇,膻帐为家,得水草即住,兽皮为衣,无号令,以合同出入,不识四时节候，以见草青为一年，人问岁数，但以几度草青为答。自忒没真驱金酋入南，嘉定癸酉岁，据古幽州为巢穴，即亡金僭称燕京大兴府也，渐学居屋，亦荒陋，逮咸淳间，鞑靼僭取大宋开封府大内式，增大新创，始略华洁。房民咸可造穹庐，与鞑主通说。鞑靼人凡相见，来不揖，去不辞，卑求尊，跪而语，鞑礼止于一跪而已，双足跪为重，单足跪次之。忽必烈篡江南后，一应渐习，僭行大宋制度，犹禽兽而加衣裳，终非其本心，故鬋发囚首，地坐无别，逆心恶行，灭裂礼法，卒不能改也。鞑人甚耐寒暑雨雪饥渴，深雪中可张幕露宿，今皆不惧热，且惯于乘舟，高山穷谷，马皆可到，裹粮以肉为麨，乾贮为备，饥则水和而食，甚涨，饱可一二日，搅马乳为酒，味腥酸，饮亦醉。群房会饮，杀牛马曰大茶饭，但饮酒曰把盏，杂坐喧溷，上下同食，举杯互饮，不耻残秽，饮酒必囚首，毡藉地坐，以小刀剌肉授人，人则开口接食。为相爱，卑者跪坐受赐，行坐尚右为尊，久不相见，彼此两手相抱，肩背交颈，摇首啮肉，跪膝摩臁，为极殷勤。"观此可以知道蒙古人的风习。又蒙古大汗之营葬，极为秘密，其可考者有三说，冯一鹏《塞外杂识》说："元人于陵墓所在，不令人知，葬后必驱万骑，蹂之使平，至草长无迹乃已。"草木子说："蒙古诸汗葬时，以陵无标识，难以寻觅，乃于葬后，屠一稚驼于陵前，使母驼视之，将来谒墓时，引母驼与俱，母驼必寻至其稚驼被杀之地，昂首哀鸣，即可因以知陵之所在。"马可波罗说："大汗葬时极秘密，沿途见人，皆杀之以殉。"由上三说，蒙古葬俗之严守秘密，灼然无疑(见李思纯《元史学》一七七页引)。蒙古有以珠穿耳之俗，据洪钧《元史译文证补》之《太祖本纪》下有说："主儿只遣使纳贿行成，一大珠盛于盘，园小珠无数，帝问何人之耳穿珠，可来领珠，尽散于众，有续至求珠者，掷珠满地，俟其自取。"又《元史·耶律希亮传》有说："王遗以大珠二，使穿耳带之，希亮辞曰：不敢伤父母之遗体。"至《太祖本纪》所说："帝问何人之耳穿珠，可来领珠。"则可知当时蒙古人之穿耳者，不限于女人，而男人亦有穿珠者。其他民俗之较著如下：（1）以草青为一年，月圆为一月（见《元秘史序》），以草青纪岁，不言几岁，而言几草（见《元史译文证补·太祖生卒年月考》）。（2）元旦诸王捶铁为礼（见《元史译文证补·太祖本纪》上）。（3）帐殿金碧毳幕，可蔽千人，每汗死，则别易新者，所费过于宫室（见魏源《元史新编》）。（4）以鼠牛马龙虎狗等纪元（见《元朝秘史》）。（5）渴饮马乳，以革囊盛之（见《元史译文证补·太祖本纪》）。（6）合赞汗改奉回教，始帕首，废冠制（见《元史译文证补·合赞传》）。从上引说，元代之社会风习，是不具有高尚的文化的。

第四节　元代之税制

　　元取之于民，大率以唐为法，其取于内郡者，为丁税地税，仿唐之租庸调；取于江南者，为秋税夏税，仿唐的两税法。丁税地税之法，自太宗始行之。初太宗每户科粟二石，后又以兵食不足，增为四石，继定科征之法，令诸路验民户成丁之数，每丁岁科粟一石，驱丁五升，新户丁驱各半，老幼不与，其间有耕种者，或验其牛具之数，或验其土地之等而征收。丁税少而地税多者纳地税，地税少而丁税多者纳丁税，工匠僧道验地，官吏商贾验丁。虚配不实者杖七十，徒二年，仍命岁书其数于册，由课税所申省以闻，违者各杖一百。世祖申明旧制，于是输纳之期，收受之式，关防之禁，会计之法均备（参阅《二十四史九通政典类要合编》卷二百四十二《食货》）。其时天下岁入粮数，总计一千二百一十一万四千七百七石。内腹里二百二十七万一千四百四十九石，行省九百八十四万三千二百五十八石。计辽阳省七万二千六十六石，河南省二百五十九万一千二百六十九石，陕西省二十二万九千二十三石，四川省一十一万六千五百七十四石，甘肃省六万五百八十六石，云南省二十七万七千七百一十九石,江浙省四百四十九万四千七百八十三石,江西省一百一十五万七千七百四十八石,湖广省八十四万三千七百八十七石。以江浙省岁入粮数为最多,河南省江西省次之;甘肃省为最少,辽阳省四川省次之;由此可以征验当时各省的富力。世祖中统四年正月,改诸路监榷课税所为转运司;是年令凡在京权势之家为商贾,及以官银买卖之人,并赴务输税,入城不吊引者,同匿税法。至元四年九月,申严西夏中兴等路僧尼道士商税酒醋之禁。七年五月,定三十分取一之制,以银四万五十锭为额,有益额者别作增余。十年四月,免隆兴路榷税三年。十四年七月榷大都商税。二十六年,大增天下商税(参阅《续文献通考》卷十八)。二十八年,命江淮寺观田,宋旧有者免租,续置者输税。成宗大德三年,凡在官之田,许民佃种输租;十二月,理荆湖公田租,时公田为民害而荆湖尤甚,部内实无田,随民所输租取之,户无大小皆出,虽水旱不免,宣慰使立智理威,上其事于朝,集贤学士阎复亦言公田租重宜减,以贷贫民,于是遣使理之;凡官无公田者,始随俸给之,民力少苏。四年又以地广人稀,更优一年,令第四年纳税,凡官田夏税,皆不科。泰定之初,有所谓助役粮者,其法命江南民户有田一顷以上者,于所输税外,每顷量出助役之田,具书于册,里正以次掌之,岁收其入,以助充役之费。元制差科之名有二:(一)丝料,(二)包银。各验其户之上下而科收;丝料包银之外,又有俸钞之科,其法亦以户之高下为等(此法太宗始行,每二户出丝一斤,并随取丝线颜色输于官;五户出丝一斤,并随取丝线颜色输于本位;包银之法,宪宗时始定)。世祖中统元年,立十路宣抚司,定户籍科差条例,其户大抵不一,户既不等,数亦不同。二年复定科差之期,丝料限八月,包银初限八月,中限十月,末限十二月,三年又命丝料无过七月,包银无过九月。三年七月,诏农民包银征其半,俘户止令输丝,民当输赋之月,毋征私债。四年三月,诏诸路包银以钞输纳,其丝料入本色,非产丝之地,亦听以钞输入;凡当差户包银钞四两,每十户输丝四十斤。漏籍老幼钞三两,丝一斤。元于常赋之外,所加取于民者,非独江南,惟中原亦然;太宗时(窝阔台即大汗位,是为太宗)止有丝料丁税二宗而已,至宪宗(拖雷之子蒙哥即位,是为宪宗)而增包银,至世祖而增俸钞。查元代丝料包银俸钞,并征于一户之中,而户之成丁者,复征其丁税,就全科户计之,当出丝一斤六两四钱,包银四两,俸钞一两,丁税粟三石。元之地税,上田亩只三升,而户丁科差之重有如此。世祖至元二十八年,以至元新格定科差法,诸差税皆司县正官监视人吏,置局均科;诸夫役皆先富强,后贫弱,富等者,先多丁,后少丁。元朝海关之制,与宋朝差不多,《元史》卷九十四《食货志》说:"元自世祖定江南,凡邻海诸郡与番国往还互易舶货者,其货以十分取一,粗者十五分取一。以市舶官主之,其发舶回帆,必著其所至之地,验其所易之物,给以公文,为之期日,大抵皆因宋旧制而为之法焉。"元代商税,大致可以分为三类:(一)正课,就是商贾买卖所纳税额,以及田宅奴婢孳畜的交易所纳契本工墨之费。(二)额外课,正课之外,另行征收的课额。(三)船料税,就是对于商船所征之税,船料税率,定为一千料以上者,年纳钞六锭,一千料以下者,依数通减。商税正课税率,初定为三十分取一,后又改为二十分取一。据《元史》卷九十四《食货志》载:"商贾之有税,本以抑末,而国用亦资焉。元初未有定制,太宗甲午年始立征收课税所,凡仓库院务官并合于人等,命各处官司选有产有行之人充之。其所办课程,每月赴所输纳,有贸易借贷者,并徒二年,杖七十,所官扰民取财者,其罪亦如之。"元朝商税征收,采用包税之法,当时谓之"扑买",即由商人认定每年缴纳岁课若干,承领包办,然后自行向商民收税,这种包税制度,是贪利之徒罔上虐下之根,为害甚大。元代商税岁额,在世祖时止四万五千锭,到文宗天历时,天下总入商税额数为九十三万九千五百六十八锭,可知当时商税的加重了。

第五节　元代之商业

元朝蒙古人入主中国,并合无数小国,建立空前之大帝国,版图扩张的结果,和外国交通频繁,通商因而兴盛。在元代以前,许多地方被视以为国外贸易者,但在元代可视为国内贸易;其间如花剌子模(今阿富汗与波斯),木剌夷(今里海南岸地),钦察(今里海与黑海北岸地),康里(今咸海北里海东岸地),西辽(今俄属中亚细亚),报达(今米索波达米亚),以及欧洲的斡罗斯(即前俄罗斯),都是元朝的属地;所以元代的国内贸易和国外贸易,比以前的朝代为发达。它的生产事业也较发达,如政府自营贸易,及立官设工场,以制造以供给官用物品。关于官营之业,如设梵像提举司,掌雕刻绘画;出腊提举司,掌出腊铸造之事;设局所以制造绣绘、纹锦、纱罗、玛瑙、金银、木石、油漆、窑冶等物;又于各地置染织提举司凡十六所,以掌染丝绵织布帛等事;由此可以知道当时产业之盛,是间接影响于商业的。元代政府的企业,有平准库、回易库、和买及市易司等名目;盐铁酒茶官卖之制,大致和前代仿佛。平准库始立于世祖至元间,主平物价,使相依准,不致或低或昂;回易库在诸路中设立凡十有一,掌市易币帛诸物;和买之制是仿宋代遗法,此制流弊所及,往往估价不实,及吏胥克扣作弊,而人民受其扰害;市易司先立于各都会,使诸牙侩计商人货物,四十取一,以十为率,六分入官,而以四分给牙侩,诸路各立市易司,以官钱买币帛,易羊马,选蒙古人牧之,收其皮毛筋骨酥酪等物;以十分为率,八分入官,而以二分给牧者(参阅郑行巽《中国商业史》一四三页)。元代之陆路贸易,当世祖尚未统一中国时,与宋互市,只限于政府企业,至于越境私商,则在所严禁,而对于私贩马匹者,禁止尤严;其后到至元十三年平定江南以后,始许商贾自由贸易。中统二年,曾于鸭绿江西立互市，与高丽通商往来。至元十四年，置榷场于碉门、黎州，与吐蕃贸易。外人来华贸易者，除海道外，有遵西北的陆道而行者。元于新开官道增设宿驿，边隘要所悉屯警备，所以通商不感困难，《元史·地理志》："元有天下，薄海内外人迹所及，皆置驿传；驿使往来，如行国中；在西北一带，由大和领至巴实伯里，置新站三十。"欧人之由陆路而至中国通商者，有意大利威尼士（Venice）商人尼哥罗孛罗（Nicolo Polo, 1260）与弟马飞孛罗（Mafeo Polo），他们初经营商业于君士但丁堡，其后至布哈拉，居其地三年，适值那时旭烈兀遣使至中国谒忽必烈大汗，使者见尼哥罗兄弟大喜，邀其同行赴大汗廷。以前大汗住居和林，至元世祖时，因为政治上的目光，由西域转到中国，于是大汗驻节的地方，由和林移至大都，即现在的北平，那时候称北平为汗巴里（Khanbalik），意即汗京。尼哥罗兄弟奉世祖命归意大利，偕同博通科学美术之士百人东来，但不能如愿。东行时，并携尼哥罗之子马可孛罗（Marco Polo）以俱，在路共历三年有半，经莫斯尔、报达、波斯南部，至忽鲁谟斯（Hormuz），由此舍舟登陆，过呼兰珊、巴尔赫，越帕米尔，以至疏勒、莎车、和阗。复向北过库车、乌鲁木齐、哈密至甘肃，由此以至山西，再由山西至开平府（上都），继由开平府至大都（参阅向达编《中西交通史》五八页），可见当时陆路通商，其所经路程的遥远了。据《马哥孛罗游记序》："当达达尔诸王之治亚细亚内地也，各君其土，而受节制于蒙古大帝，故威令行而道路不梗，商旅称便，欧洲客商，联袂而往，或谋什百之利，或图仕禄于诸王之朝。"元代陆路贸易之发达，已如上述，而海上贸易，亦随之繁荣，当时除跨有欧亚两岸之地外，东南沿海诸岛国都入版图，输诚内向。元代的海外贸易，除去和南亚的印度（印度尚有一部分独立不属于元）以及欧非两洲通商之外，更有和日本互市之事，后因世祖东征日本不利，以及日本海盗时侵扰边疆，遂以中止。元世祖时，泉州、上海、澉浦、温州、广州、杭州等地，俱设有市舶司，以验查输出输入的货物，而取关税十分之一，粗者十五分之一；及卢世荣掌财政时，具船给本，选人使赴海外贸易，所获利益分为十分，官取其七，其余三分给与贸易者，人民中有私航海外作买卖者，则禁止之。《元史》卷九十四《食货志》市舶条："至元十四年，立市舶司一于泉州……立市舶司三于庆元、上海、澉浦……每岁招集舶商于番邦，博易珠翠香货等物，及次年回旋，依例抽解，然后听其货卖。"此为元代关于市舶司最初之纪事。至元十四年，市舶司仅从事于专门取缔海外通商之中国市舶，至其翌年（至元十五年，西历一二七八年），乃积极着手恢复南海诸国交通互市之计划，《元史》卷十《世祖本纪》："至元十五年八月，诏行中书省唆都、蒲寿庚等曰：诸蕃国列居东南岛砦者，皆有慕义之心，可因蕃舶人宣布朕意，诚能来朝，朕将宠礼之；其往来互市，各从所欲。"当时阿剌伯人之由印度、南洋而来泉州、杭州等处通商者颇盛，泉州且有世界贸易港之称。《马哥孛罗游记》中载："泉州港与印度贸易极频繁，输入物品多为宝石珍珠等珍贵物品，实世界二大贸易港之一。"阿剌伯人及其他外人之寄寓于此者，数以万计，可知其繁盛。元代的经济政策是重商主义的，所以它对国外贸易是加以奖励的。据洪文卿《元史译文证补》，论及元太祖尝遣西域商三人赍白骆驼、毛裘、麝香、银器、玉器，赠货勒自弥王（即花剌子模）并要求往来通商；又尝派亲王诺延等，出资遣人随西域商贾西行，收买西域土物。对于海上贸易，立有市舶抽分则例二十二条（见《元典章》），定例抽分，粗货十五分中一分，细货十分中一分，凡官吏之抽分匿数不报，携带金银违禁物品，船只之停泊久暂，海商不请验发凭、擅自动程等事，皆有规定。元代商人除寻常所谓蒙古人、汉人（契丹女真及中国黄河流域人）、南人（江淮以南之南宋人）以外，还有色目人，色目人在商业上所占势力最大，他们所包括之人种最繁，凡西域人、欧洲人及藩属人，都在此范围内。元时宗教徒也有经营商业者，宗教中人，除中国之佛教徒、道教徒有为商人者外，还有基督教徒、回教徒、犹太教徒；就中以回教徒人数最多,杂居中国内地,如今北平、杭州、开封、扬州、徐州和宁夏,都为当时答失蛮（回教徒）移居之地,中国回族在内地住居经商,是在此时开始。欧洲人来中国者,除传教以外,大概是为经商,其中著名的人物,如马哥孛罗（Marco Polo）、阿多利克（Friar Odoric）、白果拉蒂（F. B. Pegolotti）是意大利人,较活动者,以马哥孛罗为最著名,他在华期共计二十五年之久（1271—1295）,他以欧洲的富商而兼为元代的枢密副使（世祖时）,在商业上欧人受此影响,而占有很重要的地位。他们回国以后,多著有游记,记述当时中国社会风俗商业情形颇详,对于中西文化之沟通,是有关系的。元代版图之大,商业之广,而蒙古语采为商业用语,在其时是很推行的。

第六节　元代之交通

　　元代东西交通所以频繁,有两大原因:（一）因大帝国版图之统一,以前许多分立之小国都归灭亡,交通往来,得有自由。（二）以军事上及政治上之目的故,新开官道设宿驿,备守卫,而旅程的危险困难得以减少。有此二因,东西交通,可说自元代而开展。自驿站既兴,东西交通遂多便利,据《旧元史·尤赤传》说:"尤赤,太祖长子也,国初以亲王分封西北,其地极远,去京师数万里,驿骑急行,二百余日方达。"在太祖时,自东至西需一岁久的行程然后可达者,惟至太宗时,幅员益广,由俄境萨莱（Sarai）城至北京,仅需二百余日,此是设立驿站,有助于东西交通的缘故。太宗阿阔台时虑奉使者率经民地,既稽时,复扰民,欲令各千户分出夫马,定立驿站,每站各设夫二十,内铺马与使者廪气,羊马及车牛均有预备。当时的驿站,大体可分为陆站和水站,陆站之数,比较水站为多,所用船只的数目,也远不如兽类的数目之多。陆站所用的兽类,以马为普通,其次就是牛和驴,辽阳行省,除用马牛之外更用狗,甘肃行省除用马牛驴之外更羊;其他如河南、江北、湖广诸省有用车;江浙江西等省有用轿。据《马哥孛罗游记》论及元代驿站制度,以大都为中心,由大都辟有大道若干,通至各行省,在每一条大道,每隔二十五或三十英里,设立一驿站,每站备有良马四百匹,专供大汗使臣或差役驰骋往来掉换之用;在大汗国范围以内,驿站之数,几及一万,而诸站所备马数,约二十万匹。当时通西方之道有二:其一由天山南路经中亚,越波斯、阿剌伯以达欧洲,是为南道。其一经天山北路及西伯利亚南部以达欧洲,是为北道。其遵海路而来者,则发程于波斯、印度的海岸,经印度洋、中国海,而抵泉州、杭州诸港。东西交通,不但商业因之兴盛,而学者、军人、技术家、画家之来仕于元朝者尤众;这等人对于西方文化,自然有许多的贡献。中国之海上交通,则由于元世祖专务远略之启导,《元史·马八儿等国传》载:"世祖至元间,行中书省左丞索多等奉玺书十通,招谕诸番。十六年,遣广东招讨司达噜噶齐、杨庭璧招俱蓝。二十三年,海外诸番国以杨庭璧奉诏招谕皆来降,诸国凡十,曰马八儿,曰须门那,曰僧急里,曰南无力,曰马兰丹,曰那旺,曰丁呵儿,曰来来,曰急兰亦觲,曰苏木都剌。"(据丁谦《元史外夷传考证》,马八儿在今南印度马都剌部地,俱蓝在其北卖索尔国境,须门那即苏门答剌,僧急里即丁机宜,南无力即《明史》之南勃利,马兰丹乃婆罗洲西北海中小岛,丁呵儿即丁噶奴,来来地未详,急兰亦觲即吉兰丹,苏木都剌亦即苏门答剌。)《元史》卷十四《世祖本纪》至元二十三年(1286)条载:"九月乙丑朔,马八儿、须门那、僧急里、南无力、南兰丹、那旺、丁呵儿、来来、急兰亦带、苏木都剌十国,各遣子弟,上表来献,仍贡方物。"《九通政典类要合编》卷二百五十六载:"世祖中统元年十二月,以孟甲为礼部郎中充南谕使,李文俊为礼部员外郎充副使,持诏往谕之;二年,孟甲等还,光昺遣其族人通侍大夫陈奉公、员外郎诸卫寄班阮琛、员外郎阮演诣阙献书,乞三年一贡,帝从其请,遂封光昺为安南国王。”又载：“二十三年十月，以招讨使张万为征缅副都元帅，额森特穆尔征缅招讨司，达噜噶齐、千户张成征缅招讨使，并给虎符，敕造战船，将兵六千人征缅，俾都元帅图们岱总之……既而云南王与诸王进征至蒲甘，丧师七千余，缅始平，乃定岁贡方物。”“占城近琼州，顺风舟行，一日可抵其国。世祖至元间，广南西道宣尉使马成旺尝请兵三千人，马三百匹征之。十五年，左丞索多以宋平遣人至占城，还言其王失里咱牙信合八剌哈迭瓦有内附意，诏降虎符，授荣禄大夫，封占城郡王。”“暹罗国当成宗元贞元年，进金字表，欲朝廷遣使至其国，比其表至，已先遣使，盖彼未之知也，赐来使素金符佩之，使急追诏使同往。”“世祖至元二十九年二月，诏出师征爪哇，先是遣臣使右丞孟琪往，黥其面，乃大举兵西征；十二月，福建、江西、湖广三省军会泉州，自后渚启行；明年正月，水陆并进，破其国而还。”“海外诸番国，惟马八儿与俱蓝足以纲领诸国，而俱蓝又为马八儿后障，自泉州至其国约十万里，其国至阿不合大王城，水路得便风约十五日可到，比余国最大。世祖至元间，行中书省左丞索多等奉玺书十通招谕诸番，未几马八儿国俱奉表称藩。”从上所节录来看，中国之海上交通，是由于元代初年之勤远略植其基也。至欧洲人之以海道交通东方，则由于《马哥孛罗游记》以引起其冒险之志，《马哥孛罗游记》出版以后，欧西人士对于东方始加注意，遂成为唤起第十五六世纪的海陆发见的动机，此书影响于东西文化之沟通至大。又意大利人披哥罗缔（Franceco Balducci-Pegolotti）所著的《通商指南》一书，亦引起欧西人士从海道以至中国印度的兴趣。元代东西交通，对于文化之影响，有可以据述者如下：蒙古曾传中国之罗盘指南针于欧洲，木版镌刻之印刷术，亦由蒙古自中国传入欧洲；纸币为中国早行之物，由蒙古之在波斯者传入欧洲；算盘乃计算之器，亦由蒙古西侵时，传入俄国与波兰，今俄波两国不识字之妇女于计算时尚通用之；火药由蒙古西侵而欧人乃识应用，丝茶及瓷器复随蒙古人马首而再入欧洲（当中国汉代西方罗马之时，中国丝茶诸物由安息（Parthes）之转运居奇，流入欧洲），其由西方传入东方之物为火炮（按《元史》载阿里海牙攻樊城时，世祖得回回亦思马因所献新炮法，命送军前，乃进攻樊城，樊城破，移以向襄阳，一炮中谯楼，声如雷震，世所谓襄阳炮是也）；天文历法知识由阿拉伯回教徒传入中国（参阅李思纯《元史学》第一章引）。又内河的交通，元代也是很注意的，元代以大都为政治中心地点，漕运问题重在南北河道的贯通，《元史纪事本末》卷十二载："世祖至元十七年二月，浚通州运河。""二十六年开会通河，从寿张县尹韩仲晖等言，开河以通运道，起项城县安山渠西南，由寿张西北至东昌，又西北至临清，引汶水以达御河，长二百五十余里，中建闸三十有一，以时蓄泄。""二十九年，开通惠河，以郭守敬领都水监事。初守敬言水利十有一事，其一欲导昌平县白浮村神仙泉，过双塔榆河，引一亩泉玉泉诸水入城，汇于积水潭，复东折而南入旧河，每十里置一闸，以时蓄泄。"通惠河从大都西通通县，长一六四里，自此由大都到杭州，就得有一条贯通南北的大运河。但元代因为会通河和通会河的岸狭水浅，及水闸易坏，所以南北运河的输运事业，不如海运的发达。元代的海运，是就沿海的交通注重，且就内河与沿海的交通联络，《元史纪事本末》卷十二载："顺帝至正二年春正月，开京师金口河，时中书参议孛罗帖木儿，都水傅佐建言，起自通州南高丽庄一百十余里，创开新河一道，深五丈，广十五丈，放西山金口水东流，合御河，接引海运至大都城内输纳。"又载："初海运之道，自平江、刘家港入海，经扬州路、通州、海门县、黄连、沙头、万里长滩、开洋，沿山陬而行，抵淮安路、盐城县，历西海州、海宁府、东海县、密州、胶州界，月余始抵成山，计其水程，自上海至杨村马头，凡一万三千三百五十里，后朱清、张瑄（曾为海盗就元招抚）等言其路险恶，复开生道，自刘家港、开洋至撑脚沙，转沙觜，至三沙、洋子江，过大洪，又过万里长滩，放大洋，至青水洋，又经黑水洋，过成山，过刘岛，至之罘，放莱州大洋，抵界河口，其道差为径直。最后殷明略又开新道,从刘家港入海,至崇明州、三沙放洋,向东行,入黑水大洋,取成山转西,至刘家岛,又至登州、沙门岛,于莱州大洋入界河。当舟行风信有时,自浙西至京师,不过旬日而已。"元代的海运事业,初由上海总管造平底海船六十艘,运粮四万六千余石,从海道至京师;由沿海至远海的交通,亦非有多数之船只不可。据《元史·食货志》,世祖注意海外,以国库巨金造船,据依本巴都(Ibn Batuta)《中国游记》所载,当时中国船只极多,大小不一,其大者足容乘客千人之多,船上有多数之射手盾手,及发火箭的弩手,以防备海盗,船身有甲板四层,所用桅杆,有多至十二者;所用之橹,有多至二十之数,橹形极大,尝用十五人至三十人操之;其船之构造设备载量,足以冠绝千古云。(按依本巴都据日人高桑驹吉《中国文化史之考证》,是摩洛哥的亚拉伯人,据郑行巽《中国商业史之考证》,为非洲之摩尔人。)

治河是交通事业之一,元代常因河决,颇注意于治河计划,世祖至元二十三年十月,河决开封、祥符、陈留、杞、太康、通许、鄢陵、扶沟、洧川、尉氏、阳武、延津、中牟、原武、睢州十五处,调民夫二十余万,分筑堤防。二十五年,河决汴梁,太康、通许、杞三县,陈颍二州,皆被其害。成宗元贞元年七月,河决杞县蒲口;先是河决汴梁,发丁夫三万塞之,至是蒲口复决。乃命廉访使尚文相度形势,为久利之策,文言:"长河万里西来,其势湍猛至盟津而下,地平土疏,移徙不常,失禹故道,为中国患,不知几千百年矣。自古治河处得其当,则用力少而患迟;事失其宜,则用力多而患速;此不易之定论也。……揆今之计,河西郡县,宜顺水性,远筑长垣以御泛滥,归德、徐邳,民避冲溃,听从安便,被患之家,量于河南退滩地内,给付顷亩以为永业,异时河决他所者,亦如之,亦一时救患之良策也。"河水泛滥,阻碍交通,伤害居民,所以治河是很重要的事业,成宗大德十年正月,发河南民十万筑河防。泰定帝泰定二年二月,以河水屡决,立都水监于汴梁,仿古法备捍,仍命濒河州县正官皆兼知海防事;

七月河决阳武,漂民居万二千五百余家,即发丁夫六万四千人筑之。顺帝至正四年正月,河决曹州,发丁夫万五千八百修筑之;十月,议修黄河淮河堤堰。元代始终注意于治河,可见对于交通事业,是不加以轻视的(参阅《元史纪事本末》卷十二)。

元代改中都为大都,大都是当时繁盛的都市,大都为全国交通的中心,由大都至各行省,或由各行省至大都,均有大道通行,这交通所至的都会,如西安、太原、大同、涿州、临清州(黄河流域),及南京、镇江、扬州、苏州、杭州、澉浦、襄阳等地,都是当时繁盛的都市。

第七节　元代之币制

元代承金之旧,仍以银钞并用,在币制上有一个大特色,就是纸币运用的普遍,此类纸币的性质,是不兑换的。纸币之外有银锭、元宝流通市面,但没有甚么势力;我们看《元史·食货志》,可以知道当时纸币的行使有如何的重要;元代用兵四方,兵力所及之地,就是纸币通行所及之地,这种大量纸币的推行,在军事的进展上,是具有很大的助力,但因为钞法混乱,滥造滥发,民生贻害无穷。至于纸币制造机关,则上都及大都有交钞提举司,和林有转运司兼提举交钞,辉和尔置有交钞提举司,推行钞法于西北边地。济宁路置宣慰司,印造交钞供给江南军需,江南四省置交钞提举司,颁行钞法于江淮等处。顺帝时,大都更置宝泉提举司,铸钱之外,并印造交钞(参阅郑行巽《中国商业史》一四二页)。元代的钞法有一特别之点,就是不和铜钱相权,而和丝银相权,这是因当时所存的钱实在太少。太宗八年正月,诏印造交钞行之。宪宗三年夏,立交钞提举司,印钞以佐经用。时各道以楮帛相贸易,不得出境,二三岁辄易,钞本日耗,商旅不通,真定兵马都总管史楫请立银钞相权法,人以为便（参阅《续文献通考》卷九）。世祖中统元年，交钞以丝为本，每银五十两，各物之价值，并从丝例；但是实际上丝不过是个空名，仍然是钞银并用。世祖中统元年十月，行中统宝钞，分一十、二十、三十、五十、一百、二百、五百、一千、二千九种，其价值是：

$$中统宝钞\ 1\ 贯＝交钞\ 1\ 两＝银\frac{1}{2}两$$

以纹绫织为中统银货，有一两、二两、三两、五两、十两五等；每一两的价，等于白银一两，没有发行。世祖至元十二年，又造厘钞三种，是一文、二文、三文；因民不便用，十五年取消。中统钞行之既久，物重钞轻。十四年十一月，诏伪造宝钞，同情者并处死，分用者灭死，杖之。十七年六月，颁行钞法于江淮等处，废宋铜钱。二十一年十一月，敕中书省整治钞法。二十四年三月，改造至元宝钞，以僧格为尚书省平章政事，更定钞法颁行，至元宝钞中统钞，通行如故，查其价值：

$$至元钞\ 1\ 贯＝中统钞\ 5\ 贯＝银\frac{1}{2}两＝金\frac{1}{20}两$$

当时岁赐周乏饷军，皆以中统钞为准；中统钞行之二十年，价格跌为五分之一。至元钞凡十等，一十文为半钱，二十文为一钱，三十文为一钱半，五十文为二钱半，一百文为五钱，二百文为一贯，三百文为一贯五钱，五百文为二贯五钱。一贯为五两，二贯为十两，五个一贯为半锭，五个二贯为一锭（见《续文献通考》卷九《叶子奇草木子》说），武宗至大二年，循旧典造至大银钞，自二两至二厘，定为一十三等，每一两准至元钞五贯，白银一两，赤金一钱，其价值是：

$$至大银钞\ 1\ 两＝至元钞\ 5\ 贯＝银\ 1\ 两＝金\frac{1}{20}两$$

至大四年四月（时仁宗已即位），罢至大钱钞。顺帝至正十年，丞相脱脱议改钞法。据《历代通鉴辑览》卷九十八载："遂定更钞之议，以中统交钞一贯，省权铜钱一千文，唯至元钞二贯，仍铸至元通宝钱，与历代铜钱并用以实钞法，至元钞通行如故。置宝泉提举司铸至正钱，印造交钞，令民间通用，行之未久，物价腾涌，至逾十倍，所在郡县，皆以物货相贸易，公私所积之钞皆不行，国用由是大乏。"至正通宝钱与历代铜钱并用，是为钞法的一变。当时的价值是：

中统钞1贯＝至元钞2贯＝钱千文

顺帝至正十六年，禁销毁贩卖铜钱。十七年京师立便民六库，倒易缗钞。十八年，以陕西军旅事剧，供费艰难，遂分户部宝钞等官，就陕西置局，印送宝钞。据《元史·食货志》："每日印造，不可数计，舟车装运，舳舻连接……所在郡县，皆物货相贸易，公私所积钞，人视之若弊楮。"可知元末钞法的混乱（上列金银价比较表引吕思敏《本国史》一八八页）。

第八节　元代之官制

元起初的时候，官制简单，据《元史纪事本末》卷十四载："世祖中统元年四月，初定官制，初太祖铁木真起自朔土，统有其众，部落野处，诸事草创，设官甚简以断事，官为至重之任，位三公上，丞相谓之大必阇赤，掌兵柄则左右万户而已。后以西域渐定，始置达鲁花赤于各城监治之，达鲁花赤，华言掌印官也（按高桑驹吉《中国文化史》达鲁花赤即断事官），及取中原，太宗窝阔台始立十路宣课司，选儒臣用之。金人来归者，因其故官，若行省若元帅，则以行省元帅授之。世祖即位，始大新制作，乃命刘秉忠、许衡，酌古今之宜，定内外官制，其总政务者曰中书省，秉兵柄者曰枢密院,司黜陟者曰御史台,体统既立。其次在内者,则有寺有监有卫有府;在外者则有行省,有行台,有宣慰司,有廉访司。其牧民者,则曰路曰府曰州曰县。官有常职,位有常员,食有常禄,其长则蒙古人为之,而汉人南人贰焉;于是一代之制始备。"世祖厘定官制,大都模仿汉制,其较为特别的是:(1)诸官或汉蒙并置,如翰林兼国史院之外,又别有蒙古院等。(2)关于宗教上的官,比别一朝注重;当时设立一个宣政院,虽是掌释教僧徒,兼治吐蕃起见,其实是由于迷信喇嘛的缘故。(3)关于工艺而设之官甚多,大都(燕京)与各路,有诸色人匠总管府,此外随处设局,如织造、绣染、皮货、窑、梵像、玛瑙、玉石、油漆等,皆各设专官,但诸官之长,必为蒙古人,而汉人、南人次之。《二十二史札记》卷三十载:"一代之制,未有汉人、南人为正官者,中书省为正本之地,太祖、太宗时,以契丹人耶律楚材为中书令,宏州人杨维中继之,楚材之子铸,亦为左丞相(元制尚右),此在未定制以前。至世祖时,惟史天泽以元勋宿望为中书右丞相;仁宗时欲以回回人哈散为相,哈散以故事丞相必用蒙古勋旧,故力辞,帝乃以伯答沙为右丞相,哈散为左丞相。太平本姓贺,名惟一,顺帝欲以为御史大夫,故事台端非国姓不授,惟一固辞,帝乃改其姓名曰太平,后仕至中书省左丞相。终元之世,非蒙古而为丞相者,止此三人;哈散尚系回回人,其汉人止史天泽、贺惟一耳。"(4)关于理财的官,元代也较别一朝为详密,因元朝总想损下以益上的缘故。《九通政典类要合编》引《元史·百官志》说:"大德以后(成宗纪元),承平日久,弥文之习胜,而质简之意微;侥幸之门多,而方正之路塞。官冗于上,吏肆于下,言事者屡疏论列,而朝廷讫莫正之。"观此可知元朝设官之冗赘,有说其数达一万六千四百二十五员(见《续通典·职官典》)。兹略举元代官制特征如下:(甲)中书省。中书之名,起于汉武帝时,与尚书同侍天子,参与政务枢机,遂渐握宰相之实权;中书省之名,始见于魏晋之际,至梁陈之间,遂与秦以来之尚书侍中各具官属,而俨然为省；于是尚书、中书、门下三省鼎立，隋唐因之。尚书省依据从来历史，专统理行政事务，且以施行王命为任务。中书省对于尚书省所上之文书，草拟指令，在国务上依天子之意志，草拟命令。门下省，对于中书省起草之命令，或由天子直下之命令，负审查之任。审查后认为可行者，中书省奉之，下于尚书省；尚书省奉执行之任。如是者，政务分属三省，合三省长官，而当古宰相之任。元制略依金制，不名尚书省，而名中书省，《九通政典类要合编》卷二百三十九载："元之相职，较前代独多，曰中书令，曰左右丞相，曰平章政事，曰左右丞，曰参政，虽分长贰，皆佐天子出令。"其中书省与金制不同之要点如下：（一）中书省之长官中书令，必以皇太子任之。《辍耕录》卷二十二《皇太子署牒条》说："惟皇太子立，必兼中书令枢密使。"据《元史》纪传世祖之皇子真金，武宗之皇弟爱育黎拔力八达（即仁宗），仁宗之皇子硕德八剌（即英宗），顺帝之皇子爱猷识理达腊，皆于皇太子时，兼为中书令枢密使。《文献通考》卷四九《职官考》载："初唐因隋制，以三省之长中书令、侍中、尚书令共议国政；此宰相职也。其后以太宗尝为尚书令，臣下不敢居其职，由是仆射为尚书省长官，与侍中中书令，号为宰相。"可为例证。（二）中书令之下，置丞相二人；右丞相在上，左丞相在下，与历朝之制不同。《九通政典类要合编》卷二百三十九载："右丞相左丞相各一员，正一品银印，统六官，率百司，居令之次，令缺则总省事，佐天子，理万机。"（三）右丞相之下，有平章政事、右左丞、参知政事，皆同金制；右丞居上，左丞居下。（四）金以尚书令、左右丞相、平章政事为宰相；左右丞、参各政事为执政官。元代则自中书令至参知政事，悉称宰相。但《元史·百官志》谓，平章政事为"掌机务贰丞相，凡军国重事，无不由之"。左右丞为"副宰相，裁成庶务，号左右辖"。参政为"副宰相以参大政，而其职亚于左右丞"。《金史·百官志》谓左右丞参知政事，为"执政官，为宰相之贰，佐治省事"。是两朝之制，亦不甚相异（参阅日人箭内亘著《元朝制度考》汉译本四页）。（乙）尚书省。元制以中书省为最高行政机关，而又置尚书省与中书并立者，前后凡三次；元代中书尚书二省之职掌，与前代之名虽同，而其实全异。《元史纪事本末》卷十四载："至元七年春正月，立尚书省，初议三省并建侍御史，高鸣上言曰：臣闻三省设自近古，其法由中书出政，移门下，议不合则有驳正，或讨还诏书；议合则迁移中书，中书移尚书，尚书乃下六部郡国。"《元史》卷七《世祖纪》载："至元七年春正月，立尚书省，罢制国用使司。"可知尚书省，乃制国用使司废后代行其职之官府，专在财政方面之职掌，凡关于钱粮，应与尚书省协议。通元之世，三设尚书省，皆因救财政之急，应必要而设置，及知其弊又废之，故元之尚书省，为特附财政上全权之临时官府。（丙）门下省。元欲复三省鼎立之旧制，故设置门下省，门下省设于至元七年，据《元史》卷一四八《董文忠传》所说及，礼部尚书谢昌元请立门下省，以复封驳制敕之古制，世祖嘉纳之，关于门下省，《元史》所传者仅此。（丁）各部属。（1）吏部，吏部尚书三员，正三品，侍郎二员，正四品，郎中二员，从五品，员外郎二员，从六品，掌天下官吏选授之政令；凡职官铨综之典，吏员调补之格，封勋爵邑之制考课殿最之法，悉以任之。（2）户部，户部尚书三员，正三品，侍郎二员，正四品，郎中二员，从五品，员外郎三员，从六品，掌天下户口钱粮田土之政令；凡贡赋出纳之经，金币转通之法，府藏委积之实，物货贵贱之直，敛散准驳之宜，悉以任之。（3）礼部，礼部尚书三员，正三品，侍郎二员，正四品，郎中二员，从五品，员外郎二员，从六品，掌天下礼乐祭祀之朝会，燕享贡举之政令；凡仪制损益之文，符印简册之信，神人封谥之法，忠孝贞义之褒，送迎聘好之节，文学僧道之事，婚姻继续之辨，音艺膳供之物，悉以任之。（4）刑部，刑部尚书三员，正三品，侍郎二员，正四品，郎中二员，从五品，员外郎二员，从六品，掌天下刑名法律之政令；凡大辟之按覆，系囚之详谳，奴收产没之籍，捕获功赏之式，冤讼疑罪之辨，狱具之制度，律令之拟议,悉以任之。(5)兵部,兵部尚书三员,正三品,侍郎二员,正四品,郎中二员,从五品,员外郎二员,从六品,掌天下郡邑邮驿屯牧之政令;凡城池废置之故,山川险易之图,兵站屯田之籍,远方归化之人,官私刍牧之地,驼马牛羊鹰隼羽毛皮革之征,驿乘邮运祗应公廨皂隶之制,悉以任之。(6)工部,工部尚书三员,正三品,侍郎二员,正四品,郎中二员,从五品,员外郎二员,从六品,掌天下营造百工之政令;凡城池之修浚,土木之缮葺,材物之给受,工匠之程式,铨注局院司匠之官,悉以任之。各部所定员司,均非固定,常随君主一人意思更易(参阅《九通政典类要合编》卷二百三十九)。(戊)枢密院。唐代宗永泰中,始置内枢密使,以宦官董廷秀任之,是为枢密院之滥觞(特冠以内字者,是以宦官任之),其职掌立于天子与政府之间,授受文书,传达诏旨。宋兴以枢密院与中书省相对,前者掌武事,后者掌文事。元之枢密院,自中统四年五月创设,以皇太子真金(燕王)为其长官。枢密院秩从一品,掌天下兵甲机密之务;凡宫禁、宿卫、边庭、军翼、征讨、戍守、简阅、差遣、举功、转官、节制、调度无不由之,可知枢密院务的重要。世祖中统四年,置枢密副使二员,金书枢密事一员,至元七年,置同知枢密院事一员,院判一员,又以中书平章商量院事。其后成宗大德十年,武宗至大三年,仁宗延祐四年,各有增易。(己)行枢密院。元代初时有征伐之事,则置行枢密院,大征伐则止曰行院,为一方一事而设,则称某处行枢密院,或与行省代设,事已则罢。行枢密院设立于四川、成都、江南、甘肃、河南、岭北等地,乃以征伐经略为目的,为临时所设之官,其后废合频繁,至元二十八年,皆罢,以其事归中书省。(庚)御史台。御史之名起于周,至汉时始置御史府,内掌纠察百官善恶政治得失,外司监察地方行政,后汉改为御史台,历朝因之,元代亦然。元之御史台,根据高智耀、张雄飞等之建议,于至元五年七月设置。御史台以御史大夫为其长官,与其属下之殿中司及察院组成,仿唐之台院、殿院、察院之制。(辛)行御史台。

行御史台亦如行枢密院之于枢密院,行中书省之于中书省。又提刑按察司,分属于御史台、行御史台,掌管监督纠察地方,至元二十八年二月,改称肃政廉访司。(壬)行中书省。行中书省原称行中书省事,即中书省分出于各地方者之意,其后遂为常置之地方行政官之名,同时又表示其管辖区域,成为行政区划之名,又略称行省,更略称为省,此名始于元,至今仍沿用之。《元史》卷九一《百官志》载:"行中书省凡十,秩从一品,掌国庶务,统郡县,镇边鄙,与都省为表里。"又载:"国初有征伐之役,分任军民之事,皆称行省,未有定制。"查知行省之名,自世祖中统元年以后已用之,惟其备设行省,专任丞相以下官属,实自至元十一年始。(癸)大都督府。大都督府正二品,管领左右钦察两卫、龙翊侍御、东路蒙古军元帅府、东路蒙古军万户府、哈剌鲁万户府。其他旁之机关:有大宗正府,凡诸王驸马投下蒙古色目人等,应犯一切公事及汉人奸盗诈伪蛊毒厌魅诱掠,逃驱轻重罪囚及边远出征官吏等事,悉掌之。大司农司,凡农桑水利学校饥荒之事,悉掌之。大兵农司,凡有水田去处置大兵农司,招诱夫丁,有事则乘机招讨,无事则栽植播种。大都督兵农司,置分司十道,专掌屯田之事。国史院,掌编修国史之事。翰林院,掌译写一切及颁降玺书。内八府宰相,掌诸王朝觐傧介之事。集贤院,掌提调学校征求隐逸召集贤良之事。宣政院,掌释教僧徒及吐蕃之境而隶治之。宣慰使司,掌军民之务,分道以总郡县。宣徽院,掌供玉食及燕享宗戚宾客之事。大禧宗禋院,掌神御殿朔望岁时讳忌日辰禋享礼典。太常礼仪院,掌大礼乐祭享宗庙社稷封赠谥号等事。典瑞院,掌宝玺金银符牌(太祖之时有金虎符、金符、银符三种)。太史院,掌天文历数之事。太医院,掌医事,制奉御药物,领各属医职。艺文监,掌校仇儒书及以国语敷译儒书。侍正府,掌内廷近侍之事。起居注,掌奏闻记录之事。将作院,掌成造金玉宝贝器皿之事。中政院,掌中宫财赋营造供给之事。储政院,备辅翼皇太子之任。都威卫使司,掌侍卫亲军之事。卫侯直都指挥使,掌东宫仪从金银器物之事。总管府,掌户口钱帛差发之事。都护府,掌领旧州城及畏吾儿之居汉地者词讼听审之事。崇福司,掌祭享之事。大都留守司,掌守卫宫阙都城调度本路供膳之事。上都留守司,职掌如大都留守司而兼治民事。此外尚有武备寺、太仆寺、尚乘寺、太府监、度支监、经正监、都水监、秘书监、司天监、儒学提举司、官医提举司、盐课提举司、市舶提举司、茶盐转运司、运粮万户府、诸路总管、府州牧刺使等官职。据赵翼《二十二史札记》载:"元世祖定制,总政务者曰中书省,秉兵柄者曰枢密院,司黜陟者曰御史台。其在内者,有寺,有监,有卫,有府。在外者有行省、行台、宣慰司使、廉访使。其牧民者,曰路,曰府,曰州,曰县。官有常职,位有常员,其长皆以蒙古人为之,而汉人南人贰焉。……《成宗本纪》,各道廉访司,必择蒙古人为使,或缺,则以色目世臣子孙为之,其次始参以色目人及汉人。《文宗本纪》,诏御史台,凡各道廉访司官,用蒙古二人。畏兀、河西、回回、汉人、南人各一人。是汉人南人之厕于廉访司者,仅五之一也。其各路达鲁噶齐,亦以蒙古人为之。至元二年,诏以蒙古人充各路达鲁噶齐,汉人充总管,回回人为同知,永为定制。其诸王驸马分地,并令自用达鲁噶齐,仁宗始命以流官为之,而诸王驸马所用者为副,未几仍复旧制。文宗诏诸王封邑所用达鲁噶齐,择本部识治体者为之,或有冒滥,罪及王相,然亦未闻有以汉人为之者,此有元一代中外百官偏重国姓之制也。""非我族类,其心必异",元人之提防汉人,是事有必至者。

第九节　元代之军制

元代武力震动世界,全在于军制之部勒有法。《九通政典类要合编》卷二百五十三引《元史》卷九八《兵志》说:"元初以武功定天下,四方镇戍之兵亦重矣；然其自始而观之，则太祖太宗相继以有西域中原，而攻取之际，屯兵盖无定向，其制殆不可考也。世祖之时，海宇混一，然后命宗王将兵，镇边徼襟喉之地，而河洛山东据天下腹心，则以蒙古探马赤军，列大府以屯之，淮江以南，地盖南海则名藩列郡，又各以汉军及新附等军戍焉，皆世祖宏规远略，与二三大臣之所共议，达兵机之要，审地理之宜，而足以贻谋于后世者也。故其后江南三行省，尝以迁调戍兵为言，当时莫敢有变其法者，诚以祖宗成宪不易以变更也，然卒之承平既久，将骄卒惰，军政不修，而天下之势，遂至于不可为，夫岂其制之不善哉，盖法久必弊，古今之势然也。"元朝的兵制，最初只有蒙古军和探马赤军，蒙古军是本部族人，探马赤军是其他部族人。入中原以后，征发人民为兵，是为汉军；平宋之后，所得的兵谓之新附军。其辽东的乣军、契丹军、女真军、云南的寸白军、福建的畲军，只是乡兵，守卫本地，不调至别的地方，又别有炮军、弩军、水手军等。世祖时，内则立左、右、中、前、后的五卫，而总以宿卫，于诸军卫设亲军都指挥使；外则于万户（万人长）之下置总管，千户（千人长）之下置总把，百户（百人长）之下置弹压，而使枢密院总领之。若地方有警时，则设行枢密院，事毕则废之。其成兵之法，蒙古军和探马赤军之组织，是家有男子，十五以上，七十以下，无众寡尽签为兵；十人为一牌，设牌头。上马则备战斗，下马则屯聚牧养。孩幼稍长又置籍，称渐丁军，这有似于举国皆兵之制，人民服兵役的年限，较征兵制更长。其平中原后所用的汉军，则以贫富为甲乙，户出一人的为独军户，合二三户而出一人，则以一户为正军户，余为贴军户；或以男丁论，常以二十丁出一卒；或以户论，二十户出一卒。其富商大贾，则又取一人谓之余丁军；取匠人为兵，谓之匠军；取诸侯将校的子弟充军，谓之质子军（蒙语谓秃鲁华军），此外尚有骑军，《蒙鞑备录》有说："鞑人生长鞍马间，人自习战，自春徂冬，旦旦逐猎，乃其生涯，故无步卒，悉是骑军。"此处所说无步卒，悉是骑军，是不可信的，蒙古人武力如此之广大，所用的兵士甚多，哪有许多之马供全部的兵士应用，不过他们养马之法、骑兵之术较为优越，则可相信的。奇里有说："当战术尚未进步时代，在开豁地中，骑兵常见优越，而蒙人则有当时世界第一优良之骑兵。"（见 Kelley, *The History of Russia*，I 60—62）蒙古战胜当时的各国，这是重要的原因。元代是极重马政，《九通政典类要合编》载："元起朔方，俗善骑射，因以弓马之利取天下，古或未之有，盖其沙漠万里，牧养蕃息，太仆之马，殆不可以数计，亦一代之盛哉。世祖中统四年，设群牧所，隶太府监，寻升尚牧监，又升大仆院，改卫尉院。院废，立太仆寺，属之宣徽院，后隶中书省，典掌御位下大斡耳朵马，其牧地东越耽罗，北逾火里秃麻，西至甘肃，南暨云南等地，凡一十四处；自上都大都以至玉你百牙、折连怯呆儿，周回万里，无非牧地；马之群或千百或三五十，左股烙以官印。"元太宗时，凡诸五百僚来会，须用善马五十匹，盗马一二匹者即论死；世祖时，命诸路市马万匹，送开平府；成宗时，以钞五万锭，授西征元帅，令市马匹，分赐二十四城贫乏军校；文宗时，遣使分行河间、保定、真定及河南、河东等路，括人民所有之马匹；又于至顺元年九月，出马八万匹，令于河间、保定等路分牧之。可见元时对于马政之注重。顺帝至元三年四月，汉人、南人、高丽人，凡有马者拘入官；十二年正月，拘取河南、陕西、辽阳三省，及上都大都腹里等处汉人马，由此可以知道元代对于汉族及其他部族之提防政策。元代亦知注重军器，郡邑设弓手以防盗，诸路府所辖州县，设尉司巡检司捕盗所，皆置巡军弓手。世祖中统二年六月，敕诸路造人马甲，及铁装具一万二千，输开平。至元九年十月，回回伊斯玛音创作巨石炮来献，命送襄阳军前用之。伊斯玛音从攻襄阳，相地势，置炮于城东南隅，重一百五十斤，机发声振天地，所击无不摧陷。至元二十五年七月，命六卫造兵器，岁以铠仗上供，其精者有西域炮、掝叠弩，又有神风弩，射八百余步。二十六年四月，禁江南民挟弓矢，犯者籍而为兵。武宗至大三年三月，禁汉人私藏军器。

关于水师，元世祖至元三年，河南等路统军副使董文炳造战舰五百艘，习水战。五年正月，敕陕西五路四川行省造战舰五百艘，付宣抚使刘整。七年，教水军七万余人，造战舰五千艘。至元十年三月，教练水军于兴元、金洋洲、汴梁等处，造船三千艘。元代尝利用水师以攻高丽、日本。

元代统治中国，得地日多，镇守控制，非常注重。考太祖十三年，从木华黎至河北者凡十军，其中契丹、女真、汉三军，称探马赤军。太宗八年，属于阔阔不花、按札儿、孛罗、笑乃解、不里合拔都儿五将，分镇中原之益都、济南、平阳、太原、真定、东平、大名等地。其后征服西域、高丽等地，置有掌民政之达鲁花赤与统军政之探马赤。探马赤，一作探马臣，镇戍官之意，有说是镇戍军之一种，又探马赤军亦不专守中原之地，亦有镇戍四川、碉门、和林、金齿等边境，而特与所谓汉军区别。特称探马赤军，是因汉人、契丹人、女真人当太祖之世，从木华黎经略中原，曾有大功；太宗时，分属五部之将，使当守备中原之任，这等所谓汉人，服属蒙古最早，伐金之役立有大功，固不与金亡之后始归服之汉人同一待遇，所以呼他们及他们之子孙为探马赤军，认为特别的团队，许其存在，且另得赡养家庭之费，以示优待。据《新元史》卷一百一《兵志》载："元初用兵四方，士卒以私财自赡，贫者助以贴户，故上无养兵之费而兵易足；至世祖定军户之籍，凡蒙古探马赤汉军，皆月给米五斗，别以米四斗赡其家，及收宋降兵，籍为新附军，以无贴户，月给米六斗、盐一斤，所谓军人盐粮例也。"探马赤军之外，当镇戍之任者，有蒙古军、汉军、新附军。元朝带兵的官，初时是视兵数多寡为爵秩崇卑，长万夫的为万户，千夫的为千户，百夫的为百户；宿卫之士曰"怯薛互"，以四怯薛领之（都是功臣的子孙世袭），世祖定官制，于中央设前后左右中五卫，各置亲军都指挥使，以总宿卫；外则万户之下置总管，千户之下置总把，百户之下，置弹压，皆总之于枢密院。

第十节　元代之法制

　　元代统治中国,随意虐待汉族,汉族在这高压政策之下,得不到法律的保障。据《新元史》卷一百二《刑法志》载:"蒙古初入中原,百司裁决,悉依金律,至世祖始取见行格例颁之,有司马《至元新格》,然帝临时裁决,往往以意出入增减,不尽用格例也。其后挟私用谲之吏,夤缘仿效,舛法自颛,是谓任意而不任法,非纵弛之过也。"《元史纪事本末》卷十一载:"世祖至元廿八年夏五月,颁行至元新格,元初未有法守,百司断理狱讼,循用金律,颇伤严刻,右丞何荣祖家世业吏,习于律令,乃以公规治民御盗理财等十事,辑为一书,名曰《至元新格》。"元为游牧部落,在游牧生活中,东飘西荡,初无订立法律之必要,所施用者,只一二刑事案件及军令而已;其创设法制,实自世祖入统中国之际。当中原略定时,县长吏生杀任情,甚至没人妻女,耶律楚材奏请囚当大辟,必待报,违者论死,从之。太宗即位,耶律楚材又条陈便宜十八事,如州县非奉上令敢擅行科差者罪之。蒙古、回鹘、河西人,不纳税者死。监主自盗官物者死。应犯死罪者,具由申奏待报,然后行刑,皆著为令。太宗六年,帝在达兰达巴之地大会诸王百官,并颁条令,凡当会不赴而私宴者斩。凡出入军禁从者男女,以十人为限;军中十人,置一甲长,听其指挥,专擅者论罪;其甲长以事来宫中,即置权摄一人,甲外一人,二人不得擅自往来,违者论罪。诸公事非当言而言者拳其耳,再犯笞,三犯杖,四犯论死。诸千户越万户前行者,以木镞射之,百户甲长诸军有犯者其罪同,不遵此法者斥罢之。诸人或居室或在军中,毋敢喧呼,盗马一二匹者即论死(参阅《新元史》卷一百二《刑法志》)。此为元初一种法制,当时以武力东征西剿,故注重者在于军律。世祖中统四年二月,诏诸路私造军器者处死，凡民间不输官者，与私造同。至元二年正月，严申越界贩马之禁，违者处死；五月令军中犯法不得擅自诛戮，罪轻断重者闻奏；六月敕行院及诸军将校卒伍，须正身应役，违者罪之。五年十二月，诏谕四川行省，沿边屯戍军士逃役者处死。八年，凡讼而自匿，及诬告人罪者，以其罪罪之。十一年诏凡盗皆杀无赦，寻敕革之。成宗大德元年五月，诏强盗奸伤事主者，首从悉诛，不伤事主止诛为首者，从者刺配，再犯亦诛。八年二月，敕军人奸盗诈伪悉归有司。九年诏凡内郡江南人为盗者黥其面，三次者谪戍辽阳，诸色人及高丽人免黥，三次者谪戍湖广；又诏强略良人者，以强盗例科断，和诱者次之。武宗至大二年，福建廉访司说："一罪先发，已经论决，余罪后发，其轻若等则勿论，重者通计前罪，以充后数；若一罪先发，已经断罢，余罪后发，系在被断日月之前，其轻若等，则与拟免；比前罪重者，验赃计其所剩杖数决断，准复追赃免断。"三年，敕大辟罪临刑敢有刲割者，以重罪论，凡鞫囚若非强盗，不要加以酷刑。仁宗皇庆元年三月，诏以格例条画，有关于风纪者，类集成书，名《风宪纪纲》。延祐五年，诏军官犯罪，行省咨枢密院拟议，毋擅决遣。英宗即位，禁宗戚权贵作奸犯科。至治（英宗纪元）二年十一月，御史李端说："世祖以来，所定制度宜著为令，使吏不得为奸，治狱者有所遵守。"从之。三年二月，命完颜纳丹、曹伯启等，纂集累朝格例而损益之，凡为条二千五百三十有九，名《大元通制》，颁行天下。《大元通制》为元代第二次颁行之法典，第一次为《至元新格》，其效力只及于汉人，而《大元通制》则汉人蒙人及色目人，一体及之，是书大纲有三：（一）诏制，（二）条格，（三）断例。诏制为条九十有四，条格为条一千一百五十有二，断例为条七百十有七。此书的内容，全录于《刑法志》，计《名例》四条，《卫禁》八条，《职制》三十七条，《祭令》五条，《学规》十三条，《军律》十二条，《户律》六十九条，《食货》三十六条，《大恶》五十一条，《奸匪》五十九条，《盗贼》一百十四条，《诈伪》五十条，《诉讼》二十二条,《斗殴》四十二条,《杀伤》一百六十条,《禁令》一百十一条,《杂犯》十四条,《捕亡》九条,《恤刑》十五条,《平反》四条,合共二十篇。泰定帝即位,禁蒙古流民毋擅离所部,违者斩。泰定四年,命职官贪污者,流放广南。致和元年,诏百官凡不赴任,或擅离职守者,夺其官,避差遣者笞之。文宗天历元年,敕军中逃归及京城游民敢攘民财者,处斩。顺帝即位,诏蒙古人及色目人犯罪者,隶宗正府;汉人南人犯罪者,隶有司;又诏蒙古人色目人犯盗者,免刺其文。至元二年,诏职官坐赃经断再犯,加本罪三等。六年,颁行《至正条格》,参酌《大元通制》而损益之。此为元代第三次颁行的法典。据《四库全书总目》卷八十四载:"《至正条格》二十三卷,元顺宗时官撰,凡分目二十七:曰祭礼,曰户令,曰学令,曰选举,曰宫卫,曰军防,曰议制,曰衣服,曰公式,曰禄令,曰仓库,曰厩牧,曰田令,曰赋役,曰关市,曰捕亡,曰赏令,曰医药,曰假宁,曰狱官,曰杂令,曰儒道,曰营缮,曰河防,曰站赤(驿站),曰榷货。"元代法典,共颁行三次,一为世祖时《至元新格》,二为英宗时《大元通制》,三为顺帝时《至正新格》,只有格条,始终未有律文颁布。

元代中央法院编制分大宗正府、御史台、邢部。地方司法管辖区域,省之下有路,路之下有州,州之下有县,县为最下级。在刑法总则,分不为罪,如奸非:诸主奸,不坐;诸主奸奴妻者,不坐;诸夫获妻奸,妻拒捕者,杀之无罪。如盗贼:诸事主杀死盗者,不坐;诸黄夜潜入人家被殴伤而死者,勿论;诸子为盗,父杀之不坐;诸父以子同盗,子年幼,不曾分赃,免罪;诸幼小为盗,事发长大,以幼小论;未老疾为盗,事发老疾,以老疾论;其所当罪听赎,仍免刺配;诸女在室丧其父,不能自存,有祖父母而不恤,因盗祖父母钱者,不坐;诸兄盗牛,胁其弟同宰杀者,弟不坐;诸为盗悔过,以所盗赃还主者,免罪。如诈伪:诸父造伪钞,子听给使,不与父同坐;子造伪钞,父不同造,不与子同坐。如杀伤:诸殴死应捕杀恶逆之人者，免罪，不征烧埋银；诸父有故殴其子女邂逅死者，免罪；诸父卧疾，妻不侍汤药，又诟詈其舅姑以伤其夫之心，夫殴之邂逅至死者，不坐；诸奴殴詈其主，主殴伤奴致死者，免罪；诸两家之子，昏暮奔还，中路相迎，撞仆于地，因伤致死者，不坐，仍征钞五十两给苦主；诸疯狂殴伤人致死者，免罪，征烧埋银。累犯罪，如奸非：诸奸私再犯者，罪加二等，妇人听其夫嫁卖。如盗贼：诸先犯强盗刺断，再犯窃盗，止依再犯窃盗刺配；诸先盗亲属财，免刺，再盗他人财，止作初犯论。俱发罪，如盗贼：诸先犯诱奸妇人在逃，后犯窃盗，二事俱发，以诱奸为重，杖从奸，刺从盗；诸为盗初经刺断，再犯奸私，止以奸为坐，不以为盗再犯论。共犯罪，以诸盗贼共盗者并赃论，仍以造意人为首，随从者，各减一等；诸窃盗年幼者为首，年长者为从，为首仍听赎，免刺配，为从依常律；诸强盗行劫，为主所逐，分散奔走，为首者杀伤邻人，为从者不知，为首者处死，为从者杖一百七，刺配，诸胁从上盗而不受赃者，止以不首之罪罪之，杖六十七，不刺。刑名：分徒刑、身体刑、流刑、死刑。刑法分则：分侵犯皇室罪、内乱罪、泄漏罪、渎职罪、聚众罪、逮捕监禁脱逃罪、藏匿犯人罪、湮灭证据罪、诬告罪、失火放火罪、过失水害罪、私藏兵器罪、妨害交通罪、妨害秩序罪、伪造货币罪、伪造文书印文罪、伪造度量衡罪、亵渎祀典罪、毁掘坟墓罪、贩卖私盐罪、赌博罪、重婚罪、妨害卫生罪、杀人罪、殴伤罪、堕胎罪、遗弃罪、逮捕监禁人罪、略诱及和诱罪、妨害人安全名誉罪、窃盗及强盗罪、诈欺取财罪、侵占罪、毁弃损坏罪。军法：以诸临阵先退者处死；诸统军捕逐寇盗，分守要害，相约为声援，稽留失期致杀死将士，仍不即退袭者处死；虽会赦，罢职不叙；诸防戍军人于屯所逃者，杖一百七，再犯处死；若科定出征逃匿者斩以殉；诸军户贫乏已经存恤而复逃者，杖八十七，发遣当军，隐藏者，减二等，两邻知而不首者，减隐罪二等（参阅拙著《中国法律史大纲》一二〇页）。

第十一节 元代之宗教

元代对于一切宗教,皆许流行,惟特别优待佛教,蒙哥汗时,曾集僧道两教徒于上都辩论教旨,结果僧人辩胜道士,忽必烈在此次辩论之后,曾极力援助佛教。喇嘛教本佛教派别,行于西藏,故又号西僧,世祖忽必烈得吐蕃后,以其他险远,思有以柔服之,乃以喇嘛治其地,于京师设宣政院,掌天下释教僧徒,而兼治吐蕃之境,以国师八思巴(Phags'-pa)领之,并令其管理吐蕃三部(当时蒙古人只知有畏兀儿字母,至是忽必烈特命八思巴制一种蒙古新字,就是采吐蕃字母所制的方体字,此种方体字行之未久即废,后来蒙古人仍然用畏兀儿字母,蒙古字同畏兀儿字不同之点仅在写法,蒙古字不过仅有棱角而已)。八思巴为世祖国师,其命令与诏敕并行,终元之世,师位传授不绝,其徒常散布于中国。喇嘛教的僧侣都佩有金字圆符,往来中国和西番,所过之处,都要地方官办差,驿舍不足,则强占民屋居住,驱逐男子,奸淫妇女,无所不为。在中原的就强夺民田,侵占财物,包庇不纳租税者,寺观田亩皆免租税。帝后妃主皆受喇嘛戒,营建供养,所费不赀。西僧岁作佛事,至释囚徒以为福利,奸徒夤缘幸免,赏罚道废。由此可知当时佛教僧徒之横行。

道教自南宋后,已不复振,元太祖曾自山东招道士邱处机(长春真人),以期得长生不老之术,世祖以后喇嘛得势,道教乃愈形不振。元世所行道教,凡四派:即正一教、真大道教、太乙教、全真教;正一教为张氏所传,专行于江南;真大道教创始于金末道士刘德仁,五传而至郦希诚,宪宗乃赐以真大道教之名;太乙教因传《太乙三元法箓》之术,故有此名,始于金道士萧抱真,五传至李居寿,获赐太乙掌教宗师之印;全真教为宋末道士王重阳所创,至其弟子邱处机得太祖的尊崇,故在江北的根据益固(以上可参阅《蒙古史略》汉译本六七页,《国史通略》二〇五页,《中国文化史》汉译本三五九页)。

元代忽必烈虽偏信佛教,但不妨碍他欢迎景教,一二八九年时(西纪元),设置一个管理基督教的机关,名崇福司,蒙人称基督教徒曰迭屑(Tarsā),曰也里可温(Ärkägün),称长老同修道士曰列班也里可温(Rabban Ärkägün),称主教曰马儿哈昔(Mār-harsiā)。十二世纪末年时,突厥蒙古诸部落中,至少有三部落信奉景教:(一)是阿力麻里的突厥部落(阿力麻里是一个大主教的驻所)。(二)是戈壁中的克烈部。(三)是河套的汪古部。当时的景教,不仅流行于中亚,并且流行于中国。景教在西纪元被驱逐出中国北部以后,至是又随蒙古侵略家之后而入中国;一二七五年时,报达城的总主教曾在大都设置一个大主教区,且景教并随蒙古人侵入扬子江一带;一二七八年时,有个镇江总管名唤马薛里吉斯(Mār-Särgis)的,曾在镇江建筑一座景教教堂,此外在扬州杭州等处,也有景教教堂。自一三一六年至一三二八年之间,欧洲的宣教士经钦察、波斯、叙利亚、印度,自海路来中国沿途访广州、泉州,遂由杭州入燕京,时为元的文宗之世。

天主教在当时亦乘机传布,一二八九年时,教皇尼哥拉士第四(Nicolas IV)听见蒙古国中有不少基督教区之存在,乃派佛兰西士(Francisco)派教士孟帖戈威诺(Joan du Monte-Corvino)持国书前赴远东。一二九三年,遵海路达中国,至燕京,得元世祖的许可,从事布教;孟氏在大都(即燕京)建设了两座教堂,不到几年,受洗者已达五千人,并开始将赞颂歌译为鞑靼语。一三〇七年时,教皇奇里文第五(Clement V)任命他为大都的大主教;一三〇八年,又派佛兰西士派教士三人到大都,为他手下的主教;一三三二年,即顺帝元统元年,孟帖戈威诺卒于北京,北京的教徒以及旅居北京的教士致书西国,对于孟氏都不胜钦服,以为圣人,孟氏在元朝前后三十几年,感人之深,与明代之利马窦可说后先辉映。当时罗马天主教不仅在中国北京一隅，南部如福建的漳州、泉州也设立教堂，置有主教，同孟氏来华传教的日辣尔（Gerard），即被派为漳泉一带的主教，日氏去世，由伯肋格林（Peregrine of Cestello）继为主教，伯主教死后，即由安德肋（Andrew of Perugia）继任，以主持漳泉一带的教务。此外不远万里由欧洲东来传教，其坚苦卓绝不亚于前诸人者，有一位真福阿多理（Ordoric of Pordonone），阿氏为意大利人，自幼入法兰西士会，年三十，发愿至中国传教，一三一四年起程，孑然一身至君士但丁堡，由此经小亚细亚至波斯、印度诸国，又由印度的锡兰，至南洋的爪哇、苏门答剌，北上进缅甸，入中国，经云南、两广，而入福建的泉州，得见安得肋诸人，在泉州寄居不久，即行北上，由南京、扬州直达北京，到了北京，前后受洗者约二万人，其后取道山西、陕西、四川、西藏诸地回欧洲；元代自马哥孛罗以后，以外国人而游历中国如此之广者，惟阿多里一人。其时又有小弟会教士（Minorites）马黎诺尔（John of Marignoui），受教皇本笃第十二（Benedict XII, 1334—1342）之派遣而来东方，马氏带教友二人，自法国经君士但丁堡，傍窝瓦河，过东土耳其斯坦，至哈密，留驻甚久，一三四二年方至北京，留至一三四六年，始至泉州；取水道西还，路过印度，一三五三年方回至欧洲。元代天主教士到过中国而留有记录的，要算马黎诺尔为最后一人，元末群雄割据四方，国内云扰，布教遂陷于困难（参阅《蒙古史略》八八页，《中西交通史》五三至五七页），据陈援庵所著《元也里可温考》总论章，论及元代基督教及天主教传教情形有说："有元得国，不过百年耳，也里可温之行，何以若此？盖元起朔漠，先据有中央亚细亚诸地，皆当日景教流行之地也。既而西侵欧洲，北抵俄罗斯，罗马教徒、希腊教徒之被掳，及随使节至和林者，不可以数计。而罗马教宗之使节，如柏郎嘉宾、隆如满、罗柏鲁诸教士，又先后至和林。斯时长城以北及嘉峪关以西，万里纵横，已为基督教所遍布矣。燕京既下，北京长骑直进，蒙古色目随便居住，于是塞外之基督教徒及传教士,遂随军旗弥蔓内地,以故中统初年诏旨,即以也里可温与僧道及诸色人等并提,及至孟哥未诺(即孟帖戈威诺)主教至北京,而罗马派之传播又盛。大德间江南诸路道教所讼,谓江南自前至今,止有僧道二教,别无也里可温教门,近年以来,乃有也里可温招收民户,将法箓先生诱化,则当时状况可想而知。"观此元代基督教与天主教传道之盛,可以知道了。

伊斯兰教唐世曾一入中国,而未至于盛行,逮唐末并其迹而绝,惟天山南北两路之地,此教流传却极见兴盛,遂代佛教而起,而尊信之最笃者,厥为回纥(Uigur)人,以此中国乃称之为回教,伊斯兰教直至宋末,不见其再在中国流传。元太祖攻金时,其军中有奉伊斯兰教如畏兀儿人者,而太祖西征,伊斯兰教徒之来仕者亦众;次及太宗、宪宗,攻金与宋之时,从军者亦有伊斯兰教徒;迨世祖一统中国后,盛用西域人,致蒙古的王族将相中,亦有信奉其教者;由是流传中国,而尤以中国本部的西边为盛。据洪钧《元史译文证补》,"元之畏吾儿(即畏兀儿)为回纥衰后分国……回纥人自元以后,大率尽入天方教,而天方文字本于西里亚,故信教之回人谓蒙古文字出于回纥,回纥文字出于天方,以归功于谟罕默德",按伊斯兰教,即《元史译文证补》所说之天方教。《元史译文证补·伯勒克传》载:"伯勒克信天方教,常集教士于鄂尔多,讲论教律教理,太祖后裔入天方教者,自伯勒克始。"

《元史学》载:"元人宗教信仰之留遗迹于中国者,则喇嘛教是也。元人崛起朔漠,无所谓宗教信仰,厥后四方以次勘定,东西诸罕亦颇苦其民野鄙僿,不易施治,乃不惜旁求外邦宗教,冀以教淑俗;当时诸汗国分封万里,辐员辽阔,风尚之传习不同,交通之情况互异,故其所假借应用之宗教亦复彼此不同,诸汗国中各种宗教争竞抉择之结果,略如下表:

大元汗国	中国	喇嘛教
奇卜察克汗国	俄境西比利亚	回教
伊儿汗国	波斯	先奉耶教后改回教

元人兴盛之时,西欧诸帝王方沉迷于复兴基督教之梦中,竭其力以屡兴十字军,冀绝灭回教于西亚东欧之地,当时以伊儿汗国之扑灭回教故,罗马教皇乃遣教士东行,冀与蒙古人声气相通,以从事合作,扑灭回教。于时元人方务兼并回教诸国,故亦采远交近攻之策,务与基督教士交欢。吾人敦知意大利人马可波罗(即马哥孛罗)之父与叔,即奉蒙古大汗忽必烈之命,与罗马教皇通使,以求其派遣教士东来者也。乃不幸道远稽迟,复值教皇更迭,故忽必烈请求教皇派遣百人,而教皇乃仅派二人,且未达中国,中道而返。其时复值蒙古勘定青海川藏,土番僧侣声势大张,若辈挟佛教中小乘外道之旁支,别受聂思脱理教派(Nestorians)之影响,而今日风靡蒙藏之喇嘛教,于以创行,蒙古大汗忽必烈乃转移其眷顾基督教之眼光,而别注目于喇嘛教,于是北方游牧驰突之民族遂一变而为黄衣佛号气息奄奄之今日蒙古部落,实以是时种其因。"观此可以知道元代各教宗传布兴衰之概况。

多神教亦为元朝所崇尚,元兴朔漠,代有拜天之礼,衣冠尚质,祭器尚纯,帝后亲之,宗戚助祭。宪宗即位之二年秋八月八日,始以冕服拜天于日月山,又用孔氏嗣孙元措说,合祭昊天后土。世祖中统二年,亲征北方,夏四月,躬祀天于旧桓州之西北。至元十二年十二月,于阳丽正门东南七里建祭台,自后国有大典礼,皆即南郊告谢。成宗即位,夏四月,始为坛于都城南七里,并遣司徒兀都台率百官为告天请谥之礼。武宗即位,秋七月,命御史大夫铁古迭礼至南郊告谢天地。仁宗延祐元年夏,太常寺臣请立北郊,议中止。英宗至治二年九月,命群臣会议南郊。顺帝至正亲郊之礼凡再举行,以右丞相为亚献官,太尉枢密知院为终献官,至亲祀南郊仪注与唐、宋、金略同。

元代祖宗祭享之礼,割牲奠马,以蒙古巫祝致辞。世祖中统元年秋七月,设神位于中书省,用登歌乐,遣必阇赤致祭(必阇赤译言典书记)。四年三月,建太庙于燕京。至元元年冬十月,奉安神主于太庙。元对于宗庙之礼,昭穆不分,后经刘致建议加以注重(他说:礼莫大于宗庙,宗庙者,天下国家之本,礼乐刑政之所自出也),这宗庙之礼,不问而知是仿效中国的。元另有社庙群神的祀礼:(一)太社太稷,至元七年十二月,下诏岁祀太社太稷;三十年正月,始用御史中丞崔彧之说,于和义门内少南得地建坛,仪节同唐宋。(二)先农之祀,至元九年二月,命祭先农如祭社之仪。武宗至大三年夏四月,从大司农请,建农蚕二坛,其式与社稷同,仪节亦同唐宋。(三)宣圣庙,成宗时命建宣圣庙于京师。仁宗延祐三年秋七月,诏春秋释奠于先圣,以颜子、曾子、子思、孟子配享。(四)岳镇海渎代祀,自中统二年始,凡二十九处,分五道。(五)郡县社稷,世祖至元十年八月,颁令诸路,立社稷坛壝仪式,继于十六年春三月,定祭器制度、祭祀仪式。(六)郡县三皇庙,成宗元贞元年,初命郡县通祀三皇,并制三皇庙祀乐章。(七)风雨雷师之祀,仁宗延祐五年,于东北郊西南郊立坛壝之制。(八)凡名山大川忠臣义士在祀典者,所在有司主持之。由此可以知道元代对于多神教的崇祀,与历代大同小异(可参阅《元史新编》卷七十八)。

第十二节　元代之美术

元代统治中国,不过九十余年,然其美术之盛,则不减于唐宋。元之本身,虽无高尚的文化,而在于承受中国历史的文化而说,各项文物,亦有表见：（一）工艺，工艺亦是美术之表征，元代工典列有二十二目，如玉工、金工、木工、抟埴之工、石工、丝枲之工等，皆甚注重。（二）绘画，绘画之特出者，有翰林学士承旨荣禄大夫赵孟頫（字子昂，号松雪道人），集贤待制同知湖州总管府事赵雍（子昂之子，字仲穆），刑部尚书高克恭（字彦敬，号房山），集贤殿大学士李衍（字仲宾，号息斋道人），编修官儒学提举朱德润（字泽民），奎章阁鉴书博士柯九思（字敬仲，号丹丘），都水庸田副使任仁发（字子明，号月山），吴江令江棣（字子华），泰安知州厅事王蒙（字叔明，号黄鹤山樵）等。孟頫于山水木石花竹人马，皆有特色；高房山好画云山；李息斋、柯丹丘均善枯木竹石；朱泽民以善绘苍润之山水著称；任月山善画天马；王叔明为元季四大家之一，尤善山水。其他颜辉（字秋月）之人物，王渊（字若水）之花鸟，张远（字梅岩）盛懋（字子昭）之山水，皆为当时之有名者。元代以游牧民族入主中夏，内府之收藏监别，远不如唐宋之淹博，即目录亦已无传，惟成宗大德四年，藏于秘书监之画，选其佳者，驰驿杭州，命裱工王芝呈取所用之绫，在大府监裱装，押以玉刻之图书，用江南之佳木，作木匣藏之，而纳于秘书库，此种画轴手卷，有六百四十六件。（三）书法，元代书法以赵孟頫为首，籀真行草无不精妙，天竺僧有数万里来求其书者；其他耶律楚材、鲜于枢、邓文、原明亦以书法称。（四）画塑，元代画塑尤精，绘塑佛像，特设专官提举，画塑之像并可以丝织之；成宗大德十一年十一月二十七日，敕丞相脱脱、平章秃坚帖木儿等，将成宗皇帝、贞慈静懿皇后御影，依大天寿万宁寺内御容织之，南木罕太子及妃，依帐殿内所画小影织之。塑像之艺之精者是阿尔尼格，他是尼博罗国人，凡两京寺观之像多出其手；有刘元者，尝从阿尔尼格学西天梵相，亦称绝艺。（五）制纸，在江西产白藤纸、观音纸、清江纸，绍兴出彩色粉笺、蜡笺、黄笺、花笺、罗文笺，其他亦有黄麻笺、春膏笺、冰玉笺等。（六）瓷器，元代之瓷器，于宋时诸窑中继续制造，故与宋器难以识别，河南一带所出者，多仿均窑而带紫，天蓝色,其器概称元瓷,油较厚,即其特征。在景德镇,则改宋之监镇官为提领,至泰定后,使本路之总管监之,能为白瓷、青瓷、印花、画花、雕花之诸器。其余江西有临川窑,所产质薄色白而微带黄色;大食窑,以铜为器骨,嵌以磁粉(即珐琅)烧成五色之花文;大食为回教国,在阿拉伯,元代时始传其制法。(七)漆器,元代浙江嘉兴西塘之杨汇,有张成、杨茂二家,其所制之剔红,以刻之深峻著名于世;张成所作之针刻铭,剔红之花盆,尚遗留于日本京都西郊之龙翔寺。(八)毡罽,毡是蹂兽毛而造之,罽为毛织之物。元时自中央亚细亚至欧洲,一时风行,传其制法,又在和林(按和林是蒙古四大汗所宅都之地,十三世纪时,为蒙古帝国之中心,当蒙古定宗即位时,衣冠万国咸会于此),命工部设置局院,使之织毡,岁产三千二百五十段,无花纹者,为剪绒毡及毛裁毡,有花纹者,称绒毛毡,又称羊毛毡,更谓之毯。元时之毡,有白、黑、青、粉青、明绿、柳黄、柿黄、赤黄、肉红、深红、银褐等色(参阅大村西崖著《中国美术史》汉译本一七一至一八一页)。(九)音乐,太祖初年,征用西夏旧乐。太宗十年十一月,宣圣五十一代孙衍圣公元措来朝,奏请各路访求亡金太常故臣及礼册乐器,诏徙其人器赴东平,令元措领之,于本路税课所,给其食。十一年,元措得金掌乐许政、掌礼王节,及乐工翟刚等九十二人于燕京。十二年夏四月,始命制登歌乐,肄习于曲阜宣圣庙。十六年,太常用许政所举大乐令苗兰,诣东平指授工人,造琴十张,一弦三弦五弦七弦九弦者各二。宪宗二年三月,命东平万户严忠济立局制钟磬等乐器肄习。世祖中统元年春正月,命宣抚廉希宪等召太常礼乐人至燕京,秋七月,用新制雅乐,享祖宗于中书省。二年秋九月,敕太常少卿五镛领东平乐工,常加督视肄习,以备朝廷之用,五年定名大成之乐。成宗大德九年,新建郊坛既成,命大乐署编曲谱舞节,翰林撰乐章。英宗至治二年冬十月,用登歌乐于太庙。考元代乐器有兴隆笙、琵琶、贺布思(制如琵琶)、胡琴、箜篌、笙箫、筝笛、头管(以竹为管)、方响(制以铁十六枚)、云璈(制以铜为小锣十三）、戏竹、水盏（制以铜凡十有二）、拍板等，另有乐队，人数不等（参阅《元史新编》卷七十九）。（十）建筑，元代建筑，据《马哥孛罗游记》卷一第五十七章载：“自章哈淖尔（Changanor）向东北行三日，至一城名曰上都（Xandu），此城为今日御极之大可汗忽必烈所造（上都今日巳毁圮，故址在科尔沁旗），以云母大理华贵之石为宫殿，构制宏壮，华丽无比，殿中悉施金藻，其宫一面内向，一面向城垣，宫墙周围十六英里”，又卷二第六章载：“大可汗每岁于阳历十二正二等三月，皆居汗巴路大城中，城之位置在契丹（Cathay）之极东北，城之南，宫殿在焉。宫之制，划地筑垣，围以巨濠，垣为方形，每面长八英里，于两端之中辟一门，以便行人出入，垣以内沿墙凡宽一英里之地，皆属广场，羽林之军驻焉。过此又有一垣，垣内之地，纵横皆六英里，南北两垣，辟门凡三，其中央者稍大，常时关门，非大可汗出入不启也；其两旁之门，则以通行人焉。……城内亦有八库，内储大可汗御用之物。沿城遍栽树木，间以草地，蓄麇鹿麈麝无数。草场辽广，有石砌之道，以通往来，道上不染纤尘，中凸，天雨则水自两旁流下，藉以灌溉草地。大可汗之宫，正建其中，此宫之华丽宏大，实为天下之冠；宫起城北，直达城南，除天井外，余无隙地，其中惟贵官及司宿卫之兵往来而已。宫殿均一屋，无有楼者，然殿顶崇高无比，殿基为石台，高数丈，四围皆白石之栏，无论何人，非经君问，不得过石栏一步。殿墙绘龙凤鸟兽，亦有绘两军鏖战状者，仰墙亦施藻绘金漆；殿之四面，均有石级，自平地直接殿基石台，大殿既深且广，当大可汗赐宴群臣时，容人至夥。宫之全部，零落星散，故触眼多胜景，殿顶覆以五彩之瓦，构造极坚，能历久不坏；窗门之上，嵌以明瓦，通透若琉璃。宫殿之最后，有宝库，凡珍珠宝石金银，及他贵重之物皆储焉。”又卷二第七章载：“汗巴路城建于契丹省内大河之旁，自古称为雄都，汗巴路（Cambaluc）之义，即皇都也。大可汗于河之对岸另建新都，名之曰大都，两都之间，中隔以河，大都为方形，周围长二十四英里，城垣以土为之,墙基宽十尺,渐渐向上,峻削至墙顶,仅宽三步而已;城垛皆作白色,城形既方,其街衢均尚直,故人登南城远望,能见北城之楼;通衢两旁,商肆林立,各家区地建屋,亦成正方,无参差先后之不齐;每家之长,各得地若干,建屋其中,世世居之,自高处下视全城,极类棋盘,有城门十二,每面三门,四角各有各门,门上建危楼一座,楼中皆储军械,每门拨兵一千守之;城之中央,有钟楼一所,每晚钟鸣,至第三次,则街上禁止行人,其因延医或接产婆必须外出者,必须提灯,否则仍以犯夜论罪。城外商店居民更多,市场远出三四英里以外,以户口论,城外尚多于城内也。商店居民之外,尚有旅馆多处,各路客商,咸有专门旅馆,例如回民有回民之旅馆,蛮子有蛮子之旅馆也。"观此则元代京都的建筑,其规模实为宏伟。惟据郑所南《心史大义略序》所述:"旧鞑靼所居,并无屋宇,毡帐为家",与马哥孛罗所记载,差若天渊。实因蒙古未扩大版图之前,具有草昧之风,及其席卷欧亚之际,攘夺各地之财产,收罗各地之工匠,建筑之术,城郭之美,自有不可同日语者。

第十三节　元代之教育

元代教育,是仿法前代的,蒙古初无文字,其本族无教育之可言,及太祖征乃蛮(Naiman)时,得乃蛮人所用的畏兀儿(Uigur)文字,即回回文字,乃始有文字,其后又假借汉字以济用。迨世祖时,乃命喇嘛八思巴(Phagspa)制蒙古新字而颁行之,其字仅千余,其母凡四十有一,以谐声为宗,文字鄙陋如是,则元代之选士兴学,当然是取法汉人的。据《元史》卷八十载:"元太祖龙兴塞外,西征北伐,日不暇给,何暇议及敷文取士之事;及太宗定中原,所得金源文士渐多,丞相耶律楚材、史天择始建科举之议,王鄂等辅太子于东宫,许衡为祭酒于国学,议章程,拟制度,而终未施行;直至仁宗,始令行省举乡试,京师策进士,其法一如宋制。"据《新元史》卷六十四载:"太宗六年,以冯光宇为国子总教,命侍臣子弟十八人入学,是为建置学校之始。中统二年八月,诏曰:诸路学校久废,无以作成人才,今拟选博学洽闻之士以教导之,凡诸生进修者,仍选高业儒生教授,严加训诲,务使成才,以备他日选擢之用,仍仰各路官司,常切主领教劝。至元六年四月,复诏曰:事有似缓而实急者,学校是也,盖学校者,风化之本,出治之原也。诸路虽设有学官,所在官司,例皆视同泛常,不肯用心勉励,以致学校之说(疑设字),有名无实,由是吏民往来,不循理法,轻犯宪章,深不副朝廷肃清风俗宣明教化之意;今遍行各路,如遇朔望,自长次以下,各率僚属,俱诣文庙焚香,礼毕,从学校主善诣讲堂,同诸生及愿从学者,讲论经史,更相授受,日就月将,教化可明,人才可出;外所在乡村镇店,选有德望学问、可为师表者,于农隙之时,依法训导,使长幼皆闻孝弟忠信之言,则礼让既行,风化自厚矣。"元时学校在国学方面,有普通国学、蒙古国学、回回国学三种,其余高等专门以及小学乡学等,都与前代相差无几,兹分述如下:(甲)国学。(1)普通国学。(a)规制。通常国学就是儒学,分为至元以前、至元以后、延祐以后三个时期。(一)至元以前。元代国学亦名国子监,也就是太学,学舍设在宣圣庙西偏,学校始立是在太宗六年,第一班学生是由侍臣子弟选派入学的,世祖即位以后,于至元七年又派选侍臣子弟十一人入学,其中年长者四人,由许衡教读,年幼七人,由王恂担任教读,因学级程度不分,与私塾差不多。至元十年,从太保刘秉忠之请,增置学额;国学士博果密、学士程巨夫有增设律算各科和博选师资的建议,对于学制颇有改进。(二)至元以后。至元二十四年,世祖委任周砥等十人为国子祭酒。同时议定国学规制,分管理、课程、考课、教授四方面。管理方面,是遵守祭酒掌监、博士掌学、正录掌理校规的分功原则;课程方面,是在分别先修次修,以定教学的顺序;教授是注重在传习和复说；考课是完全注重私试，放弃公试的。（三）延祐以后。延祐二年，仁宗召集集贤殿学士赵孟頫、礼部尚书元明善等，讨论修改国子学制，决定数点如下：（子）升斋等第。把国子分做六个斋所，东西相向，下两斋，左叫做游艺，右叫做依仁，是诵书讲说小学和属对的所在。中两斋，右叫做据德，左叫做志道，是讲说四书课肄诗律者的所在。上两斋，左边叫做时习，右边叫做日新，是讲说《易》、《书》、《诗》、《春秋》和习明经义的所在。每斋员数不等，每季考其所习经书课业，及不违规矩者，以次递升。（丑）私试规矩。元代把全部学生分成蒙古、色目、汉人三个阶级；每季在校内私试，汉人孟月试经疑一道，仲月试经义一道，季月试策问表章诏诰科一道。蒙古、色目人，孟月仲月，各试明经一道，季月试策问一道，辞理俱优者为上等，准一分，理优辞平者为中等，准半分，每岁终通计其年积分，至八分以上者，升充高等生员，以四十名为额，内蒙古、色目各十名，汉人二十名。（寅）黜罚科条。凡应私试者，其有不事课业，及一切违背规矩者，初犯罚一分，再犯罚二分，三犯除名，这是一种；已经升补高等生员的，倘或违背规矩，初犯罚他殿附榜末一年，再犯除名，这是二种；普通在学生员，除月假外，其余不论有无请假，凡一年之间，缺席满半年以上的，一律除名，这是三种；除蒙古、色目学生，可以特别优待外，凡在学三年，不能通一经及不肯勤学者，勒令出学，这是四种。出学和除名的区别，是在前者，不过除下分簿或试榜的名字，后者则屏诸门墙之外（参阅《新元史》卷六十四，徐式圭著《中国教育史略》一二一至一二六页）。（b）贡试。世祖定下生员贡试补用的方法，至成宗大德八年，定为蒙古、色目、汉人生员，每届三年选贡一人。十年更定比例标准，每百人各贡一人。武宗至大四年，规定贡试品级，蒙古人选试及格的授官六品，色目人授官七品，汉人授官从七品。考试之法，蒙古人最宽，色目人稍加严，汉人则最严，要试全科（见《新元史》卷六十四）。仁宗延祐四年修改前制，规定：汉人要在日新时习两斋坐满二年，不曾犯过学规的,才准他充试礼部;坐满三年,才准他充贡朝廷。蒙古和色目人要在志道据德两斋坐满二年,没有过犯,便可充试礼部;三年便可充贡朝廷。泰定帝三年,复废除延祐积分之法,改用贡举,一切贡试方法,悉照世祖旧例,令监学拟定,不过防闲较为严密。至文宗天历时候,又折衷古制,令国学生积分及等的,赴集贤殿奎章阁官员,经过一层贡试,贡试及格的补官,不及格的再肄业。顺帝至正初年,特别在廷试榜内,画出一十八名,做国学生员的贡试名额;蒙古六人,授官从六品;色目六人,授官七品;汉人六人,授官从七品。至正八年,又因名额太少,诏令国学每年预选积分生四十人,到了三年大比,共应一百二十人,除前额外,更设副榜二十人,考试下第的,还可以援用终场举人之例,补授山长学正等官,当时考试程式:蒙古色目人,第一场,经问五条,《大学》、《孟子》、《论语》、《中庸》内,设问《朱氏章句集注》,其义理精明,文辞典雅者,为中选;第二场,策一道,以时务出题,限五百字以上。汉人南人,第一场,明经经疑二问,以《大学》、《论语》、《孟子》、《中庸》出题,并用《朱氏章句集注》,复以己意结之,限三百字以上;经义一道,各治一经,《诗经》、《尚书》、《周易》三经,兼用古注疏,《春秋》许用三传,《礼记》用古注疏,限五百字以上,不拘格;第二场,古赋诏诰章表内,科一道,古赋诏诰用古体,章表四六兼用古体;第三场,策一道,经史时务内出题,不务浮藻,惟宜直述,限一千字以上。分进士为左右榜,蒙古色目人为右,汉人南人为左(参阅《元史新编》卷八十)。(2)蒙古国子学。蒙古国子学,是教习蒙古字。世祖至元八年春始诏立之,随朝蒙古官及怯薛台官员,选子弟俊秀者入学,主要教材是用蒙古字译成的《通鉴节要》,学成出题试问,所对精通者,量授官职。他的名额有普通和特别两种,普通名额,仁宗延祐时候,暂定为一百名,其中蒙古五十人,色目二十人,汉人三十人,但百官子弟之入学者,不下二三百人,所以又在普通额内增设五十名,额外新设陪堂生一百四十名,供平民听讲之用。元时国学职掌,原分监官学官两部,监官是总理教育行政的机关,与现时大学院一样;学官是专门掌理学校的。(3)回回国子学。回回国子学,是教习回回文字。世祖至元二十六年夏五月,尚书省臣论及回回弈思替菲文字宜于施用,其时有个翰林院臣益福的哈鲁丁,精通这种文字,遂聘为掌教。仁宗延祐元年,设置回回国子监一职,专管回学行政事务。泰定二年以后,学生员额日暂增多,其学官及生员五十余人,已给饮膳者二十七人,外助教一人,生员二十四人,并给廪膳;学生毕业以后,派往各机关担任译史职务。(4)国立小学。世祖中统二年,始置诸路学校之官;二十三年,诏江南学校旧有学田,复给之以养士;二十八年,令各县学内设立小学。元之初制,把小学合并在国学内面,造成一种复级制度,这个只看世祖命侍臣子弟年幼的跟随国学助教王恂学习经义,就可明白了。(乙)高等专门。(1)医学。元代医学由经验传习的,有大医院子弟,跟着大医教官传授下来。由学理研究的,就有医学。据《元史》卷八十载:"世祖中统二年,大医院使王猷言:医学久废,后进无所师授,窃恐朝廷一时取人,学非其传,为害甚大。乃遣副使王安仁授以金牌,诸路设立医学,其生员拟免本身捡医差占等役,俟其学成,每月试以疑难,量加劝惩,后又定医学之制,设诸路提举纲维之。"当时设立各路医学,并委派提举司专任医学事务,先后成立的,有大都、保定、彰德、东平四路,河间、大名、大同、晋宁、济宁、广平、冀宁、济南、辽阳、兴和十路,卫辉、怀庆、大宁三路。提举司,有正提举、副提举、同提举的各种名目不同;提举的职务,除考校课义纲维校务的正掌外,还兼任勘校医书,办验药物,试验太医教官,训诲太医子弟等事务。(2)阴阳学。阴阳学原是中国古代的一种天文学,属太史局兼办。《元史》卷八十载:"世祖至元二十八年,始命腹里江南有通晓阴阳者,依儒学医学之例,发往诸路教授,其有术数精通者,每岁录呈省府,赴都试验,果有异能,则于司天台内,许令近侍。"仁宗延祐的时候,于府路州设教授,凡阴阳生皆管辖之而属于太史，他的品级如下：教授一员，正八品，学正一员，从九品。
（丙）乡学。（1）普通乡学。元代乡学有曾经设立学校的，有仅设置一个提举司主提学务的。世祖中统元年，翰林承旨王鄂请就各路委选老儒提举学校，一时设立有十路以上之多；二十八年，诏令诸路及各县学内设立小学，选老成之士以教之。顺帝四年，诏内外兴举学校，由是州府各处多兴学，特别云南一省，因开化较迟，为提倡起见，于建立校舍外，还给一定的学田。有的地方，学生为着特别情形，不愿就乡学校，还准他们在家聘请教师，或传授父兄家学，而其待遇资格和校内学生相同。（2）蒙古乡学。蒙古乡学创立在世祖至元六年，同年十二月颁布学令，一面免除学生本身杂役以示奖励。成宗元贞元年，更将诸路官地划归各该乡学供备学生廪饩，学生毕业高等的，还可考试翰林，充学官译使各职。乡学有路府州几级，教授二人，担任蒙古学和儒学，有等职务隶属在军事机关以内，其中亦注重军人教育。（3）书院。书院是一种社会教育，也是一种私立学校。元太宗时候，中书省杨惟中在南朝收集伊洛遗书，送到燕京，重立太极书院，请大儒赵复、王粹讲学其中，这是元朝设立书院的第一次。世祖二十八年又诏令："先儒过化之地，名贤经行之所，好事之家出粟赡学者，并立为书院。"由是书院的设立渐多（参阅《中国教育史略》一四四页）。据《续通考》载："其后昌平有谏议书院，河间有毛公书院，景州有董子书院，京兆有鲁斋书院，开州有崇义书院，宣府有景贤书院，苏州有普里书院、文正书院、文学书院，松江有石洞书院，常州有龟山书院，池州有齐山书院，婺源有明经书院，太原有冠山书院，济南有闵子书院，曲阜有洙泗书院、尼山书院，东河有野斋书院，凤翔有岐阳书院，鄠县有横渠书院，胡州有安定书院、东胡书院，慈溪有慈湖书院，宁波有鄞山书院，处州有美化书院，台州有上蔡书院，南昌有宗濂书院，丰城有贞文书院，余干有南溪书院，安仁有锦江书院，永丰有阳丰书院，武昌有南湖书院、龙川书院，长沙有东冈书院、乔冈书院，益阳有庆州书院,常德有沅阳书院,福州有勉斋书院,同安有大同书院,琼州有东坡书院。"观此可知元时设立书院之多,因学校多近于科举,不足以餍学者之望,书院能不受拘束,可以自由讲学,一般淡于荣利,志在讲求修身治人之法者,多乐趋于书院。(丁)师资。元代学官方面,除国学的博士助教外,其由国家特任的叫做教授,分发往路府上中各州;由礼部行省或宣慰司委任的,叫做学正、山长、学录、教谕。路设教授、学正、学录各一员,散府上州中州只设教授一员,下州只设学正一员,县设教谕一员,书院设山长一员。其在中原直辖州县,系由礼部发给委状;各省州县,系由行省或宣慰司发给委状;这是乡学官员委授的通例。另外尚有直学,是路府州县内管理钱谷的职员,原由郡守和府宪各官便宜试补。其学正、山长、学录各职,系由集贤院及台宪各官荐委的。学录限满考升正长,正长再经一考,升补散府上州中州教授。散府上中州再经一考升补教授,这是乡学官升补的通例。

第十四节　元代之学术

元代学术之可据者:(1)史学。元仁宗时,托克托(日人高桑驹吉《中国文化史》作脱脱[Tukhta],顺帝时人)奉敕撰《宋史》四百九十六卷(《宋史》有本纪四十七卷,志百六十二卷,表三十二卷,列传二百五十五卷),《辽史》一百十六卷,《金史》一百三十五卷,三史之中,以《金史》较详尽,《宋史》次之,《辽史》较劣。《宋史》本以宋人国史为稿本,因宋人好述东都故事,故于北宋事较详,而南宋理宗、度宗两朝记载缺乏,故南渡以后事迹最略(辽代书禁甚严,著述传境外者罪至死,故辽之史料缺乏)。元世祖时,金履祥采取邵雍的《皇极经世书》与胡宏《皇王大纪例》,以《尚书》为主,下及《诗》、《书》、《春秋》,旁采旧史诸子,年表旧事,加以训释,断自唐尧以下,接于《资治通鉴》,撰《通鉴前编》十八卷,审定群说,多与经训相发明。郝经撰《续后汉书》九十卷,纠正陈寿《三国志》以魏为正统之谬,参以裴松之所注之异同,与《资治通鉴》之去取,又另作八录,以补《三国志》所阙之志;他的义例颇严,持论不苟,为后世所称。马端临撰《文献通考》三百四十八卷,内容分二十四类:有田赋考、钱币考、户口考、职役考、征榷考、市籴考、土贡考、国用考、选举考、学校考、职官考、郊社考、宗庙考、王礼考、乐考、兵考、刑考、经籍考、帝系考、封建考、象纬考、物异考、舆地考、四裔考。这部书是以《杜佑通典》为蓝本,田赋等十九类都是把《通典》离析而成,惟经籍、帝系、象纬、物异等五类是《通典》所无。他的自序说及:"凡序事则本之经史,然参之以历代会要,以及百家传记之书,信而有证者从之,乖异传疑者不录。"此书在中国文化史上是具有贡献的。(2) 经学。元代治《易》学者有许衡之《读易私言》、吴澄之《易纂言》。治《尚书》学者,有金履祥之《尚书表注》,陈栎之《尚书集传纂疏》,董鼎之《尚书辑录纂注》,陈师凯之《蔡传旁通》,朱祖义之《尚书句注》。治《诗》学者,有许廉之《诗集传名物抄》,刘瑾之《诗传通释》,梁益之《诗传旁通》,朱公迁之《诗经疏义》,梁寅之《诗演义》。治《春秋》学者,有程端学之《春秋本义》、《春秋或问》、《三传辨疑》,俞皋之《春秋释义大成》,王元杰之《春秋谳义》,李濂之《诸传会通》。治《仪礼》者,有吴澄之《仪礼逸经传》,汪克宽之《经礼补侠》,敖继公之《集说》。元代之治《论语》、《孟子》、《孝经》者,多以朱子为宗。(3) 医学。金元之际,有李杲(字明之,号东垣)著《内外伤辨论》、《脾胃论》,振医学之坠绪,开来叶之新机。元有朱震亨(字彦修,号丹溪)著《格致余论》、《局法发挥》、《金匮钩玄》等书,医术研究乃渐盛,说者谓当时受亚拉伯及欧罗巴医术传来影响所致。(4) 天算学。据欧洲之蒙古史学专家所考见,以为元人西侵波斯,攻破报达(Bagdad),曾传阿拉伯回教徒之天文知识于中国。按波斯阿拉伯向为天文历算诸学发达之地,报达一城,为回教徒声教文物之中心者凡六七百年，一旦为元人所占据，其天文知识之因交通而传入中国乃有可能的，今试以此说，考之中国史籍亦有可征。柯劭忞《新元史》卷三十一《历志》载："耶律楚材常言，西域历五星密于中国，又作麻答历。今不传。"又载："世祖至元四年，西域人札马鲁丁用回回法撰《万年历》，帝稍采用之。其法为默特纳国王马哈麻所造，历元起阿剌必年，即隋开皇己未。""十三年平宋，世祖诏许衡、王恂、郭守敬改治新历，率南北日官陈鼎臣、邓元麟、毛鹏翼、刘巨源、王素、岳铉、高敬等，分掌测验推步。十七年，新历成，赐名《授时历》。"又柯书卷四十一《天文志》载："郭守敬创制诸仪表台，官遵用百年测，验之精远逾前代。"就以上诸说观之，元代律历知识本有外来之影响（参阅《元史学》十三页引）。元代历法之精，为史家所公认，但斯学何以在短期内骤达精深，跨越前代，必有原因，则郭守敬之《授时历》曾受外来影响，亦理所必有。据《元史·郭守敬传》载："守敬字若思，顺德邢台人，巧思绝人。至元十三年，帝以守敬与王恂率南北日官，分掌测验。守敬首言历之本在于测验，而测验之器莫先仪表，今司天浑仪，宋皇祐中汴京所造，不与此处天度相符，比量南北二极，约差四度，表石年深，亦复欹侧，守敬乃尽考其失而移置之。既又别图高爽地，以木为重棚，创作简仪高表，用相比覆。又以为天枢附极而动，昔人尝展管望之，未得其的，作候极仪，极辰既位，天体斯正；作浑天象，象虽形似，莫适所用，作玲珑仪以表之，矩方，测天之正圜，莫若以圜，求圜作仰仪；古有经纬，结而不动，守敬易之，作立运仪；日中有道，月有九行，守敬一之，作证理仪；表高景虚，罔象非真，作景符；月虽有明，察景则难，作窥几；历法之验，在于交会，作日月蚀仪；天有赤道，轮以当之，两极低昂，标以指之，作星晷定时仪；又作正方案，九表悬正仪座，正仪为四方行测者所用；又作仰规覆矩图、异方浑盖图、日出入永短图，与上诸仪互相参考。"阮元《畴人传·郭守敬传》论及："推步之要，测与算二者而已；简仪、仰仪、景符、窥几之制，前此言测候者，未之及也。垛叠招差句股弧矢之法，前此言算造者，弗能用也。先之以精测，继之以密算，上考下求，若应准绳，施行于世垂四百年，可谓集古法之大成，为将来之典要者矣。"观此可以知道郭守敬对于天算学之深造。与郭守敬先后同时，而深于数理历学之人尚多，试简举如下：李冶（真定栾城人），著《测海圆镜》十二卷、《益古演段》三卷。朱世杰（文都人），著《四元玉鉴》三卷。杨恭懿（奉元高陵人），同修《授时历》，著《历议》。王恂（中山唐县人），同修《授时历》。齐履谦（大名人），著《至暑景考》二卷、《经串演操》八卷。以上诸人，专精数理历象之学，虽有原来学术传授，然不能谓其全不受外来学术的影响。（5）地理学。舆志之书出自官撰者，自唐《元和郡县志》、宋《元丰九域志》外，惟元岳璘等所修《大元一统志》最称繁博，其目共为一千卷，今已散佚不传。元《秘书志》载："至元三十一年八月，本监移准中书兵部关编写至元《大一统志》，每路卷首，必用地理小图。"它的凡例分为：（1）某路，所辖几州，亲管几县。（2）建置沿革，禹贡州域，天象分野，历代废置，周、秦、汉、后汉、晋、南北朝、隋、唐、五代、宋、金、大元。（3）各州县建置沿革。（4）本路亲管坊郭乡镇。（5）本路至上都大都并里至。（6）各县至上都大都并里至。（7）名山大川。（8）土山。（9）风俗形势。（10）古迹。（11）寺观祠庙。（12）宦迹。（13）人物。可知其搜罗的丰富。

第十五节　元代之理学

元统治中国武力之外，尝藉重于文教。当元太宗在南宋理宗二年时，即已招聘过宋朝学士赵江汉等数十人，且搜集周、张、二程遗书于燕京，又立太极书院，建周子祠庙而配以张、程、朱、杨等，以表示其尊崇文教的盛意，至世祖时更加注意，惟因版图太大，顾此失彼，对于文化思想上没有什么进展；其间稍有名的几个学者，如许鲁斋、刘静修、吴草庐、郑师山等，都是南方人，学说不脱朱陆窠臼，在思想史上，只可说为南宋理学的余烬。元代朱学盛而陆学衰，北方自江汉传朱学后，继有许鲁斋、刘静修，尤以鲁斋能继晦庵之学；其和会朱陆，使两家既分而复合者，于元初则有吴草庐，于元末则有郑师山。兹将元代著名理学家之思想，略志于下：（1）许鲁斋。许鲁斋名衡，字仲平，号鲁斋，河内人（今河南沁阳县），生于宋宁宗嘉定二年（1209），幼好学，屡窘塾师，长后值世乱离，仍嗜学不辍，渐为人所知，远近子弟多来相从。曾访姚枢于苏门，得《伊洛遗书》，既而谓其徒曰：“昔者授受，殊孟浪也；今始闻进学之序。若必欲相从，当率弃前日所学，从事小学之洒扫应对，以为进德之基。”诸生皆欣然相从。及世祖出王秦中，召为京兆提学，世祖即位，召至京师，授国子祭酒，后谢病归。至元二年，安童为右丞相，始出辅之，乃上书言立国规模。十三年制定新历时，以原官领大史院事；十八年卒，年七十三，学者因其所署，称鲁斋先生。在他的学说里，是纯粹的程朱学者，但不如伊川朱子之主知，他以实践为重，内主持敬，外主纲常，欲以此主张化俗敦风。他在《全书》卷三《答丞相问大学明明德》里说及：“古之圣人，以天地人为三才，天地之大，其与人相悬不知几何也，而圣人以人配之，何耶？盖上帝降衷，人得之以为心，心形虽小，中间蕴蓄天地万物之理，所谓性也，所谓明德也，虚灵明觉，神妙不测，与天地一般，故圣人说天地人为三才，明德的灵明，天下古今无不一般，只为受生初所禀之气，有清者，有浊者，有美者，有恶者；得其清者则为智，得其浊者则为愚，得其美者则为贤，得其恶者则为不肖，若得全清全美，则为大智大贤，其明德全不昧也，身虽与常人一般，其心中明德与天地同体，其所为便与天地相合，此大圣人也。”据此，他是主张一元论的，天地万物存于一理，理存于心，而心则为上帝所降衷也。朱子虽然说理气，表面看来很像主张二元，但他是主张一元的，他说：“所谓理与气，决是二物，但在物上看则二物浑沦,不可分开,各在一处,然不害二物之各为一物也。若在理上看,则虽未有物,而已有物之理,然亦但有其理而已,未尝实有是物也。理气本无先后之可言,然必欲推其所从来,则须先说有是理。然理又非别为一物,即存乎是气之中,无是气则是理亦无挂搭处。未有天地之先,毕竟也只是理,有此理,便有此天地。若无此理,便亦无天地,无人无物,都无该载了。有理便有气流行,发育万物。"理与气是合一的,而气是根据理以流行作用,惟许鲁斋不尽本于朱说,他以理原于心,而心则由上帝的降衷,宋儒关于宇宙论多言天,不言上帝,而许鲁斋则言及上帝,依我的见解,元代基督教盛行,其上帝之说,或本之于基督教。他于遗书中说及:"或问,穷理至于天下之物,必有所以然之故,与其所当然之则,所谓理也。曰:博学、审问、慎思、明辨,此解说个穷字。其所以然与其所当然,此说个理字。所以然者,是本原也。所当然者,是末流也。所以然者,是命也。所当然者,是义也。每一事,每一物,须有所以然与所当然。"他主张仁以明德,所以说:"仁者性之至,而爱之理也,爱者情之发,而仁之用也。公者所以为仁之道也,元者所以为仁之至也。仁者人心之所固有,私或蔽之,则陷于不仁,故仁者必克己,克己则公,公则仁,仁则爱。"(《全书》卷一)他提倡仁爱,不是离于实际而陷于空虚,所以说:"为学者治生,最为急务,苟生理不足,则为学之道,当有所妨,彼旁求妄进者,及为官嗜利者,其亦窘于生理之所致也。君子当以务农为生,商贾虽逐末,亦可为也,果处之不失义理;或以姑济一时,亦无不可,若教学为官,以规图生计,则恐非古人意也。"治生是应该的,但不可逐物去,故说:"凡事一一省察,不要逐物去了,虽千万人中,常知有己,此持敬之大略也。"能知持敬,故不忧戚于贫贱,而骄矜于富贵了。

(2)吴澄。吴澄字幼清,号草庐,抚州崇仁人,生于宋理宗淳祐九年(1249),二十五岁时,宋祚移,元朝统一中国,程巨夫求贤于江南,起他至京师,以母老辞归;至大元年,再召为国子监丞,升司业。曾对为学者说："朱子于道问学之功居多，而陆子以尊德性为主。问学不本于尊德性，则其蔽必偏于语言训释之末，故学必以尊德性为本，庶几得之。"议者遂以他尊崇陆象山之学，说是陆派，遂辞官。英宗即位，迁为翰林学士，进阶太中大夫。泰定元年，为经筵讲官；至治末年，请老而归。元统元年卒，年八十五。所居草屋数间，故学者称为草庐先生。著有《五经纂言》、《草庐精语》、《吴文正公集》五十三卷、《道德真经注》等。他的思想，可于《草庐精语》中窥之。他对于宇宙的观察，取之于周子的《太极图说》："自未有天地之前，至既有天地之后，只是阴阳二气而已。本只是一气，分而言之，则曰阴阳，又从阴阳细分之，则为五行，五行即二气，二气即一气。气之所以能如此者何也？以理为之主宰也。理者非别有一物，在气中，只是为气之主宰者则是。无理外之气，亦无气外之理。人得天地之气而成形，有此气即有此理，所有之理谓之性。此理在天地之间，即元亨利贞是也；其在人而为性，则仁义礼智是也。性即天理，岂有不善。"他根据这个观察以论人生的行为，他说："人之生也，受气有或清或浊之不同，成质有或美或恶之不同。气之极清，质之极美者为上圣，盖此理在清气美质之中，本然之真，无所污坏，此尧舜之性，所以为至善，而孟子之道性善，所以必称尧舜以实之也。其气之至浊，质之至恶者为下愚，上圣以下，下愚以上，或清或浊，或美或恶，分数多寡，有万不同，惟其气浊而质恶，则理在其中者，被其拘碍沦染，而非复其本然矣，此性之所以不能皆善，而有万不同也。孟子道性善，是就气质中，挑出其本然之理而言，然不曾分别性之所以有不善者，因气质之有浊恶，而污坏其性也。故虽与告子言，而终不足以解告子之惑，至今人读《孟子》，亦见其未有以折倒告子而使之心服也。盖孟子但论得理之无不同，不曾论到气之有不同处，是其言之不备也；不备者，谓但说得一边，不完备也；故曰：'论性不论气不备'，此指孟子之言性而言也。至若荀扬以性为恶，以性为善恶混，与夫世俗言人性宽，性褊，性缓，性急，皆是指气质之不同者为性,而不知气质中之理谓之性,此其见之不明也;不明者谓其不晓得性字,故曰:'论气不论性不明',此指荀扬世俗之说性者言也。程子'性即理也'一语,正是针砭世俗错认性字之非,所以为有大功。张子言:'形而后有气质之性,善反之,则天地之性存焉,故气质之性,君子有弗性者焉。'此言最有分晓,而观者不能解其言,反为所惑,将谓性有两种。盖天地之性,气质之性,两性字只是一般,非有两等性也,故曰:'二之则不是',言人之性,本是得天地之理,因有人之形,则所得天地之性,局在本人气质中,所谓形而后有气质之性也。气质虽有不同,而本性之善则一,但气质不清不美者,其本性不免有所污坏,故学者当用反之之功。反之,如汤武反之也,反之,谓反之于身而学焉,以至变化其不清不美之气质,则天地之性,浑然全体,具存于气质之中,故曰:'善反之则天地之性存焉',气质之用小,学问之功大,能学者,气质可变,而不能污坏吾天地本然之性,而吾性非复如前污坏于气质者矣,故曰:'气质之性,君子有弗性者焉。'欲下工夫,惟敬之一字为要法。仁人心也,敬则存,不敬则亡。夫人之一心,敬为之主,主于敬则心常虚,虚则物不入也;主于敬则心常实,实则我不出也。敬则心存,心存而一动一静,皆出于正,仁义礼智之得于天者,庶其得于心而不失矣乎?若然徒求之于五经,而不反之吾心,是买椟而弃珠也,此则至论。不肖一生,切切然惟恐其堕此窠臼,学者来此讲问,每先令其主一持敬,以尊德性,然后令其读书穷理,以道问学;有数条自警省之语,又拣择数件书,以开学者格致之端,是盖欲先反之吾心而后求之五经也。"吴澄论人生行为的修养,最重要者有几点:(一)不要污坏本然之性。(二)以理为主宰,以变化其浊恶之气质。(三)人心以敬为主,则一动一静,皆出于正。(四)先尊德性而后道问学,由此可知道他思想的缜密。他又说:"学者工夫,则当先于用处着力,凡所应接,皆当主于一,主于一则此心有主,而暗室屋漏之处,自无非僻,所行皆由乎天理。如是积久,无一事而不主一,则应接之处,心专无二。能如此,则事物未接之时,把捉得住,心能过适矣。若先于动处,不能养其性,则于静时,岂能存其心焉?读四书有法,必究竟其理而有实悟,非徒习文句而已;必敦谨其行而有实践,非徒出入口耳而已。朱子尝谓大学有二关:格物者,梦觉之关;诚意者人兽之关。实悟为格,实践为诚,物既格者,醒觉而为觉,否则虽当觉时,犹梦也;意既诚者,转兽而为人,否则虽列人群,亦兽也;号为读《四书》而未离乎梦,未免乎兽者,盖不鲜,可不惧哉!物之格在研精,意之诚在慎独,苟能是,始可为真儒,可以范俗,可以垂世,百代之师也。"吴澄论及人类心性之进化为四阶级:(甲)兽,(乙)人,(丙)儒,(丁)师。他说到意既诚者,然后可以转兽

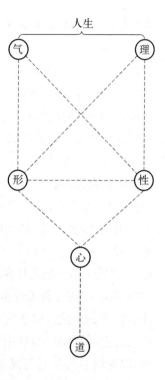

而为人,然则芸芸总总之俦,虽含生负气,倘不能诚其意,亦兽类而已,这是何等严厉的主张。他论到人生分两方面观察,而归结于存心求道,兹为图以表之(见右图)。

他说:"夫人之生也,以天地之气凝聚而有形,以天地之理付界而有性。心也者形之主宰,性之郛郭也。此一心也,自尧、舜、禹、汤、文、武、周公,传之以至于孔子,其道同,道之为道,具于心,岂有外心以求道者哉?而孔子教人,未尝直言心体,盖日用事物,莫非此心之用,于其用处,各当其理,而心之体在是矣。'操舍存亡,惟心之谓',孔子之言也。其言不见于《论语》之所记,而得于孟子之传,则知孔子教人,非不言心也,一时学者,未可与言,而言之有所未及耳。孟子传孔子之道,而患学

者之失其本心也，于是始明指本心以教人，其言曰：'仁人心也，放其心而不知求，哀哉！'又曰：'学问之道无他，求其放心而已矣。'又曰：'耳目之官不思，而蔽于物，心之官则思，先立乎其大者，则其小者，不能夺也。'呜呼！至矣，此陆子之学所从出也。夫孟子言心，而谓之本心者，以为万理之所根，犹草木之有本，而苗茎枝叶，皆由是以生也。今人谈陆子之学，往往曰：'以本心为学'，而问其所以，则莫能知陆子之所以为学者何如，是本心二字，徒习闻其名，而未究竟其实也。夫陆子之学，未可以言传也，况可以不求哉？然此心也，人人所同有，反求诸身，即此而是，以心而学，非特陆子为然，尧、舜、禹、汤、文、武、周、孔、颜、曾、思、孟，以逮周、程、张、邵诸子，莫不皆然。故独指陆子之学为本心学者，非知圣人之道者也。应接酬酢，千变万化，无一而非本心之发见，于此而见天理之当然，是之谓不失其本心；非专离去事物，寂然不动，以固守其心而已也。"从上引说而观，吴澄之学，可说是直指本心之学，但他对于外界经验，不是极端排斥的，所以说："知者心之灵，智之用也，未出于德性之外者也，曰德性之知，曰闻见之知，然则知有二乎？夫闻见者所以致其知也，夫子曰：'多闻阙疑，多见阙殆。'又曰：'多闻择其善者而从之，多见择其善者而识之。'盖闻见虽得于外，而所闻所见之理，则具于心，故外物格，则内知至，此儒者内外合一之学，固非如记诵之徒，外博而内无得也。"吴澄虽主张内心之认识作用，而对于外界是不忽略的，可说他是调和朱陆二子之学，而不陷于佛家空无之学，他之言静与佛家之徒之言静不同，他说："古今人言静字，所指不同，有浅深难易，程子言性静者可以为学，与诸葛公言非静无以成学，此静字稍易，夫人皆可勉而为。周子言圣人定之以中正仁义而主静，与庄子言万物无足以挠心故静，此静字则难，非用功圣贤学者，未之能也。大学静而后能安之静，正与周子庄子所指无异，朱子以心不妄动释之，即孟子所谓不动心也。孟子之学，先穷理知言，先集义养气，所以能不动心。大学之教，穷理知言则知止，集义养气则有定，所以能静也。能静者虽应接万变，而此心常如止水，周子所谓动而无动是也。"可知他说之静，不是有如止水之静，而是应接万变心如止水之动中的静。元代许吴二子，是元代思想界上的双星，一以实行为主，专于祖述程朱；一以尊德性为主，折衷朱陆。

（3）郑玉。郑玉字子美，号师山，徽州歙县人。幼敏悟嗜学，既长，覃思《六经》，尤精于《春秋》。绝意仕进，而勤于教学者。门人受业者众，所至不能容，学者相与即其地，构师山书院以处。顺帝至正十四年，被举为翰林待制奉议大夫，辞疾不起，家居，日以著书为事，所著有《周易纂注》、《春秋经传阙疑》四十五卷、《师山集》八卷、《遗文》五卷、《附录》一卷。他的学说，略见于文集中。他在《汪敬居字序》说："程子曰：敬者圣学之所以成始成终，秦汉以来，非无学者，而曰孟轲死，千岁无真儒，何也？不知用力于此，而溺于训诂词章之习；故虽专门名家，而不足以为学，皓首穷经而不足以知道，儒者之罪人耳。近世学者，忠恕之旨，不待呼而后唯，性与天道，岂必老而始闻。然出口入耳，其蔽益滋，则又秦汉以来诸儒之罪人。"在《与汪真卿书》说："近时学者，未知本领所在，先立异同。宗朱则毁陆，党陆则非朱，此等皆是学术风俗之坏，殊非好气象也。陆子静高明不及明道，缜密不及晦庵，然其简易光明之说，亦非始为无见之言也。故其徒传之久远，施于政事，卓然可观，而无颓坠不振之习。但其教尽是略下工夫，而无先后之序，而其所见又不免有知者过之之失，故以之自修虽有余，而学之者有弊，学者自当学朱子之学，然亦不必谤象山也。"在《送葛子熙序》有说："陆子之质高明，故好简易。朱子之质笃实，故好邃密。各因其质之所近，故所入之途不同。及其至也，仁义道德，岂有不同者？同尊周孔，同排佛老，大本达道，岂有不同者？后之学者，不求其所以同，惟求其所以异。……朱子之说，教人为学之常也。陆子之说，才高独得之妙也。二家之说，又各不能无弊。陆氏之学，其流弊也，如释子之谈空说妙，工于卤莽灭裂，而不能尽夫致知之功。朱子之学，其流弊也，如俗儒之寻行数墨，至于颓隋萎靡，而无以收其力行之效。然岂二先生垂教之罪哉？盖学者之流弊耳。"从上引说而观，郑玉之学，亦属于调和朱陆之一派也。

第十六节　元代之文学

蒙古原无文字，假畏兀儿文字及汉字以济其用，及世祖时喇嘛八思巴始制蒙古文字，故元对于中国前代文学虽有传承，而普通则采用蒙古语及蒙古文，中国的语言文学非其所注重，然其间有可以称为一代文豪之人。（甲）文与诗。宋的宗族仕于元的赵孟頫，字子昂者，不独能书画，而诗文亦复清迥奇绝，开有元文学的气运。次有虞集、杨载、范梈、揭傒斯四大家，而文运乃益宏。虞集字伯生，号道园，学问洽博，称一代文宗，他的散文以健利著，诗亦栩栩有生气。杨载字仲弘，其诗取材于汉魏，取音节于唐，以风雅称，然稍逊虞集等三人。范梈字亨父，为人清癯不胜衣，为诗一如其人。揭傒斯字曼硕，著述较多，曾为辽、金、宋史总裁，散文叙事严密，诗清丽婉转，神骨秀削，体裁尤备，此种文学作品，大都与西人所谓古典主义相近。四家之前，尚有马祖常以散文著，四家以后，有张翥，诗流丽清婉，工于乐府。萨都剌诗与张翥相似，而富于言情，大都为感时之作，当时有诗史之目。中叶以后，有吴莱与黄潜、柳贯，并以古文家名。杨维桢字廉父，号铁崖，为元代诗人之殿。他的友人李孝先、张羽、倪瓒、顾瑛之诗文亦著名。（乙）词。元代的词人较多，婉约派有仇远、张雨、赵雍、张翥诸人，豪放派有萨都剌诸人，闲适派有刘因、倪瓒、释中峰诸人。元代的词受了曲的影响，质朴者居多，宋代闲适派词，在元代有很大的发展。（丙）戏曲。元曲为一代特色，有人说，可与周诗、楚骚、汉赋、六朝五言、三唐近体、宋词并论。元之剧本，有明钟继先的《录鬼簿》，及涵虚子的《目录》，王国维《曲录》所举亦多。近董康辑《乐府考略》，所辑近八百余种，其中杂有明清作品，然以元人所作为多，至少亦有五六百种（参阅《辽金元文学》二五页）。元代戏曲中有北曲、南曲之分，北曲结构，全部都是分成四折，所谓折就是现在所谓幕、南剧所谓出的意思；有的时候在四折之外，又加上楔子。这简单的剧本后来渐渐使人不能满意，因为每种剧本只限四折，在剧情简短的时候，原可以适用，及采取长的故事为题材时，不足适用，于是后起的南曲（或谓之传奇），便把这些北曲的成例推翻。在南曲里无论哪一个角色，都可以唱，且每折不限定一调一韵；四折制限既被打破，楔子当然可以不用；而北曲题目正名由司唱者唱，南曲则改为上下场时由演者唱。因此南曲比北曲，在戏曲上有许多的进步。南曲的出数，大都有三十至五十之数；如《琵琶记》有四十二出，《幽闺记》有四十出，《荆钗记》有四十八出。自南曲打破了北曲的成规之后，北曲的作家不复坚守以前的规例，当戏曲的结构进步到完美的时候，戏曲的文辞却又由本色的新鲜的活泼的，而渐被文人粉饰，成了非民众的失真趣的文艺作品（参阅陈冠同编《中国文学史大纲》一四一页）。元代戏曲的艺术，是那时伟大的作品，南宋文物凋零，人才殆尽，忽而从北方朔漠来了一种尚武的蒙古民族占据中原，对于中国文化，始而反抗，继而摧残。当时有九儒十丐之目，文人最不见重视，在朝台省元臣及郡邑正官重要之职，中州人多不得为之，所以有用之才，一寓于歌声之末，以抒其抑郁感慨之怀，所谓不得其平而鸣，正是一切伟大文艺作品产生的张本。有人说元人以杂剧取士，经此奖励，致有此进步，李渔在《笠翁偶集》中说及："元有天下，非特政刑礼乐，一无可宗，即语言文字之末，图书翰墨之微，亦少概见。使非崇尚词曲，得《琵琶》、《西厢》以及《元人百种》诸书，传于后代，则当日之元，亦与五代、金、辽同其泯灭，焉能附三朝骥尾，而挂学士文人之齿颊哉。"元代的戏曲作家，见于钟嗣成的《录鬼簿》者，凡一百十七人，在这百十余的作家中，最有名者，为第一期的关汉卿、马致远、白朴、王实甫，及第二期的郑光祖、乔吉甫，世称之为六大家。兹分叙如下：（1）关汉卿。关汉卿大都人，金末以解贡于乡，后为大医院尹，著作甚富，见于《录鬼簿》者，多至六十三种，今仅存《玉镜台》、《谢天香》、《金线池》、《窦娥冤》、《鲁斋郎》、《救风尘》、《蝴蝶梦》、《望江亭》、《西蜀月》、《拜月亭》、《单刀会》、《调风月》、《续西厢》十三种，而以《窦娥冤》为最著名。《窦娥冤》连楔子共五折，内叙张驴儿欲毒死蔡婆，强将她的媳妇窦娥做妻子，不料被他的父亲误吃而死，驴儿强指系窦娥下药毒死的，告官将她定了死罪。第三折叙窦娥被杀的情景，叙写得极凄苦缠绵动人。（2）王实甫。王实甫大都人，他所作剧本凡十四种，存于今者，仅《丽堂春》、《西厢记》二种。按实甫《丽堂春》杂剧，系谱金完颜事，剧末以颂祷章宗作结，则此剧之作尚在金世，他是由金入元者。《西厢》戏曲，正音谱批评说："铺叙委婉，深得骚人之趣，极有佳句，如玉环之出浴华池，绿珠之采莲洛浦。"实甫以《西厢记》得名，《西厢记》词藻纷披，风光旖旎，其妍丽艳冶，颇类南曲；至其结构之严密，点缀之有趣，描写人物之富于个性，均卓越其他戏曲作家。明人对于《西厢》评点之者，有徐文长、汪然明、李卓吾、李日华、金圣叹等，以金圣叹之评点，为著盛誉。圣叹尝欲取《庄子》、《离骚》、《史记》、《杜诗》、《水浒传》，合《西厢记》为才子书六部，批点而刻行之。《西厢》为流传最广之作品，共分四本，十六折，第一本，为张君瑞闹道场；第二本，为崔莺夜听琴；第三本，为张君瑞害相思；第四本，为草桥店梦莺莺；全剧充满诗意的描写，在各支曲里，可以找到甚好的抒情诗。（3）马致远。马致远号东篱，大都人，所作曲十四种，今传《汉宫秋》、《荐福碑》、《岳阳楼》、《黄粱梦》、《青衫泪》、《陈抟高卧》、《任风子》七种。他看破了人间名利，喜叙神仙奇迹，如《岳阳楼》、《黄粱梦》、《任风子》，这是与关王二人不同的一点。他的作品的风格，甚潇洒自然，正音谱评他的曲如朝阳鸣凤。《汉宫秋》是诸剧的代表，叙汉元帝美姬昭君远嫁匈奴故事，写得极缠绵动人，此剧于一八二九年由英人大卫斯（Davis）译为英文。第三折《梅花落》，写元帝送昭君回宫，声调激越，为最有名。（4）白朴。白朴字仁甫，后改字太素，真定人。其平生据元《博文天籁集》序，较关王为可考。所作杂剧有十七种，今存二种。《梧桐雨》为历史剧，根据唐陈鸿《长恨歌传》而作，清洪昉思《长生殿》颇有袭其文句处。此剧写唐明皇梦中见贵妃，忽被梧桐雨声惊醒，于悲叹声中结束全剧，有悲剧意义。《墙头马上》是叙斐少俊和李千金恋爱史，是一篇喜剧。（5）乔吉甫。乔吉甫字梦符，太原人，号笙鹤，又号惺惺道人。旅居杭州，擅长小令。作曲十一种，今存三种，《金钱记》是叙韩翃的恋爱故事。《扬州梦》是叙杜牧的恋爱故事。《玉箫女》是叙韩玉箫的恋爱故事。（6）郑光祖。郑光祖字德辉，平阳襄陵人，曾为杭州路吏。其所作以俳谐为多，是一位喜剧家；所撰曲有十九种，存者有《倩女离魂》、《王灿登楼》、《㑇梅香》、《周公摄政》四种。《倩女离魂》叙倩女与王文举相恋，魂离躯壳，偕他同去的事。《王灿登楼》叙王灿辞母出游，所至不遇，登楼而思故乡，最后做了大官与母重聚的事。《周公摄政》叙周公辅成王的故事。《㑇梅香》叙白敏中与斐度女小蛮相恋，由樊素传信，全剧结构有似《西厢》。其他戏曲作家，尚有杨显之、张国宾、郑廷玉、李文蔚、吴昌龄、武汉臣、王仲文、李寿卿、尚仲贤、石君宝、纪君祥、孟汉卿、孙仲章、杨梓、宫天挺、金仁杰等多人。元代确是一个戏曲进步的时期，他们所作的戏曲，于社会人生的方面，有细密观察的描写。那时中国民族受了异族的征服压迫，过去的历史伤痕，都成了骚人墨客寂静无聊中的刺激，他们已不敢树起堂堂之阵作正面的攻击，惟有隐隐约约，在暗中发泄他感叹的情绪于歌曲的方面啊！此外元曲之《琵琶记》，为元末高东嘉名则诚者所著，叙孝妇贞妻之行路难，全篇趣向，比之《西厢》较为复杂。毛声山尝评《琵琶记》与《西厢记》说："王实甫之《西厢》，其好色而不淫者乎？高东嘉之《琵琶》，其怨诽而不乱者乎？《西厢》近于风，而《琵琶》近于雅。《琵琶》之胜于《西厢》有二：一曰情胜，二曰文胜。《西厢》之情，则佳人才子，花前月下，私期密约之情也；《琵琶》之情，则孝子贤妻，敦伦重谊，缠绵悱恻之情也，是《琵琶》之情胜于《西厢》处也。《西厢》妙文，《琵琶》亦妙文，然《西厢》之文，往往杂用方言土语，而《琵琶》无之，是《琵琶》之文胜于《西厢》处也。"可见是书在元曲的价值。（丁）小说。元人入主中原后，韵文流为戏曲，散文流为小说；白话章回的长篇小说一出，小说界遂另开新局面。我国小说，至于元代始行发展，一洗从前积习，盖其文辞则全用俗语，其体例则变为章回，为长篇有系统之记事，非如从前之短篇杂记，以一章一节取胜。自唐人创为传奇之后，短篇小说已立其基础，宋时《太平广记》都是晋唐以来的短篇小说，其可称为长篇的章回小说，一为大唐《三藏取经诗话》，流传入于日本；二为《宣和遗事》，此书之第四节叙梁山泺聚义本末，为元代《水浒传》之祖。元之小说有名者《水浒传》及《三国演义》，加以《西厢》、《琵琶》，称四大奇书，后世又与《西游记》、《金瓶梅》并称，称中国小说四大奇书。（1）《水浒传》。此书作者，所传各异，胡应麟《庄岳委谈》说："今世传街谈巷语，有所谓演义者，盖尤在传奇杂剧下，然元人武林施某（即施耐庵）所编《水浒传》，特为盛行，世率以其凿空无据，要不尽然也。余偶阅一小说序，称施某尝入市肆，绁阅故事于敝楮中，得宋张叔夜擒贼招谕一通，备悉其一百八人所自起，因润饰成此篇，其门人罗某亦效之为《三国志》，绝浅鄙可嗤也。郎瑛谓此书及《三国志》并罗贯中撰，大谬，二书浅深工拙，若霄壤之悬，讵有出一手之理，世传施号耐庵，名字竟不可考。"王圻之《续文献通考》，则以《水浒传》为罗贯字本中者所著；李卓吾本之《水浒传》，题施耐庵集撰，罗贯中纂修，则《水浒传》又为两人合作之本；金圣叹于《水浒传》第七十回之批评，则以施耐庵作而罗贯中为之续；胡适最初考证，不信元代能产生《水浒传》，后来他的《水浒传后考》，把《水浒传》原本的著作权，给了罗贯中。大约元代草创本子曾经过好些人删改，原本是罗贯中与施耐庵合作的。《水浒传》叙宋江等人的故事，记这类故事的，前有宋之《宣和遗事》，元剧之《黑旋风李逵》、《武松打虎》等，可见当时这种断片的传说甚多。他们以燃犀之眼光，挥如椽之大笔，综合诸种之传闻，成此快文，不独在中国小说界首屈一指，且亦蜚声世界文坛。《水浒传》之行于世者有二种：一为百二十回本，一为七十回本；前者为李卓吾之《忠义水浒传》，后者为金圣叹《第五才子书》前七十回，叙天罡星三十六员，地煞星七十二员，合百八人之豪杰，而述其离散集合之迹，以会于梁山泊为止，专写豪壮快活的方面；后半则述宋江等应招谕，改节出仕之始末，北伐契丹，南征方腊，虽立大功，而多数豪杰，咸丧于此役，有病死者，有出家者，有辞官者，有逃海外者，当年豪杰，竟至四散，而副统领卢俊义，统领宋江等，相继毙于谗人之毒手，专写其末路凄怆的方面，因此金圣叹取前半部而舍后半部，以第七十回梁山泊英气惊恶梦为结局。(2)《三国志》。《三国志演义》是通俗性最大的小说，《三国志》共一百二十回，回分上下，得二百四十卷。起于汉灵帝中平元年，终于晋武帝太康元年，首尾共有九十七年(184—280)，事实皆排比陈寿《三国志》及裴松之注，间采稗史，及杂以臆说而成，此书为文言的，其中亦杂以白话，胡应麟说"《三国演义》绝浅陋可嗤"，但历史小说要顾全事实，本不易写，其中《三顾草庐》、《火烧赤壁》等几段文字，具有精采，实为战史之创局。此书相传为罗贯中所作，《七修类稿》说："《三国》、《宋江》二书，乃杭人罗本贯中所编。"其内容根据事实，不是凭空构想，有时或不免露窘态，而作者之苦心经营可以窥见的。就以上所引述，元代文学之见重于世，别开一新生面者，实为戏曲小说也。

第三章 明代之文化

第一节 明代之政治社会

蒙古是一种文化较低的民族。他们统治中国后,用高压的政策,以待遇汉人,不知接受中国的文化,以王道政策待遇汉人,又因入中国之后,政治权利享用的丰裕,渐次腐化起来,失却犷悍的性质,所以给汉族有革命恢复的机会。元朝传至顺帝妥欢帖木儿,国势遂危险了,财政混乱,物价昂贵,国家经济走到绝境,但是元顺帝昏庸,日纵淫乐,置国事于不问,一般哈麻、雪雪、朴不花的蒙古大臣就乘机弄权,制造乱源,大都地方饥疫发生,民有父子相食者(见《历代通鉴辑览》卷九十九)。在此民不聊生的状态中,促起汉族的革命运动。民国纪元前五六四年,黄岩(今浙江省黄岩县)人方国珍起兵入海,劫掠漕运,白莲教韩生童的徒党颍州(今安徽省阜阳县)人刘福通起兵安丰(今安徽省寿县),萧县(今江苏萧县)人李二起兵徐州,罗田(今湖北省罗田县)人徐寿辉起兵蕲州(今湖北省蕲水县),定远(今安徽省定远县)人郭子兴起兵濠州(今安徽省凤阳县),泰州(今江苏省泰县)人张士诚起兵高邮(今江苏省高邮县),东南一带,元朝的统治大为动摇,成为四分五裂的形势。在此时濠州人朱元璋(字国瑞)起兵据滁州和州,不久郭子兴死,部下归朱元璋,朱元璋乃渡江取采石,乘胜占太平,建元帅府(采石在今安徽省当涂县西北二十里,元太平路治今安徽省当涂县），又率诸军进取集庆至江宁镇（今南京），破陈兆先营擒之，尽降其众，元璋入城，召官吏父老谕之说："我来为民除乱耳，其各安堵如故，旧政不便者除之。"民大喜，遂改集庆路为应天府，遣徐达侵镇江，邓愈侵广德，皆陷落。时陈友谅据江西湖广建汉国，朱元璋击败之，退至武昌，乘胜取江州（今江苏省九江县），占兴隆路（今江西省南昌县），改为洪都府，陈友谅复倾全力来攻，大败于鄱阳湖，于是江西湖广尽归朱元璋所有。继亲征武昌，消灭陈友谅之余部；征松江、常州、湖州一带，消灭张士诚之余部；征庆元（今浙江省鄞县），消灭方国珍之余部；根据各部，成为反抗元朝唯一的势力。民国纪元前五百四十五年，朱元璋派兵二十五万，分道北伐，遂据山东、河南，复由济南、开封会师德州，直入通州（德州今山东省德县，通州今河北省通县）。元顺帝得讯，带领后妃太子等出居庸关北走，朱元璋遂在应天府即皇帝位，改国号为明，称太祖高皇帝。明太祖既定天下，就实施封建政策，分封诸子于要地，各设傅相官属，体制甚隆，各地方设护卫兵，少者三千余人，多者万九千余人，籍隶兵部，冕服车旅邸第，下天子一等，惟列爵而不临民，分藩而不锡土，与周汉封国稍异；然诸王每奉诏征伐，虽元勋宿将，咸秉节制，故其权仍至重。元璋有子二十六人，太子标外，惟皇子楠未封，其余俱有封国。天下既定，太祖尝思世治宜用文士，但他生性猜忌，屡起文字的惨狱，且待遇功臣又非常的残酷，屡起大疑狱，诛杀宿将；蓝玉、傅友德、冯胜等一班开国元勋，差不多斩除净尽，所以一传之后，朝廷中已没有什么知兵的人。太祖之太子名标早卒，立其子允炆为太孙，及卒，允炆继立是为惠帝。惠帝怕诸藩跋扈，曾用齐泰、黄子澄之谋，以法绳诸王，诸王多以罪废死，燕王棣就举兵反，叫做靖难兵，直犯南京，宫中火起，惠帝不知所终。燕王棣即位，是为成祖，改北平为顺天，遂迁都，而以应天为南京。是时政事整饬，百司咸治，加以躬行节俭，雄武之略，同符太祖，故其末年，威德遐被，四方宾服，受命入贡者三十国，幅员之广，几同汉唐。惟成祖夺取皇位时，得宦官的援助，所以即位之后，便信任宦官，挑选翰林入宫教宦官，设京营提督，使宦官作监军，又立东厂，委任宦官作政治侦探，并使宦官出使外国，于是宦官在政治上得了优异的地位，有军权和特种司法权，可以任情作威作福。成祖在位二十二年卒，太子高炽立，是为仁宗。仁宗在位一年，用人行政，颇有可称，未久即没，太子瞻基立，是为宣宗。仁宗高炽之弟高煦恃战功，骄横特甚，拥部属王斌等以叛，事觉相继诛；其时宦官仍专横，乃开书堂于内府，选翰林官四人教习以为常，自是宦官揽权专政，其害益烈。宣宗在位十年，以疾没。子祁镇立，是为英宗，宠用宦官王振，势焰异常盛张，英宗被瓦剌兵掳去，也是误听王振之计，轻易出塞亲征的缘故。英宗死，宪宗见深立，宠信宦官汪直，于东厂之外，别立西厂，使汪直主管其事。汪直便倚仗势力，派人四出访察，屡兴大狱，无赖校尉满布民间，流毒愈广，后虽废西厂，杀汪直，但所信任的仍是宦官梁芳等一班小人。宪宗死，孝宗祐樘立，在位时，杀梁芳等一班小人，政治尚属清明。孝宗死，武宗厚照立，宠信宦官刘瑾，于东西厂之外，另立一个内厂，使刘瑾管理其事，刘瑾专横无忌，后被人告发，得罪而死。时武宗出游宣府、大同、延绥、西安、太原等地，宁王宸濠乘机反于南昌，陷南康、九江，东攻安庆，幸而王守仁起兵赣南，攻其后，仅三十五日而平。武宗死后，世宗厚熜继立。世宗很迷信神仙，从事斋醮，一切政治都置诸不问，大学士严嵩便利用他这个弱点，往往故意激怒世宗，乘机陷害他人，且时蒙蔽世宗，大权独揽。民国纪元前三百六十二年俺答侵入中国，直逼京师，严嵩戒诸将勿战，于是虏兵纵横内地八日，饱掠而去，连年外族侵扰，内部政治腐败，明朝的元气从此大伤。世宗崩，穆宗载垕立，高拱、张居正相继为相，革除世宗弊政，高拱用戚继光守蓟镇，李成梁守辽东，东北边防因而安靖。穆宗死，神宗翊钧立，年方八岁，张居正辅政。神宗万历十九年（民国纪元前三二一年），日本的将丰臣秀吉贻书朝鲜，叫朝鲜人替他做向导去伐明。这时候朝鲜分为东西二党,西党说日本一定要来侵犯的,东党则竭力反对,朝鲜宣祖信东党,不设备。丰臣秀吉派小西行长带兵二十万攻朝鲜,从釜山登岸,直逼京城,朝鲜兵大败,告急于明。明朝以宋应昌为经略,李如松为东征提督,率兵往援,如松战于平壤大捷,尽复汉江以北之地,旋又轻进遇伏,大败于碧蹄馆(在坡州之南)。日本于平壤一战,晓得明兵非朝鲜兵可比,士气颇为沮丧,乃退军庆尚道;明朝从碧蹄馆一败,觉得用兵没有把握,于是抚议复起,拟封秀吉为日本国王。秀吉不受,反遣清正行长再发兵十四万去攻朝鲜,神宗大怒,发兵救朝鲜,相持一年,丰臣秀吉死了,日本兵才退回去。外患既然如此,而神宗对于政事日益荒怠,政治界发生杂乱的现象,其时在野的顾宪成等讲学于无锡东林书院,往往议论时事,批评人物,名流附和他们的很多,东林之名,盛极一时。后孙丕扬、邹元标、赵南星等,相继在东林书院讲学,都是自负气节,对于不相投合的人,便尽力攻击,反对他们的人,就连结排击东林党人,以快心报复为能事,成了互相对立的形势。神宗死,光宗常洛即位,不到一年便殁,熹宗由校继立,信用宦官魏忠贤,浊乱朝政,非东林党人勾结魏忠贤以为恶,先后把东林党人有名的杨涟、左光斗、魏大中、周朝瑞、袁纪中、顾大章、高攀龙、周瑞昌、周起元、缪昌期、李应昇、周宗建等十二人逮捕杀害,并禁止东林党人的活动。东林党既被压倒,恶势力遍布国中,直到熹宗死后,毅宗由检即位,才把魏忠贤除掉,然而明朝的国事至那时已无可收拾了。明之边事即不可为,而内政亦多腐败,加以天灾流行,赋敛繁重,岁征辽饷六百六十万,又立剿饷练饷之名,共增赋一千六百六十万,竭中国之军饷,大半用之于关东的兵事,而西北饥荒,又继之而作,群起为盗,而流寇之乱以兴。初陕西大饥,延绥缺饷,固原兵劫州库,于是府谷王嘉允等一时并起,安塞马贼高迎祥(李自成之舅)自称闯王,自成聚众依之,号闯将;延安张献忠亦据十八寨,号八大王,其势日甚,蔓延山西,继陷河南诸州,南下走湖广;自成于诸寇中尤狡强,别将一军以侵各地。

明廷以流寇势炽，诏洪承畴进讨，一将之力不能顾及，乃擢卢象升督江北诸省军务，分当剿寇之任。诸寇降死殆尽，惟李自成与张献忠存，而自成在襄阳尤强硬。民国纪元前二百六十八年（崇祯十七年，清世祖福临顺治元年），自成于西安改国号曰顺，寻陷太原、真定、宁武关，逼京师，太监曹化淳启彰义门纳之。毅宗命后妃自尽，自登煤山缢山亭以殁；大学士范景文以下死者数十人，继此乃有吴三桂乞师清廷入关讨寇之事。毅宗殉国前一年，清太宗死，世祖立，年方六岁。郑亲王济尔哈朗、睿亲王多尔衮同摄国政，乃合吴三桂兵共击李自成，大破之。自成逃到永平，清兵追逐入关，自成向西逃走，仍回到西安。多尔衮入京，清世祖就迁都关内。清朝当打破李自成之后，肃亲王豪格和都统叶臣就分兵攻下河南、山东、山西；世祖入关之后，又命英亲王阿济格带着吴三桂、尚可喜从大同边外攻榆延；豫亲王多铎和孔有德攻潼关；李自成从蓝田走武关，清兵入西安，阿济格一支兵追李自成至湖北，自成在通城县为乡民所杀。多铎一支兵攻江南，陷归德、扬州、南京、杭州等地，继平定各路，明之统治权遂移转于满洲。明自太祖元璋，至毅宗由检，李自成陷北京，凡传十六主，历二百七十五年；其后唐王、福王、桂王继立，又十六年，共十九主，凡二百九十一年而亡。考明代所以亡的原因：（一）将帅之弃节事仇；（二）有良将如熊廷弼、袁崇焕、孙承宗等而不能信用；（三）流寇的蜂起而不能震慑；（四）党祸的倾轧而不能消除；（五）政治的黑暗而不能清明（参阅商务版拙著《中国近代政治史》二二页）。有此数因，内忧外患，交迫而起，异族遂易以侵进中国，而统揽政权了。

第二节　明代之社会风习

明代风俗习惯之可考者如下：（一）衣服。洪武二十六年，禁官民步卒人等服对襟衣,惟骑马许服,以便于乘马故也,其不应服而服者罪之;明末之罩甲,即对襟衣也。《戒庵漫笔》说:"罩甲之制,比甲稍长,比袄稍短,正德间创自武宗,明末士大夫有服者。"《豫章漫钞》说:"今人所戴小帽,以六瓣合缝,下缀以檐如筒,阎宪副闳谓予言,亦太祖所制,若曰六合一统云尔。杨维桢廉夫以方巾见,太祖问其制,对曰:四方平定巾。上喜,令士人皆得戴之。"《太康县志》说:"国初时衣衫褶,前七后八,弘治(孝宗纪元)间,上长下短,褶多,正德(武宗纪元)初,上短,下长三分之一,士夫多中停冠,则平顶高尺余,士夫不减八九寸。嘉靖(世宗纪元)初,服上长下短,似弘治时。市井少年帽尖长,俗云边鼓帽。弘治间,妇女衣衫仅掩裙腰,富者用罗缎纱绢,织金彩通袖,裙用金彩膝襕,髻高寸余。正德间,衣衫渐大,裙褶渐多,衫惟用金彩补子,髻渐高。嘉靖初,衣衫大至膝,裙短褶少,髻高如官帽,皆铁丝胎,高六七寸,口周四尺二三寸余。"《内丘县志》说:"万历(神宗纪元)初,童子发长,犹总角,年二十余始戴网。天启(熹宗纪元)间,则十五六便戴网,不使有总角之仪矣。万历初,庶民穿膆靸,儒生穿双脸鞋,非乡先生首戴忠靖冠者,不得穿边云头履(原注:俗云朝鞋),至今日而门快舆皂,无非云履,医卜星相,莫不方巾。"据此,可以知当时衣服的习尚。(二)婚姻。明太祖在位时,令凡民间嫁娶,并依《朱子家礼》而行;又令男女婚姻,各有其时,或有指腹割衫襟为亲者,并行禁止。关于人民婚姻有所规定者如下:(1)禁财婚。明太祖洪武五年下诏:"古之婚礼,结两姓之好以重人伦;近代以来,专论聘财,习染奢侈,宜令中书省,集议定制,颁行遵守,务在崇尚节俭,以厚风俗,违者论罪如律。"(2)限丧婚。孝宗弘治二年下令:"有讦告服内成婚者,如亲病已危,从尊长主婚,招婿纳妇,罪止坐主婚,免离异;若亲死,虽未成服,辄婚配,仍依律断离异。"(3)订婚制。世宗嘉靖八年,题准士庶昏礼,如问名纳吉,不行既久,止仿家礼纳采纳币亲迎等礼行之,所有仪物,二家俱无过求,凡此足见当时风习之一斑。

（三）死丧。明代品官丧礼,载在《集礼会典》者,本之《仪礼》,士丧稽诸《唐典》,又参以《朱子家礼》之编,通行共晓;凡初终之礼,疾病迁以正寝,属纩俟绝气乃哭。复于正寝立丧主,主妇护丧,以子孙贤能者为之,治棺,讣告于亲戚僚友,设尸床帷堂,掘坎设沐具,沐者四人,六品以下三人,乃含置虚座,结魂帛,立铭旌。丧之明日乃小敛,又明日乃大敛,又明日,五服之人,各服其服然后朝哭相吊,既成服,朝夕奠百日而卒哭,乃择地,三月而葬。（见王鸿绪《明史稿·礼》十四）。此亦可见规定礼节之繁。丧中佛事,宋以后盛行,明代定律,凡居丧之家修斋设醮,若男女混杂,饮酒食肉者,家长杖八十,僧道同罪还俗,而方孝孺曾批评当时的风俗说:"丧用浮屠之术,亲殁于床,不于礼而于浮屠,不哭泣擗踊而于钟磬铙钹,非是之务,则人交笑以为简。"流弊之积重难返,一至于此。火葬在宋时盛行,明仍不改,又有所谓水葬者。苏州丧葬之家置酒留客,若有嘉宾,丧车之前,彩亭绣帐,炫耀道涂,聊夸市童。河南磁州等地,人死则举尸瘗室中,虔修佛事,临淄自古为都会,承富庶之风,陵冢隆阜,葬埋皆奢,卒致后来发掘之祸。（四）巫觋。《上杭县志》说:"汀俗夙称尚鬼而杭邑巫觋装魔设醮,建坛郊外,金鼓达旦,名为做大翻,如是者三日夜,男女喧阗,群趋坛所,妇女之不孕者惑其说,解袇服付巫者,名为斩煞,以煞去而身可孕也。知县蒋廷铨就坛所擒其为首者数人,其风始息。"（五）赌博。万历之末,士大夫无所用心,间有从事赌博者。明末朝士,若江南山东,几于无人不为,明律犯赌博者,文武官革职为民,但百人中未有一人坐罚者,上下相容而法不行故也。（六）拳搏。拳搏之字,见于《诗》与《春秋》（《诗》无拳无勇,《春秋》僖二十八年传：晋侯梦与楚子搏）,唐时谓之角觗,宋以来始谓之拳术。明洪武初,欧千斤以善搏,授太仓卫百户,后边澄、张松溪亦以拳术显。《宁波府志》说:"边澄闻少林寺僧以搏名天下,托身居炊下者三年,遂妙悟搏法。武宗正德间,倭人来贡,有善枪者,闻澄之名求一角,太守张津许之,召至遂胜,倒十余辈。张松溪善搏,师法张三峰,曾一胜少林僧。"可知当时社会间有尚武之风气。(七)养奴。明代买卖奴仆,是承元代的遗风。据《明史》上说:"太祖以李善长等有大功人,赐卒百二十人为从者曰奴军;及年还乡,流众卫之,俾屯戍以食,赐为铁册,给以印,时谓铁册军。"这铁册军,固然不像后来所说的奴仆,但也可以说是养奴的发端。在民间中有等受不起重税,有投靠富豪为奴者。明代的奴仆可分为二类:(1)是雇募,(2)是投靠。读书的人,只要得了科第,自然有人来投靠,所以一般士大夫阶级的人们,不但有家僮,且蓄歌僮。嘉隆间(世宗嘉靖、穆宗隆庆)松江何元朗蓄家僮习唱,一时优伶俱避舍,这在明代是司空见惯的事。然养奴既多,豪奴有欺主的行动,孙之𬳵《二申野录》卷八四月条注:"明季搢绅多收投靠,而世隶之邑几无王民矣。然主势一衰,跋扈而去,甚有反占主田产,坑主赀财,转献新贵有势,因而投牒兴讼者,有司亦惟力是视而已。物极必反,以是顾六等一呼,从者猬起,回忆情状,毛发悚然。"从这里也可以看见明代的风习了。

第三节 明代之农业

明朱元璋领导群众,把蒙古人统治政权推翻,使汉族沉沦于百年间之政治压迫,得以解放复兴。易代之际,干戈肆扰,闾里荒芜,故战争区域都成为人口少而荒地多的区域,如洪武三年(1370),知郑州苏琦上书说:"自辛卯(1351,元顺帝至正十一年)河南起兵,天下骚然;兼以元政衰微,将帅凌暴,十年之间,耕桑变为草莽,若不设法招徕耕种,以实中原,恐日久国用虚竭。为今之计,莫若计复业之民垦田外,其他荒芜土田,宜责诸守令召诱流移,未入籍之民,官给牛种,及时播种。除官种外,与之置仓,中分收受。守令正官,召诱户口有增、开田有成者,从巡历御史申举；若田不加辟，民不加多，则核其罪。"（见《续通考》二）顾炎武《日知录》卷十亦说："明初承元末大乱之后，山东河南多是无人地。"在河北各处，兵灾之后，有许多荒田，居民又鲜少，户部郎中刘九皋曾主张徙山东、山西之民往耕种。洪武六年，特谕中书省说："苏、松、嘉、湖、杭五郡，地狭民众，无地以耕，往往逐末利而民不给。临濠，朕故乡也，田多未辟，土有遗利，宜令五郡民无田者往开种。就以所种田为己业，给资粮牛种，复三年，验其丁力，计田给之，毋许兼并。又北方近城，地多不治，可召民耕，人给十五亩，蔬地二亩，有余力者不限顷亩。"在这垦田政策之下，自然开田有成，据《续通考》所说："自是每岁中书省奏天下垦田数，少者亩以千计，多者至二十余万亩。"对于垦田者，不加征租以奖励之，《日知录》卷十说："洪武中，诏有能开垦者，即为己业，永不起科。"《续通考》卷二说："官给牛及农具者，仍收其税；额外垦荒者，永不起科。"明代移民垦田之政策，在那时是有许多之成效的。明之屯田分军屯与民屯二种：军屯是为各地戍守的兵士，由政府给以耕地和耕牛粮种，使从事耕种。民屯中有一部是由农民耕种政府所拨给的官地，这拨给的官地多半是荒地，是在耕地过剩而人口稀少的地方，耕种的农民有许多是由他地迁徙来的，故这种垦田政策也可说是移民政策。《明史稿·食货一》说："以沙漠遗民三万二千八百余户屯田北平，置屯二百五十四，开地千三百四十三顷，复徙江南民十四万于凤阳（《通考》说徙山西真定民无产者屯田凤阳），户部郎中刘九皋言：古狭乡之民，听迁之宽乡，欲地无遗利，人无失业也。太祖采其议，迁山西泽潞民于河北，后屡徙浙西及山西民于滁、和、北平、山东、河南，又徙山东他郡民于东兖，又徙直隶、浙江民二万户于京师。"可见当时的屯田是一种重要的移民政策。明时的屯田，所占当时全国耕地中非常大的面积，据《通考》载："按弘治（孝宗纪元）土田之数，《万历会计录》云：六百二十二万八千五十八顷八十一亩零，比洪武原额多二百二十七万九千五百六十四顷八十七亩，万历(神宗纪元)时,通行丈量后,总计田七百一万三千九百七十六顷,比弘治增七十八万五千九百一十七顷,三十六亩零。考世宗时,霍韬疏云:洪武十四年,天下土田八百四十九万六千顷有奇,弘治十五年,存额四百二十二万八千顷有奇,失额四百二十六万八千顷有奇。是额田存者半,失者半,而湖广、河南、广东失额尤多,非拨给于藩府,则欺隐于猾民,委弃于寇贼矣。"明时全国耕地面积,至末年崇祯时,尚有七百八十三万七千五百二十四亩零,这个统计数目见之《通考》,前后相差如此之远,是难以相信的。大概明代全国耕地总面积,亦有七百万顷左右,而当时屯田所占的数目,据《明史》卷七十七载:"万历时计屯田之数六十四万四千余顷,视洪武时亏二十四万九千余顷。"考明时各处屯田的机关,如锦衣等四十五卫,并后军都督府、南京锦衣等四十二卫,中都留守司,并所属卫及皇陵卫,北直隶卫所、大宁都司卫所,浙江、湖广、河南、江西、陕西、广西、山东、辽东、山西行都司,广东、四川都司及行都司,福建、云南、贵州等,屯田总数合计九十一万多顷,在全国整个耕地面积中,这个数目也不算少了。

明时的耕地除屯田占着很大的面积外,尚有被政府所占有的土地,以政府为地主是自明代始,当时之皇庄官庄,不独占着广大的面积,且占着肥沃的耕地,酿成农民深刻的痛苦(参阅拙著《中国近代经济史纲》一八页,张霄鸣著《中国历代耕地问题》二二六页),《明史》卷七十七载:"明时草场,颇多占夺民业,而为民厉者莫如皇庄,及诸王勋戚中官庄田为甚。太祖赐勋臣公侯丞相以下庄田,多者百顷,亲王庄田千顷,又赐公侯暨武臣公田,又赐百官公田,以其租入充禄,指挥没于阵者,皆赐公田。勋臣庄田,多倚威扦禁,帝召诸臣,戒谕之。其后公侯复岁禄,归赐田于官。仁宣之世,乞请渐广,大臣亦得请没官庄舍……英宗时,诸王外戚中官所在占官私田,或反诬民占,请案治,比案问得实,帝命还之民者非一,乃下诏禁夺民田,及奏请畿内地。然权贵宗室庄田坟茔,或赐或请,不可胜计；复辟后，御马太监刘顺进苏州草场，进献由此始。宦官之田，则自尹奉喜宁始，初洪熙时，有仁寿宫庄，其后又有清宁未央宫庄；天顺（英宗纪元）三年，以诸王未出阁，供用浩繁，立东宫德王、秀王庄田，二王之藩地仍归官。宪宗即位，以没入曹吉祥地为宫中庄田，皇庄之名由此始。其后庄田遍郡县，给事中齐庄言：天子以四海为家，何必置立庄田与贫民较利，弗听。弘治二年，户部尚书李敏等以灾异上言：畿内皇庄有五，共地万二千八百余顷，勋戚中官庄田三百三十有二，共地三万三千余顷，管庄官校招集群小，称庄头伴当，占地土，敛财物，污妇女，稍与分辨，辄被诬奏官校执缚，举家惊惶，民心伤痛入骨，灾异所由生。乞革去管庄之人，付小民耕种，亩征银三分，充各宫用度。帝命戒饬庄户。"据俄国沙发诺夫于其所著《中国社会发展史》的引证说："明代第一次建设了皇室的农庄基础，系建立于一四六四年，适值一个宦官的土地被没收之后，官僚们因事犯罪，其财产往往被没收，而变为皇帝的私有财产，土地和一切的不动产都以皇帝的名义，依所估定价目卖给民间，但是自此以后，就决定没收的土地不出卖，而只建立皇庄，所出的税收则供给宫廷的管理人及皇帝个人的支出。皇庄共有三十六所，土地共计三七五九五顷，结果皇帝的土地增加了很多。每一个皇庄，有一个监督和一个经理，他们经常认人民的土地是空地，应该归并到皇庄来，这种意见竟成为事实，久而久之，皇庄的土地比较固有的增多了。在另一个皇庄之中，强占人民的土地，占了十分之九，最后地税又加之附近的居民。此外他们还有别的国税，与这些农庄同时成立的还有商店。"皇庄之外尚有官庄，皇庄是直接属于皇帝及后妃的，官庄是卖与或给与贵族官僚的，这等皇庄官庄，占着不少的面积，他的耕地又是很肥沃的。世宗初，给事中夏言等清核皇田，极言皇庄为厉于民，自是正德以来，投献侵牟之地，颇有给还民者，而官戚辈中复加以阻挠。明代土地制度之所以混乱，皇庄官庄之外，奏献乞地亦其一因：（1）奏乞。如外戚锦衣指挥周或求武强武邑田六百余顷；翊圣夫人刘氏求通州武清地三百余顷，下诏皆许。国家以土地酬庸勋旧，而勋旧亦假势以请乞土地，人民耕地之受剥削可知了。（2）投献。小民之田既常为富豪大族所诈取巧夺，而小地主有投靠朱门以求幸全，于是遂开投献之风。弊端既起，英宗时（1456—1464）特下令禁止："诸皇亲强占军民田者罪无赦，投献者戍边。"（见《明史》卷一百八十《李森传》）。所谓投献，是一部分投献已产于势家，以期豁免徭役；另一种之投献，在乎奸民夺人之田，献诸势家，以快私仇。非法侵夺人民之土地，明代曾加以限制，据《明会典》载："天顺（英宗）二年，敕皇亲公侯伯文武大臣，不许强占官民田地……之利，事发，坐以重罪，其家人及投托者，悉发边卫，永远充军。"明令虽然如此，而庄田侵夺民产之事，仍未减少。《明史》一九六《夏言传》："言偕御史樊继祖等出按庄田，悉夺还民产。劾中官赵瑄，建昌侯张延龄，疏凡七上。"疏凡七上，即证明法令没有切实执行。后来穆宗时又下一种限制庄田之政策，《明史》卷七十七载："穆宗（1567—1572）从御史王廷瞻言，复定世次递减之限，勋臣五世，限田二百顷，戚畹七百顷至七十顷有差。"《明会典》也有相同之记载："以后奏请庄田，乞定数目拨给，其年远勋戚行屯田，御史查自封爵之日为始，亲服已尽者，止留庄田百顷，或枝派已绝，或爵给已革，尽行追夺还官。又题准：元勋后裔，传派五世者，原议百顷之外，今再留一百顷，如系勋戚相半者，再留五十顷。"这种限制的办法是不彻底的，也是仍然保留着剥削的制度。

明代除皇族、贵族、官僚的庄田赐田占了广大的面积外，地主商人也是兼并了许多的耕地。《通考》载："丹徒丹阳二县，田没入江者，赋尚未除，国初蠲租之家，其田多并于富室。"成化（宪宗纪元）十年，定西侯蒋琬的奏疏中说："大同、宣府诸塞下，腴田无虑数十万，悉为豪右所占，畿内八府良田半属势家，细民失业。"赵瓯北《二十二史札记》卷三十四载："前明一代风气，不特地方有司横派私征，民不堪命，而缙绅居乡者，亦多倚威恃强,视细民为弱肉,上下相护,民无所控诉也。"弱肉强食,农民耕地之被剥削可知也。明成化时,因耕地为地主所兼并,农民失耕地者日多,成为社会严重的大问题,所以徐俊民主张限田均粮之制,他说:"合官民田为一,定上中下三则,起科以均粮,富人不得过千亩,听以百亩自给,其羡者则加输边税。"这种办法,一方面是以赋税来限制富人面积扩大,一方面是从赋租上减轻农民的剥削。又刘同升(明卢陵人,万历进士,官至应天府尹)之《限田均民议》说:"今天下民穷极矣,纵不能分田授屋,而坐视贪绅豪民,富商大贾,求田问舍而无所底止乎?则限田之法,可以仿而行之也。""夫豪者约之使俭,亦不肯俭;唯制于无可逞,则不约而自俭,必然之势也;而自此小民亦得有田以给朝夕,亦得有宅以树桑麻,亦得有布素以充衣服,亦得有妻子以养耆老,富者不得至于极富,贫者亦不至于极贫;天能生民,不能养民,王道补偏救弊,参天地而赞化育,岂无术以处此?政在养民,必自限田始矣。"限田之法如能付诸实行,可以杜绝兼并,惜当时竟成空谈而没有实现。

明代因有皇族、贵族、官僚、地主等之剥削农民和佃民,使农村社会受苦而无可控诉,致发生反抗运动者亦所常有,《明史》卷一百六十五《丁暄传》载:"沙县佃人邓茂七,素无赖,倡其党令毋馈,而田主自往受粟。田主诉于县,县令为甲长,益以气役属乡民。其俗,佃人输租外,则馈田主,逮茂七不赴,下巡检追摄,茂七杀弓兵数人。"于此可以见田主勾结官吏索纳陋规,鱼肉一般耕佃的农民,迫得他们没有路走,积愤所至,遂爆发而为反抗的暴动。

明代虽对于一般农民加以剥削压迫,但对于农业政策上,也颇注意到民食的问题。明太祖洪武初,曾出楮币二百万贯,诏行省各省耆民,运钞籴粮,于居民丛集处置仓。各州县东南西北四所,以备赈济,名预备仓。民家有余粟愿易钞者,许运赴仓交纳,依时价偿其值。官储粟而闭锁之,令富民守视,岁歉则散、秋成则还;其后州县充积,籴犹未已,恐因此病民,乃罢其籴粮。成祖永乐中,令天下府州县多设仓储,并将预备仓移置城内,其后渐废驰。宣宗即位,以预备仓储可以防饥窘,遂重申仓制,务存实惠,勿事虚伪。宣德三年,遣官巡视整理,令郡县修仓征收,以备荒歉。英宗正统六年,于谦疏请每岁三月令府州县报缺食下户,随分支给,俟秋成偿官,而免其老疾及负不能偿者。州县吏秩满当迁,预备粮有未足,不听离任,仍令风宪官以时稽察,下诏从之。宪宗成化六年,复开纳粟免考之例,以为敛集仓实,预备救荒之计。又定仓谷放支,概由州县官亲管,不许转委作弊。孝宗弘治三年,酌定各地积粮之数,并定考核解法。世宗嘉靖六年,令有司设法多积米谷以救荒,仍仿古人平籴常平之法,春间放赈贫民,秋成还官,不取其息。神宗万历五年,将州县积谷等差大为减小,得照地方难易,酌定上中下三等,上州县每岁以千石为准,多至二三千石;下州县以数百石为准,少或至百石,务求官民两便,经久可行,并定每年终,分别蓄积多寡为赏罚。但急功者剥民利己,赈贷之后,饥民有借止一石,或偿至十数石而不足;借止一年,或征至十数年而未休,下户细民,有宁卖子女流从,而不肯窥仓廪之门。故万历八年,曾有赈济谷数,即申报开销,不必复令饥民抵还。总明代灾荒救济办法如下:(1)截起运之漕米。(2)发内帑,开放皇庄田。(3)被灾处无储粟者,发旁县米赈之。(4)令富户蠲田户租,大户贷贫民粟,免其杂役为息,丰年偿之。(5)饥民还籍,给以口粮。(6)发仓米,平价出粜,多不过五斗。(7)预给俸粮,以减米价。(8)赈米,明初大口六斗,小口三斗,五岁以下不与,永乐后渐减其数。可知明代农业上之救荒政策,亦颇周到(其详可参《续通典》卷十六,《明史》卷七十九,《中国民食史》一三〇至一四三页)。

明代之农业,与前代无大分别,在江苏、安徽、江西、浙江、湖南诸省多水田,有灌溉之利,产稻米至多,就中江苏、浙江尤为丰富;福建、广东、广西亦产稻米,而其额不多。山西、山东、直隶、陕西、甘肃及满洲一带多高原之地，而产小麦、大麦、高粱，以上情景，直至清代，大概没有变化。明末徐光启著《农政全书》六十卷，对于明代农业状况，有详细之叙述。

第四节　明代之税制

明代税制，视历代较为整齐，因有《黄册》及《鱼鳞图册》之故。《黄册》以户为主，详具旧营新收开除实在之数，为四柱式；《鱼鳞图册》以土田为主，诸原隰、坟衍、下湿、沃瘠、沙卤之别毕具。《鱼鳞图册》为经，《黄册》为纬。《明史》一三八《范敏传》载："洪武十三年，受试尚书。帝以徭役不均，命编造《黄册》，敏议：一百十户为里，丁多者十人为里长，鸠一里之数，以供岁役。十年一周，余百户，为十甲，后遂仍其制不废。"《图书集成》卷四十九引《广治平略》："遣国子生武淳等往各处，随其税粮多寡，分为几区，区设粮长四人，乃集粮长暨耆民，履亩丈量，图其田之方圆、曲直、宽狭，书其主名及田土之四至，编汇为册，谓之《鱼鳞图册》，册成，田之经界于是乎始正。盖《鱼鳞图册》以田为主，田各归其都图，履亩而籍之，诸原隰坟衍下湿肥沃瘠卤之故毕具，为之经，而土田之讼质焉。"《鱼鳞图册》乃土地登录簿，以志土地之面积，（因其状恰如鱼鳞，故名），明代土地，曾加一度之实地丈量，豪民影射之弊，自可稍减；但《鱼鳞图册》只及熟地，而不及荒地，及人口滋繁，前之所谓荒地者，已一变而为熟地，为赋税之所不及。明的税制，分夏税秋粮，夏税以麦为主，秋粮以米为主，但得以银钞钱绢代纳。税率在太祖时，官田每亩为五升三合五勺，民田三升三合五勺，重租之田八升五合五勺，芦地五合三勺四秒，草塌地三合一勺，没官田一斗二升。纳税之期，夏税限至八月，秋粮限至明年二月。纳税之职，由纳粮万石之地，选纳租额之最多者二人,为正副粮长,使掌税粮之事,当时收粮之数,据《明史》卷八十二载:"明田税及经费出入之数,见于掌故者,皆略可考见,洪武二十六年,官民田总八百五十万七千余顷;夏税,米麦四百七十一万七千余石,钱钞三万九千余锭,绢二十八万八千余匹;秋粮,米二千四百七十二万九千余石,钱钞五千余锭。弘治(孝宗纪元)时,官民田总六百二十二万八千余顷,夏税米麦四百六十二万五千余石,钞五万六千三百余锭,绢二十万二千余匹。秋粮米二千二百十六万六千余石,钞二万一千九百余锭。"就这两项数目而观,自太祖至孝宗时,约一百二十年之久,官民田未见加多,且减少官民田数至二百余万顷,而所收之税,两期相差无几。税额在成祖时,天下的税粮凡三千余万石,丝钞等三千余万计,其后渐见耗减,至世宗时,乃更增税率(每亩加九厘),较长租增加至五百二十万石。

明代的农民,有许多不堪于赋税的征收而致逃亡的,《明史稿·食货二》载:"宣宗即位,广西布政使周干,自苏、常、嘉、湖诸府巡视民瘼还言:诸府民多逃亡,询之耆老,皆云官府弊政困民所致,如吴江、昆山,民田亩旧税五升,小民佃种富室田亩,出私税一石,后因没入官,依私租减二斗,是十分而取其八也。拨赐公侯驸马等项田,每亩旧输租一石,后因事故还官。又如私租例尽取之,且十分而取其八,民犹不堪,况尽取之乎?尽取则无以给,私家必至冻馁,欲不逃亡,不可得矣。仁和、海宁、昆山,海水陷官民田千九百余顷,逮今十有余年,犹征其租,田没于海,租从何出?请将没官田及公侯还官田租,俱视被处官田起科,亩税六斗,海水沦陷田地,悉除其税,则田地无抛荒之患,而细民得安生矣。帝命部议行之。"(并参阅《明史》卷七十八)孝宗宣德五年二月,诏旧额官田租,亩一斗至四斗者,各减十之二,四斗一升至一石以上者,减十之三,于是江南巡抚周忱与苏州知府况钟曲,计减苏粮七十余万,他府以为差,而东南民力稍以舒缓。及世宗时,俺答犯京师,增兵设戍,饷额过倍，京中与边疆岁用至五百九十五万，户部尚书孙应奎乃议于南畿浙江等州县，增赋百二十万，时东南被倭寇侵扰，浙闽多额外提编（加派之意），及倭患平，应天巡抚周如斗乞减加派，给事中何煃亦具陈南畿困敝，惟提编之额不能减。穆宗神宗之世增额如故，逋粮愈多，规避亦益巧，已解而愆限，或至十余年未征，而报收一县有至十万者，逋欠之多，县各数十万，赖行一条鞭法，无他科扰，民力不大绌。一条鞭法，是总括一州县之赋役，量地计丁，丁量毕输于官，一岁之役，官为佥募，力差则计其工食之费，量为增减；银差则计其交纳之费，加以赠耗；凡额办派办京库岁需，与存留供亿诸费，以及土贡方物，悉并为一条，皆计亩征银，折办于官。此法颇为简便，嘉靖间数行数止，至神州万历九年，乃尽行之。其后又加辽饷、剿饷、练饷至二千万以输京师，民困愈甚。明之末年，将官田之重租，派入于轻租之民田，朱国桢《大政纪》称："英宗天顺五年（1466），刘孜在南畿修复周忱废坠之政，时松江积荒田千七百余顷，皆重额久废不耕，税加于见户。"欧阳铎《议均徭》也说："郡多士大夫，士大夫又多田产，民有产者无几耳，而徭则尽责之民。"（见《明史》二〇三本传）所以世宗嘉靖三年（1524），欧阳铎巡抚应天十府，与苏、松田不甚相悬，下者亩五升，上者至二十倍，铎令赋重者减耗米，派轻赍，最轻者赋本色，征耗米，轻重之赋遂均。但因为战争需要浩大的军费，和皇帝的挥霍连年亦有增加，万历四十六年，每亩增加三厘五毫，天下之赋，增二百万有奇；明年又加三厘五毫，兵部请加二厘，前后共加九厘，增赋至五百二十万。熹宗天启二年，复增田赋，又设州县兵，按亩均饷。崇祯三年，于九厘外，每亩复增加三厘，共增赋百六十五万有奇。八年，民粮以十两以上，每两增一钱，谓之助饷。十年，行均输法，田粮因旧额，每亩增加六合，石折银八钱，共得银百九十二万九千有奇。崇祯时，甄淑奏疏中说："小民所最苦者，无田之粮，无米之丁，田鬻富室，产去粮存，而犹输丁赋。"刘宗周奏疏中说："司农告匮，一时所讲求者，皆掊克聚敛之政,正供不足,继以杂派,科罚不足,加以火耗。水旱灾荒,一切不问,小民至卖妻鬻子,以应有司。以掊克为循良,而抚字之政绝;上官以催征为考课,而黜陟之法亡。"穆宗隆庆时,葛守礼奏疏说:"畿辅山东流移日众,以有司变法乱常,起科太重,征派不均,且河南北山东西,土地硗瘠,正供尚不能给,复重之徭役,工匠富商大贾皆以无田免役,而农夫独受其困。"从以上引证来看,就知道明之一般农民受重税剥削的痛苦(可参阅拙著《中国近代经济史纲》二一页)。

关于特种营业税,如矿山的收入,多落于贪官的手。《续文献通考》卷二十三载:"洪武二十年,增福建银屏山银矿额。延平府尤溪县银屏山尝设场局煎炼银矿,置矿冶四十二座,岁办银二千一百两,至是增其额。时又有请开陕西银矿者,帝曰:土地所产,有时而穷,岁课成额,征银无已,言利之官,皆戕民之贼也,不许。"英宗正统十年,令各银额课不敷,不许派民包纳。凡额数不敷,皆许于别坑有矿处煎补,又不敷者具奏处置,其提督官吏及诸坑首匠,诈称课不及额,掊敛民财,侵盗官银者,依律治罪。宪宗成化九年三月,减云南银课十之五。孝宗弘治五年,诏豁减浙江、福建诸处,岁办银课。可知当时的矿税,亦是病民之政。

明之商税比较元末,是轻少而简单的,洪武十三年上谕,凡婚丧用物及舟车丝帛之类免税;又蔬果饮食畜牧诸物也免税。成祖时,时节礼物、染练自织布帛、收买已税之物、舟车所运已税之物、铜锡器物、竹木蒲草器物和常用杂物,都一概免税。永乐以后,商税的额量和种类都渐增,商品在市场中有营业税,在运输中有通过税,应税货物种类则张榜于官署之旁,开列名目,按而征之。凡应税之物有隐匿不报者,一经查出,则罚取其货物之半,没收入官。其所征之额,除本色外,有折色,折色除钱钞之外,更有金银。抽分局所税以竹木为主,而芦柴茅草薪炭亦在其内。税率自三分抽一以至三十分抽二不等。河泊所所税为鱼虾之类,所税之物为折色,或钞或钱或米。河泊所大河南北都有,其数有二百五十有二。酒税之制，大抵为私造官征；而茶税之制，有官茶和商茶，官茶间征课钞，而商茶收课之法，大略与盐税相同。盐税有中盐之法，由商人输粟于边，即准领盐若干引，是为纳米中盐之制，或由商人驱马至边，即准领盐若干引，是为纳马中盐之制。另有关市之征，据《明史稿·食货五》载："关市之征，宋元颇繁琐，明初务简约，其后增置渐多，行赉居鬻，所过所止各有税，其名物件悉榜于官署，按而征之，惟农具书籍及他不鬻于市者勿算，应征而藏匿者没其半，买卖田宅头匹必投契本，别纳纸价。"至于办理商税的机关，有都税，有宣课，有司，有局，有分司，有抽分场局，有河泊所；此类机关，凡京城诸门及各府诸县市集多有之，共计有四百余所，其后以次裁并十之七。

役法，亦是一种税制，凡人民年至十六以上，即为成丁，十六以下为未成丁，成丁则有役，六十乃免之。凡役以户计者为甲役，以丁计者为徭役，临时命令者为杂役；又有力役及雇役之别，据《明史》卷七十八载："役法定于洪武元年，田一顷出丁夫一人，不及顷者，以他田足之，名曰均工夫，寻编应天十八府州，江西九江、饶州、南康三府《均工夫图册》，每岁农隙赴京供役三十日，遣归，田多丁少者，以佃人充夫，而田主出米一石资其用，非佃人而计亩出夫者，亩资米二升五合，迨造《黄册》成，以一百十户为一里，里分十甲曰里甲，以上中下为三等，五岁均役，十岁一更造，一岁中诸色杂目应役者，编第均之。"十岁一更造，即是每十年有司更定其册，以丁粮增减而升降之。役法虽及于一般的人民，惟鳏寡孤独可以不任役。

第五节　明代之商业

明太祖初颁贱商之令，如《农政全书》所载："太祖加意重本抑末。

十四年,令农民之家,许穿绸纱绢布;商贾之家,止许穿布。农民之家,但有一人为商贾者,亦不许穿绸纱。"他不免承袭历来的传统思想,重农贱商,但对于商业,也有相当的有利政策,如禁止和买和卖。和买本于宋制,方春天乏绝时,预贷库钱与民,至夏秋令输物与官,故又称豫买。和雇之名始于元,以相当工赀,募雇人夫,初办之初,未尝不善,迨法久弊生,官不给价而民仍输物,故太祖诏令内外官司,不得借和雇和买扰害商民。如平定物价,太祖令州县以市场物价,按月从实申报上司,以凭置办军需等项,照价收买。又各州府县,每月初旬取勘诸物,毋许高抬少估。上司收买,按时价照付,毋纵吏胥作弊。如较勘斛斗秤尺,太祖诏中书省,命在京兵马司兼管市司,每越三日,较勘街市斛斗秤尺,稽考牙侩姓名一次,并定物价。外府州县则由各城门兵马司兼领市司。如市物加价,洪武时,宫禁中市物视时估率加十钱,其损上益下如此。凡此数端,皆有利于商民(参阅《明史》卷八十二,陈灿编《中国商业史》八五页)。明之商业都市:(1)南京。南京为政治的中心地,又为商业的中心地,据洪武二十六年人口统计,户有十六万三千九百一十五,人口有一百一十九万三千六百二十;人口既多,商业自然因之繁盛,建立街巷,百工货物买卖各有区肆,各种物品都有专门制造发卖之所,如铜铁器在铁作坊,弓箭在弓箭坊,木器在木匠营,珠玉在珠宝廊,绫绸在绫庄巷,绣货在锦绣坊,颜料在颜料坊,其规模之盛,可以想见。(2)北京。明成祖迁都燕京,因元之大都所改建的,据孝宗弘治四年的人口统计,户有一十万五百一十八,人口六十六万九千七百三十三;明初的北京承元末大乱之后,元气大伤,其所以能发展如此之速者,乃是由于移民的结果。明时燕京商业盛极一时,寻常之市,如猪市、羊市、牛市、马市、煤市,各有定所。其按时开市者,则有灯市、朝市、内市等。国内互市,向以茶马市为大宗,有茶马市大使副使掌市马之事,官茶商茶皆贮边易马,商茶纳税略如盐制。太祖初令商人于产茶地买茶,纳钱请引,引茶百斤,输钱二百,无茶引者逮捕。又置茶局批验,茶与引不符者为私茶,罪与私盐同。私茶出境,关隘失察并论死,洪武初,卖茶之地由宣课司三十取一。四年,从户部之请,于陕西、汉中、金州、石泉、汉阴、平利、西乡诸县茶园,每十株官取其一,以易番马。又设茶课司于产茶地,规定税额,陕西二万六千斤,四川一百万斤,设茶马司于秦、洮、河、雅诸州,行茶之地五千余里。后复设茶局于永宁、成都、筠连征税。川人以茶易毛布毛绒诸物,以偿茶课,自定课额,立仓收贮,专用以市马,民不敢私采,终至课额屡亏,民多赔纳,乃听民采摘与番易货。初制,长河西等番商,以马入雅州易茶,由四川、岩州卫经黎州始达茶马司,茶马司定价马一匹,茶千八百斤,于碉门茶课司给之,番商往复迂远而给茶太多,后复改贮碉门茶于岩州,验马匹之良好与否,而定茶之多少。成祖永乐中,帝怀柔远人,遽增茶斤,故卖马者日多,而茶日不足。茶禁少弛,布绢茶纸多私出境,碉门茶马司至用茶八万余斤,仅易马七十匹,乃严申茶禁。孝宗弘治时,又开茶禁,于西宁、河西、洮州三茶马司召商中茶,每引不过百斤,每商不过三十引,官收其十之四,余者始令货卖,得茶四十万斤,可易马四千匹。以上是明代茶马市之大概(参阅《明史稿·食货五》)。马市则于成祖时开设三所:一在开原南关,一在开原城东五里,一在广宁。定直四等:上直绢八匹,布十二;次半之,下二等各以一递减,后废其二,惟有开原南关。以上是明初马市之概况。茶马二市原为明代驭边之商业政策,惟其后吏多不职,驾驭无方,反为招祸纳侮之阶梯,遂至边境无安宁之一日。

　　盐之贩卖,由商人向盐局输二十之一,洪武初年,诸产盐地次第设官,例如都转运盐使司及盐课提举司,洪武三年,令商人于大同仓入米一石,太原仓入米一石三斗,给淮盐一小引,商人鬻毕,即以原给引目,赴所在官司缴之,以省转输之费。以后商输粮而与之盐,谓之开中;各行省边境多召商中盐以为军储。中盐之法,是由商人输粟于边,即准领盐若干引,是为纳米中盐之制;或由商人驱马至边,即准领盐若干引,是为纳马中盐之制。后来纳马中盐,又改为纳银于官,用以市马;所纳之银,即入布政司。嘉靖十六年,令山商每百斤纳税银八分,给以票,使行于僻邑官商不到之处。其后票盐多侵夺正引,于是有预征执抵季挈之法。预征者,先期输课,不得私为去留;执抵者,执见在运盐水程,复持一引以抵一引;季挈则以纳课先后为序,春不得迟于夏,夏不得超于春;然票商甫纳税,即挈而卖,预征之法,徒厉引商而已。明时销盐者,分边商、内商、水商,三商之外,别有囤户。及盐法坏而三商尽困,崇祯时欲图改革,因兵饷大绌,不能行也。

明代对于海外通商,亦颇加以注意,当其初期,东南沿海一带国外贸易,仍然是以广州、泉州、宁波三处为繁盛。不过欧洲商人的东方贸易,至明初忽告中断,其中原因就是当十四世纪后半叶,蒙古帖木儿西侵,阻土耳其向巴尔干半岛之发展,及帖木儿于一四〇六年死(成祖永乐三年),于是土耳其人就乘机西侵(明景帝景泰四年),于一四五三年占领君士但丁以为国都,土人势力向西扩张,黑海中之意大利威尼斯商人的商业势力遂被扫除,因此欧洲商人假道黑海以入东方之途被阻;及土耳其征服埃及,而欧洲商人假道非洲以入东方之路也被阻,到了十五世纪末叶,葡萄牙人加马(Vasco Gama)发见非洲南端之好望角,新航线开始,欧洲商人至东方贸易乃得恢复。明代中叶以前,尝许海外入贡诸国,附载方物贸易,并设市舶司,置提举官以领之。洪武三年,罢太仓、黄渡市舶司,后复设三市舶司于宁波、泉州、广州。永乐元年,命内臣提督之。因诸番贡使连带发生贸易之事益繁,乃命浙江、广东、福建市舶提举,各设驿以馆之,在福建者名来远驿,在浙江者名安远驿,在广东者名怀远驿。广州市舶司掌与占城、逻罗以及西洋诸国通商事宜。泉州市舶司掌与琉球通商事宜。宁波市舶司掌与日本通商事宜。惟日本叛服无常,每借互市寇掠,所以对日本互市有种种限制,例如期限十年,人数二百,舟二艘等是也。成祖永乐初,西洋刺泥等国来朝,附载胡椒与人民通商,有司奏请征税,帝不许。向例入贡海舟至,有司先行封识奏报,然后起运,宣宗时命即驰奏,不待报;成祖宣宗以怀柔远人之故,均优待番商。

有明中叶以后,欧洲人来东方贸易,我国商业遂渐由国家之性质,而变为世界之性质。欧人最先航行中国通商者,为葡萄牙人,(《明史》误作佛郎机人,以此为大西洋人之通称),明武宗正德六年(1551),葡人亚伯宽基(A. De Abbuquerque)占领当时国际贸易之中心地麻六甲后,设总督以掌贸易拓殖之务;逾五年,有伯斯德罗(Rafael Perestrello)遂以帆船来航广东,此为第一次欧洲船舶东渡之始。正德十二年,葡人孚那安德来德(Fornao Perezde Andrade)复率葡萄牙船四艘,马来船四艘,泊于澳门西南之上川岛,要求通商,明政府许以率船二艘航行广东,此即近代欧洲国家与中国直接通商之始。当安德来德之初来广东,尚与卧亚(Goa)总督所派为明使之批亚士(Pires)同行,颇受中国优待,地方官吏且开澳门为通商地以居之,未几,葡人在上川岛经商多不法,明之官吏遂行封港,使不得入,安德来德亦被逐于上川岛,批亚士亦被捕,于嘉靖二年死于狱。经此次事变后,葡人转向闽浙沿岸福州、泉州、宁波等处通商,在宁波且成一小殖民地。嘉靖十二年,葡人因势力日盛,常发生掠夺暴行,十三年,特下令诛伐,葡人死者约七八百人,并焚毁葡船三十五艘。二十四年,两国又发生冲突。二十八年,泉州葡人为吏民所逐,在闽浙沿岸葡人之商业地位遂衰,荷兰人在此时,亦来中国通商,据《明史·外国传》:“荷兰又名红毛番,其人深目长鼻,发眉胡皆赤,足长尺二寸,颀伟倍常,万历中,福建商人岁给引往贩大泥吕宋及咬嚼巴者,荷兰人就诸国转贩,未敢窥中国也。自佛郎机市香山,荷兰人闻而慕之。二十九年,驾大舰薄香山澳,澳中人数诘问,言欲通贡市。当事难之,税吏李道即召其酋入城,游处一月,乃遣还,澳中人虑其登陆,谨防御,始引去。"荷人在澳门不得通商地位,遂经营中国之台湾。其在澎湖时,曾筑城设守,以为求市之计,守臣甚惧,说以毁城远去,即许互市;熹宗天启三年,果毁城去。后以互市不成,荷人大怒,乃派大队商舰驶入澳门,谋夺葡萄牙在华商权,目的未达,仅能退守澎湖列岛。西班牙自占领菲律宾以后,其东洋商业根据地因以巩固;明万历八年(1580),西班牙派使节来中国,贡献方物以敦交谊,自是以后,两国贸易渐臻隆盛。当时主要商港,在西班牙方面为其属地都会马尼剌(Manila),我国方面为漳州、厦门、泉州等埠,据《明史》说:"吕宋去漳州甚近,闽人以其地近且富饶,商贩至者达数万人。"可知当时两方通商之盛。英国女皇伊利莎伯于万历二十九年(1596)曾送国书于中国,以舟行遇飓风未果,其后时请通商,至明光宗泰昌元年(1620),始有英船一艘名 Unicorn,由爪哇往日本,顺道来澳门,此即英国最初来华之船。崇祯十年(1637),英人威德尔(Weddell)率舰队抵澳门,意欲互市,惟被葡人所阻,当英船至虎门,与守者冲突,守者发炮击之,激战数小时,炮台被陷,英人允以战利品还交中国,而中国亦允英人通商,是为中英通商之始。从上引述而观,就知道明代与外国通商的大概情形。

第六节　明代之工业

明代之工业可考者如下:(1)坑冶。洪武时,陕西商县凤凰山有银坑八所;福建尤溪县银屏山银场局炉冶有四十二座;浙江之温岭、丽水、平阳等七县亦有场局;又开福建浦城县、马鞍等坑三所;并设贵州太平溪、交阯宣光镇金场局,葛溪银场局,云南大理银冶。宪宗成化中,开湖广金场,武陵等十二县凡二十一场,岁役民夫至五十五万。万历二十四年,河南之汝南,山东之沂州、沂水、蒙阴、临朐、费滕、栖霞、招远、文登,山西之夏邑各地,均开矿。(2)铁冶所。洪武六年,置江西进贤、新喻、分宜,湖广兴国、黄梅,山东莱芜,广东阳山,陕西巩昌,山西吉州等地铁冶十三所,岁输铁七百四十六万余斤。河南、四川亦有铁冶。洪武十八年,罢各布政司铁冶。成祖永乐时,设四川龙州铁冶。世宗嘉靖三十四年,开建宁、延平诸府铁冶。(3)铜场。明初江西有德兴铅山,其后四川梁山、山西五台、云南宁羌、略阳皆采水银青绿。明太祖时,廉州巡检言"阶州界西戎有水银坑冶及青绿紫泥,愿得兵取其地",帝不许。武宗正德九年,军士周达请开云南诸银矿,因及罗次铜锡青绿,许之。(4)珠池。广东珠池数十年一采。孝宗弘治十二年,费银万余,获珠二万八千两。武宗正德九年又采珠。世宗嘉靖八年,复下诏采两广珠,侍郎林富言:"五年采珠之役,死者五十余人,而得珠仅八十两,天下谓以人易珠,恐今日虽易以人,珠亦不可得也。"穆宗时,下诏云南、广东采珠。神宗立,停罢。既以诸王皇子公主册立分封婚礼,太后嫔宫,令岁办金珠宝石,复遣内监采珠于广东。(5)织造。洪武初,命工部制太庙帝后服,诸行省造战衣;四川、山西诸行省、浙江、绍兴皆有织染局。成祖永乐中,复设歙县织染局,令陕西织造驼𱅿。英宗正统时,置泉州织造局。初苏、松、杭、嘉、湖五州织造有常额,天顺四年,遣中官往五府,于常额外,增造彩缎七千匹。孝宗弘治时,给官中盐引鬻于淮,供织造用。武宗正德元年,令应天、苏、杭诸府,依各式织造共一万七千余匹。世宗时,令中官盐织于南京、苏、杭、陕西。神宗时,添织渐多,苏、松、杭、嘉、湖五府岁造之外,又令浙江、福建诸府州为分造,增万余匹。陕西织造羊绒七万四千有奇。自万历中,频数派造,有至十五万匹者,相沿日久,遂以为常。(6)烧造。明时于京师琉璃黑窑厂造砖瓦以供营缮。英宗正统元年,浮梁进瓷器五万余,偿以钞,禁私造黄紫红绿、青蓝白地青花诸瓷器,违者重惩。宪宗成化间,遣中官往浮梁景德镇烧御用瓷器甚多。孝宗弘治以后,烧造未完者,至三十余万器。世宗嘉靖初,遣内官督之。三十七年，遣官往江西造内殿醮坛瓷器三万，后添设饶州通判，专管御器厂烧造。穆宗隆庆时，下诏江西烧造瓷器十余万。神宗万历十九年，命造十五万九千，后复增八万。(参阅《明史稿·食货六》)。以上就明代工业的概况而略述之，明代工业直接或间接受政府之指挥经营，就其所经营者而说，是从中因利乘便以剥削人民，或征收其品物以为皇室的点缀，至关系于一般人民之生计，及社会生活的工业，实少计划也。

第七节　明代之交通

明初水陆两路交通情形比前代较为进步，如路政，则二十里有马铺、歇马亭；六十里有驿，驿有饩给，并有驿仓储粮，以供往来宾客和备驿站所在地点的凶荒。明初自成祖迁都北京以后，对于南北交通的运河大加整理。成祖永乐九年，命工部浚会通河(元世祖时所开，起须城安山之西南，止于临清之御河，引汶水达舟，长二百五十余里，即今山东临清至东平之运河)，及河南开封黄河故道以便转漕，南起杭州，北至北京，全河共长三千余里，总名漕河，其逾京师而东若蓟州，西北若昌平，皆尝有河通转漕。漕河之别有白漕、卫漕、闸漕、河漕、湖漕、江漕、浙漕，皆因地为号，为流俗的通称(见《明史》卷八十五)。当时运河中往来船只极多，计每年于漕运中所用船只有数千艘，英宗天顺间船数共有一万一千七百七十只，其他民船之航行者尚未计也。

有明一代之海外交通，可说是大有进展，三保太监郑和遍历诸番，是明代向海外交通可纪的一件大事。在洪武二年时，遣官谕占城，三年，遣使臣郭征等谕真腊，吕宗俊等谕暹罗，行人赵述谕三佛齐，御史张敬之、福建行省都事沈秩使渤泥(见《明史·外国传》)。但那时不算得有什么规模，到明成祖时就不同了。《明史·宦官传》："郑和云南人，世所谓三保太监者也。成祖欲耀兵异域，示中国富强，永乐三年六月，命和及其侪王景弘等通使西洋，将士卒二万七千八百余人，多赍金币，造大舶，修四十四丈，广十八丈者六十二，自苏州刘家河泛海，至福建，复自福建五虎门扬帆（即闽江出口），首达占城（今安南南部），以次遍历诸番国，宣天子诏，不服则以武慑之。和经事三朝，先后七奉使，所历占城、爪哇、真腊（今柬埔寨）、旧港、暹罗、古里（印度之古耶拉大省）、满剌加（今麻六甲）、勃泥（今苏门答腊的西北境）、苏门答剌、阿鲁（今麻六甲西北海峡亚罗亚群岛）、柯枝（今可陈，在印度半岛西南端）、大葛兰、小葛兰（今印度半岛都兰樵地方）、西洋琐里、加异勒、阿拨、把丹、南亚里、甘把里、锡兰山（今锡兰岛）、南勃利、彭亨（今马来半岛）、急兰丹、忽鲁谟斯（今波斯湾外的和尔木斯）、比剌、溜山、孙剌（今苏门答腊附近岛名）、木骨都束（今非洲东北海滨）、麻林（今非洲东索马拉部南界海滨）、剌撒（今米所波大米附近）、祖法儿（今阿剌伯之萨法尔城）、沙里湾泥、竹步（今锡兰西南商埠）、榜葛剌、天方（今麦加）、黎伐那孤儿（今苏门答腊西境），凡三十余国，所取无名宝物不可胜计。自和后，凡命将海表者，莫不盛称和以夸外番，故俗传三保太监下西洋，为明初盛事。"自郑和七次下西洋，海外交通开始发展，经政府此一番提倡，东南沿海一带人民往海外者日多，现今华侨在南洋有那样大的势力，还是明初所树立的基础。按《明史》郑和出使七次，至南洋者凡六次，第一次如上段所记在永乐三年，至占城、旧港；第二次在永乐十年，至苏门答腊；第三次在永乐十四年，至占城、古里、爪哇、满剌加、苏门答腊、南巫里、渤泥、彭亨、锡兰、溜山、南渤利、阿丹、麻林、忽鲁谟斯、柯枝等国；第四次在永乐十九年，复出使南洋；第五次在永乐二十二年，至旧港；第六次在宣德五年，至忽鲁谟斯等十七国；为期约二十五年之久。这种向海外交通和拓殖的冒险精神，实可钦佩的。郑和之向海外交通最后一次，止于宣宗宣德七年，即西历一四三二年；稍后大约十年光景，葡萄牙人便开始寻觅海上的新航路。中西两方在十五世纪的时候，均共同努力以开发海上的新领域,这岂是偶然的么?

海路的交通既如上述,而对于陆路与外国的交通,亦颇注意。永乐十八年,帝以西番最远白勒等百余寨犹未归附,遣使往招。英宗正统初,令守将赵德遣使招生番,相率朝贡者八百二十九寨。其他长河西、鱼通宁远,在四川徼外;通乌斯藏、董卜韩胡,在四川威州之西;西天阿难功德国是西方番国;尼八剌国在诸藏之西;均先后遣使,以资交通联络(参阅《二十四史九通政典类要合编》卷二百九十一)。

附志:明代中国与南洋之交通,以厦门为中心,时有东西洋之称,以膨湖、吕宋为东洋,安南、暹罗、马来、爪哇等地为西洋,而婆罗洲为东西洋分界处。以厦门之东为东洋,厦门之西为西洋,非以全中国为本位(说见《中华民族拓殖南洋史》二七六页)。

第八节　明代之币制

明代通货有金属非金属两种,金属有金银铜三种,非金属有纸币。金属通货中之铜币,就是铜钱。明太祖鉴于前代钞法的弊病,乃停止交钞,而铸洪武通宝,惟需费巨,国家负担一时加重,政府要民间输铜,人民感受痛苦,商贾感于铜钱的笨重而不便运输,民间私铸者亦极多。《明史》卷八十一载:"太祖初置宝源局于应天,铸大中通宝钱与历代钱兼行,以四百文为一贯,四十文为一两,四文为一钱。及平陈友谅,命江西行省置货泉局,颁大中通宝钱大小五等钱式。即位,颁洪武通宝钱,其制凡五等:曰当十、当五、当三、当二、当一。当十钱重一两,余递降至重一钱止。各行省皆设宝泉局,与宝源局并铸,而严私铸之禁。洪武四年,改铸大中洪武通宝大钱为小钱。初宝源局钱铸京字于背,后多不铸,民间无京字者不行,故改铸小钱以便之。寻令私铸钱作废铜送官,偿以钱。是时有司责民出铜,民毁器皿输官,颇以为苦,而商贾沿元之旧习,用钞多,不便用钱。七年,帝乃设宝钞提举司,明年始诏中书省造大明宝钞,命民间通行……其等凡六:曰一贯,曰五百文,四百文,三百文,二百文,一百文,每钞一贯,准钱千文、银一两,四贯准黄金一两;禁民间不得以金银物货交易,违者罪之,以金银易钞者听,遂罢宝源宝泉局。越二年,复设宝泉局,铸小钱与钞兼行,百文以下,止有钱。"明初纸币流通情形很好,因为其时钞重物轻,就是纸币价高而商品价低,所以纸币的力量足以衡物价而有余;后来滥发纸币,钞法紊乱,商贾重困。宣宗时,每米一石有用至六七十贯者;宪宗时,钞价益跌,每钞一贯,只值银三厘、钱二文,末年至有钞一贯不值一文钱者。明成祖时,差官于浙江、江西、广东、福建四布政司铸永乐通宝钱,是时铸钱之宝泉局归布政司管理。宣宗宣德九年,又于此四省铸宣德通宝钱。英宗天顺四年,令准兼用古钱制钱,禁民挑选,除假钱锡钱外,均可行使。孝宗弘治十六年,铸弘治通宝。世宗嘉靖六年,铸嘉靖通宝,每文重一钱三分,且补铸历朝未铸者。卅二年,铸洪武至正德九号钱,每号百万锭,嘉靖钱千万锭,一锭五千文,又通行历代钱,有销新旧钱及以铜像制器者,罪比盗铸。时北京宝源局铸一千八百八十三万四百文,南京宝源局铸二千二百六十六万八百文,每钱七百文,准银一两。穆宗隆庆四年,铸隆庆通宝。万历四年,令仿嘉靖钱式,铸万历通宝,金背火漆钱亦流通,每文重一钱二分五厘。惟王府皆铸造私钱,吏不敢诘问,古钱因之阻滞不行。国用不足,乃命南北宝源局拓增炉鼓铸,而北钱视南钱,昂值三分之一,南钱大抵轻薄,然各循其旧,并行不废。熹宗天启元年,铸泰昌钱,兵部尚书王象乾请铸当十当百当千三等大钱,略仿白金三品之制,于是两京皆铸大钱;后有言大钱之弊者,遂下诏南京停铸大钱,发局改铸。崇祯元年,南京铸本银七万九千余两,获息银二万六千有奇,其所铸钱皆以五十五文当银一钱,计息取盈,工匠赔补,行使折阅。继遣官各省铸钱，采铜于产铜之地，置官吏驻兵，仿银矿法十取其三，铸厂并开，用铜益多，铜至益少，遂采铜于产铜之地。荆州抽分主事朱大受言："荆州上接黔蜀，下联江广，商贩铜铅毕集，一年可以四铸，四铸之息，两倍于南，四倍于北。"因陈便宜四事，即命大受专督之，遂定铸式，每文重一钱，每千值银一两；南都之钱轻薄，屡旨严申，乃定每文重八分。考明代之铜钱，有制钱及旧钱二种，二百年来，均系两者并用。嘉靖以后，始有金背、火漆、旋边诸名。制钱即明朝所铸之洪武、永乐、嘉靖诸通宝钱之完好者。旧钱即前代旧有流行之古钱，二者虽同一行使，然价值相差甚大，如嘉靖三年时，制钱七十文，准银一钱；旧钱则百四十文，准银一钱。恶钱在民间有三四十文至六七十文当银一分者。穆宗隆庆初时，令本朝制钱与先代旧钱，俱以八分折银一分。六年，又改定凡嘉靖、隆庆、万历制钱，金背每八分准银一分，火漆、旋边各十文准银一分，洪武制钱与前代旧钱，各十二文准银一分，相兼行使。十三年时，改银一分可抵万历金背钱五文，嘉靖金背钱四文。十五年，改定嘉靖金背钱每五文折银一分，万历金背钱每八分折银一分。金背之内，又有不同的价值(参阅《明史》卷八十一，《明史稿·食货》四，《中国货币沿革史》九九页)。

明代中叶以后，新旧课分别折银，不过银和钞比价不一，或为每钞一贯，折银二毫，或折银六毫；神宗时不课钞用银，连从前俸粮支钞者，亦折银支放，因此，宝钞完全废止通行。明末崇祯十六年，又行钞法，但终不能行，是因明代末叶银量已多，为用亦广，其功用和钞相仿佛的缘故，后因钱币杂乱，流弊所及，遂影响国家的财政。

第九节　明代之官制

明代官制，举其大纲，有如下述：(甲) 中央。中央之官，莫重于宰相。明初沿袭元制，设中书省，置左右相国，以李善长为右相国，徐达为左相国；后命百官礼仪俱尚左，改右相国为左相国，左相国为右相国，继又改为左右丞相，置平章政事，左右参知政事等官，以统领众职。洪武九年，汰平章政事、参知政事等官；十三年，罢丞相不设，分中书省之政务，归于吏户礼兵刑工六部，以尚书任部内事，侍郎副之，纠劾之责，归之都察院，章奏则达之通政司，平反则参之大理寺。六部尚书权力极大，无宰相之名，而有宰相之实。十五年，仿宋制置华盖殿、武英殿、文渊阁、东阁诸大学士，以礼部尚书邵质为华盖殿检讨，吴伯宗为武英翰林学士，宋讷为文渊典籍，吴沉为东阁；又置文华殿大学士，征耆儒鲍恂、余诠、张长年等为之，以辅导太子。殿阁大学士原为文学侍从之臣，管票拟批答等事，在太祖时，止以之为顾问。成祖永乐初年，特简解缙、胡广、杨荣等参预机务；仁宗时以杨士奇、杨荣皆东宫旧臣，擢士奇为礼部侍郎兼华盖殿大学士，杨荣为太常卿兼谨身殿大学士，以后地位愈高，权力乃渐重；世宗时遂俨然有宰相之实权，而务政枢机，乃归内阁。六部尚书，以尚书为长官，侍郎为次官，其下有郎中、员外郎等执事之官。明吏部尚书一人，掌天下官吏选授、勋封、考课之政令，以甄别人才，赞勷君主政治为要务，有侍郎二人为之助，而吏部视五部权为特重。户部尚书一人，掌天下户口田赋之政令，有侍郎二人为之助。礼部尚书一人，掌天下礼仪、祭祀、宴飨、贡举之政令，有侍郎二人为之助。兵部尚书一人，掌天下武卫官军选授简练之政令，有侍郎二人为之助。刑部尚书一人，掌天下刑名及徒隶勾覆关禁之政令，有侍郎二人为之助。工部尚书一人，掌天下百官山泽之政令，有侍郎二人为之助。各部亦有郎中、员外郎、主事以为赞勷。明制以太师、太傅、太保为三公，无定员，无专职，或为加衔，或为赠官；以少师、少傅、少保为三孤，亦无定员，无专职，与三公同。洪武十五年，罢御史台，置都察院，设监察都御史八人；十六年，设左右通御史各一人，权位赫然，同六部尚书称七卿，与前代之御史大夫无异，其职掌纠劾百司，辨明冤枉，提督各道，为天子耳目风纪之司。凡大臣有奸邪私构党作威福乱正者，凡百官有猥茸贪冒败坏官纪者，凡学术不正、上书陈言变乱成宪、希冀进用者，均加以弹劾。此外遇朝觐考察，同吏部司贤否黜陟；遇大狱重囚会鞫于外朝，偕刑部大理秉公平议。其职权可说甚重，自御史台外，有院寺监司，机关之设，多为宋世。院有翰林院、国史院、集贤院、宣政院、宣徽院、太禧宗禋院、太常礼仪院、典瑞院、太史院、太医院、奎章阁学士院、将作院、通政院、中政院、储政院之别；寺有武备寺、太仆寺、尚乘寺、长信寺、承徽寺、长宁寺、长庆寺、宁徽寺、延徽寺之别；监有太府监、度支监、利用监、中尚监、章佩监、经正监、都水监、秘书监、司天监、司礼监之别；司有司农司、详定司之别。以上是中央官制的概略。

（乙）地方官制。地方之官有京师及地方之别。明于京师置顺天府尹以董正之，犹汉置京兆尹，宋置开封尹之意。元世地方分划，不以道为名，而以行中书省为别。明改中书省之制，而以地之直接隶于政府者为直隶（北直隶治北京，南直隶治南京），故当时有南北二直隶之名。各省设承宣布政使司与提刑按察使司，布政使司之长官为布政使，掌一省的财赋；按察使司的长官为按察使，理一省的刑狱。省之下有知府，知府之次有知州，县有知县，以掌各地方之政令。明初，府分三等，上府从三品，中府正四品，下府从四品，后改为正四品，计天下府凡一百五十有九。州有二等，直隶州及属州，品秩相同，计天下州凡二百三十有四。县分三等，上县知县从六品，中县知县正七品，下县知县从七品，后改为正七品，计天下县凡一千一百七十有一（见《续通志·职官略》）。各州府县关津要害处，设巡检、副巡检，主缉捕之事；置驿丞，掌邮传迎送之事；置河泊所官、闸官、坝官，掌收鱼税启闭之事；置税课司大使，掌典税之事，置批验所、递运所，掌验茶盐递运粮物之事。明之地方官制，所应注意者是总督与巡抚两职，总督巡抚，犹唐以来之节度使；金总管府之都总管同知总管,其位置犹相仿佛。元时行中书省之丞相平章,有如明之总督;左右丞,有如明之巡抚。明初命御史巡视地方,有军事则命总督军务,因事而设,事已即罢,不是一定之官。其后各省有一巡抚,数省有一总督,于是向日一省政务,总理于布政使司,仅以理刑之按察使司与之对立者,至是则又有管兵之巡抚加于其上,更上有总督以为之牵制。明制文勋一十阶,武勋十二阶,凡文武官应合授勋者,照散官定拟奏闻给授。文散官四十四阶,武散官正从一品,皆同文资,自正二品至从六品二十六阶,与文资相异。关于百官俸禄,明初给米,间以钱钞;成祖定制,官高者支米十之四五,官卑者支米十之七八,而其余皆以钞支给,惟九品杂职全支米,后钞价日贱,又折米为布,布值亦落,而官俸因以日薄。中世以后,官员俸给有二制:一为本色,一为折色。本色有三:一为月米,一为折绢米,一为折银米。月米不问官大小皆一石;折绢之一品,当银六钱;折银六钱五分,当米一石。折色有二:一为本色钞,一为绢布折钞。绢每匹折米二十石,布一匹折米十石。行之未久,米布钞三者皆贱而银独贵,百官俸禄,不足赡身,所以吏治大坏(参阅《二十四史九通政典汇要合编》卷二百七十三,《续通典》卷二十五及卷三十九,《中国法制史》一六九页,《中华通史》一二七七页)。

第十节　明代之军制

明之兵制,为唐府兵的遗意。据《明史稿·兵志》载:"明太祖既以武功定天下,虑兵不可常聚,分军卫以安之;又不可无食,辟军屯以养之;不可狃安而玩愒也,京畿之外,简选精锐,岁就试京师,勤教阅以练之。其外统之各都司,内总之五军都督府,而上十二卫,为天子亲军者不与焉。有事则调发从征,事平则各还原伍,将无专兵,兵无私将,永杜跋扈尾大之患，而成安攘无竞之烈，计至周也。"明代兵制之可考者如下：（甲）京营。京师有三大营：（一）五军营，（二）三千营，（三）神机营，其制皆备于永乐时。初太祖建统军元帅府，统诸路武勇，继改大都督府，以兄子朱文正为大都督，节制中外诸军，京城内外，置大小二场，分教四十八卫卒，又分前后左右五军都督府。洪武四年，士卒之数二十万七千八百有奇，成祖增京卫为七十二，又分步骑军，为中军左右掖左右哨，亦谓之五军，岁调中都、山东、河南等地兵，隶属于京师；又有十二营，掌随驾马队官军；围子手营，掌操练上直叉刀手，及京卫步队官军；幼官舍人营，掌操练京卫幼官及应袭舍人。后得边外降丁三千，立营分五司。征交阯得火器法，立营肄习。得都督谭广马五千匹，置营名五千，下掌操演火器，及随驾护卫马队官军，为神机营。仁宗洪熙时，始命武臣一人，总理营政。宣宗宣德五年，以成国公朱勇言，选京卫卒隶五军训练，明年，命科道及锦衣官稽核诸卫军数目。英宗正统二年，令锦衣等卫守陵，卫卒存其半，其上直旗校，隶锦衣（禁卫军）督操，余悉归三大营。土木之难（明英宗征瓦剌兵败，被掳于直隶怀来县西，其地本名统漠镇，后讹为土木堡），京中卫军几尽没，景帝用于谦为兵部尚书，于谦以三营之制未善，乃请于诸营选胜兵十万，分十营围练，于三营提督中，推一人充总兵官监，以内臣兵部尚书，或都御史一人为提督，其余军归本营曰老家，自是京军之制度一变。宪宗在位，复增之为十二，成化二年复罢，命分一等次等训练，后选得一等军十四万余，分十二营为团练，命侯十二人掌之，各佐以都督指挥监，名其军曰选锋，而团营之法又稍变。世宗时，又以团营两官厅之制未善，复改为三大营，设文臣知兵者一人领京营，兵制数变而仍复为古制（二十九年，俺答入寇兵士不能战，吏部侍郎摄兵部，因说及自三大营变为十二团营，又变为两官厅，兵士操练者少老弱疲惫，乃罢团营两官厅，复大营旧制）。熹宗天启三年，协理侍郎朱光祚奏革老家军补以少壮，为老家军反对不果。庄烈帝时戎政侍郎李邦华愤京营弊坏，请裁汰老弱虚冒，而择具有材力者为亲军，为勋戚反对亦不果。崇祯十六年，内臣王承恩监督京营，明年，流贼入居庸关，至沙河，京军出御，闻炮声而溃，流贼长驱，京中遂陷，论者以京军积弱，致有此结果云。

（乙）班军。明定军制于京，置七十二卫所，常操练，谓之土著军；令中都、大宁、山东、河南等地，选卒轮操，谓之班军，总为三大营军。初永乐十三年，下诏诸边守将，及河南、山东、山西、陕西各都司官、中都留守司、江南北卫官，简所部卒赴北京，以俟临阅，京操自此始。英宗正统中，京操军皆戍边，乃遣御史于江北、山东、北直选卒为京师备；景帝景泰初，边事日急，班军悉留京中，间岁乃放还。世宗嘉靖初，以调军输值京师，卫伍半空，而在京者，徒供营造，其后屡以班军为作役，输流操练之意尽失。天启崇祯时，边事汹汹，乃移班军于边疆，筑垣负米，无休息之期，而粮草日缺，兵士多死。后虽设法补救，然已无及。

（丙）侍卫上直军。明初设拱卫司，领校尉隶都督府。洪武二年，定为亲军都尉府，统左右前后五卫军十五年，罢府及司，置锦衣卫，统军与诸卫同所属，有南北镇抚司十四所，所隶有将军力士校尉等职，其职掌直驾侍卫，后又择公侯伯都督指挥之，嫡次子置勋卫散骑射人，而府军及旗手等各有带刀官；锦衣所隶将军初冠天武，后去天武，止名将军，将军之数凡千五百人，设千百户总旗统摄其众，自为一军。

（丁）四卫营。成祖永乐时（据《明史》卷八十九为永乐，《明史稿·兵志》二为宣宗），有军卒自逃北逃回，供养马之役，给粮授室，号曰勇士。宣德六年，乃专设羽林三千户所统之，凡三千一百余人，后改武骧、腾骧、左右卫，称四卫军，设坐营指挥四员，于本卫官推迁，督以太监，是为禁兵。熹宗天启年，巡视御史高弘图请视三大营例，分弓弩短兵火器，加以训练；至庄烈帝时，提督内臣曹化淳奏改为勇卫营，以周遇吉、黄得功为统帅，遂成劲旅，出击贼寇辄胜利；黄得功的兵士，画虎头于皂，布以衣甲，贼望见黑虎头军，多走避，其得力在京营之上云。

（戊）卫所。卫所是分屯设兵，控阨要害，错置京省，统于都司，而总隶于五军都督府。五府无兵，卫所兵即其兵，仿唐府兵遗意，为法甚备。太祖既定天下，度要害地，系一郡者设所，系连郡者设卫，大约五千六百人为卫，千一百二十人为千户所，百十有二人为百户所，所设总旗二，小旗十，大小联比以成军，其取兵非一途：诸将所部兵平定其地，因而留戍者，为从征之兵；胜国及诸僭伪所部兵归义者，为归附之兵；以罪隶为兵者，为谪发之兵。综而计之，于京师设都督府五，卫七十二，于畿甸设卫五十一，于四方设都指挥使司二十一，留守司二，卫三百七十，属国之卫尚不在内，守御、屯田、群牧千户所三百五十九，宣慰、招讨、宣抚、安抚、长官司九十，各统其军及其部落，执掌巡捕、军器、漕运、京操、守备、征调、朝贡、堡寨之政。

（己）边防。明初北边地东起鸭绿，西抵嘉峪关中，包大宁、开平、东胜，而嘉峪之外，置哈密为属国，延袤万里，设兵镇戍，联络其间。成祖时分地设镇，凡为边者九，曰辽东、宣府、大同、延绥、宁夏、甘肃、太原、固原、蓟州。先是洪武九年，勒燕山前后等十一卫，分兵驻守边疆，关要之地有四：曰古北口、居庸关、喜峰口、松亭关，烽堠相望百九十六处，参用南北军士徼巡北平，又以各卫卒镇戍其地。英宗正统三年，从成国公朱勇奏，塞紫荆关诸隘口，增设守备军，镇守都督王祯筑榆林堡城，建缘边营堡二十四所，岁调延安、绥德、庆阳三卫官军，分戍各地。武宗正德元年春，总制三边都御史杨一清，以河南、陕西边患不宁，奏请复守东胜，因河为固，东接大同，西属宁夏，修筑定边营迤东边墙，复宁远基边迤西北堡，遂增设防御要隘。有明一代，甚注意边防，然天险虽备，而内变日亟，终亦不能挽回崩溃之势也。

（庚）海防。洪武初，注意沿海之防守，命浙江、福建造海舟，防倭寇。十七年，命信国公汤和巡视海道，筑山东、江南、江北、浙东、浙西海上诸城。二十年，命江夏侯周德兴，抽福建、福兴、漳、泉四府三丁之一为沿海所戍兵,而定海、盘石、金乡、海门、绍兴、宁波、松门等地皆屯兵,以备海寇;福建置沿海指挥使司以为统率,所以洪武之世海上无警。世宗嘉靖时,倭患渐起,乃命朱纨为浙江巡抚都御史,兼管福建海道,提督军务,浙江巡抚之设自此始。神宗中年,倭侵寇朝鲜,发兵援之,先后六载,乃设天津巡抚镇扼海上,及倭患平后十余年,乃分淮安大营兵六百名分屯,设备福建,至天启、崇祯间,海寇猖獗,及郑芝龙降,斩李魁奇,俘刘香以自效,海氛渐息。

(辛)民壮土兵。军卫之外,郡县有民壮,边郡有土兵。初太祖定江东,依元制,立管领民兵万户府。洪武中山西行都司言:"边民愿备兵械,团结防边。"下诏从之。英宗正统二年,始募所在民壮愿自效者,分隶操练。景帝景泰初,命御史白圭等往直隶、山西、山东、河南招募民壮。孝宗弘治二年,始立法,州县七八百里以上,金募民壮五名,五百里四名,三百里三名,百里以上二名,有司训练,遇警调发,给以行粮。而禁役占买放之弊,富民不愿役,则上直于官,官自为召募,或称机兵,在巡检司者称弓兵。世宗嘉靖二十二年,复增州县民壮额,大者千名,次六七百名,小者五百名。穆宗隆庆中,张居正、陈以勤条陈民兵之利,直隶八府人沉挚健悍,总计户籍若干,汰单丁老弱而简少壮者,父子三人,籍其子一,兄弟三人,籍其弟一,州与大县可得兵千六百人,小县可得千人,中分为二,半为正兵,半为奇兵。登名尺籍,抚臣操练之,岁无过三月,月无过三次,练毕,即令归农,凡隶尺籍者复其身,岁操之外,不得别遣,此有似于近世之征兵制。

(壬)乡兵。乡兵所在多有,河南嵩县有毛葫芦,长于走山习短兵,山东有长竿手,以习长竿名,徐州有箭手,其人善骑射,真定之井陉,有蚂螂手,善运石,远者可百步;保定、涿、易、淮、邳亦各有劲兵,闽、漳、泉间习镖牌而最长于水战。江右之安远、龙南,地瘠而民贫,相率为兵,粤东杂蛮蜑喜击刺,习长牌斫刀,而新会、东莞尤盛。东北边乡兵,辽地称劲旅,崇祯时,祖宽、祖大乐等以辽兵破流贼于朱龙桥,流贼深畏惧。

此外,明初设车以供馈运,英宗正统以后,始言车战。洪武五年,造独辕车,北平、山东千辆,山西、河南八百辆,用以转饷。成祖永乐八年北征,用武刚车三万辆,运粮二十万石。英宗正统十二年,从大同总兵朱冕议,用火车以备战。宪宗成化二年,从郭登言,制军队小车,每队六辆,每辆九人,二人挽,七人轮番以代;二十年,宣大总督余子俊,请以万人为一军,用车五百辆,每辆十人。世宗嘉靖十一年,南给事中五希文请制战车,仿郭固、韩琦之制,前锐后方,上置七枪,外向为橹三层,各置九牛神弩,一发十矢,按机而动,有兵卒在傍以辅翼之,行则载甲兵,止则为营阵。穆宗隆庆三年,蓟辽总督谭纶覆都督戚继光奏,蓟、昌二镇练兵车七营,每营重车百五十六辆,轻车加百,步兵四千,骑兵减千,以东西路副总兵,合抚督标共四营分驻建昌、遵化、石匣、密云等地。时辽东巡抚魏学会请设战车营,仿偏箱之制,上设佛郎机二,下置雷飞炮快枪六,每车步卒二十五人,以车百二十辆,兵卒三千人为率。熹宗天启三年,直隶巡按易应昌进户部主事曹履吉所制钢轮车一,小冲车十,飞矢虎贲车台各一,提心铳十门,以为御敌之用。从上引证而观,可知当时战车制作之盛。

明置沿海卫所,每所船五只,每船军百人,舟之制江与海不同用。太祖于新江口设舟四百艘,为江淮备。成祖命江、楚、两浙及镇江诸卫府,造海风船六十二艘。宪宗成化初,济川卫杨渠言:“巡江之备,宜多设桨舟,风便则众帆齐举,风止则众桨齐发,水战长技也。”因具图进海舟,以舟山之乌艚为首。广东之船以铁及栗木为之,视福船尤大而坚;至大福船容百人,底尖上阔,首昂口张,尾高耸,柁楼三重,傍护以板,列茅竹与铳,上设木女墙及炮床,其帆桅二道,中为四层,最下一层实以土石,第二层为兵士寝息之所,第三层左右六门,中置水柜扬帆炊爨之所,最上一层如露台,穴梯而上,两傍翼板倚以攻敌,另有海苍船、开浪船、艟艋船、鹰船、网梭船、蜈蚣船等种种制作，在当时颇称完备。就以上各项而论，明代军制，组织亦颇周密。

第十一节　明代之法制

中国法律，到明代较为进步，据杨鸿烈《中国法律发达史》载："中国法律到了明代，可说有长足的进步，明太祖朱元璋和其他一般立法家都极富有创造精神，所以那一部洪武三十年更定的《大明律》，比较唐代的《永徽律》更为复杂；又新设许多篇目，虽说条数减少，而内容体裁俱极精密，很有科学的律学的楷模。后来的《大清律》，也都是大部分沿袭这部更定的《大明律》，可以见得这书，实在算得中国法系最成熟时期的难得产物。"（见下卷七四六页）叶良佩对于这部法典也批评说："国家之法，虽本于李唐之十一篇，然或删繁定舛，因事续置，大抵比旧增多十二三，而祥德美意，殆未易以言语殚述也。姑举其大者：如以笞杖徒流绞斩定为五刑，而钛趾蚕室之制，一切划除，以六曹分为类目，而擅兴厩库等编悉为裁定。代背棰以臀杖，而断无过百；易黥面以刺臂，而法止贼盗。他如见知严于逃叛，故纵深于捕亡，收孥连坐之条，独于反逆大不道者当之；凡兹皆法之至善者也。"（见《续文献通考》卷一百三十六）明太祖平武昌后即议律令，及立台省，设各道提刑金事分巡录囚，命丞相李善长为律令总裁官，参知政事杨宪、傅瓛、御史中丞刘基，翰林学士陶安等二十人为议律官，暇时到西楼召诸臣从容讲论律义，书成凡为令一百四十五条，律二百八十五条。又恐小民不能周知，命大理卿周桢等取所定律令，自礼乐制度钱粮选法之外，凡民间所行事宜，类聚成篇，解释其义，颁布郡县中。

明律名例的次第，为吏律、户律、礼律、兵律、刑律、工律，与前代略有不同。吏律有职制公式二目；户律有户役、田宅、婚姻、仓库、课程、钱债、市廛七目；礼律有祭祀、仪制二目；兵律有宫卫、军政、关津、厩牧、邮驿五目；刑律有盗贼、人命、斗殴、骂詈、诉讼、受赃、诈伪、犯奸、杂犯、捕亡、断狱十一目；工律有营造、河防二目；此外有名例四十七条，合之凡四百六十条。刑名分笞五等，杖五等，徒五等，流三等，死二等五类，与前代同。其他十恶八议之类与前代无异，唯徒流附加杖而未配役，则较宋时为轻。其犯十恶、杀人、强盗、窃盗、放火、发冢、受赃、诈伪、犯奸等，虽遇常赦亦不放释。若所犯为常赦得宥之罪者，倘其祖父母、父母有疾，或家无次丁之时，得许具罪名上奏之后，存留养亲。又亲族互相容隐，则不论其罪。若犯罪之时为壮大，迨罪发觉，适丁老疾，则据老疾论罪；犯罪之时为幼少，而发觉之时，已属长大，则据幼少论罪。其他自首减轻，再犯加重等，皆与前代相同。

明律颁行后，表面未有改易，而在实际有所施行的成例。有例者则不复引律，例本是补律所不逮，然其内容往往有不合于律者，其所以不明白将律改订者，则以律为太祖所手订，决不能轻议，律有不可行者，故别设例以施行之，所谓例即律的变相。洪武二十五年，刑部言"律条与条例不同者宜更定"，太祖以条例特一时权宜，定律不可改，不许。至有律不载而具于令者，法司得援以为证，请于上而后行，凡违令者罪笞，临时决罪，不著为律令者，不在此例。二十六年，制定凡布政司及直隶州府州县，笞杖就决；徒流迁徙充军杂犯死罪，解部审录行下，死囚则上部详议，如律者，更交大理寺拟覆；监收候决，即斩监候及绞监候是也。凡监候者，则于秋审定之，如为重囚，则决不待时，上部后则奏遣官往决之；如情词不明，或失出入者，则由大理寺驳回，改正再问，驳至三次而仍不当，则将该官吏奏闻，谓之照驳；若谳疑狱囚有翻异，则改调别衙门问拟；二次翻异不服，则具奏会九卿鞫之，谓之圆审；至三四审不服，而后请旨裁决，此有类于今日之上诉制(参阅《续文献通考》卷一百三十八)。

惠帝建文四年八月,定罪人输作之例,笞罪五等,每等五日,杖罪五等,每等十日,徒罪准所徒年月加以应杖之数,输役流罪三等,俱役四年一百日,杂犯死罪,工役终身;又令杂犯死罪及流罪,挈家赴北平种田,流罪三年,死罪五年,后录为良民;其徒罪令煎盐,杖罪输役如故,仍选徒罪以下罢职官,假以职名,俾督民耕种,三年有成绩实授,无成仍坐原罪(见《二十四史九通政典类要合编》卷二百八十四引)。仁宗洪熙元年七月,命大理寺详审盗犯,勿致有冤。九月,敕公侯伯五府六部大学士给事中审覆重囚可疑者再问。十一月,诏法司,凡军匠犯窃盗者,杖一百,锁项钳足,俾常赴工。宣宗宣德元年五月,定贵州土人杂犯死罪,役作终身,徒流徒杖者,依年限役之,毕日释放。三年八月,令犯奸妇女照律去衣受杖。四年二月,严不孝律,凡一切败伦伤化者,在外有司毋得擅行断决,悉送京师,如律鞫治。五年六月,立侵欺军粮禁列,凡克减粮至五十石,布至五十匹,棉花至一百斤以上者,拟死罪。九月,定盗采银矿新例。十二年四月,遣刑部大理寺官往南北直隶及十三布政司,会同巡按御史三司官审死罪,可矜可疑,及事无证佐者,具奏处置,徒流以下减等发落,原问官故入等罪俱不追究。景帝景泰六年六月,禁鞫囚弊端,论罪不当三次以上,送别衙门推鞫,原问不当者罪之;犯轻罪者,应律正条处治,不准从重比附。英宗天顺三年十月,定秋审之制,每岁霜降后,凡应决重囚,三法司会公侯伯审录,永为定例,此秋审之制,沿至清末始废。宪宗成化元年三月,令谳囚者一依正律,尽革所有条例(以前决断武臣,常舍律用例,武臣因而违法,故有是令),五年六月,申明大理寺参问刑官鞫囚不当之制。十三年正月,置西厂,令校官刺事;明初制度凡诏狱者,一体付锦衣卫,余则归三法司,至成祖篡位,以监视惠帝旧臣之故,特立东厂,令嬖昵者提督之,缉访谋逆妖言大奸恶等,与锦衣卫均权势。至是因刘瑾用事,更设西厂,令官校刺探各事,东西厂争用事,纷遣逻卒刺事,无赖子乘机为奸,且创例罪无轻重,皆决杖永远戍。或枷项发遣,架遣至一百五十斤,不数日辄死,至十八年刘瑾伏诛,西厂始废。十五年闰十月,命毁坊刻会定现行律条,此律一百八条,纰缪百出,多无依据,因下诏销毁,自后法司断罪,悉依照《大明律》,有比拟会定现行律条出入人罪者,以故出入论。孝宗弘治二年,敕法司详审,奏谳审问之际,尤须详察色词,旁询知证,毋避嫌疑,毋视权要为轻重,务得实情以全民命。孝宗时编订法典,计有以下三种:(甲)《问刑条例》。(乙)《明条法事类纂》。(丙)《大明会典》。武宗正德四年,命内阁重加参校《大明会典》。世宗嘉靖年间,曾续修过三部法典:(甲)嘉靖《续纂会典》。(乙)嘉靖重修《问刑条例》。(丙)嘉靖重修《明条法事类纂》。神宗时,亦续修过两种法典:(甲)万历续修《问刑条例》。(乙)万历重修《大明会典》。万历二十一年九月,命榜示省刑条例。时中官专政,法尚严酷,刑部尚书孙丕扬上书请省刑,计分八项,每项省刑四条,共为三十二条。(一)律例原无宜省刑四条:勿用磨骨钉、寸寸紧、夹棍;勿有数百斤三四人立枷;勿用夹根板、水缸杖、生树棍;勿用脑箍、竹签、嘴掌、背花。(二)伦理当重宜省刑四条:父子兄弟告者,恕父兄刑;夫妻尊长告者,恕夫与尊长刑;子弟替父兄诬告者,省子弟刑;妻妾替夫诬告者,省妻妾刑。(三)刑流防过宜省刑四条:先枷挞者,后莫枷挞;人枷挞者,我莫枷挞;已刑下体,莫刑上体;已挞输家,莫挞赢家。(四)情偏防过宜省刑四条:勿偏听原被告加刑;勿过疑证佐加刑;勿出我聪明加刑;勿怒人强项加刑。(五)避天时宜省刑四条:早辰宜省刑;寒暑宜省刑;霜雪宜省刑;节令宜省刑。(六)体人情宜省刑四条:尸亲宜省刑;口讷宜省刑;救尊长宜省刑;诉冤枉者宜省刑。(七)人可矜者宜省刑四条:老少者宜省刑,饥寒者宜省刑,病初愈者宜省刑;残废笃疾者宜省刑。(八)人可疑者宜省刑四条:官员宜省刑;生儒宜省刑;贼情暧昧者宜省刑(参阅《续文献通考》卷一百三十六)。就以上八项而说,间有合于人情,但亦有悖于法理者。明代法制自太祖以至庄烈帝(崇祯)期间,多尚严峻,神宗感于当时用刑之不当,所以榜示省刑条例。至太祖之创设锦衣卫,成祖之创设东厂,以法司之权,付诸武人,破坏司法,莫此为甚。

明代法院编制,中央有大理寺审理刑狱,刑部兼管司法行政,惟检举机关除都察院外,还有东西厂、锦衣卫、镇抚司的骈枝机关,在司法的职权上,是不统一的。地方最低级的法院有申明亭,凡民间有词状,许耆老里长受于本亭判理,及书不孝不弟与为恶者姓名于亭,以示惩戒。其次有县州府,掌缉捕狱讼平讼诸事。明代地方司法最高机关有提刑按察使司、承宣布政使司、都指挥使司,兹列表如下:

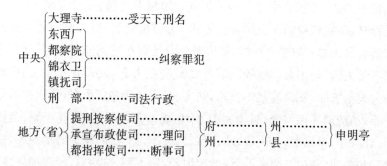

明代司法机关,中央与地方编配,已如上述,若犯人不服知县的处分时,得控诉于知府道台,乃至控告于按察使,若按察使的处分亦不服时,还可以上告到京师的都察院,然事实上小民受奸吏之枉断,而能申诉于上级机关者,实至少也。

明代刑法总则,分不为罪:如夜无故入人家内……主家登时杀死者勿论。夫殴骂妻妾,因而自尽身死者勿论。……过失杀者各勿论。若祖父母、父母为人所杀,而子孙即杀死行凶人者勿论。累犯罪:凡犯罪已发又犯罪者,从重科断,已徒已流而又犯罪者,依律再科后犯之罪。俱发罪:凡二罪以上俱发者,以重者论罪;各等者从一科断,若一罪先发,已给论决,余罪后发,其轻若等,勿论;重者更论之,通计前罪以充后数。共犯罪:凡共犯罪者,以造意为首,随从者减一等。此外尚治许多酷刑,如族诛、凌迟、枭示、墨面、文身、挑筋去指、挑筋去膝盖、剁指、断手、刖足、阉割为奴、斩趾枷令、常枷号令、枷项游历、全家抄没等。

刑法分则,如侵犯帝室罪:分为太庙门擅入,宫殿门擅入,直行御道,冲突仪仗,上书奏事犯讳,宫内忿争,带兵仗入宫殿,向宫前射箭,合和御药错误,造御膳犯食禁,御幸舟船不坚固。内乱罪:如谋反大逆,背国投伪。渎职罪:如贿赂事后受财,越权。司法方面:如虐待罪囚,决罚不如法,告状不受理。行政方面:如制书有违,私役部民夫匠,多乘驿马,多收粮税斛面。妨害公务罪:如打搅仓场,辱骂原问官。逮捕监禁者脱逃罪:如罪人拒捕,狱囚脱监及反狱在逃,徒流人逃,劫囚,主守不觉失囚,与囚金刃解脱。其他如藏匿犯人罪,失火放火罪,决水罪与过失水害罪,私藏应禁军器罪,妨害交通罪,伪造货币罪,伪造文书印文罪,私造斛斗秤尺罪,亵渎祀典罪,私贩盐茶矾罪,掘墓残尸罪,赌博罪,奸非罪,重婚罪,杀人罪,殴伤罪,骂詈罪,遗弃罪,逮捕监禁人罪,略诱及和诱罪,窃盗及强盗罪,诈欺取财罪,侵占罪,赃物罪,毁弃损坏罪,擅权罪,辱职罪,诈伪罪,掠夺罪,逃亡罪,毁弃军器罪,违令罪(诸罪见于《明会典》及《大明律》)。在民法上规定行为能力,年十六为成丁,成丁而役,六十而免。身份分人民为官吏士农工商五等。此外特殊的阶级,如广东的蜑户,山西的乐户,绍兴的惰民,江南宁国的世仆,徽州的伴当,江苏昭文的丐籍,都不能与齐民为伍。至婚姻制度,规定男女定婚之初,若有残疾老幼庶出过房乞养者,务要两家明白通知,各从所愿,写立婚书,依礼聘嫁;据《大明律》,有限制纳妾数目的条例,亲王妾媵许至十人,各将军许额妾三人,各中尉许额妾二人,庶人四十以上无子,许选娶一妾。关于承继,在明律户律役律中,规定立嫡子,违法者杖八十,其嫡妻年五十以上无子者,得立庶长子,不立庶长子者罪亦同;其乞养异姓义子以乱宗族者,杖六十,若以子与异姓人为嗣者罪同,其子归宗。关于所有权,凡得遗失之物,限五日内送官,私物召人识认,于内一半给与得物人充赏,一半给还失物人,如三十日内无人识认者,全给。关于典权,凡典卖田宅不税契者,笞五十,仍追田宅价钱一半入官;其所典田宅园林碾磨等物,年限已满,业主备价取赎,若典主托故不肯放赎者,笞四十。关于贷借,凡私放钱债,每月取利并不得过三分,年月虽多,不得过一本一利,违者笞四十,以余利计赃,重者计赃论罪,止杖一百;但债权人对于债务人,不得强夺人畜产业,若估价过本利者,坐赃论,依数追还。

明代虽有可称的《大明律》,但初时用刑是严酷的,官吏稍有触犯,刀锯随之,京官每旦入朝,必与妻子诀,及暮无事,则相庆以为又活一日。法令如此,故人皆重足而立,不敢纵肆,往往以疑误杀人之事亦不少,当时以嫌疑见法者,如浙江府学教授林元亮为海门卫作谢增俸表,以表内"作则垂宪"诛;北平府学训导赵伯宁为都司作万寿表,以"垂子孙而作则"诛;福州府学训导林伯璟为按察使撰贺冬表,以"仪则天下"诛;桂林府学训导蒋质为布政按察作正旦贺表,以"建中作则"诛;常州府学训导蒋镇为本府作正旦贺表,以"睿性生知"诛;丰州学正孟清为本府作贺冬表,以"圣德作则"诛;陈州学训导周冕为本州作万寿表,以"寿域千秋"诛;怀庆府学训导吕睿为本府作谢赐马表,以"遥瞻帝扉"诛;祥符县学教谕贾翥为本县作正旦贺表,以"取法象魏"诛;亳州训导林云为本府作谢东宫赐宴笺,以"式君父以班爵禄"诛;尉氏县教谕许元为本府作万寿贺表,以"体乾法坤,藻饰太平"诛;德安府学训导吴宪为本府作贺立太孙表,以"永绍亿年,天下有道,望拜青门"诛,诸如此类,以君主一人意思喜怒为法律而诛锄士类,实有碍于明代文化的发展。

第十二节 明 代 之 宗 教

明太祖初定天下,他务未遑,首开礼乐二局。洪武元年命中书省暨翰林院太常司定拟祀典,中书省臣李善长等奉敕进郊祀议;冬至祀昊天上帝于圜丘,凡水旱灾伤及非常变异,或躬祷,或露告于宫中,或遣官祭告郊庙陵寝及社稷山川;自京师以及王国府州县,皆有社稷之祀。凡登极巡幸及册封冠婚等事,皆祭告天地宗庙社稷;历代帝王陵庙加以祀享。世宗时,诏令两京国子监及国内学校,于孔子神位题称至圣先师(参阅《明史》卷五十)。

明自太祖时,曾以道士张正常为真人,授二品秩,称其僚佐曰赞教、掌书。宪宗尤崇事道教,凡羽流之加号真人高士者,盈集都下。世宗时道教之焰日张,在宫中建立道观,以道士邵元节为真人,使总领道教。西纪元一五六一年使御史娄敬、王大任等,求天下的符箓秘书,道士之至京师者甚众,世宗尊崇过度,至服道士所献丹药而死。及穆宗即位,乃诛戮道士之奸恶者,而大抑道教。

佛教在明初亦兴盛,明太祖幼时曾为僧,即位以后,对于佛教加以保护,同时又监督僧尼以谋其发展。成祖时,加西藏僧哈立麻(Harima)尊号,使统集天下佛教;又诏南北两京,各印刻《大藏经》。武宗亦好佛教,学经典,通晓梵语,自称大庆法王。世宗时,崇道教而排佛,命毁京师寺院,除宫中佛殿,佛教因以衰颓。

喇嘛教是佛教之一种,自唐太宗世民以文成公主下嫁吐蕃弃宗弄赞,好佛,立寺庙,西藏始通于中国,而其时佛教,亦自此传入于西藏;印度僧人之入西藏者,大抵崇陀罗尼之秘密修法,喇嘛教即由是而起(喇嘛者,无上之意,高僧之谓),自后西藏人民从其教者日多。明兴,太祖以元的帝师喇嘛僧喃迦巴藏卜(Nan Kapa Tsamp)为国师,继有灌顶国师、赞善王、阐化王、正觉大乘法王、如来大宝法王等诸封号,使各领西藏的人民,以服属于明。成祖尊崇其教,优赐僧人尊号,故终明世,西番少为边患。喇嘛教有红教黄教之分,黄教宗祖创于宗喀巴,宗喀巴初习红教,既以红教专持密咒,流弊至以吞刀吐火炫俗,尽失初旨,乃改立新教,会众自黄其衣冠,死时遗嘱二大弟子达赖喇嘛(Dalai Lama)、班禅喇嘛(Panchen Lama)以化身转生,传大乘教。达赖喇嘛居拉萨附近的布达拉(Potala),班禅喇嘛居札什伦布(Tashi-lhun-Po),而共掌其教。

　　海外交通发达之后,欧人通商并兼传教,在当时大有影响于中国文化的,便是天主教;天主教是基督教中的罗马旧教,唐时景教从波斯传来,基督教遂初次流传于中国。元时东西陆路交通大开,中国信奉也里可温的,在大都建立加特力宗的教堂四所,这是基督教第二次流传于中国。明时利马窦东来至广东肇庆府高要县传教,这是基督教第三次流传于中国。其时欧洲基督教的宗教革命运动已盛,新教势力膨胀,罗马旧教大受打击。旧教有卫道者,便组织一个耶稣会,设法改良内部,图谋恢复已失的势力,失之西欧,收之东亚,遂陆续东向。西纪元一五五二年耶稣会派(Jesuits)的方济各萨维尔(Franciocode Xavier)自印度的卧亚(Goa)经满剌加(Malacca)而来中国,然不许登陆,病死于上川岛(在今广东省台山县南海中,为明武宗时许葡萄牙人居留的地方),后又有同派的墨尔其窝儿奴涅司(Melchior Nunes),多明干派(Dominican)的加司帕答克鲁司(Gasparda Cruz),及奥古士丁派的教士、方济各派的教士均来中国,居于上川岛。西纪元一五八〇年意大利人利马窦(Matteo Ricci)最后到澳门,又从澳门到广东肇庆府,尽力布教垂二十年之久,于宗教之外,教授天文地理数学等。一六〇一年乃偕同派的庞迪我(Diego de Pantoja)同入北京,献时计及基督画像、万国图志于明廷,神宗允许他在京师建立天主教堂。利马窦在北京传教,不到四五年,收得信徒二百余人，名士中如徐光启、李之藻等，因信仰利马窦的学问之故，皈依天主教。利马窦在北京努力于译著的事业，著成《乾坤体义》、《坤舆万国图》、《西琴曲意》和好几种科学书籍印行；他到中国传教，对于西洋科学的输入，有很大的贡献。及利马窦死于北京，南京方面，反对天主教的空气突然紧张，反对派所持的理由，大概是指耶稣会的集会，夜聚晨散，是违反《大明律》私家告天的禁条；其教士讲演天体运行的学说，又与《大明律》私习天文的禁条相抵触。于是一般人都指耶稣会所传的天主教为邪教，明神宗特准南京礼部侍郎沈漼的奏请，下令严禁，一时耶稣会的教士大受压迫，天主教堂和教士住宅都被封禁，只留中国教士二人看守利马窦的坟墓。天主教当其盛时，统计奉教者有数千人，其中宗室百有十四人，内官四十，显宦四，贡士十，举子十一，秀士三百有奇，其文定公徐光启、京兆尹杨廷筠、太仆卿李之藻、大学士叶益藩、左参议瞿汝说、忠宣公瞿式耜，为奉教中尤著者（见《黄伯禄正教奉褒》）。

附志：关于利马窦来华传教事，可参阅《明史·外国传》，《二十二史札记》卷三十四，《中西交通史》八十至八八页等书。

第十三节　明代之美术

明代之美术有可称述者如下：（甲）音乐。明太祖初克金陵，即立典乐官，又置雅乐，召冷谦为协律郎，令协乐章声谱，俾乐生习之，取石灵璧以置磬，采桐梓于湖州以制琴瑟，考正四庙雅乐，校定音律，及编钟编磬等器，遂定乐舞之制；乐生仍用道童，舞生改用军民俊秀子弟，置教坊司掌宴会大乐，设大使副使和声郎，左右韶乐，左右司乐，皆以乐工为之；乐工定六十二人，在各项祭典，均用乐章。至世宗嘉靖时，定朝日乐章,夕月乐章,祈谷乐章,大飨乐章。英宗、景宗、宪宗、孝宗之世,乐器虚设,止为具文。总而论之,明之音乐,大抵本于汉唐宋元之旧,仅易其名,其音调器数,虽有可观,究不免雅俗杂出之讥。神宗时利马窦所带来的乐器说是:"纵三尺,横五尺,载椟中,弦七十二,以金银或铁练为之弦,各有柱,端通于外,鼓其端而自应。"是为西乐披霞娜(Piano)。利马窦所著书中,有《西瑟曲意》一种,可知当时西洋音乐已入中国。

(乙) 绘画。明代设翰林图画院,初于武英殿置待诏,后于仁智殿置画工,设官衔以奖励之,当时作品成为院画之风格。洪武时,有于南京之宫殿画山水壁画者。成祖时,有善画人物之蒋子丞(江苏宜兴人),善画山水之郭纯(浙江永嘉人),善画花鸟之范暹(江苏昆山人),皆为当时有名者。其他锦衣卫千户谢环,锦衣指挥商喜,直仁智殿李在,直仁鸿胪序班周文靖,供奉内殿锦衣卫百户林良,亦善画。林良长于水墨花鸟,为写意派的元祖,其遗作有《芦雁图》,传于日本。宪宗、孝宗时,则有锦衣镇抚直仁智殿吴伟,锦衣指挥直仁智殿吕纯,指挥同知直仁智殿吕文英父子,均在画院有名。绘画中有称浙派者自戴进始,戴进浙江钱塘人,宣德中召入画院,其画法自南宋院体之水墨派一变而出,雄伟壮拔,诚为上品,南北各地多受其风化。院外画家最著者,有张路、蒋嵩等。明代士夫文人之山水大抵皆浙派,嘉靖以降,至于明末,其足以风靡艺林者,是为士夫文人所画之山水竹石;其尤著者,有沈周、唐寅、翰林院待诏文徵明,礼部尚书董其昌四大家,大抵四家之画,笔意缥渺而遒劲,笔法清秀而绮丽,不斤斤以模仿陈法,而绝无斧凿之痕;四家皆属吴人,故对于浙派而说,有称为吴派者。其他文人士夫之工于绘事者,则有王冕及中书舍人王绂。嘉靖时有钱谷、项元汴、徐渭、周天球等,钱谷善画整齐之山水;项元汴之松竹古木兰梅,轻淡颇有逸趣;徐渭笔意纵横,山水人物花虫并皆佳妙;周天球好写花卉兰草。万历时,有湖广学政邹迪光所画山水,脱尽时流,自成一格;礼部右侍郎王思任以才藻见称;建极大学士张瑞图书画皆苍润,山水尤工;李士达山水人物并擅,好画瑰异之神鬼;李流芳山水有清标之致,逸气飞动,雅有风韵;米友石所画山水花卉并佳。万历至崇祯间,有陈继儒、礼部尚书黄道周、兵部侍郎杨文骢等,陈继儒遗作以山水为多,黄道周与杨文骢以山水竹石见长。至耶稣会教士利马窦来明,画亦优长,能写耶稣圣母马利亚像,曾波臣乃折衷其法而作肖像,所谓江南派之写照;欧西画风之传入中国,实自利马窦始。(丙)书法。明代凡能画之士,未有不工于书者,其专工于书者,如应天通判祝允明、王稚登、南京刑部尚书王世祯,太仆少卿邢侗、李日华等。法帖,有明初洪武中,泉州知府常性翻刻淳化之泉州帖,周宪王之《东书堂帖》,文徵明之《停云馆帖》,董其昌之《戏鸿堂帖》,华东沙之《真赏斋帖》,莫是龙之《崇兰馆帖》,王肯堂之《郁冈斋帖》,及陈眉公所刻苏东坡书之《晚香堂帖》,米海岳书之《来仪堂帖》等,最为著名。(丁)篆刻。篆刻至明代亦渐有进步,自元末王元章得浙江处州丽九县天台宝华山所产之花乳石,爱其色斑斓如玳瑁,用之刻为私印,于是石印流行天下。刻石不假工匠之手,故书法佳妙,镌刻亦精,始能与书画并为士夫文人之爱赏。至于官印,仍缘引九叠文之朱印,以屈曲平满为主。穆宗隆庆时,武陵顾汝珍集古印作《印薮》,流行于世,颇能正印章之伪。(戊)雕刻。雕刻亦属美术之一种,宣宗宣德间,有夏白眼者,能于乌榄核上,雕刻十六个婴儿,眉目喜怒悉备,又刻荷花九禽,飞走各有姿态,称为一代绝技。其后鲍天成、朱小松、王百户、朱龙川、方古林等,皆能刻犀角、象牙、紫檀、黄杨木等,作印匣、香盒、扇坠、簪纽等种种技巧,皆有过于前人。熹宗天启时,有王毅名工,又吴中有贺四、李文甫、陆子刚、王小溪等名人,以白玉、琥珀、水晶、玛瑙作种种精巧之小品;福建之象牙雕刻,亦以工致见称于世。竹之雕刻,则有金陵之濮仲谦,嘉定之朱鹤,及侯崤曾、秦一爵、沈大生等,用竹根刻作古仙佛像,亦属精致。(己)杂色纸。成祖永乐中,置官局于江西之西山,使造连史纸、观音纸等。宣宗宣德之贡笺，有大内所用之细密洒金五色粉笺，印金花五色笺，五色云龙笺，五色大帘纸，磁青纸。素馨纸，两面砑光加磨蜡，洁白如玉。磁青纸坚韧如段素，专用于泥金之写经。当时民间最通用者，为吴中之无纹洒金笺纸，松江之谭笺，新安之仿宋藏经笺纸白绵纸等。谭笺不用粉造，以坚白之荆川（江苏）之帘笺褙厚，用蜡砑光，出各样之花鸟，古雅可爱。仿宋藏经笺，吴中亦有出，虽不及宋时之物，但白绵纸则为坚韧的佳纸。又新安纸之制如花边格之白鹿笺，蜡牙五色笺，松花笺，月白笺，罗纹笺，为当时所喜用。此外，江西广信府铅山县之奏本纸，亦属良品。浙江衢州府常山县亦出有榜纸、中夹纸，及次于铅山之奏本纸。安徽庐州府英山县，亦有为纸帐之榜纸。江西抚州府临川县出有小笺纸。浙江绍兴府上虞县，有厚薄二种之大笺纸。若楚之粉纸，松江之粉笺，为明纸之最下品。（庚）彩漆。明成祖永乐中，官局果园厂所制之剔红，刻细巧锦文，较宋元之物更善。宣宗宣德中所制者，在铭款填金屑，其制亦不劣于永乐。民间之制，隆庆中新安平沙有黄成字大成之名人，其所出剔红，可比果园厂，花果人物之刀法，以圆滑清朗称赏于人。剔红之属，有剔黄，剔绿，剔黑，剔彩；剔彩亦有复色，亦有假剔红，亦名堆红罩红，堆起灰漆以朱漆罩覆，一见颇肖剔红，亦有雕刻木胎拟之。又有堆彩，以新安方信川所作最有名。宣德间，又出填漆彰槩之器皿，用五彩之稠漆堆成花叶之色，且作成种种斑纹，磨平有如画一般。（辛）华服。明政府中人所着衣服甚为讲究，洪武十六年，定制《元衣黄裳》十二章，日月星辰山龙华虫六章织于衣，宗彝藻火粉米黼黻六章绣于裳。皇帝常服，定乌纱折角向上，巾盘领窄袖，袍束带，间用金琥珀透犀。文武官朝服，俱用梁冠赤罗衣白纱；其他命妇冠服，内外官亲属冠服，内使冠服，协律郎乐舞生冠服，乐工冠服，军隶冠服，均属于华丽（参阅《九通政典汇要合编》卷二百六十九，日本大村西崖著《中国美术史》汉译本一八二页至二一二页）。

第十四节　明代之教育

　　明时教育制度,颇称详备,兹分述如下:(一)国学。明的国学,就是太学;太祖初定金陵,以元集庆路儒学为国子学,洪武元年,命百官子弟及民之俊秀通文艺者,并充国子学生。南京国学在洪武十四年迁至鸡鸣山下。十五年,改称国子监,学生通称监生。成祖永乐元年,又在北京设立国子监。十六年迁都之后,把旧京所设的特称南京国子监,国学遂有南北的区分。国学入学途径,分做正流闰流两种:(甲)正流。(子)举监。明制学校科目同时并进,由科目中试的,称为举人,由举人选送入监的,称为举监。成祖永乐以后,凡有会试落第的,照例由翰林考录送监,还赏给教谕同等薪俸。(丑)贡监。明时乡学诸生通称生员,由生员资格选送入监的,称为贡监,其中有岁贡、选贡、恩贡、纳贡诸种。岁贡,是一种普通贡生,原定须乡学生员学行端庄文理优良的,方得选送。选贡,是对常贡说的,孝宗弘治时候,南京祭酒章懋建议于常贡之外,另行选贡,只要学行兼优,年力富强,经过考试及格的,便可称贡。恩贡,是遇国家庆典和御极年度所贡的当贡监生的特别名称。纳贡,是一般廪饩生员于年资考选以外,希图急就用金钱买换来的。(乙)闰流。(子)荫监。荫监是凡有直系尊属做官一定的官职的,他的卑属照例承荫监生,称为荫监。(丑)例监。例监和纳贡一样由金钱换来,不过纳贡要限定乡学生员,例监由平民崛起,所以称为俊秀。此外还有功生,是功臣子弟入学者;幼勋臣,是功侯伯未经任事年三十以下者,送监读书;土官生,是四川云南等土司官生;外国生,是日本、暹罗、琉球留学官生。明时国学生员,在洪武永乐时代有九千余人,孝宗弘治后,降至六百余人,世宗嘉靖之时,有南北监空虚之感。学校规制:

（甲）教授。除朔望二日定例给假外，余日旦晨就有会讲复讲背书轮课；早上五鼓起床诵习，晚上二鼓就寝。（乙）课程。《大学》、《中庸》、《论语》、《孟子》，各生兼习，《诗》、《易》、《书》、《春秋》、《礼记》，各生专治一种。此外刘向《说苑》、《律令》、《书》、《数》、《御制大诰》等科，亦要兼习，特别是习字一科，每日要练习二百余字。成祖永乐时，更有选派翰林院学习四夷译书之例；又颁发四书五经大全、性理大全，令诸生学习。（丙）考试。每月试经书义各一道，诏、诰、表、策、论、判内科二道，每季送呈翰林院考校，编成文册，岁终奏上。（丁）升降。升降分率性、修道、诚心、正义、崇志、广业六堂。列表如下：

据《明史》卷六十九载："既而改学为监，设祭酒司业，及监丞、博士、助教、学正、学录、典籍、掌撰、典簿等官，分六堂以馆诸生，曰率性、修道、诚心、正义、崇志、广业，学旁以宿诸生，谓之号房，厚给廪饩，岁时赐布帛文绮袭衣巾靴，正旦元宵诸令节，俱赏节钱。孝慈皇后积粮监中，置红仓二十余舍，养诸生之妻子；历事生（历事生是把在监学生拨往诸司历练吏事，有小秀、才老、秀才的不同）未娶者，赐钱婚聘，及女衣二袭，月米二石。诸生在京师岁久，父母存，或父母亡而大父母伯叔父母存，皆遣归省，人赐衣一袭，钞五锭，为道里费，其优恤之如此。"由此可知明代对于国学生是甚优待的。至于师资选择颇严，祭酒司业两职，总称做司成，如学行兼优，方可充任；中叶以后，选择的限制稍宽，变成由翰林院官循资升转。对于督责学生习读，每班选一人充斋长，督率功课，衣冠步履，必严饬中节，夜必宿监，有故而出，必告本班教官，令斋长率之以白祭酒；监丞置集愆簿，有不遵者书之，再三犯者决责，四犯者至发遣安置。（二）郡县之学。郡县之学与大学相维，创立

明六堂

自唐始。宋置诸路州学官,元因之,其法皆未具,至明时府州县卫所皆建儒学,教养之法较为完备。据《明史稿·选举志》载:"洪武二年,太祖初建国学,谕中书省臣曰:学校之教,至元其弊极矣,上下之间,波颓风靡,学校虽设,名存实亡,兵变以来,人习战争,惟知干戈,莫识俎豆;惟治国以教化为先,教化以学校为本,京师虽有太学,而天下学校未兴,宜令郡县皆立学校。延师儒,授生徒,讲论圣道,使人日渐月化,以复先王之旧;于是大建学校,府设教授,州设学正,县设教谕各一,俱设训导,府四州三县二,生员之数,府学四十人,州县以次减十,师生月廪食米人六斗,有司给以鱼肉,学官月廪有差,生员专治一经,以《礼》《乐》《射》《御》《书》《数》设科分教,务求实才,顽不率者黜之。"宣宗宣德中,以就学日多,定增广之额,在京府学六十人,在外府学四十人,州县以次减十。英宗以后民间来学的愈多,便在正统二十年起,额外增收学生,随班听讲,不限名额,称为附学生员,由是举凡新进的,都变成一种附生,增广生员须经岁科两试及格,才得充补,此外有志读书的士子,把他称为童生,其中倘有特别异敏的,在大比之年,亦可破例选拔一二,和诸生一同入场考试,儒士中式乡试,称为举人,不中式的还同童生一样,须经岁试。明时郡县地方学校之考试制度,分出学入学在学三种;入学考试,即学校招生,每三年举行两次,初由各级地方长官兼任,英宗正统元年,才设立提学官专管学务;世宗嘉靖时,因为入学考试太宽,尝下裁汰生员之令;神宗万历时,至有州县仅录一人,未免矫枉过正。在学考试,特别称为岁考,其实只三年两次,由提学官举行。考试成绩分为六等,一等前列者视廪膳生,有缺依次升补,二等补增广生员,一二等皆给赏,三等如常,四等挞责,五等廪增递降一等,附生降为青衣,六等黜革退学。出学考试,就是测验学生学力,可否升贡或登用的一种试验,特别称为科考,大概要经过岁考一二等,才有入场资格,具有此种资格的学生,特别又称为科举生员,其等第仍分为六等,大抵多置三等,考列三等的,不得应乡试,挞责黜革者,百中不及一二。生员应试,科举三十名中,占举人一名,后因科举额员日增,举人总员额亦升缩不定。学生课程,规定在学生员于专治一经外,以礼、乐、射、御、书、数六艺,分科教授,十五年裁并乐御两科,更定四科新法;(甲)礼。由部颁发经、史、律、诰、礼、仪各书,令诸生熟读。(乙)射。于朔望日,选辟射圃,树立射鹄,令诸生练习。(丙)书。选集名人法帖,日以五百字为限。(丁)数。须通九章算法。关于学校条规,明太祖洪武十五年,制定学校禁例,刻在明伦堂石碑上,俾众周知:(1)府州县生有大事干己,许父母兄弟陈诉,非大事毋至公门。(2)一切军民利病,唯生员不许建言。(3)生员父母欲行非为,必再三劝告,不使陷于危亡。(4)生员听师讲说,毋恃己长妄辩难。科罚共分充吏、夺廪、挞责、革黜各种:(1)生员入学十年,没有上进,或犯大过的,便把他送往各部充吏。(2)犯过受赃、奸盗、冒籍、宿娼、居丧娶妻妾的,在直隶省充发国子膳夫,在各省充发儒学膳夫斋夫,情节较重,并即夺廪,凡生员学无成绩考落下等的,便剥夺了学籍。明初待遇,府州县学生员除廪饩外,还给他的家属免役二丁,并制定生员巾服以示优异;中叶以后,供给廪膳的,须经过一定的考试,普通生员,不过取得选贡和考试的资格而已。至教务方面:府有教授,其属训导四人;州有学正,属训导三人;县有教谕,属训导二人,通计全国,共有四千二百余员(参阅《明史》卷六十九,徐式规著《中国教育史略》一六八页,毛邦初编《中国教育史》二九六页)。(三)特种学校。特种学校有宗学、社学、武学三种:(1)宗学。宗学是一种专门教授皇族的,凡是世子、长子、众子及将军中尉年未弱冠者,均须入学,师资是王府中之长史、纪善、伴读、教授等官,择学行优长者任之。神宗万历中,定宗室子十岁以上,俱入宗学;若宗子众多,分置数师,或于宗室中推举一人为宗主领其事,令学生诵习《皇明祖训》、《孝顺事实》、《为善阴骘》诸书,而《四书》、《五经》、《通鉴》、性理各种,亦相兼习;子弟入学者，每岁就提学官考试，衣冠一如生员，其后宗学渐多，颇有致身两榜，起家翰林者。(2)社学。社学是乡村的公立小学，洪武八年，延师以教民间子弟，兼读《御制大诰》及《本朝律令》；英宗正统时，许补儒学生员；孝宗弘治十七年，令各府州县建立社学，选择明师，民间幼童十五以下者，送入读书，讲习冠婚丧祭之礼。(3)武学。武学是一种教授武臣子弟的特种学校，洪武时，置大宁等卫儒学，教武官子弟。英宗正统中，成国公朱勇奏选骁勇都指挥等官五十一员，熟娴骑射幼官一百员，命两京建武学以训诲之，后又命都司卫所应袭子弟年十岁以上者，提学官选送武学读书，无武学者，送卫学或附近儒学肄习。他的课程，小学方面，是《论语》《孟子》两种；大学方面，于《五经》外，兼修《百将传》。师资，原定选用文武重臣入学教授，神宗万历以后专设武学教官，并设主事一员，主任武学事务。庄烈帝崇祯十年，令天下府州县学皆设武学生员，提学官一体考取(见《续通考·学校考》)。

明之科举，沿唐宋旧制，而稍变其试士之法，专取四子书及《易》、《诗》、《春秋》、《礼记》五经命题，乃太祖与刘基所定。其文略仿宋经义，体用排偶，谓之八股，通谓之制艺。三年大比，以诸生试之直省，曰乡试，中式者为举人；次年以举人试之京师，曰会试，中式者天子亲策于廷曰廷试，亦曰殿试；分一二三甲以为名第次序，一甲止三人，曰状元、榜眼、探花，赐进士及第；二甲若干人，赐进士出身；三甲若干人，赐同进士出身。士大夫通以乡试第一为解元，会试第一为会元，二三甲第一为传胪。初设科举时，初场试经义二道，四书义一道，二场谕一道，三场策一道，中试后十日，复以骑、射、书、算、律五事试之；后颁科举定式，初场试四书义三道，经义四道；四书主《朱子集注》，《易》主《程传》、《朱子本义》，《书》主《蔡氏传》及古注疏，《诗》主《朱子集传》，《春秋》主《左氏》、《公羊》、《穀梁》三传，及胡安国、张洽传，《礼记》主古注疏。永乐间，颁《四书五经》大全，废注疏不用；其后《春秋》亦不用张洽传，《礼记》止用

《陈澔集说》。二场试论一道，判五道，诏诰表内科一道。三场试经、史、时、务、策五道。廷试以三月朔，乡试直隶于京府，各省于布政司，会试于礼部。主考，乡会试俱二人；同考，乡试四人，会试八人；提调一人，在内京官，在外布政司官；会试，礼部官监试二人，在内御史，在外按察司官；会试，御史供给收掌试卷、弥封腾录、对读受卷及巡视监门，搜检怀挟，俱有定员，各执其事。举子，则国子生及府州县学生员之学成者，儒士之未仕者，官之未入流者，皆由有司申举性质敦厚文行可称者应之。其学校训导生徒，及罢闲官吏倡优之家，与居父母丧者，俱不许入试。试士之所，谓之贡院，诸生席舍，谓之号房，每人一军守之，谓之号军。试官入院，辄封钥内外门户，在外提调监试等，谓之外帘官；在内主考同考，谓之内帘官。廷试用翰林及朝臣文学之优者为读卷官，共阅对策，候临轩，或如所拟，或有所更定，传制唱第，状元授修撰，榜眼探花授编修，二三甲考选庶吉士者，皆为翰林官。其他或授给事、御史、主事、中书、行人、评事、太常国子博士，或授府官、知州、知县等官。举人贡生不第，入监而选者或授小京职，或授府佐，及州县正官或授教职。此是明代科举的大略(参阅《明史·选举志》)。

宋元之间，书院最盛，至明而渐衰。洪武元年，立洙泗尼山二书院，各设山长一人。宪宗成化十二年，命江西贵溪县重建象山书院。孝宗弘治元年，以吏部郎中朱本言，修江南常熟学道书院。武宗正德元年，江西按察司副使邵宝奏修德化县濂溪书院。其时各省虽有书院，其风不盛。其后国学之制渐隳，科举之弊孔炽，士大夫复唱讲学之法，而书院又因之以兴，如龙岗书院(王阳明讲学之所)、贵阳书院、濂溪书院、稽山书院、敷文书院、白沙书院、首善书院、东林书院其最著者。世宗嘉靖十七年四月，吏部尚书许赞请毁书院，从之。十六年二月，御史游居敬疏斥南京吏部尚书湛若水，倡其邪学，广收无赖，私创书院，乞戒谕以正人心，帝慰留若水，而令有司毁其书院；许赞复言抚按司府多建书院，聚生徒供亿科扰，亟宜撤毁，下诏从其言。明末书院以讲学者忤魏忠贤，遂并天下书院毁之，及魏忠贤败，士大夫复立书院讲学。明儒讲学之所自书院之外，复有寺观祠宇之集会，定期以相砥砺。

第十五节　明代之学术

明代学术，因中西文化的接触，较有进展：（甲）史学。明太祖时，宋濂、王祎等奉敕编纂《元史》，因顺帝一朝史料缺乏，遂命欧阳佑等往北平，成《元史》二百十卷，内容有《帝纪》四十七卷，《表》六卷，《列传》九十七卷。此书撰成前后仅三百二十一日，古今成史之速，未有如《元史》者，因此，疏漏特多，所引史料除十三朝实录外，采虞集所纂的经世大典。宋濂又撰洪武《政纪》二卷，内容分严祀事、正大本、肃军政、绝倖位、定民志、新旧俗六类。新旧俗类又分九子目，为申禁令、核实效、育人才、优前代、正礼乐之失、去海岳之封、严宫阃之法、厉忠节训、划积岁之弊；此书所记为明太祖开国施政大端，是重要的史料。成祖时，胡粹中撰《元史续编》十六卷，此书大旨，以明初所修《元史》详于世祖以前攻战之事，略于成宗以下治平之迹，顺帝时事亦多阙漏，因作此书，以补足官修《元史》。武宗时，王洙撰《宋史质》一百卷，此书是根据《宋史》重修的，但有一特点，即以辽、金、元三朝皆列于外国，元代各朝年号削而不书，可以知道他民族观念的深刻。世宗时，柯维骐撰《宋史新编》二百卷，有《本纪》十四卷，《志》四十卷，《表》四卷，《列传》一百四十二卷，此书纠谬补遗，比较旧史精密。又邓元锡撰《函史》一百零二卷，此书系仿郑樵《通志》而作，分上下二编，上编为纪传，下编为二十一门，称考者八门，称志者八门，称纪者二门，亦《通志》二十略之例。元锡又著《明书》四十五卷，起于太祖，终于世宗，有说其书编例极为混乱，与史法相违。

孝宗时，诏撰《明会典》，以李东阳、焦芳、杨廷芳为总裁官，梁储为副总裁官，纂修官为毛纪、傅珪、毛澄、朱希周、潘辰等，此书凡一百八十卷，所记皆一代典章，最为完备。世宗嘉靖八年，复命阁臣续修《会典》五十三卷，万历四年，又续修《会典》二百二十八卷。神宗时，陈邦瞻撰《宋史纪事本末》二十六卷，此书本于冯琦《通鉴纪事本末》体者十之三，出于邦瞻者十之七，叙事颇有条理。邦瞻又撰《元史纪事本末》四卷，此书史料缺乏，不及《宋史纪事本末》的赅博（参阅周容编《史学通论》七二至七四页）。（乙）经学。明代之治经者，大抵奉程朱之说，成祖时，编《四书大全》、《五经大全》，颁发各校。明代治经学者，如《易》学，有蔡清之《易蒙引》，则宗朱子之说；高攀龙之《易简说》，则以心学说《易》；黄道周之《三易洞机》，则据图象说《易》。如《书经》，有胡广等辑《书传大全》，以蔡传为主；梅鸷作《尚书考异》，渐疑古文之伪；陈第《尚书疏衍》，则笃信伪古文；其他毛晃之《禹贡指南》，程大昌之《禹贡论》，胡瑗之《洪范口义》，黄道周之《洪范明义》，虽疏于考古，然亦足为参考之资。如《诗经》，有季本之《诗说解颐》，朱朝英之《读诗略记》，李先芳之《读诗私记》，皆杂采汉宋之说；惟何楷之《诗经世本古义》，则多新义而详于名物训诂。如《春秋》，有王樵之《辑传》，朱朝英之《读春秋略记》，杂采三传，旁及宋儒之说。如《礼经》，有胡广辑《五经大全》，以《仪礼》为本经，若黄道周之《表记》、《坊记》、《缁衣》、《儒行集传》，则为引古证今之作；其他治《周礼》者，若柯尚迁之《全经释原》，王应电之《周礼传》，皆以新解改易古经。（丙）天算学。明神宗万历时，利马窦上表，自言天地图及度数，能测其密度，所制观象考验日晷，与中国吻合。徐光启、李之藻、杨廷筠诸人与利氏往来，时相讲习，利氏因著《乾坤体义》以述天象，著《经天该》，把西洋已经测知的恒星作成歌诀，以便记忆；又自制浑天仪等，李之藻因之著《浑盖通宪图说》，为中国人所著第一部介绍西洋天文学的书。万历三十八年十一月日蚀，钦天监预推不验，钦天监中有周子愚者，荐庞迪我（Diago de Pantoja）熊三拔（Ursis Sabatthinusde）等摘译西法历书，但没有实行新法；其后西士仍继续输入西法历数，如熊三拔之《表度说》、《简平仪说》，德玛诺（Tellez Monoel）之《天问略》，都是关于天文学的书。至崇祯时，因为徐光启的努力，遂设立西洋历局，邀同李之藻、邓玉函（Jean Terenz）诸人主其事，并修造天文仪器等，邓玉函卒，汤若望（Johannes Adam）继之，徐光启等努力西洋历法的结果，撰成了崇祯新法算书（参阅《中西交通史》八三页，柳诒徵编《中国文化史》三一六页）。据《明史·历志》载："黄帝迄秦，历凡六改，汉凡四改，魏迄隋十五改，宋十七改，金迄元五改，惟明之大统历，实即元之授时，承用二百七十余年，未尝改宪；成化以后，交食往往不验，议改历者纷纷。崇祯中，议用西洋新法，命阁臣徐光启、光禄卿李天经先后董其事，成历书一百三十余卷，多发古人所未发。时布衣魏文魁上疏排之，诏立两局推验，累年校测，新法独密，然亦未及颁行。"又载："崇祯二年五月乙酉朔日食，礼部侍郎徐光启依西法预推顺天府见食二分有奇，琼州食既，大宁以北不食，大统回回所推天食时刻与光启互异，已而光启法验，余皆疏，帝切责监官；于是礼部奏局修改，乃以光启督修历法，光启举南京太仆少卿李之藻，西洋人龙华民、邓玉函，报可。九月癸卯，开历局。三年，玉函卒，又征西洋人汤若望、罗雅各译书演算，光启进本部尚书，仍督修历法。四年正月，光启进历书二十四卷，四月又进历书二十一卷，是年又进历书三十卷，明年冬十月，光启以病辞历务，以山东参政李天经代之，逾月而光启卒。七年，天经缮进历书，凡二十九卷，并星屏一具，俱光启督率西人所造也。天经又进历书三十二卷，并日晷星晷窥筒诸仪器。八年七月，又上乙亥丙子七政行度历，及参订历法条议二十六节，是时新法书器俱完，屡测交食凌犯，俱密合；但魏文魁等多方阻挠，内官实左右之，以故帝意不能决。十一月正月，进天经光禄寺卿，仍管历务。十六年八月，诏西法果密，即改为《大统历法》，通行天下，未几国变，竟未施行。"利马窦居北京,曾致书欧洲耶稣会,请派一最良天文家来中国,耶稣会乃遣熊三拔东来,在一千六百零六年(万历三十四年)抵北京,欧洲各国适于一千五百八十二年(万历十年)时,废古代儒略旧历(Julian calendar),而采用格里高雷(Gregory)新历,新历较旧历提早十日,欧洲南部奉天主教国皆采用新历,北部新教国家良久始采用之。明末欧洲天文家经多年之讨论与训练,其计历之法始较中国为优(可参阅 Y. G. Hudson, *Europe and China*)。(丁)地理学。地理之学,由利马窦首先输入,利氏在肇庆时,即绘有万国舆图,还著有《乾坤体义》一书,专论大地,其后艾儒略(Giulio Aleni)增补利氏万国舆图,而成《职方外纪》,南怀仁(Verbiest Ferdinand)著《坤舆全图》《坤舆图志》,以及 Geraldin《增补坤舆全图》同《图志》,都是西洋教士以西洋地理学介绍到中国之始。据《四库全书提要》:"《职方外纪》五卷,明西洋人艾儒略撰,其书成于天启癸亥,盖因利玛窦、庞迪我旧本闰色之,不尽艾儒略自作也;所记皆绝域风土,为自古舆图所不载。"可知当时西洋之地理学,比中国之地理学已为进步。(戊)医学。明初知医之士,如滑寿、葛乾孙、吕复、倪维德、周汉卿、王履等俱负盛名。王履尝说:"张仲景《伤寒论》为诸家祖,后人不能出其范围。且《素问》云:'伤寒为病热',言常不言变,至仲景始分寒热;然义犹未尽,乃备常与变,作伤寒立法考。"又说:"《阳明篇》无目痛,《少阴篇》言胸背满,不言痛,《大阴篇》无嗌干,《厥阴篇》无囊缩,必有脱简。"乃取三百九十七法,去其重复者二百三十八条,复增益之,仍为三百九十七法,极论内外伤经旨异同,并中风中暑辨,名曰《泝洄集》,凡二十一篇;又著《百病钩玄》二十卷、《医韵统一》百卷,可知他著述的丰富。其他如戴思恭、盛寅、吴杰、李时珍等,皆当时有名医家,而时珍所编《本草纲目》,尤为有数的巨著,医家《本草》,代有增补,种类既繁,名称多杂,时珍病之,乃穷搜博采,芟繁补阙,历二十年,阅书八百余家,稿三易而成,名《本草纲目》,增药三百七十四种,厘为一十六部,合成五十二卷,至神宗时诏命刊布全国，自是医术推行益广（参阅《中华通史》一二九八页）。（己）物理学。汤若望著有《远镜说》，述远镜之用法制法及原理，西洋光学传入中国，以此书为第一部。万历时，熊三拔著《泰西水法》，中述取水蓄水各种机械，惟器具是简单的。熹宗天启时，王征从邓玉函译成《奇器图说》，为书四卷：第一卷言重心比重；第二卷述杠杆、滑车、轮轴斜面；第三卷述应用原理以起重、引重、转重，取水及用水力代人力诸器械；器械的繁复，远非《泰西水法》一书所可比拟。邓玉函著有《奇器图说》，大旨说天地生物，有数有度有重；数为算法，度为测量，重即力学，均相资而成。先论重之本体，说明立法之所以然，共六十一条；次论各种器具，共九十二条；再次为起重引重诸图，每图均有说明。（庚）农学。农田水利之法，以徐光启所著的《农政全书》六十卷为详备，是书有农本三卷，田制二卷，农事六卷，水利九卷，农器四卷，树艺六卷，蚕桑四卷，蚕桑广类二卷，种植四卷，牧养一卷，制造一卷，荒政十八卷，此书很受西法的影响。《四库全书提要》载："《农政全书》六十卷，明徐光启撰，总括农家诸书，裒为一集，备录南北形势，兼及灌溉器用诸图谱。"可知此书的价值。（辛）哲学。明代西士传入中国的，科学以外，哲学亦有传入。欧洲在中古时代，希腊亚里士多德（Aristotle）的学说盛行一时，耶稣会教士东来中土，亚氏学说亦随之传来；天启时，葡萄牙人佛兰西士可夫士他都（Francisco Fustado）到杭州，同李之藻相往来，后遂共译亚里士多德之书，成《寰有诠》六卷，《名理探》十卷。《寰有诠》乃先就诸有形之类，摘取形天水土气火所名五大有者，为之创译，是亚里士多德《物理学》的一部分。《名理探》乃亚氏《论理学》的节本，是《爱知学》的先导。此外有毕方济的《灵言蠡勺》，艾儒略的《性学粗述》，都是论述形而上学的灵魂之作。（参阅《万有文库》《中外交通小史》一百二页引）。（壬）兵器学。有形欧化中最早受欧人影响者，实为铸炮术。明成祖平交阯，得神机枪炮法，特设神机营肄习，制用生熟赤铜相间，大小不等，大者发用车,次及小者用架,用桩用托,大利于守,小利于战,随宜而用为行军要器。永乐十年以后,北方沿边要塞各山顶皆置五炮,架以御敌。宣德五年,敕宣府总兵官谭广,神铳国家所重,在边墩堡,略给以壮军威,勿轻给。正统六年,边将黄真、杨洪立神铳局于宣府独石,英宗以火器外造,恐传习漏泄,下令止之。景帝景泰时,应州人师翱制铳有机,顷刻三发,能及三百步外。英宗天顺八年,延绥参将房能破贼麓川,用九龙筒,一线燃则九箭齐发,后请颁制造格式于各边疆。西洋人用火药炮铳于战术上,是在于西纪元一千三百四十六年始(元顺帝至正六年),考据家谓其术传自东方诸国,西洋人得其术虽迟,而铸造发达改良,则较中国为速。武宗正德时,葡萄牙船至广东白沙,巡检何儒得其制,以铜为之,长五六尺,大者重千余斤,小者百五十斤,巨腹长颈,腹有长孔,以子铳五枚,贮药置腹中,发及百余丈,所击辄糜碎。世宗嘉靖八年(1529),始从右都御史汪铉言造法郎机炮,谓之大将军,发诸边镇。其后荷兰人至,其炮更大,炮名红夷,长二丈余,重者至三千斤,能洞裂石城,声震数十里。神宗万历二十年,日本丰臣秀吉侵寇朝鲜,明兵御之,得力于炮铳者不少(参阅《欧化东渐史》五六页)。就宋、元、明学术发展的趋势论之,以明代的学术较为发达也。

第十六节　明代之理学

有明一代的理学,以方正学(孝孺)为开山,朱学惟金华一派源流最长,传至明初宋景濂是其嫡系;正学为景濂门人,从正学灭族以后,金华派遂日就式微。继正学而起的,为河南渑池人曹月川(端),刘蕺山(宗周)称他为当代濂溪,此虽是过当称许,然他为各派的前驱,开一代学术的曙光,是可以相信的。其后薛敬轩(瑄)起于河东(山西河津县人),吴康斋(与弼)起于江右(江西崇仁县人)，同为当时学术界的泰斗。河东一派，很少著者。崇仁门中，有胡敬斋(居仁)、娄一斋(谅)、陈石斋(献章)三大弟子，此期以崇仁学派为最展拓。刘蕺山谓献章："学宗自然，而要归于自得……可谓独开门户，超然不凡。"黄梨洲亦说："有明之学，至白沙始入精微……至阳明而后大。"(见《白沙学案叙录》)所以梨洲于白沙特地另立一案，推许他为有明一代特出的人物，是自立门庭，非复崇仁所能范围的。他是广东新会白沙里人，所以称此派为白沙学派，他的思想与王阳明的思想，间有相似的(白沙主自得，阳明亦主自得)。自成祖永乐命胡广、杨荣、金幼孜等撰《五经大全》、《四书大全》、《性理大全》等书，为周子、程子、张子、邵子、蔡元定父子，以及诸儒等的学说的大结集，诸书由政府颁布各学校作为教科书，命学子诵习，不但当时学子的思想被程朱学所困，而真正的程朱学，亦徒然为天下士子获得功名的阶梯。宪宗成化以后，应举的必用八股文，从此到清朝相沿不改，误害士子，不堪设想。据日儒渡边秀方于《中国哲学史概论》说："当时一般士风，还是汲汲于举业，思想上还是没有甚么进展，不过开国时，既有刘宋(刘基、宋濂)辈起于上，文运也就渐次促进，所以到太宗(疑是成祖)时他命儒臣胡广等撰《五经大全》百七十卷，《四书大全》三十六卷，宋元新注全辑收在内，又撰《性理大全》七十卷，程朱学的精粹，类别纂辑，以作斯学的教科书。这学于是蔚然复振，曹月川(名端，字正夫)作先驱，薛敬轩、吴康斋并起，同为泰斗。敬轩著有《读书录》及《薛子道论》，维持风教，尤有功绩；至其思想，不过为程朱学的一解释家而止；但他同时又是这学的实行家，具有一世祖师的人格。康斋亦纯儒且同派，虽别无著述，践履工夫上则主张克己积功，门下出过胡敬斋、陈白沙、娄一斋等名儒。尤其一斋门下，出过一个大家王阳明，开明学更新的端绪；明学且在这时期达于最高潮，尔后虽分为江门(以白沙为宗)姚江(以阳明为宗)二派，但二派的思想，也是明朝独步，出于程朱以外。且阳明之下，如王心斋、徐横山、钱绪山、王龙溪、邹东廓、罗念庵等，也都是有名人物，对王学很尽过力。"由上引证来看，就知道明代理学的渊源。明代理学，除江门姚江两派以外还有东林一派，这派是宗依程朱之学，但他们好议论时事，高倡节义，以一变士风为主义，且涉及实际问题，投于政争旋涡，于思想界之贡献殊少。

我们知道理学到南宋时，朱熹和陆九渊显然分为两派，但朱学因常得统治阶级的拥护，自元以迄明初，朱学独盛，陆学日衰；明初因同姓的关系，更推重朱熹。清朱彝尊曾说过："世之治举业者，以《四书》为先务，视《六经》为可缓；以言《诗》非朱子之传义，弗敢道也；以言《礼》非朱子之家礼，弗敢行也；推是而言，《尚书》《春秋》，非朱子所授，则朱子所与也；言不合朱子，率鸣鼓而攻之。"（见朱彝尊《道传录序》，《道传录》华亭张恒著。）此确是道着当时的实情。然而朱学到了极盛时，朱学的流弊日生。本来朱熹即物穷理之说，崇仰的人，不从格物致知另辟新境，而只从内心虚静的方面用力，结果思想界现出萎靡不振的景象。在此种情形之下，有许多学者不能安居于朱学的藩篱，而要自找出路的；加以明朝自武宗以后，国威凌替，民穷财尽，忧时之士便归咎于人心之不正，而人心之不正由于圣学之不明，于是思想界杰出的天才如王守仁者，对于朱学便不得不重新估定其价值，因此遂成朱学衰微王学勃兴的局面。兹将明代理学家的中心人物的思想分述如下：（1）吴康斋。吴与弼，字子傅，号康斋，抚州之崇仁人（属江西省），生于太祖洪武二十四年（1391），死于宪宗成化五年（1469），年七十九岁。少从学于杨溥，慨然有志于道，遂弃举子业。后常居乡间讲学，其门弟子如胡居仁、娄谅，都为一代大儒，而陈献章亦出于他的门下。所以吴与弼在明理学界，是居于领导地位，清黄宗羲比之于大辂之椎轮，是确当的。吴康斋感于笺注之繁，无益有害，所以他生平没有整篇的著述，《明儒学案》辑录他的语录数十条，可以窥见他的思想态度。黄宗羲说："康斋倡道小陂，一禀宋人成说，言心则以知觉而与理为二，言功夫则静时存养，动时省察，故必敬义夹持，明诚两进，而后为学问之全功。"他的学问，盖从程朱得来的，换句说，存天理，去人欲，就是他思想的根本。语录说："人须整理心下，使常莹净惺惺方好，此敬以直内工夫也。嗟呼！不敬则不直，不直便昏昏倒了，万事从此隳矣，可不惧乎！又曰：圣贤之所言，无不在于存天理，去人欲，圣贤之所行亦然，学圣贤者，舍何之也。"又说："静时涵养，动时省察，以加克己复礼之功，以作虚明其心之用，使本心不为事物所挠，否则心愈乱，气愈浊。"刘蕺山说："康斋之学，刻苦奋励，多从五更枕上汗流泪下得来，及夫得之而有以自乐，则又不知足之蹈之，手之舞之，七十年如一日，愤乐相生，可谓独得圣人之心精者。"（《明儒学案·师说》）由此可知康斋存理去欲的克己工夫。（2）胡居仁。胡居仁字叔心，饶之余干人（属江西省），学者称为敬斋先生。弱冠时，奋志圣贤之学，往游吴康斋之门，遂绝意科举，筑室于梅溪山中，事亲讲学之外，不干人事。久之欲广闻见，适闽浙，入金陵，从彭蠡而返，所至访求学问之士，归而与乡人娄一斋、罗一峰、张东白为会于弋阳（县名，属江西省）之龟峰，余干之应天寺。相继主白鹿书院、贵溪（县名，属江西省）桐源书院。宪宗成化二十年卒，年五十一，所著有《居业录》八卷，文集二十卷，收在《正谊堂全书》内。平生为学，一主于敬，因以敬名其斋。尝说："端庄整肃，严威俨恪，是敬之入头处。提撕唤醒，是敬之接续处。主一无适，湛然纯一，是敬之无间断处。惺惺不昧，精明不乱，是敬之效验处。"又说："敬则自虚静，不必自求虚静。""静中有物，只是常有个操持主宰，而无空寂昏塞之患。""心中常有主，乃静中之动；事得其所，乃动中之静。"盖敬斋之于康斋，犹伊川之于濂溪，濂溪主静，而伊川易之以居敬。康斋言静中涵养，而敬斋易之于有主，是承师说而稍变者。敬斋虽然主敬主静，但不以禅家之静坐为然，《居业录》说："周子有主静之说，学者遂专志静坐，多流于禅，盖静者体，动者用也；静者主，动者客也；静意虽重于动，非偏于静也；愚谓静坐中，有个戒慎恐惧，则本体已立，自不流于空寂，虽静何害。"可见他虽主张静，和禅家主张空寂的静，至于无我无物的境地，是有所不同的。他说："心具众理，众理悉具一心，心与理一也。故天下事物之理，虽在外，统之在吾一心，应事接物之迹，虽在外，实吾心之所发见，故圣人以一心之理，应天下之事，内外一致，心迹无二，异端虚无空寂，此理先绝于内，以何者而应天下之事哉。"（《居业录》卷一）又说："心无主宰，静也不是工夫，动也不是工夫，静而无主，不是空了天性，便是昏了天性，此大本所以不立也。动而无主，若不猖狂妄动，便是逐物循私，此达道所以不行也。"（同上）要之：敬斋之学，是实践的，不是空谈的。

（3）娄谅。吴与弼门下，除胡居仁外，尚有娄谅，也是一位笃实的儒者。据《明儒学案》载："娄谅字克贞，别号一斋，广信上饶人，少有志于圣学。闻康斋在临川，乃往从之，凡康斋不以语门人者，于先生无所不尽。"他生于成祖永乐二十年（1423），死于孝宗弘治四年（1491），年七十岁。王守仁十七岁时，过广信，问道于他，他告以圣人可学而至，所以守仁思想是受过他影响的。他的为学，大概以收放心为居敬之门，以何思何虑，勿助勿忘为居敬要旨，俨然程朱学者。（4）薛瑄。与吴与弼同时并起为朱学继任者的为薛瑄。薛瑄字德温，号敬轩，山西河津人。生于太祖洪武二十二年（1389），死于英宗天顺八年（1464），年七十六岁。自幼聪敏，书史过目成诵，中永乐十九年进士，宣德中授监察御史，差监湖广银场；英宗时，各省设提学，宪臣以荐，除山东提学佥事。他的思想，以复性为宗，濂洛为鹄。所著《读书录》凡十一卷，又《续录》十二卷，大概为《太极图说》（周敦颐撰）《西铭正蒙》（张载撰）之义疏；然多重复杂出，未经删削。他说："气有聚散，理无聚散。以日光飞鸟喻之，理如日光，气如飞鸟；理乘气机而动，如日光载鸟背而飞。鸟飞而日光虽不弃其背，实未尝与之俱往而有间断之处。亦犹气动而理虽未尝与之渐离，实未尝与之俱尽而有灭息之时。"黄宗羲批评他的思想说："窃谓理为气之理，无气则无理。若无飞鸟而有日光,亦可无日光而有飞鸟,不可为喻。盖以大德敦化者言之:气无穷尽,理无穷尽;不特理无聚散,气亦无聚散也。以小德川流者言之:日新不已,不以已往之气,为方来之气,亦不以已往之理,为方来之理;不特气有聚散,理亦有聚散也。"宋明儒家惯说理气,说来说去,说不出端倪。理,就是宇宙的自然法则;气,就是宇宙自然界之变迁现象;气,不但不与理相冲突,是顺自然法则之理以为演变;理,不但不与气相违反,是为自然界变迁现象的依据。所谓聚者非聚,散者非散,不外是自然界现象之动态而已。(5)陈献章。明儒自吴康斋,转为陈献章,已开一新面目,至王守仁,遂开明学更新端绪。黄宗羲说:"有明儒者不失其矩矱者,亦多有之,而作圣之功,至先生(指献章)而始明,至文成而始大;向使先生与文成不作,则濂洛之精蕴,同之者固推见其至隐,异之者亦疏通其流别,未能如今日者也。"可见他在明代理学界的位置。献章字公甫,广东新会之白沙里人。因其地名,故号白沙。生于宣宗宣德三年(1428),死于孝宗弘治十三年(1500),年七十三岁。英宗正统十二年(1447),举广东乡试,明年会试,中乙榜(明时集各省举人试于京师曰会试,因进士有甲榜之名,故以举人为乙榜),入国子监读书(国子监即国学,晋始立国子学,隋炀帝改学为监,历代因之),已至崇仁,受学于吴康斋,遂绝意科举,筑阳春台,静坐其中,足不出户者数年。宪宗成化二年,复游太学,名重京师。十八年,以布政使彭绍等荐,召至京阁,大臣阻之,令就试吏部,辞疾不赴,疏乞终养,授翰林院检讨而归,自后屡荐不起。所著有《白沙子集》、《白沙语要》等书。他学说的根柢,是由于静坐中得来,而其思想是根周濂溪的主静说,在修为上主张静坐澄心,以期统一精神,保持心灵。他说:"人心上不得容留一物,才看一物时,谓为有碍,心心念念,只在功业上,则此心便不广大,便是有累之心。是以圣贤之心,廓然若无,感而后应,不感则不应。又不特圣贤如此,人心本来体段皆一般,只要养之以静,便自开大。"有人说他此种议论与北禅祖师神秀"心如明镜台,时时勤拂拭"的思想相通的。他《与林绲熙书》有说:"终日乾乾,只是收拾其心而已,此理干涉至大,无内外,无始终,一处而无不到,一息而无不运,会此则天地立于我,万化出于我,宇宙在于我,得此橱柄入手,更有何事,往古来今,四方上下,都一齐穿纽,一齐收拾。"《文集》卷三)此说与陆九渊"宇宙便是吾心,吾心即是宇宙"的见解相同。(6)王阳明。王守仁字伯安,学者称为阳明先生,浙江余姚县人,生于明宪宗成化八年(1472),父华,成化辛丑(1481)进士,仕进南京吏部尚书,可知他是名门之产。二十一岁,举浙江乡试,是年始闻宋儒格物之学。二十八岁,登进士第,赐二甲出身,翌年授刑部云南清史司主事。三十五岁,上封事弹劾小人刘瑾,忤旨下狱,谪贵州龙阳驿三年,备尝辛苦。还朝后,由庐陵知县起复,历任诸官,且平南赣、汀漳、横水、桶冈、浰头诸巨寇外,更平定过宁王宸濠谋反,以功封新建伯,升南京兵部尚书。他虽在军中,不废讲学,历世多艰,对于人生见解更觉体认真切,五十岁时,始揭出致良知之说。世宗嘉靖七年卒(1528),享年五十有七。著有《王文成公全书》三十八卷,其中《传习录》三卷,是了解王学最切要的材料。王阳明的学说,可以分数方面观察:(甲)心即理说。心即理的观念,并非始于王阳明,宋儒陆九渊既有所阐发,阳明是承他的系统;九渊以理为宇宙的本体,所以他说:"万物森然于方寸之间,满心而发,充塞宇宙,无非此理。"(见《象山全集》卷三十四)他认定维系宇宙者,全由于此理,理之表现于人类者,就是心,所以他说:"心一心也,理一理也,至当归一,精义无二,此心此理,实不容有二。"(见《象山全集》卷一《与曾宅之书》)九渊死后三百多年,阳明承他的系统,把心即理说,更阐发圆满。在全书卷二《答人论学书》说:"夫物理不外于吾心,外吾心以求物理,无物理矣。遗物理而求吾心,吾心又何物邪?心之体,性也;性即理也。故有孝亲之心,即有孝之理,无孝亲之心,即无孝之理矣。有忠君之心,即有忠之理,无忠君之心,即无忠之理矣。理岂外于吾心邪?

晦庵谓人之所以为学者，心与理而已，心虽主乎一身，而实管乎天下之理；理虽散在万事，而实不外乎一人之心。是其一分一合之间，而未免已启学者心理为二之弊。此后世所以有专求本心，遂遗物理之患，正由于不知心即理耳。"他认定心即理，故在人生行为上直指本心，而视心为义为善。《与王纯甫书》说："在物为理，处物为义，在性为善，因所指而异其名，实皆吾之心也。心外无物，心外无言，心外无理，心外无义，心外无善。吾心之处事物，纯乎理而无人伪之杂谓之善，非在事物有定所可求也。处物为义，是吾心之得其宜也。义非在外，可袭而取也。格者格比也，致者致此也。"换句说：宇宙的一切皆吾心之所范围，而形成绝对的唯心论了。《阳明全书》卷二《答罗整庵书》说："理一而已；以其理之凝聚而言谓之性，以其凝聚之主宰而言谓之心，以其主宰之发动而言则谓之意，以其发动之明觉而言则谓之知，以其明觉之感应而言则谓之物。故就物而言谓之格，就知而言谓之致，就意而言谓之诚，就心而言谓之正。正者，正此也；诚者，诚此也；致者，致此也；格者，格此也。皆所谓穷理以尽性也。"《全书》卷三说："尝闻人是天地之心，曰：人又甚么教做心，对曰：只是一个灵明，不知充天塞地，中间只有这个灵明，人只为形体自间隔了，我的灵明，便是天地鬼神的主宰。"凡此诸说，可谓达到唯心论的最高形式。（乙）致良知。阳明良知之说，远则受影响于孟子"人之所不学而能者，其良能也，所不虑而知者，其良知也"等良知论，近则受影响于陆象山的哲学，及其个人自艰难困苦中体认出来。他说："吾于良知之说，从百死千难中得来，非是容易见得到此。"（见《刻文录叙说》）良知从何处来，是从心之作用来，心之三作用为知情意，良知的作用，就是心的作用；心的作用，同时就是良知的三作用。以言知："良知常觉常照。"（见《传习录》中）所以能知善知恶知是知非。以言情："良知只是一个天理自然明觉发见处，只是一个真诚恻怛，便是他本体。"（见《传习录》下）由此情以发见人类同情之心，博爱之仁。以言意："其虚灵明觉之良知,应感而动者谓之意。"(见《答顾东桥书》)由此意之戒慎恐惧,而遏止邪思妄念。可见他提出良知之说,是合于天理的明觉之心。《全书》卷一说:"知是心的本体,心自然会知;见父母自然知孝,见兄自然知弟,见孺子入井,自然知恻隐,此便是良知,不假外求;若良知之发,更无私意障碍,即所谓充其恻隐之心,而仁不可胜用矣。然在常人,不能无私意障碍,所以须用致知格物之功,胜私复理,即心之良知,更无障碍,得以充塞流行,便是致其知,知致则意诚。"在此已说明良知的完全作用。然良知何以能成为完全作用,则在于致之一字用功。阳明的学说,是在致之一字着力;致,在消极上是不欺。《全书》卷三说:"九川(即陆澄,字原静,阳明弟子)问:近来工夫虽若稍知头脑,然难寻个稳当快乐处。阳明曰:此间有个诀窍。曰:请问如何? 曰:只是致知。曰:如何致? 曰:尔那一点良知,是尔自家的准则,尔意念着处,他是便知是,非便知非,尔只不要欺他,实实落落依着他做去,善便存,恶便去,他这里何等稳当快乐! 此便是格物的真诀,致知的实功。"致,在积极上是扩充到底,发见心明觉的本体。《全书》卷三说:"吾心良知,既不能扩充到底,则善虽知好,不能着实好了;恶虽知恶,不能着实恶了。"由消极积极上以用力,必能表见致良知的工夫。《全书》卷二说:"若鄙人所谓致知格物者,致吾心之良知于事事物物也,吾心之良知,即所谓天理也,致吾心良知之天理于事事物物,则事事物物,皆得其理矣。致吾心之良知者,致知也,事事物物皆得其理者,格物也,是合心于理而为一者也。"致良知的工夫完成,即天理由此而完全表现,此是何等彻底的行为。(丙)知行合一。知行的学说,在中国理学界是很注重的。在人类行为史上,有等是行而后知的,有等是知而后行的,有等是行之而不知的,有等是知之而不行的。《王守仁与明理学》一书二二页有说:"知行的关系,为中国近代哲学之一重要问题。从来论者,约可分为三派:(一)先知后行说,(二)知行并进说,(三)知行合一说。主张第一说的是朱熹,主张第二说的是陈淳(北溪)，主张第三说的即王守仁。"日儒渡边秀方于《中国哲学史概论》一二八页说："他(指阳明)既想用唯心的一元解决万理，对于知行二者的关系，自然也不会想分离地考察，而想认后者为含于前者之中了。……知行不合一时，真正知了的话，当还不能说，这种知还只能说是理想知，空想知。在朱子是广穷物理，集而归纳之以为致知的。那时候心与物分而为二，致知在前，行为在后；简言之，前知后行，是朱子的主张。但阳明则不然，他是唱物心一如的，所以一说知时，物的理当是已经明白，否则当不能彻一如之义，所以在他，知行当为合一。"我于《孙先生之思想及其主义》一书一四页说："王阳明之说，是知行相合的，是向内的，是内心生活的，是心灵本体的，是先天的；他之主张知是为行，他之主张行是为知，他之主张知行，是为致良知。"知行不分为两事，是王阳明思想的独到处，他说："设如好好色，如恶恶臭，见好色属知，好好色属行，只是那好色时，已自好了，不是见了之后，又立个心去好；闻恶臭属知，恶恶处属行，只闻那恶臭时，已自恶了，不是闻了之后，别立个心去恶。"(见《传习录》上)又说："今人学问，只因知行分作两件，故有一念发动，虽是不善，然却未曾行，便不去禁止；我今说个知行，正要人晓得一念发动处，便即是行了；发动处有不善，就将这不善的念克倒了，须要彻根彻底，不使那一念不善，潜伏在胸中，此是我立言宗旨。"(见《传习录》下)就此一念发动处便是行来看，阳明之知行合一论，可说是主行论，是直指本心扫除欺伪掩饰之态度，他的主张何等彻底，何等精微。他答门人徐爱问知行合一之旨有说："知之真切笃实处便是行，行之明确精察处便是知。若知时其心不能真切笃实，则其知便不能明觉精察，则其行便不能真切笃实，不是行之时，只要真切笃实，更不要明确精察也。"本心之明即知，不欺本心之明即行，行而不能明觉精察，便是冥行；知而不能真切笃实，便是妄想；他提出知行之旨，原来只是一个工夫。总括阳明知行合一之义：(a) 知则必行。(b) 知与行并进。(c) 不行由于知之未真。(d) 真知则必行。(e) 不行终不能得到真知。能实行知行合一之义,则可以鼓励人实践的勇气,而扫除一切的空想。黄宗羲批评他的思想有说:"先生承绝学于词章训诂之后,一反求诸心,而得其所性之觉曰良知,因示人以求端用力之要曰致良知。良知为知,见知不囿于闻见;致良知为行,见行不滞于方隅。即知即行,即心即物,即动即静,即体即用,即工夫即本体,即上即下,无之不一,以救学者支离眩骛务华而绝根之病,可谓震霆启昧,烈耀破迷,自孔孟以来,未有若此之深切著明者也。"日儒渡边秀方批评他的学说有说:"他是近代思想界上的霸王,次于诸子的大思想家,当又是万人定论,不待赘言的。"依我的见解,他的思想比之朱子更彻底也,他在中国文化史上学术史上是有相当的位置的。以上就明代理学代表的人物,略述其中心思想。我们知道一种学说,一种思想,在历史上只有它相当的价值与成果而已,不能说某一种学说思想,在历史上成了不可侵犯,而永远占据世界真理的舞台啊。

第十七节　明代之文学

明太祖既统一中国,颇注意于文教,惟笼络士子,课以八股之文,对于文学专务形式,终成腐化。(甲) 八股文。八股文者,是经义之文,前讲四股,后讲四股,故名曰八股,八股文在形式上之束缚,较之四六骈俪,有过之无不及。有明一代的文学,遂成为铸型的古典的,而有生气的文学不见发达者,其弊在此。(乙) 散文。明初散文作家首推宋濂。元末文章以吴莱、黄溍、柳贯为一朝后劲,吴莱之文以宏博著称;黄溍、柳贯之文原本经术,动中法度;宋濂初从莱学,继又师事黄溍、柳贯,学问渊源有所承受,其散文遂为一代之宗。《明史》濂本传说他:"于学无所不通，为文醇深演迤，与古作者并。"《四库全书总目提要》亦说："濂文雍容浑穆，如天闲良骥，鱼鱼雅雅，自中节度。"其次有刘基、王祎、方孝孺诸大家，刘基字伯温，元末进士，太祖定括苍，聘至金陵，佐太祖定天下，授太史令，累迁御史中丞。明初诸大典制，都是他与宋濂等计定。《明史·刘基本传》说他的文章"气昌而奇，与宋濂并为一代之宗"。《四库提要》说他的散文："闳深肃括，亦宋濂、王祎之并。"王祎字子充，明初征为中书省掾，著有《文集》二十四卷。宋濂叙他的集，说他的文章有三变："初年所作，幅程广而运化宏；壮年出游之后，气象益以宏雄，暨四十以后，乃浑然天成，条理不爽。"其文长处在平易切实。方孝孺字希直，号正学，建文中官至翰林侍讲学士，改文学博士，所著有《逊志斋集》二十四卷。《四库提要》说他："学术醇正，而文章乃纵横豪放，颇出入于东坡、龙川之间，盖其志在驾轶汉唐，锐复三代，故其毅然自命之气，发扬蹈厉，时露于笔墨之间。"明初散文作家当以上述诸人为著名。（丙）诗。明初诗派凡五：吴诗派为高启所创，越诗派为刘基所创，闽诗派为林鸿所创，岭南诗派为孙仲衍所创，江右诗派为刘崧所创。高启之诗有《江馆》、《青丘》、《吹台》、《凤台》、《南楼》、《槎轩》、《姑苏》、《杂诗》等集，凡二千余首，自选定为《缶鸣集》，凡九百余首，死后徐庸缀拾遗逸，合为一编，题曰《大全集》，凡十八卷。史述高启因撰《宫女图诗》招祸。刘基之诗于元季华缛之中，喜为沉着疏宕，有说其才华远逊高启。林鸿之诗宗法唐人，绳趋矩步，不免蹈摹拟蹊径，后人至于"唐临晋帖"讥之，而其末流，驯至为世诟病。孙仲衍之诗于元季绮靡之中，独卓然有古格。刘崧之诗句腴字琢，而骨格未高。沈德潜以其辞采鲜媚，当是学温飞卿一派云。其他诗人著名者，有李梦阳、李东阳、何景明、徐祯卿、杨慎、李攀龙、王世贞、宗臣、谢榛、袁宏道、高攀龙、钟惺、谭元春、陈子龙等。（丁）词。明人之词无可观者。清吴衡照说："明词无专家名家，一二才人如杨用修、王元美、汤义仍辈，皆以传奇手为之，宜乎词之不振也。"(《莲子居词话》)刘体仁说："非不欲胜前人，而中实枵然，取给而已；于神味处，全未梦见。"(《七颂堂词绎》)简言之：明人的词，未有高明之处，其中婉约派词人有刘基、瞿佑、杨慎、王世贞、汤显祖、陈子龙、叶小鸾诸人；豪放派词人有高启、夏言、夏完淳诸人；闲适派词人有陈继儒、文徵明诸人。(戊)戏曲。南曲(传奇)始于南宋，是在北曲(杂剧)之前，因金元好杂剧，北曲流行，南曲遂为一时压倒。但北曲不谐南声，元亡明兴，南曲盛行，北曲几乎废绝。明之南曲至今存留的，有阅世道人所编纂的《六十种曲》。明初最盛行的，为四大传奇及《琵琶记》。四大传奇即：(1)《荆钗记》。《荆钗记》为明太祖第十七子朱权所作，叙王十朋和玉莲恋爱的故事。(2)《刘知远》。《刘知远》一名《白兔记》，无名氏作，叙刘知远微贱时的妻子李三娘磨坊产子的故事。(3)《拜月亭》。《拜月亭》一名《幽闺记》，是施君美根据王关的北曲改作，叙贡生蒋世隆兄妹和丞相子兴福、尚书女瑞莲婚嫁的故事。(4)《杀狗记》。《杀狗记》是徐畖(仲由)根据萧德祥的北曲改编，叙孙华交结恶友，逐弟孙荣，华妻杀狗劝谏，华悔悟，重与其弟友爱。此四种传奇，文辞俚俗动人，是当时合演的剧本。《琵琶记》是叙赵五娘剪发上京，寻夫蔡邕事；《琵琶记》词曲虽妙，但已开修词琢句之风。明曲作家，如丘浚(琼山)、杨慎(升庵)、王世贞(弇州)、郑若容(虚舟)、沈璟(伯英)、汤显祖(临川)、屠龙(长卿)、祝允明(枝山)、唐寅(伯虎)等，以汤显祖为最著名。汤显祖之《玉茗堂四梦》，即《牡丹亭》、《南柯记》、《邯郸记》、《紫钗记》，皆为梦幻之剧；惟《牡丹亭》，乃其一贯的根本思想，说明人生观之一部，是剧叙柳梦梅与杜丽娘结合的故事，杜丽娘因失恋而亡，终还魂与梦梅重相燕好，和父母团圆。其他三种，都取材于唐人传奇。(己)小说。明人通俗小说，可分为三类：(1)为神魔故事。神魔故事导源于六朝志怪书、唐人传奇、宋人话本，此类作品以吴承恩《西游记》为最著(吴于嘉靖中长兴县丞，见旧《淮安府志》)，全书共一百回，假唐僧玄奘赴天竺求经之谈，说人间的性情,述解脱的方便,释幽玄的教理,克制诸种的魔障,终达到彼岸而得解脱,足征作者手腕的巧妙。此外吴元泰著之《上洞八仙传》,余象斗著之《南游记》《北游记》,皆属于神魔故事。(2)人情小说。人情小说为专描世态人情的作品,与所谓才子佳人小说等共为一流,《金瓶梅》为此中杰出的一部;《金瓶梅》全篇百回,取《水浒传》西门庆与潘金莲之情事,以为骨子,描写淫亵鄙陋的情形,此书为明代文豪王世贞所撰,因王世贞恨严嵩及其子世蕃之杀其父王抒,故借此以泄愤云。《金瓶梅》的结局为悲剧,而其他人情小说则以团圆作结,比较著名的,有《好逑传》《玉娇梨》《平山冷燕》《两交婚》《吴江雪》《幻中真》等数十种。(3)历史小说。历史小说有《西周志》《开辟演义》《东周列国志》《前后七国志》《后列国志》《今古奇观》《两汉演义》《龙图公案》等。至如《英烈传》《精忠传》《海公清烈传》等,是叙一人或一家史事的小说。《中国文艺变迁论》有说:"元明之间,为历史小说时期,此期以《三国演义》为代表。如《开辟演义》《东周列国志》《前汉演义》《后汉演义》《西晋演义》《东晋演义》《隋唐志传》诸书,皆出于《三国演义》之前后,此等大都承宋代五代史平话,及宣和遗事而发达者。同时之《水浒传》亦带有历史意味。吾国社会上历史观念,大都赖此等书以输入,则与平民知识至有影响者也。"(见《万有文库》本一二五页)以上就明代文学,略为叙述,有明文学,论者褒贬异词,李慈铭说:"明人诗学,超绝宋、元恒蹼。"钱基博说:"中国文学之有明,其如欧洲中世纪之有文艺复兴。"(见《明代文学序》)焦循说:"有明二百七十年,镂心刻骨于八股;如胡思泉、归熙甫、金正希、章大力数十家,洵可继楚骚、汉赋、唐诗、宋词、元曲以立一门户;而李、何、王、李之流,乃沾沾于诗,自命为复古,殊可不必者矣。"(见《易余籥录》)日人高桑驹吉说:"明代二百七十余年之间,其最为隆盛者,厥为一种复古文学,要不过以修辞为主,盛为拟古的诗文,故卒未能发挥出一种国家的特色。"(见所著《中国文化史》四〇二页)录此以资参证。

第四章 清代之文化

第一节 清代之政治社会

满洲人建国号曰清,在民国纪元前二七六年,清人自己说满洲二字,是种族之名,据日本稻叶君山所考据:"清朝人当建号曰清以前,实自号其国为金。"可知满洲民族与金国,实共渊源。清太祖自起兵攻尼堪外兰以后,就尽力以统一同族,继派兵陷辽沈,辽河以东大小诸卫城七十余,一时俱下,遂移都沈阳,大举攻宁远,不克,身负重伤,不久就死。太宗立,攻锦州,明蓟辽总督洪承畴统兵十三万往援,战于松山,大败。锦州已陷,加以明末降将之开门揖盗,清遂得统治四百余州的山河。清朝以区区一个小部落,居然能入主中夏二百余年,其中是有缘故的。蒙古入主中原,为期不过百年,清入主中原,为期几及三百年,这就是蒙古人掌握中国政权后政治的手腕,不及满洲人的能干;政治的眼光,不及满洲人的远大;政治的方法,不及满洲人的乖巧。清入关后的政治方针,是以收集民心为第一事,如被蹂躏的城邑,有鳏寡孤独者给粮养之,大兵经过之地,得减钱粮之半,额外征收尽行蠲免。顺治时所行诸政,无不借汉人为收揽人心的作用,其任用汉官谕养故明亲王郡王,命金之俊撰崇祯帝碑,予明末殉难诸臣范景文等谥号,皆不外多尔衮时的遗训。康熙时进一步以笼络士子,如诏开博学鸿词科以网罗海内文士，又集才俊之士，若施闰章、朱彝尊、李因笃等编纂各书，关于经学者，有《周易折中》、《诗》、《书》、《春秋传说》、《三礼义疏》等。关于史学者，有《皇舆图表》、《御批通鉴纲目》等。关于道学者，有《性理精义》、《朱子全书》等。关于文词者，有《三朝诗选》、《古文渊鉴》等。至于分类之书，如《古今图书集成》有五千余册之多，《佩文韵府》、《渊鉴类函》、《骈字类编》、《分类字锦》等是皇皇巨构。他之奖励文学，非以发展文化为目的，是以政治的手腕，束缚汉人的言论思想，效忠清室，以免从事捣乱。康熙一方用奖励之法以笼络士人，一方又用诛锄之法，以镇摄士人，明臣朱国桢著《明史》未竟全功，庄廷鑨得其遗稿，付之剞劂，号曰《明书》，关于清廷的事概施直笔，为归安知县吴之荣揭发，时廷鑨已死，并戮其尸，株连死者七十余人。戴名世所著《南山集》，多采其乡人方孝标文集及《滇越纪闻》，以语涉清廷，论名世极刑，族皆弃世。凡此皆所以消除汉族之民族意识，使对于历史文化不致发生观感也。清开国之初，皇族觊觎非分，拥兵相争，致生祸变，康熙时鳌拜专权横恣，乃诛锄其党以便独揽大权；且以各省疆吏久握兵柄，渐至骄慢，乃废除藩镇吴三桂、耿精忠辈，以巩固中央集权；同时在福州、广州、荆州等处，各设八旗兵驻防，以免汉人夺回他们的政权。康熙死，雍正立，即位之初，颇知消除满汉之见，任张廷玉以上相之职，授岳钟琪以专征之任，但满汉之见仍不能消除净尽，如规划垦荒，凡京师八旗兵之无恒产者，悉令移到喀喇河屯、热河、桦榆沟垦田，又命所司查明内务府余地，设立井田，以八旗革退兵丁往耕，择各处官地，命八旗闲民之无恒产者，受地而耕，他未有注意到无田可耕的汉人。关于政治之可纪者，如铲除奴隶的阶级，裁抑骄横的贵族，设立专权的军机处，注意惠民的社仓，镇抚青海西藏的乱事(青海的罗卜藏丹津[Robtsan Tanjin]畔，煽动青海西藏的喇嘛使作乱，西纪元一七二四年，乃遣岳钟琪等镇定之)，表面看来似是有为的君主，然素性忌刻，对于汉族善士，屡兴文字狱以诛锄之，如浙江杭州人汪景祺作《西征随笔》，则处以极刑；查嗣庭为江西考官，以所出题目入罪，则戮尸枭示；陆生楠作《通鉴论》十七篇，则以淆乱国是，杀于军前，就知道他防汉政策的严酷。雍正在位十三年八月死，太子弘历即位，是为乾隆；乾隆执政六十年，论者谓治世之长，同于圣祖康熙，而治功之伟，亦不下于圣祖，因用武十度，皆未尝有失，自作《十全记》以纪功。清人所谓十大武功，即平定准噶尔、回部、黔苗、大小金川、缅甸、安南、临清、甘肃、台湾、廓尔喀是也。其实山东、甘肃俱属内地，而山东之变不大，不足以见武功；金川、缅甸、安南、台湾均始败后胜，几经艰苦而后克定之；乾隆时代的兵力，已不比先世。乾隆的武力已如上述，至于吏治，当时虽有奖劝之方，而文字上的猜忌则仍不免。乾隆循康熙成例，开第二次博学鸿词科，设《四库全书》馆，以纪昀为总裁主其事，别著《目录》、《提要》，正目之外，并有存目，经十三年，《四库全书》成，诏命赐杭州、扬州、镇江各一部，建阁储之，听东南人士的观览或传写，此皆乾隆对于发扬文化的一种设施。但一方面对于文化虽尽力推行，而于文字上的猜疑则无微不至，胡中藻著有《坚磨生诗钞》，乾隆寻摘诗词中疑似之字句，字字挑剔，卒被弃市以死；王锡侯著《字贯》一书，诬为删改《康熙字典》，卒解京治罪；徐述夔遗著有《一柱楼诗》，指含讥刺，命戮其尸，并斩其子。且搜查犯禁之书，一概付诸焚毁，据兵部报告，当时焚书有一万三千八百六十二部，可知他摧残文化之甚。乾隆在位六十年间，论者以为清代全盛之世，然其晚岁，户部有天下州县府库缺乏之奏，则国用已渐不支，而任用和珅，揽权纳贿，剥削人民，致吏治大坏，危害国本。

　　清自顺治、康熙、雍正至乾隆四代，为隆盛时期；自嘉庆、道光、咸丰、同治、光绪至宣统六代，为衰弱时期。其所以衰弱的原因有数端：（甲）由于贪官污吏的害国。自乾隆末年，和珅任事，贪赃枉法，将国家的财源吸收净尽，养成内外官吏贪墨的风气，和珅查抄家产，已估价的二十六号，共值银二亿二千三百八十九两，未估价的八十三号，照此推算，又当八亿两有余（据薛福成《庸庵笔记》所载），此种贪婪的风气，一直到清代末年，都是蔓延着，未有清除。（乙）由于内乱的频仍。清代内乱之起，在于乾隆之末年，而盛于嘉庆之时；乾隆末年及嘉庆初年，有滇黔桂三省苗民之乱，白莲教匪之乱，海寇之乱，天理教匪之乱，回疆之乱，因内乱蜂起，库藏空虚，肆力苛抽，而人民更受剥削之苦；因军士平治内乱，开拔征剿，招收兵额，需费日多，致亏耗国家的财政，而影响清末年政治的混乱。（丙）由于官军的腐败。清代末年，官军日益腐败，将帅毫无谋略，每战辄以乡勇居前，胜则冒他的功劳，败则毫无抚恤；平日克扣军饷，以饱私囊，纪律废弛，无所不为，害及民众，致成清代末年溃败之势。（丁）由于盗贼的披猖。盗贼之成为整个的集团者，则群起而为内乱；其零星小股，东西飘忽，来去无踪，剽掠地方乡村，弄成人民无家可归，无田可耕，成为清代末年民间最惨苦的现象。社会的现状已很不安宁，政治上的设施所以无法维系。（戊）由于太平军的起义。太平军由西南之倡义，前后十五年，兵威震动全国，十八省中只有陕西、甘肃未到，大江南北为他们集中的阵营，清政权经此一次的摇撼，遂有岌岌不可终日之势，外强中干的实情，左支右绌的事象，遂昭著于世界。（己）由于帝国主义势力的侵入。清代自嘉、道、咸、同至末年的时候，政治日益废弛，国家日益衰弱，此虽由于清代执政诸人，不知修明政治方法所酿成，而其最重要的原因，则由于帝国主义的势力，百年来大举侵入中国，使满洲政府穷以应付，致令政治无法收拾，政治现象日陷于暗淡凄凉之境，而国家亦从此狂潮卷入漩涡，不得超拔了。（庚）由于革命势力的环攻。清代百年来内忧外患，随时间的演进而日甚；清代君臣以防家奴的手段，摧残汉族的士气，亦随时间的演进而日凶；汉族中先觉之士，至此时已忍无可忍，乃起而倡义，革命之师风起云涌，清政局受革命的震撼，遂由衰弱而至于崩溃了。

　　由上述七种原因，清政府诸人已感觉到，而思有以挽回此种浩劫，乃有变法自强的主张。清代变法自强的主张,是由于德宗光绪鉴于国家时局的艰危,受康有为、梁启超、杨锐、林旭、谭嗣同、刘光第等维新思想的影响而颁行新政,计当时所改革者列举如下:(1) 裁汰各衙门胥吏差役;(2) 停止捐纳实官;(3) 归并詹事府于翰林院;(4) 裁撤云南、湖北两省巡抚缺;(5) 裁撤广东巡抚缺;(6) 设立督办政务处;(7) 改总理各国事务衙门为外务部;(8) 设立商部,将路矿总局裁并;(9) 设立练兵处;(10) 设立巡警部;(11) 设立学部;(12) 命各省绿营防勇,限于辛丑年内裁去十之二三;(13) 命各省筹备武备学堂;(14) 将各省原有各营严行裁汰,精选若干营,分为常备续备巡警等军;(15) 命铁良会同袁世凯,办理京旗练兵事宜;(16) 设立练兵处,命奕劻等管理;(17) 在河间举行秋操,命袁世凯、铁良为阅兵大臣;(18) 复开经济特科;(19) 命整顿翰林院,课编检以上各官以政治之学;(20) 命出使大臣访察各国游学生,咨送回国,听候录用;(21) 命乡试会试均试策论,不准用八股文程式,并停止武生及武科乡会试;(22) 命各省所有书院,于省城改设大学堂,各府及直隶州改设中学堂,各县改设小学堂;(23) 定学堂选举鼓励章程,凡由学堂毕业考取合格者,给予贡生举人进士等名称;(24) 命各省选举学生派往西洋各国,讲求专门学业;(25) 命自壬寅年会试为始,凡授职修撰编修者,皆令入京师大学堂,分门肄业;(26) 颁布学堂章程;(27) 考试出洋归国留学生;(28) 停止乡会试及各省岁科考试;(29) 准满汉通婚。以上所说的新政,行之不以实力,举措复陷于虚张,到底未有如何的政治效能。清政府诸人,又想及日本以区区三岛,能崛起东亚,能战胜强俄,全在于立宪的成功,因此便派载泽、戴鸿慈、徐世昌、端方、绍英五大臣出洋考察宪政,自五大臣出洋考察宪政,于光绪丙午年(1906)夏间,从海外回国,相率呈请立宪,由御前会议决定预备仿行宪政,并定议院未开以前,逐年应行筹备事宜,于第九年筹备完竣,其时所定的宪法大纲,简直是巩固君权的宪法大纲,与政治的改革无重大的关系。总观清代之政治社会，不出于数种政策：（甲）揽权，（乙）防汉，（丙）虐民，（丁）笼络，（戊）媚外。所以清代政治数百年来未有清明的现象，结果不能不陷于崩溃的命运。

第二节　清代之社会风习

社会风习，有因国情民性而不同，满汉风习素来有异，但自满人入主中国后，因接触的关系，有许多是转相模仿者，有许多是承袭前代者：（一）婚姻。清代婚礼之载于通礼者，汉官自七品以上，礼别为九：（甲）议婚，（乙）纳采，（丙）纳币，（丁）请期，（戊）亲迎，（己）妇见舅姑，（庚）妇盥馈，舅姑飨妇，（辛）庙见，（壬）婿见妇父母。庶士庶人之婚，则较七品以上之礼为减少，然其仪节又因各处乡风所向而不同，甚或过于奢华，致有失制礼之初意者。清吴荣光有说："商贾之流，以逐末为务，囊虽偶赢，不能保其无绌；乃至僭用官绅舆服，竞尚奢靡，不独违制逾等，亦将立见困穷。"（见《中华通史》一五〇二页引）可知当时婚姻之俗日趋奢靡。中国历代对于婚姻的观念，清代亦是承受着，即是父母先之以命令，继之以媒妁，终之以亲迎，在此礼教权威的宝座下，男女实得不到婚姻之自由的。在清代的婚姻中有一种劣习，即儿女还没有出世，因为父母双方感情好，即指腹订婚，所谓指腹婚。又有一种在出生以后未成童之先，预为订婚，所谓童养媳。前一种在富贵家庭所特具，后一种则贫苦人家所常有。议婚以金钱之多少为标准，此种风气在乡间甚为盛行，亦是陋习之一。此外尚有弊端二：（1）离婚的条件，都是男子方面所提出。在历史上著名之七出条件，仍然承袭不去，《大戴礼·本命篇》："妇有七出，不顺父母出，无子出，妒出，恶疾出，淫出，多言出，窃盗出。"妇女是没有此种权力的。七出之外，又有三不出之理。即曾为夫之父母服三年之丧者；先贫贱而后富贵者；离婚后妻无所归者。有此三者不得辄绝，惟犯奸不在此限。（2）蓄妾的风行。中国婚姻在名义上是一夫一妻的，而在社会的风习，是一妻数妾，清代各处都是流行着，小康之家，如齐人之一妻一妾者甚多，而富贵之家，仿春秋时代诸侯一娶九女者亦颇众。就以上所引而说，中国文化非是高尚的，可以知了。

（二）死丧。清通礼，官员丧礼：有疾居正寝，女居内寝，自初终至拜垥，仪凡二十有六：一初终，二袭，三小殓，四大殓，五成服，六朝夕，七初祭大祭，八亲朋吊奠赙，九亲临赐奠，十赐恤，十一扶丧，十二闻丧奔丧，十三治丧具，十四开兆祀土神，十五迁柩朝祖，十六祖奠，十七遣奠发行，十八窆，十九祀土神题主，二十反哭虞，二十一卒哭祔，二十二小祥，二十三大祥，二十四禫，二十五忌日，二十六拜垥，此是举其大端而说。至士庶丧礼节目，较官员为减，而服制则贵贱不易。惟社会风习，拘于地师之说，妄冀以先人朽骨博得富贵功名，求吉地不得，至停柩不葬，间有习尚奢靡，治丧之费，动至千数百金，清代末年，其风尤盛。

（三）俗尚。人民之好尚，因各地方环境而不同，直隶人之俗尚沉朴，山东人之俗尚刚直，山西人之俗尚质劲，河南人之俗尚任侠，陕西人之俗尚朴勇，甘肃人之俗尚武健，安徽人之俗尚淳古，江西人之俗尚温良，浙江人之俗尚文秀，湖北人之俗尚劲爽，湖南人之俗尚质直，四川人之俗尚敦善，福建人之俗尚信义，广东人之俗尚刚强，广西人之俗尚俭约，云南人之俗尚温和，贵州人之俗尚朴实，凡此皆就本部而说；至若蒙古新疆之人好武，西藏之人固守，与本部之民俗，有所不同。由各地方之民俗，产生各地方略为歧异的局部文化；由全国共通之民族习性，而产生全部的整个文化。（四）养奴。清代亦有养奴的风习，一种是汉民族间从来所实行的，由于卖身契约而成的奴隶，一种是满洲的包衣，一种是由于犯罪而成为奴隶的。第一种由卖身契约而成为奴隶的，在没有解放以前，不但自己一生不能脱免奴隶的地位，其所生的子女称为家生儿而服役于主家,世袭为奴隶;主家对于卖身契的奴隶,为他求得配偶,成为夫妇,于主家给以一隅的住所,对其所生之子女,可以自由使用,称之为家人,所谓家人,仍是要称主家之姓的。由卖身契约而成之婢女,其容貌秀丽者,多为主人之妾,有等主家,待婢女达到相当年龄的时候,就为她出嫁,或为她求配偶,以使役夫妇二人,将其所生之子作家生儿驱使,其中亦有使她一生独身,而使役于主家的。他们的身份已是奴隶,所以不能与自由民相等,受官的考试(据清律卖身为奴,虽赎身为良民,但不经过三代以后,不得受考试)。在清代养奴习惯中,还有由典身契约而成为奴隶的。所谓典身,就是一时将其身质入主家,若一旦赎身,即可以立即成为良民,典身和卖身之间,待遇是有点差异。第二种包衣,乃是满洲语奴隶的意思,为满洲的一种世仆,此种世仆,或服役于宫廷,或使役于王公;他们的身份固然是奴隶,主仆的名分固然是存立,但他们可以应试入仕途;初时凡由包衣出身的,虽位达最高品级,仍然要执主仆之礼;到了后来,凡包衣出身而升官至三品以上者,可除去包衣之籍,而成为普通的满洲族人。第三种因罪而成为奴隶的,在《大清律例》及《刑案汇览》中,其例颇多,凡犯罪被贬为奴的,有送到吉林、黑龙江等处,或送到新疆及其他边陲之地的。他们在黑龙江省,则为达呼里人及其他蛮夷之家的蛮人所驱使,在吉、黑两省及新疆等处,有将其役使于军队,或充作戍边的,他们是属于官奴的一种(参阅 John Kells Igram 著《奴隶制度史》汉译本附录)。(五)赌博。清代赌博之风极盛,上至京官朝臣各省官吏,下至乡村人民,多习染赌博之恶习一掷千金,数见不鲜,所谓游民生活中,无不甘之如饴,他们不是如何以生产,而是如何以耗产,酿成赌国的现象。(六)食鸦片烟。欧西文化之优良者,未见接收,而帝国主义东侵携来之鸦片烟,则极力吸受,英国于十九世纪初期,对华贸易以鸦片为最发达,至道光十八年,竟达二八三〇七箱之多;当时官吏士大夫与军人许多亦沾染此恶习,内阁学士兼礼部侍郎朱嶟上疏有说:"鸦片之毒,使军队沉沦于腐败堕落之渊,官吏与儒生亦染斯毒,一般人民德义上之标准亦从此低下,当此千钧一发之秋,复举抑制之力,一切除去,则彼等滔滔相率而就自灭之途,大祸尚堪设想耶!"林则徐上疏奏中亦有说:"烟不禁,国日贫,民日弱;数十年之后,非特无可筹之饷,抑且无可用之兵。"我们看此两疏所条陈,就知道此种习染推行的普遍。清代的风习既如上述,国家的文化与社会风习有重大的关系,人民耽于逸乐而不知勤,习于侈靡而不知俭,加以恶习沾染,不知振作,无怪自清代以来,中国文化之退落,与欧西较,望尘莫及了。

第三节 清代之农业

清代农业情形很复杂,兹分述之如下:(甲)开垦。西纪元一六四四年,满人入关的前后,战事绵延,杀戮甚惨,先之以饥馑,继之以流寇,人民流离,田土荒芜,十室九空,自为必然之结果,故清初即注重于开垦。顺治二年总督河道杨方兴奏称:"山东土地荒芜,有一户之中止存一二人,十亩之中止存一二亩者。倘不计口核实,名为免三分之一,实为一二亩之地而纳五六亩之粮。荒多丁少,以荒地累熟地,以逃丁累现丁,祈将见在熟地,或免一,或免半,其抛荒之地,不论有主无主,尽行蠲免。"(见《东华录》)康熙七年,云南道御史徐旭龄奏称:"国家生财之道,垦荒为要,乃行二十余年而未见成效者,其患有三:一则科差太甚,而富人以有田为累;一则招徕无资,而贫民以受田为苦;一则考成太宽,而有司不以垦田为职。诚欲讲富国之效,则向议一例三年起科者,非也;田有不等,必新荒者三年起科,积荒者五年起科,极荒者永不起科,则民力宽而垦者众矣。向议听民自佃者,非也;民有贫富不等,必流徙者给与官庄,匮乏者贷以官牛,陂塘沟洫,修以官帑,则民财裕而力垦者多矣。向议停止五年垦限者,非也;官有勤惰不等,必限以几年招复户口,几年修举水利,几年垦完地土,有田功者升,无田功者黜,则惩劝实而督垦者勤矣。"(见《皇朝文献通考》卷二)康熙十年,湖广总督蔡毓荣奏称:"蜀省有可耕之田,而无可耕之民,应广其招徕之途,减其开垦之数,宽其起科之限,百官有能招民开垦者,当依例咨叙,或实行升用。"(见《东华录》)康熙十二年谕户部说:"自古国家长治久安之谟,莫不以足民为首,务必使田野开辟,盖藏有余,而又取之不尽其力,然后民气和乐,聿成丰亨豫大之休;现行垦荒定例,俱限六年起科,朕思小民拮据开荒,物力艰难,恐催科期迫,反致失业,朕心深为轸念,嗣后各省开垦荒地,俱再加宽限,通计十年,方行起科。"(见《皇朝文献通考》卷二)雍正元年谕户部说:"国家承平日久,生齿殷繁,土地所出,仅可赡给,倘遇荒歉,民食维艰,将来户口日增,何以为业,惟开垦一事,于百姓最有裨益。但向来开垦之弊,自州县以至督抚俱索陋规,至垦荒之费,浮于买价,百姓畏缩不前,往往膏腴荒弃,岂不可惜;嗣后各省凡有可垦之处,听民相度地宜,自垦自报,地方官不得勒索,胥吏亦不得阻挠。"(见《皇朝文献通考》卷三)从上引证来看,清代初年对于垦荒,是如何的注重。据《通考》所载,当时中央政府所得各省开垦耕地的报告如下:顺治十八年顺天府所属州县报垦地一千三百三十九顷六十九亩,湖南所属州县报垦地二千八百九十顷七十二亩。康熙二年,湖广安陆岳州……各府州报垦田八百八顷六十亩有奇,蕲州岳州……各卫所报垦田六百顷二十亩有奇,三年,湖南宝永……六府州报垦田六百三十四顷有奇,岳、长……六府州续垦田五百十八顷三十六亩,湖北安、荆等十州府续垦田八百七顷四十五亩有奇,云南省垦田二千四百五十九顷,又续垦田一千二百余顷,四年,湖南长沙衡州等属垦田三千一百三十三顷六十六亩,河南省垦田一万九千三百六十一顷,贵州省垦田一万二千九顷有奇,湖北各府垦田四千七百三十九顷,五年,河南省报垦田六千六百八十余顷,江西省报垦田二千八百三十五顷,又续报垦田二千八百三十五顷四十五亩,湖广省报垦田四千六百余顷,山东省报垦田三千二百三十余顷,六年,湖南报垦田三千一百九十顷五十亩,七年,山东报垦田一百二十二顷六十余亩,九年,广东报垦复民田一万七百一十五顷七十四亩。可见当时因垦田而增加耕地甚多。到乾隆嘉庆时,从西南省份迁入吉林内地的农民已达六千余户,所垦的荒地有三十六万五千多亩。嘉庆时,由内地的农民去开垦新疆的田有了十几万亩;其他四川、山东、直隶、山西、河南、江南诸省,因人口增加而所垦的荒地亦日多。查清代以开垦为切要之图,故以开垦之多少为奖励,凡垦地二十顷以上试其文义通顺者,以县丞用,不能通晓者,以百总用,一百顷以上文义通顺者,以知县用,不能通晓者,以守备用。乾隆三十年,又定官员捐垦荒地议叙之例,凡本省文武官员捐给牛种,招垦荒地十顷,捐银一百两者,准其纪录一次。四十顷捐银四百两者,准加一级,多捐者计算增加。几人民开垦者,由官厅借给牛具籽种,有并赏口粮者,籽种常于收获后偿还。牛具等银分三年五年十年匀还不一。边徼苗番关外等地垦荒者,并给予房屋,路遥者发给路费。凡无主之田,准垦荒者永守为业,有主者责成原主偿还垦本。至垦熟升科,顺治时定为三年。康熙十年,宽限一年,二十三年,仍以六年起科。雍正年间,乃定水田六年,旱田十年,永以为例。乾隆五年,以开垦未尽收效,遂令户部议具在何等以下之土地,可以永免升科。(乙)圈地庄田。清初入关,东来诸王及八旗兵丁强占田地为己有,圈以标志,是谓圈地。顺治元年谕户部说:"我朝定都燕京,期以久远,凡近京各县无主荒田,及前明皇亲驸马公侯伯内监殁于寇乱者,无主荒田甚多,尔部亲厘,如本主尚存及有子弟存者,量口给与,其余尽分给诸皇勋臣兵丁人等,盖非利其土地,良以东来诸王勋臣兵丁人等无处安置,故不得已而取之,可令各府诸县乡村满汉分居,各理疆界,以杜异日争端,今年从东来诸王各官兵丁,及东来在京各部院官,着先发给田园。其后至者,再酌量拨给。"(参阅商务版拙著《中国近代政治史纲》三五页引)不但圈占田园,且圈地以居满人,顺治元年,顺天巡抚刘寅东说:"清查无主之地,安置满洲庄头,诚开创宏规。第无主地与有主地,犬牙相错,势必与汉民杂处。不惟今日履亩之艰,恐日后争端易生。臣以为莫若先将州县大小定用地多寡,使满洲自住一方,而后察出无主地,与有主地互相兑换,务使满汉界限分明,疆理各别而后可。"(见《清通考》卷五)其时宗室所占庄田数,依《皇朝政典汇纂》所统计,镶黄旗宗室共地三十六顷六十亩,正黄旗宗室共地一百〇六顷五十六亩,正白旗宗室共地三十六顷,正红旗宗室共地一千二百四十四顷十六亩,镶白旗宗室共地一千七百一十七顷十四亩,镶红旗宗室共地二千六百三十顷,正蓝旗宗室共地五千三百十三顷二十四亩,镶蓝旗宗室共地二千二百五十四顷七十亩,各旗又有初次给地、二次给地、三次给地的增益。八旗庄田如镶黄旗合满洲蒙古汉军共地二万三千六百三十三顷四十亩,正黄旗合满洲蒙古汉军共地二万三千五百四十三顷八十五亩,正白旗合满洲蒙古汉军共地二万零七百九十六顷四十八亩,正红旗合满洲蒙古汉军共地一万二千二百零七顷八十亩,镶白旗合满洲蒙古汉军共地一万六千四百四十四顷三十亩,镶红旗合满洲蒙古汉军共地一万三千零五十三顷七十亩,正蓝旗合满洲蒙古汉军共地一万七千一百三十六顷六十亩,镶蓝旗合满洲蒙古汉军共地一万四千一百零一顷二十八亩。其他尚有王府官员兵丁之给地,其数甚大。满人以征服统治的势力,随便剥夺汉人的田地,此是值得大书特书的事。据《先正事略》卷九载:"大学士明珠佐领下人户指圈民间冢地垦种,有诉于户部者,牒巡抚察勘。宛平知县王养濂以无碍冢茔饰辩。(格文清)劾养濂引圈冢地厉民。得旨下部议处,并谕曰:民间田地,久已降旨,永停圈占。止以部存地亩,分拨新户口,何得借端扰民?嗣后有似此者,必重治其罪。"《东华录》记康熙二十三年五月谕户部说:"民间田地,久已有旨,永停圈占。其部存地亩分发时,或有不肖人员借端扰害百姓,圈占土人良田,以不堪地亩抵换;或地方豪强隐占存部良田,妄指民人地亩拨给,殊为可恶。直隶巡抚可严察此等,使者指察,从重治罪。"可知当时因圈占土地之多致害人民,而后加以命令禁止;禁止之后,尤有旗籍不肖人员,借端扰害百姓,圈占土人良田,以不堪地亩抵换。且满人不仅为地主,且于地主之下,更设庄头,以厉虐佃人。清之官庄,有所谓粮庄棉花庄者,各庄均有庄头,庄头之制,使为佃人者直接向庄头负责,庄头则向收租人负责,然庄头每每上欺田主,下凌佃户,康熙二十一年谕格文清说:"旗下庄头与民杂处,倚借声势,每为民害,尔其严察惩办,毋姑息。"(见《先正事略》卷九)乾隆时孙嘉淦之《八旗公产疏》,亦说及庄头之剥削良民。由上引证可知庄头之制,在旗人之圈占地方,介在地主与佃户之间,从中朘削以害人民的。

(丙)屯田。屯田是派遣军人于旷土或边疆以耕田的。顺治元年,定荒地屯种例。先是开国之初,每佐领拨壮丁十名,牛四头,于旷地屯田,至是淮州县卫所荒地无主者,分给官兵屯种。顺治三年,更定屯田官制,每卫设守备一员,兼管屯田,设千总百总分理卫事,其原设指挥副指挥等俱裁去,改卫军为屯丁。康熙六年,议令投诚兵屯田湖广道,御史萧震疏说:"屯田为养兵裕国之本,兵屯纵不可即行,而投诚开荒之策,未有不可立行者。"又说:"国用不敷之故,皆由于养兵,以岁费言之,杂项居其二,兵饷居其八;以兵饷言之,驻防之禁兵藩兵居其二,绿旗兵又居其八;今黔蜀两省,地多人少,诚行屯田之制,驻一郡之兵,即耕其郡之地,驻一县之兵,即耕其县之地,驻一乡之兵,即耕其乡之地,如此则养兵之费既省,而荒田亦可渐辟矣。"康熙从其言,下部议行(参阅《清通考》卷十)。雍正二年时,总计直省屯田三十九万四千五百二十七顷。如直隶等处屯田七万四千四百九十九顷,江南江苏等处屯田一万一千五百九十七顷,安徽新安等处屯田一万一千八百五十五顷,山西太原等处屯田六万四千七百三十六顷,山东济南等处屯田二万四千四百二十七顷,陕西西安潼关等处屯田及都司吏名额外地共四万八千四十八顷,巩昌甘州等处屯田九万九千八百九十四顷,浙江杭州等处屯田一千七百七十三顷,江西南昌等处屯田六千八百二十八顷,湖北武昌等处屯田一万八千二百一十二顷,湖南岳州等处屯田七千二百四十一顷,四川建昌等处屯田五百七十三顷,福建福州等处屯田七千七百七顷,广东广州等处屯田四千九百四十八顷,广西桂林等处屯田一千九百九顷,云南平彝等处屯田八千六十一顷,贵州贵阳等处屯田二千二百一十一顷。可见清代曾对于屯田制,举行大规模的经营。清代之屯田制,是因时从宜的良法,倘能师其意,将全国之兵化为工兵,以开发各地方的农业与富源,则国家有养兵之用,而无养兵之费(不但雍正时如此注重屯田,乾隆时亦是如此,乾隆十八年总计各省屯田二十五万九千四百十六顷,二十一省总计各省屯田三十九万二千七百九十五顷)。(丁)水利田。自阡陌既开而引渠溉田之利,纪于前史,清初以水利为要务,淮扬畿辅之地,宣导既有成绩,复以江淮兖豫频年积潦,特命廷臣会同守土大吏讲求宣泄之要。顺治九年工科给事中胡之俊上疏说:"方今天下财赋,半出东南,而东南要地莫如江浙,苏、松、嘉、湖汗下,旧刘家河吴淞等处海口,壅淤河道成田,土豪占据,水患屡告,请浚吴淞以泄陈淀之水,浚刘河以泄巴阳之水,庶于国计民生有赖。"顺治十一年,下谕东南各省督抚,责成地方官悉心讲求疏通水利,以时蓄泄。康熙十年,截留苏、松、常三府漕,折银九万两,杭、嘉、湖三府漕,折银五万两,以充水利。十一年,浚吴江长桥一带,以泄太湖。十二年,修河南安阳县之万金渠,引洹水溉田。四十三年,令天津开垦水田时,以天津附近开垦一万亩为水田,令各省巡抚,将闽粤江南诸处水耕之人,出示招徕情愿者,安插天津诸处,计口授田,给与牛种,限年起科。乾隆十五年,敕令河臣督臣会议淮北修筑圩岸事宜。十六年,令顺天府并派内务府官,勘定经理高梁桥迤西营治水田事宜。二十二年,谕江南督臣所勘水利各工,速行兴修。二十四年,浚山东曹、单二县之顺堤河,而顺堤一带田间陂水,亦得借以宣泄。二十七年,谕直隶督抚办理沟渠蓄泄事宜。三十一年,以银十七万两修京畿河道沟渠。从以上简略引证,可以知道清代盛时,甚注意兴修水道,以利田亩。(戊)劝耕。清代隆盛时,是注重农务的,其时休养生息已数十年,户口日繁,非率天下农民竭力耕耘,欲家室盈宁必不可得,故常劝导人民耕种。乾隆三年,以河南一省能就土性所宜,劝谕民间,随处种植桑、柘、榆、柳、枣、梨、桃、杏,一年之内,成活一百九十余万株,所以令他省仿行。道光十七年,以山东登、莱、青三属多山,平野多种桑养蚕,获利甚广,乃饬其余府州,劝谕民间,广行栽植,于植树之外,兼及蚕丝。且注意畜牧,世宗雍正时于种植之外,劝令孳养牲畜,裨益人民生计。劝耕要政府负责,乾隆二年下诏:"朕欲驱天下之民,使皆尽力南亩,而其责则在督抚牧令,必身先化导,无欲速以不达,毋繁扰而滋事。将使逐末者渐少,奢靡者知戒,蓄积者知劝。督抚即以此定牧令之长短,朕即以此课督抚之优劣。"可知清代隆盛时亦关心农务的发展,而劝导农民耕种。(己)田制。清代田制,除却皇室庄田、宗室庄田、八旗庄田、驻防庄田屯田之外,尚有民田与官田两种:(子)民田。民田为各省人民所有之地,名目不一。如直隶省有民赋田、更名田(明朝各藩属之所领,入关后归诸民有,乃加于民田之中)、农业田、蒿草籽粒田、苇课地(沮洳之地)、归并卫所地、河淤地。山东省有民赋田、归并卫所地、田灶地(制盐之地)。山西省有民赋田、更名田、归并卫所地。江苏省有民赋田、山荡溇滩地。河南省有民赋田、更名田、归并卫所地。安徽省有民赋田、塘草地、卫所管辖屯田。江西省有民赋田、官折田园地。浙江省有民赋田、荡塘、湖地、卫所田地。湖北省有民赋田、更名田、卫所归并地、卫所管辖屯田。湖南省有民赋田、更名田、卫所归并州县屯地。陕西省有民赋田、更名田、屯地。甘肃省有民赋田、卫所归并州县屯地、更名田、卫所管辖屯地、土司田、蕃地。四川省有民赋田、卫所归并州县屯地、土司地、卫所管辖屯地。广东省有民赋田、卫所归并州县屯地。广西省有民赋田、傜田、僮田。云南省有民赋田、卫所归并州县屯地、马场、夷地（夷族所管辖之地）。贵州省有民赋田、苗田、土司田、卫所归并州县屯地。就各省之民田而论，除地主商人贵族官僚所占有很大部分外，纯粹为农民所占有的，还不是绝对广大的成分。（丑）官田。除内府之官庄宗室勋戚世职与八旗兵丁所受之庄田外，尚有籍田、学田、祭田等类。学田所收的租，专供穷的读书人的补助费。籍田为每年亲耕的田。祭田为各地孔子庙和赐给孔、孟、颜后裔以充祭祀费用的田。（庚）佃农。地主以田土日多，不能自行耕耘，乃将许多的田地委以佃户代耕，从中剥削田租，因此，地主遂操农村经济的特权，而给佃佣以种种的痛苦。地主剥削佃人的恶现象，康熙间盛枫曾沉痛言之，他说："贫民方寄食于富民之田，值丰岁，规其赢羡，以给妻子，日给之外，既无余粒。设一遭旱潦，则尽所有以供富民之租犹不能足；既无立锥以自存，又鬻妻子，为乞丐，以偿丁负。"大抵佃农耕地主之田，地主安坐而收其半，崔东壁说："有田而佃于人，与佃人田而取其半。"（见《无闻集》卷一）李兆洛说："佃人田者，牛种皆田主给之，收而均分。"（见安徽《凤台县志·食货志》。按兆洛嘉庆进士，曾署凤台县令，《县志》即彼在任时纂修者。）此是乾、嘉间地主佃农分租的实况。顾亭林于《日知录》卷十亦说及："吴中之民，有田者什一，为人佃作者什九。其亩甚窄，而凡沟渠道路，皆并其税于田之中，岁仅秋禾一熟，一亩之收，不能至三石，少者不过一石有余；而私租之重者，至一石二三斗，少亦七八斗；佃人竭一岁之力，粪壅工作，一亩之费可一缗，而收成之日，所得不过数斗；至有今日完租，而明日乞贷者。"此种情形，恐怕是清代二百余年间很普遍的情形。清代尚有撤佃之一事，即佃户向业户求地耕种，佃户日多，土地有限，而佃户有求于地主日甚，地主之要挟佃户愈甚，有时且决绝地施行撤田，则佃户顿失耕地而受困苦，他们的地位与农奴相差几许？（参阅拙著《中国近代经济史纲》二九页）（辛）仓储。救荒之道,重在于积谷,仓储制度清代亦甚注重,《清会典》卷十九说:"裕天下之积储,令各省所在皆设仓。视其人民之所聚,与其地之燥湿,以定其储额;凡仓之别有五:一曰常平仓,二曰预备仓,三曰旗仓,四曰社仓,五曰义仓。凡仓政有准色以顺土宜,有折耗以权经久,有平粜以易陈新,有借放以资救济,有交盘以慎监守,岁终以其出纳之数报于部,其非时拨用者则以闻,乃发帑而补储焉。"以上五仓可分别其性质为二:一为官仓,常平为其代表;一为私仓,社仓为其代表。常平平粜,虽足以嘉惠黎民,然亦时有弊端发生,因常平之仓藏于州县,所惠及者,不过市井游惰之人,少顾及山居力耕之民;社仓系官督民办,亦有流弊,最大的社仓积谷是依赖地主,常为地主所操纵。考清代仓储制度始于顺治十一年,因鉴于近京地方米价腾贵,饥民得银尤难易米,乃劝谕殷实之家,有能捐谷麦,或减价出粜以济饥民者,加以旌表。自经此次饥荒后,乃进而规复常平义社各仓,以防灾荒,遂责成各州县,为整旧布新之计,并以积谷多寡定有司功罪。十二年,令各省修葺仓廒。十七年,乃定常平仓粜粜之法,至是常平仓的基础稍定。康熙十八年,令地方官整理常平仓,每岁劝谕官绅士民捐输米谷,照例议叙,乡村立社仓,市镇立义仓。二十九年,重申办理常平义社各仓米谷之诏:"食为民天,必盖藏素裕,而后水旱无虞,曾特颁谕旨,着各地方大吏督率有司,晓谕小民,务令多积米粮。各省遍设常平及义社各仓,劝谕捐输米谷……如有仍前玩愒,苟图塞责,漫无积贮者,将该管官员及督抚一并治罪。"三十一年,议定各省常平仓,俱照直隶分贮,各州县有升迁事故离任者,照正项钱粮交代,有短少者以亏空论。四十二年,以山陕水路不通,遇灾即至艰窘,令积储仓谷,并谕直省各村庄设立社仓,以备饥荒。六十年,山西建立社仓,雍正二年,议定社仓事例。三年,定各省存仓米麦改易稻谷之制。四年,于山东陕西,先后设立社仓。十三年,定云南社仓之法,拨常平仓谷作社本。乾隆元年,禁仓谷粜买派累之弊。三年,令四川设社仓。四年,议准陕西社仓事例。五年,饬各省切实贮谷。七年,准山东票盐商人,按票输谷,于章丘济阳等三十九州县建立义仓。十三年,厘定各省常平仓谷额。十八年,直隶义仓告成。五十七年,通令各省整顿常平社仓,略谓:"各省常平社仓,系仿照周官荒政而设,原以备水旱偏灾粜借放赈之用。乃各省督抚每年俱汇奏仓库无亏。遇有偏裰歉收,并未据奏闻,动拨仓谷,以济饥民。……此皆不肖官吏,平日任意侵挪亏缺,甚或借出陈易新为名,勒买勒卖,短价克扣,其弊不一而足。以古人之良法,转供贪黩之侵渔。而该督抚等并不实力稽察,惟以盘查无亏一奏了事。以致各省积储,俱不免有名无实,备荒之义安在乎?"(见《中国历代民食政策》一八九页引)嘉庆六年时,亦下整顿仓储之诏:"各省州县设立常平仓,存贮谷石定有额数,原以备本处水旱偏灾平粜赈济之用,若仓储充实,取之裕如,何至民食难以接济。总由各州县平日不能实心经理,或出粜后,并未随时买补还仓,或竟任意侵挪亏缺,以致积贮空虚,猝遇偏灾,茫无所措。嗣后各州县仓储实力整顿,务使仓谷实储,方为有备无患。"宣宗道光即位以后,社义诸仓仍有积弊,乃循御史陈继义之奏,通令各省修复社义诸仓。文宗咸丰二年时,各省仓储更不如前,积钱不积谷成为风气,遂于御史肇麟奏请实行积谷以除弊混之际,批令各省严为整顿。同治三年,复下诏各省大吏认真整顿常平社仓。同治六年,据给事中夏献馨奏,通令各省督抚广设义仓。德宗光绪二年,鲍源深请饬各省捐备仓谷,以救荒歉。四年,又通饬各省将常平仓谷陆续买补足额,劝谕绅民,次第举办社仓义仓,以济官仓之不足。二十四年,通谕各省督抚严饬各府州县,所有仓谷务认真筹办,实储在仓。其有以银钱列抵交代者,勒限一律买补,以备缓急。由上各引证而看,清代二百余年,对于仓储制度是加以注重的。仓储制度是中国历史上很好的农业政策,此种制度亦是国家文化的表征。野蛮人与低下文化的民族,他们在大自然支配下,只知享受各种物质的供给,不知用各种方法防御自然的灾害及缺乏，即使能之，他们的方法亦是简陋粗浅的。以上将清代的农业状况略为引述。中国是一农业的国家，看它农业的发展情形，就知道它的文化进程。清代末年，农民耕地受地主官僚的剥削日益减少；土地所有权，向于地主豪绅商人高官利贷家及富家而集中，土地使用及农场面积，向于小规模经营而分裂，自耕农之转变为贫农和佃农。加以帝国主义者之经济剥削向农村而开展，以致中国的农业日益荒落，农村生产日益减少，弄成社会凋残、地方干枯、人民贫困的不良景象，而文化受此影响，因而退落了。

第四节　清代之税制

　　金史言官田曰租，民田曰赋。宋史亦别官田之赋、民田之赋。民田之赋，是国家应收之田赋，而官田曰租，就是国家立于地主的地位，除应收田赋外，兼收地主所应收的私租。明清易代之交，官田之赋已包含一部分的私租，因而通之于本非官田的民田。人民初有官田之时，小民不过以纳于地主之租，移而纳之于官，其后版牒淆误，递租无算，国家有官田之名，而无官田之实，于是国家失累代之官田，而小民乃代官佃纳无涯之租赋。及清人定江南以万历时额赋为准，无复有官田民田之分，其征收之法，详于敕定之《赋役全书》，全书定于顺治三年，总载地亩人丁赋税定额，为征敛的大纲，订正于顺治十一年，至康熙二十年重修，止载切要款目。赋税册籍有存于官者，有征于民者，历朝以来，各有因革。（甲）存于官者：（一）赤历。使粮户自登纳数，上之布政司；后以州县日收流水簿解司，赤历遂停。（二）黄册。岁载户口之登耗，丁赋取于是，后以五年编审者为黄册，亦谓之粮户册，而停岁造之制。（三）会计册。专载解部之款，后并入奏销册。（四）奏销册。合通省地丁完欠支解存留之款,报部核销,即所谓四柱册。(五)丈量册。田之高下丘亩皆载,故名鱼鳞册。自赤历与会计册既停,上计专以奏销册,官司所据以征敛者,黄册与鱼鳞册而已。黄册以户为主而田系之,鱼鳞册以田为主而户系之。自并丁赋以入地粮(丁税据康熙五十年之丁额为准,其时地赋丁粮犹分征,雍正初年,将丁粮隶入各地赋之内,例如直隶每地赋银一两,摊入丁银二钱七厘有奇,自余各省轻重不等,而地丁始合为一),罢编审而行保甲,于是黄册积轻,鱼鳞积重。有司或期会簿书,未遑稽核,惟按一州县之赋入,责之都图的胥吏,胥吏因而侵渔,贻害人民。(乙)征于民者因明一条鞭法,以州县每岁夏税秋粮存留起运之数,总征而均支之,其办法如下:(一)易知由单。由单之式,以州县上中下则正杂本折钱粮,刊给花户,始颁于顺治六年,停止于康熙十六年。(二)截票。列地丁实数,按月分为十限,完则截之。其票钤印中分,官民各报其半,即串票也。(三)滚单。康熙三十六年,行征粮滚单,每十户五户,止用一单,分为十限,依此滚催。(四)顺庄编里。雍正六年,行顺庄编里之法,以的户为主,凡寄庄寄粮悉更正之,乃改十截之法,复联串票,自是以后,遵行无改(参阅《清代通史》卷中三四二页)。至于地租的征收,分为两种:有以谷米完纳者,有折用银钱完纳者,所谓钱粮是也。以谷米完纳者又有二:一即漕粮,须解送于北京,一则不须解送。以银钱完纳者,又分为二:一为赋,课之于普遍的民田称地丁银;一为租,课之于民赋以外的地,如学田芦地等是,凡此统称之为课。租课之外,又有耗羡,耗羡为田赋之附加税,以为官吏的经手等费。兹分述如下:(甲)地丁。地丁即是地赋丁银,前者为土地税,后者即人头税。清朝户口之法,其初系五年一编审;州县造册申府,府申司,司申督抚,督抚达于部,以一百十户为一里,推丁多者十人为长,十户为一甲,甲系以户,户系以丁,计丁出赋,以代力役,都和明制相同。自康熙五十年,谕定以后滋生人丁,永不加赋,而丁银乃有并入田亩之势。康熙末年,广东先已行之,田载丁而输纳,丁随田而卖买。至雍正初直隶巡抚请丁银随地起征部议允之,每地赋一两,摊入丁银二钱二厘,福建山东踵而行之,不数年间推及各省,惟奉天、贵州以户籍无定,仍旧分征。山西则于乾隆元年以后陆续摊派。于是地丁二赋,合而为一,是为正赋。此后奏销册,虽另计丁银,而征于人民之手续,固无所区分。乾隆时,停五年编审之制,民数凭保甲造册(保甲之法,以十户为一牌,十牌为一甲,十甲为一保,各有长,每户发给印单,令其将姓名职业人数,都一一书写明白),每年十一月随谷数奏报。查地丁收入,顺治时代,总不过二千万两左右,康熙、雍正则增至二千五六百万,乾隆以后,大约在三千万两上下,其数直至清末都无大出入。(乙)耗羡。耗羡一称火耗,火耗本为州县私加之赋税,清初屡有厉禁,不能禁绝,乃明定其额而归公。自火耗归公,各省文职养廉二百八十余万两,及各项公费,实取诸此。火耗征收,或纳银钱,或纳谷米,至其科则,各省不同,而一省之中,彼此州县亦异。康熙之时,各省耗羡,每两多不过一钱,独湖南加至二三钱,陕西又加至四五钱,各省征额合计四百六十四万五千三百一十两。(丙)漕粮。漕粮是征于各省而输送于北京的,乃供官兵俸饷之用者。有正兑、改兑、白粮、改征、折征之分。各省原额米三百三十万石,以运输于京师之仓者为正兑;各省原额米七十万石,以运输于通州之仓者为改兑,其随时截留蠲缓者无定数。白粮出于苏、松、常、太、嘉、湖六府,原额糯米二十一万余石。改征出于特旨无常例。折征之目有四:一曰永折米,一曰灰石米折,一曰减征,一曰民折官办。其制不同:有先动正项购运,而照价征还者;有民户折纳,而后官为办运者,有拨运别县耗米而从民折纳者。清代漕运之官吏,有漕运总督,总理粮储,又有督粮道,分掌督运,此外更有巡漕御史四人,监兑官押运官多人,所耗甚巨。(丁)租课。租课为学田芦地所征之税,亦是一种地租。(1)学租。清政府为培养人才起见,于各省设置学田为兴学之用,凡一切学费及春秋祭典,以其租银办理之,据乾隆会典十八年的统计,全国学田计一万一千五百八十九顷有余,租银二万零六十九两,租粮一万九千七百零一石。(2)芦课。江苏、安徽、江西、湖南、湖北各省,沿海沿湖沿河之地,其岸多为芦苇丛生之田,此等芦田荒芜既久,人民渐占领而开垦之,地方官因查勘其地,课之以税,谓之芦课。据《政典类纂》所载,统计江苏、安徽、江西、湖北、湖南等芦地,约八万零五百零五顷,芦课二十二万一千八百五十七两。课额增减不定,至光绪末年,共减为十二万四千九百七十四两云。(戊)盐税。盐税在中国岁计之中,次于关税地租而为主要的收入。中国产盐之地共有十所,如长芦盐(直隶)、山东盐、河东盐(山西)、两淮盐、两浙盐、两广盐、福建盐、甘肃盐、四川盐、云南盐,各处销售之法不一,有官督商销,即政府给引票与商人,据引购盐,以贩卖于行盐引地者。有官运商销,即政府自购盐场之盐,运于官设之栈,俾盐商购卖者。有官运官销,即政府运栈而自卖者。有包课,即偏僻省分之产盐地,许民间自制自用,而课以税银者。四者之中,以官督商销最为通行,为政府命其所认定之商人专卖,即今世之所谓特许商是也。合计各省正课征额六百二十五万八千零七十一两,杂款征额一百三十八万八千九百四十两,包课银九万零百二十三两,总计七百七十三万七千一百三十四两。当运盐过卡之时,再纳厘金,谓之盐厘,此项盐金不计入普通货之盐金中,而别为盐厘,与盐课合而为盐税;各省所报之盐税,乃盐课与盐厘两种合计之数,盐税总额约计一千三百万两,除盐课七百万两外,所余之六百万两即为盐厘(参阅拙著《中国近代经济史纲》五四页)。(己)厘金。厘金为一种地方通过税,亦是清代各省收入的大部。咸丰三年,雷以諴奏请捐局于江南、泰州、宝应抽收厘捐,厘金之制,即自此始。洪杨起义,兵饷不继,曾文正乃仿行抽厘之法以充军用,后胡文忠亦行之于湖北,而各省不数年间皆通行之。厘金局属于督抚之管辖,每省有厘金总局一,设总办一人,多自候补道员选任之,以管理全省之厘金,为督抚之所统制。税率原以货物之原价百分之二为标准,其实由于关员任意评定立为税率;且同一货物,其厘金不仅抽收一次,每过一卡则抽收一次,货物运送愈远,通过厘卡愈多,抽收之额亦愈增加,及至最终之地,纳税总额数倍于原价。又别设落地税,亦混入于厘金之中收之。落地税乃货物输出于原产地,或输入于贩卖地之时所征收之税,上述厘金之制,实为清代苛税的一种。据光绪二十九年户部所报告,各省厘金岁入之数,合计一一七九五五七六两,钱三三二四四八串,其中为抽收官吏所中饱者,何止倍蓰。此种收入,皆直接归于地方经费,非有特别命令,不必解送于中央政府。(庚)土药税。自光绪十一年鸦片条约缔结之后,清廷始命各省课税于内地所产之鸦片,名为土药税,自是各省收入,加此一项,其额大增。据光绪二十九年户部报告各省征收额,合计为二百十九万七千四百二十四两。(辛)杂税。旧制所谓杂税,不过矿税、渔税、牙税、茶税、当税、契税数种,清廷末年所办的新税亦属此。各省杂税征收总额,合计三二七〇五八九两,钱二五四六八八串。(壬)关税。清初之关税,即今所谓常关税。其江苏、浙江、福建、广东四省之海关,与现在所谓新海关之性质相近。关税有正税、商税、船料税三种:正税按出产地道征收之,商税对于货物之物价而征收之,船料税按船之梁头大小征收之,以船舶为课税之客体。康熙二十三年(1685),设粤海关于广州之澳门,闽海关于福建之漳州,浙海关于浙江之宁波,江海关于江苏之上海。二十八年制定税则,凡商船到关,每船按梁头征银二千两,再抽货税。其后又将所带置货现钱,征加一之税,名为缴送。乾隆元年,特命裁减。八年,定外洋货船带米万石以上者,免船货税十之五;五千石以上者,免十之三;不足五千石者,免十之一;著为例。至进口货银,由受货洋行商人于洋船回帆时输纳;出口税银则由洋行为外国商代置货物时随货扣清,先行交纳,是委托经纪征税。船钞分为三等:一等船所载货物重量,每吨纳银七两七钱七厘,二等船纳银七两一钱四分二厘,三等船纳银五两。外船到港口缴纳船钞后,由洋行将所载各货开单交与公行,行商支付一切趸船夫役等费,乃将货起至洋行洋栈,交由行商转售。乾隆十八年,重定粤海关进出口税率。清代自道光二十三年(1843),由耆英与英国公使璞鼎查(Sir Henry Pottinger)商订各关税则协约,及五口通商章程以后,我国关税遂成协定税则,货价估计,修改期限,亦为条约所束缚。海关税分进口税、出口税、子口税、复进口税、洋药厘金、船钞等五项。征收关税分四个标准,以货物输送之机关为标准的,则有(A) 汽船贸易关税:(1) 外国贸易进出口税,(2) 沿岸贸易进出口税。(B) 帆船贸易关税:(1) 外国贸易进出口税,(2) 沿岸及内河贸易进出口税。(C) 陆路贸易关税:(1) 外国贸易进出口关税,国内通行贸易出入税(见拙著《关税制度与中国》八页)。关税之征收,以外人为总税务司,其分任于各关税者,日、英、法、德诸国人共有一千二百八十九名,及中国人九千四百六十四名,合计一万零七百五十三名,此等在名义上皆属中国之雇员,惟只慑服于外人总税务司权力之下。

关于常关税,清代中叶以后的常关,分为三种:一为五十里内常关,初归关道管辖,光绪二十七年,订立辛丑条约改归税务司兼管;一为五十里外常关,由关道管理;一为内地常关,如崇文门、左翼、右翼,及张家口、绥远各边关直隶中央,以王大臣为监督。常关在京师之地有崇文门、左翼、右翼、通州;直隶有天津、张家口、山海关、龙泉关、紫荆关、独石口、潘桃口、古北口;盛京有奉天关、湖纳湖河、辉发莫钦、白都讷、中江关;山东有临清关、东海关;山西有杀虎口、归化城;江苏有江海关、浒墅关、淮安关、扬州关、兼由焵、兼庙湾口、西新关;安徽有凤阳关、芜湖关;江西有九江关、赣关;福建有闽海关;浙江有浙海关、北新关;湖北有武昌关、荆关;湖南有辰关;四川有夔关、打箭炉;广东有粤海关、太平关、北海关;广西有梧厂、寻厂。据《大清会典》,乾隆时征收总额四百三十二万四千九百七十七两。至全国海关征收,照宣统四年预算,共一千零三十七万二千九百七十五元。清代重征苛抽,支出之款用之于陵寝供用之款,及祭祀、仪宪、俸食、科场、驿站、廪膳、赏恤、修缮、采办、织造、公廉、杂支等项,而宗室功臣世爵岁俸,亦岁费甚巨。最重要者,用之皇室之糜费,亦年逾数千万,如此国家安得不困,人民安得不穷。满人主要的赋税且用以维持各旗的兵士,为数约三三〇〇〇〇〇石谷,收足之后,即运往北京以便分配;附征税有二七二六五〇石谷,是供北京的亲王和官僚的需用的;由江苏、浙江两省征收的米,有一三五二二五石,是用以维持皇室经费的;大豆是由山东、河南两省征收的,共计二〇八一九九石,是用以维持北方骑兵的(可参阅"*The Land Tax in China*"By Hang Liang Huang, p. 92)。清代顺治、康熙、雍正、乾隆,常感觉到苛抽人民,因而酌减各地浮粮和赋税的,但亦不过表面的官样文章,没有实益给与人民的。《东华录》载乾隆十二年三月上谕:"朕免普天下钱粮,今岁系安徽轮免之年,闻该省有马田稻租一项,系归公官田,不在蠲免之列。但念民佃终岁勤勤,不得一体邀恩,未免向隅。着加恩将马田租息酌免十分之三,俾耕佃农民均沾实惠。"《清会典》载荒政凡十有二则,然只有蠲赋,未言蠲租,只略蠲民田所应纳之地丁,不蠲官田所应交之私租;且其所蠲之地丁,又因乱事连绵而抽收。乾隆四十七年,以增加兵备之必要为名,降谕如下:"朕当即位之始,部库贮银不及三千万两,今已增加至七千八百万两,尚何不足用之有。"(见《清朝全史》上册四十六章一三〇页引)所谓增加,就是抽收人民赋税得来的。

第五节　清代之商业

清代在入关之前,亦颇知注重商业。清太祖天命十一年的谕旨中有说:"通商为市,国家经费所出,应任其交易;漏税者罪之,若往外国交易，亦当告知诸贝勒，私往者罪之。"当时视商税为国家收入的大源。清代入关以后的商业政策，鉴于明季末流之弊，设施一切常反其道以行。顺治二年，谕江宁、苏、杭各处织造市卖绸缎，务宽长精密，毋短窄松薄，致民间徒费钱财，无裨实用，并禁止各庄头采买匀粮勒价强买之弊。六年，勒令东来卖参人役，止许在京均平易市，不得遣往别省滋事。又严禁王府商人旗下庄头人役等霸占集场，出外贸易，及短价强买之弊。康熙初，民间有指称王贝勒辅政大臣据关津肆行者，上饬地方官缉拿。续定包衣下人，王贝勒贝子公大臣家人霸占关津生理，及王大臣以下各官以银借贷居民指名贸易，及据关口市场者之罪例。二十三年，饬禁各关稽留苛例。二十四年，以光禄寺估计物价，头绪繁多，令凡应买各物，俱照时价估计，定为条款。四十三年，谕禁直省私设牙行，并饬户部造铁斛升斗颁行，此是康熙恤商的政令。雍正六年，谕向来采办军需，有司往往虚耗国帑派累民间，经降旨严行禁饬，令照时价购办，又恐承办官预留为将来核减之地，稍借民力以助公事，是以特令核定折中价值，倘时值可减，即为节省，或定价不敷，据实奏明，此后再有克扣短发侵蚀之弊，一经题参，即核明克扣之数，找给百姓，仍将该员治罪，勒限追还。九年，以总督鄂尔泰言，敕各省文武官，所有赏给兵营生息银两，毋得占百姓行业，或重利放债，与小民争利。十三年，禁河工运装工料封阻客船，及采办诸物短价累民之弊。此是雍正恤商的政令。乾隆元年，严牙行侵吞商客资本之禁；并以各省关税每多无名之征，并命厘剔裁减。六年，谕各省督抚，凡关榷口岸报部有案者，照旧设立，私行增添者，着详查题报，嗣后不准违例苛索，督抚失察，照例办罪。七年，免直省豆米麦税。此是乾隆恤商的政令。清代盛时，虽颁布恤商之政令，但对于商人阶级是不重视的。雍正二年，谕各省督抚有说："四民以士为首，农次之，工商其下也。农民勤劳作苦以供租赋，养妻子，其敦庞纯朴之行，岂惟工商不逮，亦非不肖士人所能及。"（参阅《皇朝通志》卷九十三《食货略》）

清初商业政策从另一方面去看,有两种缺陷:第一就是对于海外殖民事业的漠视。华侨在南洋经商营业,受尽千辛万苦,吃尽异国人士之压迫,清政府都置之不理,此是由于清初政府中人缺乏远大的眼光,亦是基于极端的种族偏见,以为海外华侨,明末遗民的分子居其多数。第二就是对于国外贸易的政策的谬误。中国向来是贱商,对于外人通商往来,是深闭固拒,后来又取放任态度,所以吃外人的亏就不自觉。有了第一个缺陷,华侨至今都受外人虐待,丧失了经济商业的地位。有了第二个缺陷,中国受东西洋帝国主义的经济侵略,至今仍在困苦的景况。

　　清代商业对于国际贸易,可分为两期:一是闭关主义时期,一是鸦片战役以后时期,兹分述之如下:顺治二年,命哈克萨合驻张家口,命都布赛驻古北口,凡外藩贸易者,该驻防长官照常贸易,毋得阻抑;又定西陲招商市茶以易番马,酌量价值。十八年,准达赖喇嘛及根都台吉于北胜州互市。康熙初年,定外国人非进方物之时,不准来境贸易。又禁沿海兵民贩米粮出海市利。二十三年,奉旨开海禁,许江南、浙江、福建、广东沿海民人,用五百石以上船只出洋贸易,地方官登记人数船号,给发印票,防汛官验放。又准暹罗国贡船在虎跳门贸易,具报之后,即放入河下,不必入店封锁,候部文批回。二十四年,令朝鲜国照常贸易。二十五年,定厄鲁特部落如葛尔丹等四大台吉,准令来京互市,其余小台吉,俱于张家口互市,著为例。二十八年,渐开宁夏等处互市。二十五年,令洋海商船往天津海口运米,至奉天贩卖,给以雇值,其装载货物但收正税,概免杂费。四十一年,遣官偕喇嘛监督打箭炉贸易。四十六年,令出洋渔船照商船改造双桅,装载货物兼行贸易。五十五年,给甘肃地方出口印票,听其贸易;又定福建商船往台湾澎湖贸易者,台湾厦港两汛,拨哨船护送。五十六年,议定内地商船照旧往来东洋,不许出南洋贸易,其外国夹板船仍听其贸易;凡洋船初到时,报明海关监督,地方官亲验印烙,取船户甘结,并将船只丈尺,客商姓名货物及收泊河处,填给船单,沿海官照单严查,按月册报督抚存案,如有越额载米者治罪。其私买船只,偷越禁地,或留在外国者,杀无赦。五十八年,议定蒙古、西藏茶禁。六十一年,谕暹罗国分运米石至闽粤等处贩卖,其余各边番部落及苗疆土司,只令在就近边界交易,不得多携人众深入内地,至硝磺废铁军器火炮等物,概不准夹带出边,其进关抽税多从轻减。雍正二年,谕暹罗国运来米石,所至地方官悉照粤省时价发卖,不得任意低昂,其后陆续开闽浙洋禁及边番互市之禁。乾隆元年,暹罗国请采买铜斤,部议以铜斤禁止出洋,定例既久,恐后来奸民借此为由,越境滋弊,议不准采。二年,命朝鲜国仍循旧例,在中江地方与兵丁交易。八年,酌定外洋货船带米万石以上者,免货税十分之五,五千石以上者,免十分之三,其米照市价公平发粜。二十四年,于和阗、叶尔羌、喀什噶尔等处,均设市集,物价悉照内地价值交易。二十七年,命开奉天海禁,并定给票封查之禁(参阅《皇朝通志》卷七十三《食货略》)。以上叙述清代在闭关时期,对亚洲及南洋方面举行限制贸易的大概情形。

在此时期中,中国与欧洲各国亦相继发生通商关系,然非纯粹出于清政府之本愿,清政府不愿与欧西通商,而竟被迫以至通商,有数种的原因:(1)欧西人初来通商者,率多暴厉恣睢之辈,奸淫掳掠劫杀,几于无所不为,所以不愿与之交往。(2)其时多抱闭关思想,以为对外通商一经许可,则门户洞开,屏障尽失,所以不许各处通商,而仅指广州一二处为限。(3)欧西各国在此期中,多有借商业以实行侵略,如英之并印度,西班牙之夺吕宋,皆足以令当时满洲政府有所戒心。不过当时虽抱此种观感,而坚甲利兵远不如人,惟有曲循所请,在相当范围加以限制而已。欧西各国最初来中国贸易者,海路方面以葡萄牙为最先,陆路方面以俄国为最先,兹略述如下:(1)葡萄牙。葡人伯斯特罗(Rafael Perestrello)于明朝武宋正德十一年(1511),以帆船来航广东,此为第一次之试航。十二年,葡人孚那安德来德(Fernao Perez de Andrade)复统率葡萄牙船四艘，马来船四艘，于澳门西南之上川岛，要求通商，明政府许以率船二艘航行广东，此为欧洲国家直接与中国通商之始。其后陆续东来通商，至清康熙六年，葡国复派第四次大使，提议消除对于澳门通商之阻碍，侨居澳门之葡萄牙商人乃从事减少租金之运动，由万历年间之每纳租金一千两而减至六百两，至乾隆五年后，更减为五百两；太平军兴，葡人停纳。光绪十三年，由中、葡两国在葡京订豫立节略，乃确认澳门为葡属。葡人何以要夺取澳门？因为得了澳门可以得东方通商的根据地故也。(2) 西班牙。西班牙商人在清代时，尝有至广东、福建互市之事，惟远不及葡、荷、英诸国之盛。雍正十三年(1735)，吕宋麦收不足，请以谷银海参来厦门交籴，上谕该督抚提督转饬有司，照谷麦均平粜籴，不许内地人抑勒欺诈，此时吕宋政府是西班牙人所主持，尚未归并美国。(3) 荷兰。荷兰自万历二十三年，设立东印度公司以经营南洋群岛后，常欲至中国要求通商而未获，及至康熙三年(1664)，由巴达维亚总督派使臣诃伦(Van Hoorn)来北京议约，始得允准于闽浙沿海一带贸易，后至乾隆二十七年，始于广州设立商馆。至于两国商约之订立，则在于同治二年时(1863)。(4) 英国。明光宗泰昌元年(1620)，始有英船由爪哇往日本，顺道来澳门，船破由华人售以二船，方克成行，此即英国最初来华之船(见 Soothill: *China and West*, p. 67.)。至崇祯十年(1637)，英人威代尔(Weddell)统率舰队抵澳门，意欲互市，惟葡人拒不纳，威代尔乃更思与广东大吏相交涉，而葡人复谗构其间，当英船至虎门，与守者冲突，守者遂发炮击之，激战数小时，炮台遂陷。是役结果，英人以战利品还付中国，而中国亦允英人通商，是为中英通商之始。及至康熙二十年(1681)，英人以厦门、台湾商馆撤去，谋新设于福州及广州，迄至二十三年，始得清廷许可，得于广州设立商馆，树立在华商业之基础。英国在粤设立商馆以后，货船时往来于澳门、厦门，惟货物进口不多，货船所载，大部分为银洋，据摩斯著《东印度公司对华贸易史》

所称:"一六八七年(康熙二十六年)时,英船二艘来厦门,一艘所载约值四五千金镑,其他约值一万金镑,而其中大部分皆银洋也。"(卷一,六二页)他们的船有时北泊舟山(定海县),因之宁波海关监督屡请移关定海县,说及:"定海港澳阔深,水势平缓,堪容番舶,亦通各省贸易。……移关以便商船,当增税银万余。"(参阅王之春编《通商始末记》卷二)康熙帝允如所请,于康熙三十七年,在定海城外道头街西,建"红毛馆"一区,以安置英船及水手人等,此即英国商船至定海之始。康熙四十年,英国运入广东之货值四万零八百镑,运入厦门之货值三万四千四百镑,运至宁波之货值英金十万零一千三百镑,可见英国当时重视宁波方面的通商。惟宁波方面之贸易以后卒未发达,英国对华贸易仍以广东为盛。(5)法国。顺治十八年(1660),有法国商船一艘来粤,经营印度及中国的贸易;至康熙三十七年,广州遂有法国公司之设立;雍正六年,商馆亦正式成立。乾隆五十二年,欧洲来华商船四十八艘中,英船二十九艘,法船仅一艘,可知当时法国东方商务的不振。其不振的原因,因法国当时采保护贸易政策,严禁华丝进口,曾有来华贸易之船,致被法政府所焚毁云。(见 Soothill: *China and West*, p. 8.)。(6)美国。乾隆四十九年时,有美船名中国皇后者,装载大批人参等货,由美国初到广东以购茶丝,遂开中美贸易之纪元,其后美船来者相继不绝,美政府任萧(Shaw)氏为广东领事,专管贸易事务,中美贸易,因之渐次发展。在此期中,由中国运美之货,多为丝茶等物;由美运至中国者,多为人参皮货之类。美国购入华茶之后,更以之输入欧洲各国(参阅《中国国际贸易史》五六页引)。(7)德国。德国和中国往来远在明神宗万历年间,有德人汤若望(Joannes Adam Schall von Bell)者,在京师曾参与翻译崇祯历书事。到了清代乾隆十七年(1752),德国斐力大帝创立亚洲贸易公司,并遣船两艘来广东,和中国通商,是为中德贸易之始。(8)俄国。以上所说各国均与中国为海路通商,惟俄国与中国国境毗连之故,为陆路通商。中俄在政治上商业上实行交际，虽始自清朝，而互相交通则始自明朝。明穆宗隆庆元年（1567），俄国始派遣大使彼得罗夫（Petroff）与亚力息夫（Yallysheff）来中国要求互市，我国不许，后顺治十二年、十三年、十七年，及康熙九年，所派使臣皆为商人兼之，或以商人随行者。及俄人锐意经营雅克萨城，谋盘踞黑龙江一带之地，康熙二十一年，遣将率师征之，毁雅克萨城而归，事后俄人乞和，当于二十八年成立《尼布楚条约》。《尼布楚条约》第五条谓："嗣后往来行旅，如有路票（护照）听其交易。"第六条谓："嗣后俄民贸易中国，而加财产人民以重大损失者，当立即拘送我国地方官，处以死刑。中国商人在俄犯罪者，亦照样办理。"此为两国正式规定通商的手续，亦即中外交互的领事裁判权的前例（见刁敏谦著《中国国际条约义务论》）。自立此约以后，惟俄国以贸易之需路票，终觉不便；康熙三十二年（1693），俄大彼得皇帝又派伊德司（E. Ysbrandt Ides）来华，要求自由贸易，清廷初以国书体裁不合，与贡物一并退还。后以伊德斯改国书为奏章，康熙遂照常颁赐，许其通商，规定俄国商队三年得至北京一次，每队以二百人为限，得在俄罗斯馆留住八十日，贸易免税。但俄国仍觉不满，乃于康熙五十八年（1719），又派义斯麻伊儿（Ismailoff）来中国，请改商约，清廷不置答，俄使因不得要领而退。雍正五年（1727），俄女皇加德麟第一（Catherine Ⅰ）遣使臣萨华（Sava Vladislavich）来京申请通商，诏令以郡王策陵、内大臣色格等与俄使在恰克图（Hiakhta）订立边界条约，约中第二条："以恰克图为通商之地。"第四条："俄国商人得三年一至北京贸易，但人数以二百名为限，留京不得过八十日，往来当由官定之路径，不得迁道他往，违者没收货物。"其后市场时开时闭，至乾隆五十七年（1792），在恰克图买卖城互换新约，约中有三条涉及商务。在其时恰克图遂为中俄贸易之重要商场。惟此期之贸易品，均严禁银货及金钱之交换，仅以物物相交易；中国商人挟丝茶棉布等以去，而换取俄人之羽纱皮货等物以归。在中俄初期贸易，清廷屡有贸易免税的规定,以后驯至各国相继效尤,此实为我国陆路贸易失败的先声,其有阻于我国陆路贸易之发展不下于海关协定税则。

欧美人初期来华,在中外贸易史上最有关系者,即广东公行与外国商馆贸易的制度是也。自康熙三十八年以前,在中国通商之外人皆集中于广东,此由于厦门、宁波等港,清廷官吏强收之税过重,且无限制,主张少纳税之外国商人常起交涉。外商当需索过多之时,往往暂不通商,由办货人先与广东官吏交涉,倘在税额未论定之时,则停船于虎门之外。关于收税之事,康熙四十一年加以整顿当时有所谓官商者,实指定一人为经手人,外国人购买茶绢皆出于其手;又其时外货销入内地者,由彼购买少数以限制之,此人因曾纳银四万二千两入官,故有包揽对外贸易的全权。广州在当时仅有官商而无公行,然其专卖办法与公行初无二致,后广东当局乃分此专卖权与他人,官商之专卖权已经分开,遂启后来"公行""行商"之基。康熙五十四年(1715),英国东印度会社以此种办法终有碍于通商,乃商量整顿之法,遂与粤海关监督订立《粤海关条约》,其重要者如下:(1)不受限制,得自由通商。(2)雇用中国奴仆或解雇,雇主可任意为之,并有雇用英国奴仆权限之自由。(3)凡商馆及船舶,倘须用购买食物,及其他必要品,得任意采办。(4)非卖品之货物及商馆之需要品,皆免除税金。(5)在海岸设幕屋,于其处修缮帆桅等。(6)船舶所属之小艇挂有其所属之旗者,不受检查得以通过。(7)管理运货人之桌及箱,不受检查得以通过。(8)非理之输入输出税及强求税,不得再行赋课,常人与官吏之侮辱,及纳税有留难者,税关官吏应加保护(参阅《清朝全史》五五章八九页)。自立此约以后,中国官厅虽照承认,许外人以自由通商,然不及五年,又有限制贸易之事件发生,即广州商人组织之公行,竟于康熙五十九年十一月二十六日正式成立。公行之目的,专为划定价格而设,即贩卖于欧人之货物,彼等定以正当之价格,不论卖者为何人,总之对于货物应得若干之纯利益,则于此协定之。此种行规之设立,旋废旋兴,至乾隆二十二年,清廷更明定广东为对外贸易之唯一口岸。二十五年,公行第二次正式成立。公行第二次成立以后,其职责较初时尤为重大,不但制定价格,即政府与外商间之交涉,亦皆以公行为代理人。公行一方面代政府征收税课,一方面又为外商代纳关税,并代营贸易事务。乾隆三十六年,英人以三万镑金贿当道,卒达其封闭公行之目的。后来清廷又给行商十人以专利权,行商仍以公行为会议所。当时行商取得对外贸易专利权,须缴银二十万两方能得之。行商人数约为十人至十三人,普通均称十三洋行(The Thirteen Merchant),政府之所以任十三洋行综揽对外贸易权,其主旨是为限制外人起见。当时限制外人,只许居于城外西南河岸之小区域内,外人交易,只准与特许商人团(公行)行之,以外无论何地何人,皆所严禁。因此广州外人仅能开设商馆于城外西南河一百二十六亩之小区域,其房屋全部均属公行,所有外商须年纳租金若干,方能居住营业于其中,且须时受官吏之管理监督。乾隆二十四年,总督李侍尧奏请采用所谓防范外夷五事以压抑外商,随时增补条项,宣布于外国商馆,强其遵守,其重要者如下:(1)外国军舰不准驶入虎门以内,即保护商船之军舰亦须停泊于江口以外。(2)妇人不可偕来商馆,铳炮枪及其他武器不得备置该处。(3)各商馆不得使用八人以上之华人,并不得雇用仆妇。(4)外人不能与我国官吏直接交涉,遇必要时必须经过公行之手续。(5)外人不许泛舟江上,惟每月初八、十八、二十八三日得游览花园。苟外人有不正当行为时,翻译当负其责。(6)外人不得自行进禀,凡各种请愿不可不由公行经过。(7)外人买卖须经公行行商之手,即居住商馆者,亦不许随意出入,防其与奸商有秘密交易之行为,且恐其受本地奸商之欺诳。(8)公行行商不准负欠外人债务。(9)通商时期已过,外人不得在广州居住,即在通商期内,货物卖完,即将所购之物装载归国,若不归可往澳门。从上引证而观,可以知道清代闭关时期,对于外人贸易虽许特定地方行之,然亦有许多之限制,与外商以不利;盖当时中外民情风俗、语言习惯两不相同,直接自由贸易事实上不易行,故不能不假手此中介机关(其详可参阅 Morse:*The International Relations of the Chinese Empire*)。在公行制度施行时期,外人终觉行商剥夺彼等之利权太甚,行佣之重,税捐之苛,他们所难忍受,起而要求改良,又常为官厅所压抑,不平之感蕴之既久,不惜诉之武力,以期待遇的改善。英国皇帝于乾隆五十八年(1793),派使节马戛尔尼(Macartney)至北京,要求四事:(1)准英国派员驻京,照管本国商务。(2)英商人得至宁波、舟山、天津、广东地方贸易。(3)求广东附近小地方一处,以便英商在该处停歇,收存货物。(4)英输入货物减税。以上要求事项,均为清廷所拒绝。至嘉庆三十一年(1816),英政府再派亚墨斯得(Amherst)为大使入觐,磋商改良通商事宜,因礼节关系,亦受屈辱而返。道光元年(1821),英人秉承亚丹斯密之学说,大唱自由贸易,英之对外贸易委员会遂力持英国商民应享对华丝茶贸易权;广州大吏亦无满意答复。英商极为不满,乃诉于印度总督,求派遣使节往北京交涉,一面又请派遣军舰来华示威,印度总督以不明真相均未之许。惟英国商人私运鸦片来华者源源不绝,致为广东官吏所不满,欲借此以行其限制政策,于是两国商民恶感日深。道光十四年,粤督卢坤误听洋商之言,以英国东印度公司已散,不可无理洋务之人,遂奏请援前例派大班来粤管理商务,粤督许之,英政府乃派拿皮楼(Lord Napier)来广东监督商务,拿氏至粤时,粤吏因其未经通报,闯入省河,疑非其国王所遣,乃派员押回澳门。拿氏受辱愤甚,遂将广州公行专横与清政府压制情形,饰词报告本国,英政府遂一变从前和顺态度,决以武力为后盾以维系其远东商务,遂有后来鸦片战役的发生(参阅《中国贸易史》七一页)。

公行贸易制度之消灭,即为鸦片战役之结果;鸦片战役不仅为中英外交史上的大事件,且为中国国际贸易上的大转变时期。鸦片战役以

前,清政府行闭关主义的限制贸易;鸦片战役以后,因不平等条约及通
商专约的桎梏,事事听命于列强,虽欲闭关自守,限制外人而不可得。
由此转变时期,中国国际贸易遂由出超的地位,改为入超;由经济自足
的地位,改为各物应用依赖外货。兹将清代末年输入输出总数,每阅五
年,比较于下,以明对外贸易进退的概况:(同治七年以前以上海规元银为
单位,八年以降以关平银为单位,关银一百两等于规元一百十一两四钱。)

年次　　　项目	输入总数	输出总数	两项合计	出超或入超之数	
同治三年	51293578	54006509	105300087	出超	2712931
同治四年	61844158	60054634	121898792	入超	1789524
同治九年	63693268	55294866	118988134	入超	8398403
光绪元年	67803247	68912929	136716167	出超	1109682
光绪六年	79293452	77883587	157177039	入超	1409865
光绪十一年	88200018	65005711	153205729	入超	23194307
光绪十六年	127093481	87144480	214237961	入超	39949001
光绪二十一年	171696715	143293211	314989926	入超	28403504
光绪二十六年	211070422	158996753	370367174	入超	52073670
光绪三十一年	447100791	220888197	674988988	入超	219212594
宣统二年	462964894	380833328	843789222	入超	82131566

　　自同治三年至宣统二年,四十八年之间,除同治三年、十一年、十二
年、十三年,光绪元年、二年共六年外,均为入超。

兹再以百分比例法,以同治四年为标准,表示清末历年国际贸易的状况:(同治四年之数,系按照规元一百十一两四钱换关平银一百两。)

年　次	输入总数	输出总数	合　计
同治四年	100.00	100.00	100.00
同治九年	136.00	112.00	125.90
光绪元年	244.90	142.20	145.70
光绪六年	169.60	160.70	166.30
光绪十一年	188.60	134.10	162.10
光绪十六年	271.80	197.80	266.70
光绪二十一年	367.30	295.40	322.70
光绪二十六年	451.40	328.00	392.60
光绪三十一年	956.20	470.10	714.10
宣统二年	990.20	785.70	892.70

看上表,自同治四年至宣统二年四十八年之间,输出总数约增七倍余,惟输入总数,约增十倍,入超已大,漏卮必多,国民经济受重大的影响可知也。以上就清代二百余年来商业的概况略为论列,此种商业不振的情形,直至民国成立,仍承受其弊也。

第六节　清代之工业

清代工业之著名者,有北京之景泰蓝、假珠玉,山东之绢绸,河南之南阳绸,江苏、浙江之布帛绸缎,安徽之纸笔墨,江西之陶磁器,湖南、四川之纸,广东之假玉器、漆器、象牙雕刻等类。但此等工业,皆属家庭工业乡村工业,不足与欧美工业相比较。自道光二十二年(1842)南京条约订立,五口通商以来,欧美物质文明开始输入中国,中国固有之手艺工业,遂为新潮流所鼓荡而发生变化。中国手艺工业在道光咸丰年间最负盛名者,当推丝茶两项。当时南京、苏州、杭州等处,均为丝织中心。苏州在太平天国以前,有织机一万三千架(参阅陈重民编《今世中国贸易通志》),其余凡产茧之地,缲丝工业各处都有;咸丰十年,中国出口之生丝,占世界生丝贸易额百分之五十。茶之输出尤盛,嘉庆二十五年(1820),占世界茶贸易额百分之七十五。至同治六年稍退,仍保持百分之六十的优势(见 *The China Year Book* by Tientsin Press),此等巨额之百分比,可以证明当时丝茶制造工业的发达。又糖为重要工业之一,中国尝与印度、爪哇、菲律宾、古巴并称为世界五大产糖国,最盛时每年可产糖五十万吨。海禁至放以后,因关税子口税之压迫,厘金之剥削,糖业制造日衰。自洋糖入口以后,中国糖业遂一蹶不振。

自道光二十二年至咸丰末年,此二十年中新兴工业不能兴起的原因,除关税厘金以外,还有发生影响者三端,(甲)手作业组合的妨碍。手作业组合,劳资界限不深,今时为劳动阶级,明时可变师傅老班,既无罢工的风潮,复享有职业上的独占权,所以劳资两方不思有所改进。(乙)排外思想的热烈。外力侵入中国之始,清廷利用扶清灭洋之旨以相号召,由是物质文明之说,为国人所反对,鸦片之役,英法联军之役,促成排外的思想,对于西方文明加以轻视,此种思想对于当时新兴工业的兴起,实有所妨碍。(丙)各国机器工业的幼稚。其时各国的机器工业尚未有大规模的发展,因此势力未免孤弱,经济侵略之工业政策亦没有稳定(参阅龚骏编《中国新工业发展史大纲》十页)。自同治元年(1862)至光绪三年(1877),此十六年中,为我国机器工业萌芽时期。同治时北京条约已订,洪杨之乱亦除,于是遂有军用工业的兴起。曾国藩、李鸿章、左宗棠同为清室中兴功臣,得力于西式军械者独多,故他们提倡军用工业之心亦最切。同治元年(1862),李鸿章以剿平洪杨之乱,孤军入沪,进窥苏浙,参用西洋火器,利赖颇多。惟以购器甚觉艰难,故就军需节省项下筹办机器,选雇员匠,仿造前膛兵枪、开花钢炮之属,上海之有制炮局自此始(见《李文忠公奏议》,李鸿章沈葆桢会奏之上海机器局报销折)。同治四年,丁日昌在沪访购得洋人机器铁厂一座,乃将丁日昌、韩殿甲在苏两局移并上海铁厂(即虹口机器厂),机器厂后归并为江南制造总局(可参阅《李文忠公奏议》中置办外国铁厂机器折,及奉旨督军河洛折)。自此局归并,局务日见发展,为当时唯一的制造厂。此项铁厂所有系制造之器,无论何种机器,逐渐依法仿制,惟仍以铸造枪炮借充军用为主。自江南制造局创设以后,各地造船机器工业渐见发展。同治五年,浙、闽次第削平,左宗棠乃择于福州附近之马尾,奏设马尾船政局制造轮船,经费则指定闽海关洋税每月专拨五万两,立限五年,制造十六号之轮船,经费则不逾三百万两,聘订法人日意格、德克碑为正副监督,并法匠数十人以为导。计九年之间,成大小兵船轮船十五号,法人经理全成者十二号,余三号皆由华人完全成之,后此续制各船,截至光绪三十三年止,共成船四十号(见《东方杂志》第十四卷《马江船坞之历史》)。与马尾船政局同时告成者,尚有天津机器制造局,此局自同治六年开办,前任三口通商大臣崇厚等创办。据《津门杂记》载:"机器局制造局,一在城南三里海光寺,以机器制造洋枪炮架等物,兼制小大轮船。一在城东八里直沽东北,人称东局,专制火药及各种军械水雷,水师电报各学堂并于东机器局。"同治十一年,内阁学士宋晋,因有制造轮船糜费太重,请暂行停止之议,李鸿章、左宗棠、沈葆桢等曾极力反对,卒于格于时势无法挽回。光绪以后,造船事业几入完全停顿地步。同时兵工厂则续建设于成都(见杨铨著《五十年来中国之工业》)。

至开矿工业，有可纪述者如下：康熙中，户部议各省铜铅矿产，准人民开采，委官监督。十八年，定十分纳二之税，当时矿区分布各省，如金矿：广西则在梧州、芋莱山；湖南则在会同县、宜章县；甘肃则在沙州。银矿：浙江则在温州、处州；福建则在尤溪、浦城；云南则在大理等处；湖南则在郴州、桂州。铜矿：江西则在广信、铜塘山；广西则在桂林、涝江；四川则在沙沟、紫古、唰川、云阳、奉节；湖南则在郴州、桂州、绥宁；广东则在黎地。铁矿：湖南则在邵阳、武冈、慈利、安化、永定、芷江；浙江则在处州之云和、松阳、遂昌、青田、温州之永嘉、平阳及泰顺；四川则在屏山之李村、石堰、凤村、利店、茨藜、荣丁，江油之木通、溪和、合同及宜宾县。铅矿：贵州则在清平；湖南则在常宁之龙旺山及沅陵、辰溪、永顺、桑植、郴州、桂州；云南则在卑浙、块泽、通海、弥勒及东川、者海；四川则在永宁之茶山沟及云阳界连奉节之处；广西则在融县、四顶山；湖北则在施南、兴国、竹山。我国科学不发达，采矿挖取全凭人力，加以官吏之征课诛求，终令货弃于地。中国新兴工业与造船业同为特别工业者，是新式的开矿工业。光绪元年四月，清廷派李鸿章在磁州试办煤铁等矿，派员妥为经理，并向英商订购熔铁机器，着手开办，旋因运道艰难，又订购机器未能成交，遂告中止。光绪三年八月，清廷派前任天津道丁寿昌，津海关道黎兆棠，会同唐廷枢，熟筹妥办滦州境的开平煤铁矿。查章程原定招商股八十万两，开采煤铁等矿，并建生熟铁炉机厂就近熔化，然因招股不足，乃先专力于煤矿之开采，俟有成效，再行炼铁(见《李文忠公奏议》卷十一直境开办矿务折)。

自光绪四年(1878)起，至二十年(1894)止，此十七年中，为中国商品工业兴起时期。此一期新兴之商品工业，兹略述如下：我国以机器制造之商品工业，当推光绪四年甘肃织呢总局为滥觞，此局为我国纺织工业的鼻祖，设在甘肃兰州之畅家巷，有二百四十马力之发动机一台，织机二十一台，每日可制呢二十匹，惜开工不及一年即行停顿，至光绪九年改为洋炮局。新式缫丝工业起于同治年间,当时有人在上海试验百釜之机器缫丝工场,试验失败,于同治五年即行倒闭。光绪四年,法人卜鲁纳在上海设二百釜之新式缫丝工场,名曰宝昌丝厂,始办有成效。继有广东南海人陈启源设缫丝工场,初设足踏机器,以人力代火力,后改用蒸气原动力,为华人创设丝厂之始。至光绪十二年,张之洞奏以四万两在粤设缫丝局,后又将机局移鄂,即光绪十九年湖北官局之一,其后上海信昌、瑞伦等厂设立,始见扩大(见《工商半月刊》第一卷第八号)。织布局创议于光绪八年,李鸿章于八年三月奏请试办织布局一折中有说:"臣查该御史(曹秉哲)原奏内称,方今之务,以海防为最要。泰西各国凡织布匹,制军械,造战舰,皆用机器,故日臻富强等语,所论均属切要。查进口洋货以洋布为大宗,近年各口销数,至二千二三百万余两。洋布为日用所必需,其价又较土布为廉,民间争相购用,而中国银钱耗入外洋者,实以不少。臣拟派绅商,在上海购买机器,设局仿制布匹,冀稍分洋商之利。……查泰西通例,凡新创一业,为本国未有者,例得畀以若干年限。该局用机器织布,事属创举,自应酌定十年以内,只准华商附股搭办,不准另行设局。其应完税厘一节,该局甫经倡办,销路能否畅旺,尚难预计,自应酌轻成本,俾得踊跃试行,免为洋商排挤。"其所请免除沿途税厘一节,奉批准奏。该织布局筹办于光绪十六年,至十八年始正式成立,产销尚旺。乃成立之后一年(光绪十九年九月十日),不戒于火,全部被焚。自织布局被焚以后,李鸿章旋有机器纺织总局之筹设,而华盛、华新、大纯、裕源等厂次第成立;我国棉织工业已确立基础。在此时期,商品制造除官督商办之纺织工业外,其他工业未有兴盛,惟面粉水泥等厂均肇始于斯时。光绪十二年,德人在上海设正裕面粉厂(见《商业实用全书》),实开第二大工业的先声。光绪十六年,开平矿务局附设水泥工业。光绪十七年,李鸿章创设伦章造纸厂于上海,是为我国机器制纸的先河。光绪二十年,湖北有聚昌、盛昌火柴公司之设立,多属官股(见杨铨著《五十年来中国之工业》一文)。此种种新兴工业,虽未有急进的发达,在当时亦颇有可观。

　　自光绪二十一年(1895)《马关条约》订立,至光绪二十八年,此八年期间,为中国境内外人兴业时期。外人在华兴业为经济侵略的先锋,其最大原因在于《马关条约》。该约于光绪二十一年三月二十三日(1895)在日本马关所签订,第六款第四项规定说:"现今中国已开通商口岸之外,应准添设下开各处立为通商口岸,如沙市、重庆、苏州、杭州等,以便日本臣民往来侨寓,从事商业工业制造所。"自《马关条约》订立以后,外人在华明目张胆设厂制造,令中国新兴工业屈服于资本主义之下。外人在华经营之工厂以棉织业为最早,光绪二十一年,上海新建之外商纱厂已有怡和、老公茂、瑞记、鸿源四家,四厂所有资本计达四百二十一万五千八百两。国人见外力猛进,亦急起直追。除原有各厂外,苏州之苏纶纱厂,无锡之业勤纱厂,宁波之通久源纱厂,亦同时设立。光绪二十二年,中国境内所有之中外纱厂统计如下:(表见《中国棉织业概况》,《银行周刊》四七二号。)

	华　商	外　国	合　　计
纱　厂	七	五	一二
纱　锭	二五九〇〇〇	一五八〇〇〇	四一七〇〇〇
织　机	一七五〇	三五〇	二一〇〇

　　光绪二十三年,杭州之通益公,常熟之裕泰相继设立。二十四年,张謇复以资本一百三十万两,设大生于南通,是为南通模范实业之基础。自是以后,各地纱厂相继设立。光绪二十八年,仅就上海一隅而论,纱厂已达十七家,纱锭共五六五二五二枚(见陈重民编《今世中国贸易

通志》,龚骏编《中国新工业发展史大纲》)。继纺纱业而起者为面粉工业,光绪二十二年,英商设立增裕面粉工厂于上海,后四年光绪二十六年,俄人于哈尔滨设一满洲制粉公司以赡军需,为北满面粉工业中心之起点。自增裕公司创立,华商从事于面粉制造者亦接踵而至。光绪二十六年,广源盛成立,同时并起者,上海有阜丰,南通有复新,无锡有茂新。光绪二十八年,上海有华兴面粉公司之设立,于是江苏一省遂为中国面粉业制造的中心。

纺纱制粉以外,为各国所垂涎者是采矿工业。我国开矿权之丧失,始于光绪二十四年二月十四日与德签订之中德《胶澳租界条约》,是约第二项第四款规定:"于所开各道铁路附近之处相距三十里内,如胶县在潍县博山县等处,胶沂胶南路在沂州府莱芜县等处,允准德商开挖煤斤等项,及须办工程各事,亦可德商华商合股开采;其矿务章程,亦应另行妥议。"此协约签订以后,各国遂乘机攫夺在华之开矿权。光绪二十四年四月二日,英商福公司与山西矿务局合订合办矿务章程,限六十年为期,享受山西矿务权利。光绪二十六年,福公司势力已伸入河南省河北道全境。于是德国亦根据条约,订定《山东华德煤矿合办章程》。在铁道附近三十里内,除华人外,只准德人开采矿产,自是山东矿权无异断送德人。此期国人自办之矿务内困重税,外被压迫,毫无进展,汉阳铁厂以经费困难,官方不支,乃改为官督商办。其他江西萍乡县安源地方之煤矿,山东之中兴煤矿,河南之豫丰公司,区区矿业,不足观也。

外人在中国工业上的投资,除纺织、制粉、开矿以外,尚有制油、机器、造船、火柴等业。光绪二十一年,英商太古洋行于营口经营新式制油业。光绪二十六年,英商设瑞镕机器轮船工厂于上海。光绪二十七年,日本在重庆与华商合办燐火柴厂。在此时期,我国新兴之机器工业,比较有进步而无外商投资者,首推缫丝业。自中日战争以后,长江一带新式缫丝厂之创设颇多,光绪二十七年,在长江流域的丝厂统计如下：如上海有工厂二十八间，釜数七九〇〇；杭州一间，釜数二四〇；绍兴一间，釜数一八〇；镇江二间，釜数三三〇；苏州三间，釜数六三〇；武昌一间，釜数三一二；共计三十六厂，釜数九五九二（见《今世中国实业通志》）。自光绪二十一年至二十八年，上海丝厂之发展由十二家增至二十一家。长江以外，广东亦为新式丝厂发达之中心，惟厂丝品质不及上海。

　　自光绪二十九年至宣统三年，此八九年间，为中国新工业一大过渡时期。据日本安原美佐雄所著《支那之工业与原料》所载，光绪二十九年至三十四年，商部所注册之新式工业，凡一百二十七家，资本共三千二百十九万九千八百元，一千零七十一万七千两。其中以棉织、面粉、生丝、电气、榨油、烟草、火柴等业为最发达，平均资本以制铁工业最多。据光绪二十九年至三十四年，在商部注册之工厂，计生丝、纺织及织布、制粉、炼瓦、陶土、卷烟草、精米、电灯、豆粕榨油、石碱、蜡烛、燐寸、玻璃、建筑土木、机器制电、杂业等项，属有限公司者九十八间，有限合资者十七间，无限合资者一间，个人经营者十一间，资本合计三二一九九八〇〇元，一〇七一七〇〇〇两。此一期新设之纱厂，以江苏、上海为多，较著者如光绪三十一年，中英在上海合办之振华纱厂。三十二年，无锡有振新，宁波有和丰。三十三年，崇明有大生第二厂，萧山有通惠工，太仓有济泰，上海有久成。三十四年，江阴有利用，上海有上海第二及同昌。久成初为中日合办，继为日人所购，日本在中国之纺织业遂立基础。宣统二年，无锡祝兰舫等，创办公益厂于上海，后改为中英合办。三年，日本内外棉株式会社始设厂于中国上海，即内外第三厂（见《中国年鉴》第一回一四四三页）。自振华、振新、和丰、大生等厂设立以后，棉业陆续发展，至宣统三年，全国纱厂统计共三十二家，纱锭在八十万以上，大半之纱厂集中于江苏上海。至新式丝厂，以长江流域及广东为最发达。查上海一区，光绪二十九年，所有丝厂共二十四家，丝机八五二六架。宣统三年,丝厂增至四十八家,丝机增至一三七三七架。毛织工业,以上海日晖呢绒厂及湖北毡呢厂为最大。其他北京清河镇之溥利呢革公司,北京之兴华呢服公司工艺局、开源绒呢工厂、仁立地毡号、天津之北洋宝习工厂、万益制毡有限公司均次第设立,其性质或官办,或商办,或官商合办。面粉工业,以东三省长江流域两区为最发达。东三省以哈尔滨为制造中心,如光绪二十九年,华商设立之双合盛火磨;三十年,法商设立之永盛公司;三十一年,俄商设立之满洲联合面粉厂;三十二年,俄商设立之松花江制粉公司,宁古塔之新式面粉工厂;三十三年,黑龙江之广记火磨;三十四年,阿什河之永远火磨等是也。至日商插足满洲制粉工业,始于光绪三十四年,在铁岭设立之满洲制粉会社(见《今世中国贸易通志》)。长江流域以上海为中心,如光绪三十年,有裕丰面粉公司;三十二年,有立大面粉公司、裕顺面粉公司;三十三年,有中大面粉公司等。其在江北者,光绪三十一年,海州有海丰面粉公司;三十二年,清江浦有大丰面粉公司;光绪三十四年,芜湖有益新面粉公司。湖北之面粉工业集中于汉口,光绪三十一年,有和丰面粉公司;三十二年,有金龙面粉公司;三十三年,有汉丰面粉公司;宣统二年,有隆裕面粉公司。四川在宣统二年,长寿有禁烟改种纪念公司,是为四川面粉工业之滥觞。北京于宣统二年,有眙来牟及广源面粉公司之设立。在此期间,可见此种新兴工业的发达。

矿务工业,自裕丰公司设立以保全矿权为宗旨以后,国人之自设矿公司者日众。光绪二十九年,批准山西矿务先由丰晋公司办理,其目标是与福公司竞争(福公司为英商组织)。光绪三十三年十二月,晋省商民集资二百七十五万两,将福公司在山西所有矿权完全赎回。直隶之开平自庚子乱后为英人所夺,几经交涉,终归无效。袁世凯任北洋大臣时,以滦州矿权落于英人之手,遂命天津官银号募资,组织滦州矿务局以为对抗,而井陉煤矿亦另设井陉矿务局,以与中德合办之矿务局对峙。光绪三十四年，乃合设井陉矿务总局，所得利益，中德各半。光绪三十四年，日本乘清廷多事，要求承认彼国有开采抚顺、烟台两处煤矿之权，清廷允许，于是抚顺遂归日本所有；本溪湖煤矿名为中日合办，其大权则尽落于日人之手。新兴之矿除滦州矿务局及中兴煤矿公司以外，仅个旧锡务公司（云南）及六河沟煤矿公司（河南）数处。光绪三十四年，汉阳铁厂与大冶铁厂、萍乡煤矿正式合并，改名为汉冶萍煤铁矿厂有限公司，注册后登报招股，连前共收股分银一千万两之多。汉冶萍公司以外，尚有汉口扬子机器公司，资本银一百万两，为我国第二大钢铁厂。

其他尚有种种之重要工业，如火柴、水泥、烟草、制磁、制玻璃，制油、水电、造船、制纸、制糖等工业亦陆续兴起。兹就此期之制船、制纸、制糖三种工业，略述如下：（甲）制船。清代造船事业，首推江南制造总局。江南制造总局自光绪以后，船政即就荒芜，直至光绪三十二年，两江总督周馥始从海军提督叶祖珪之议，奏请将船坞与制造局划分，另行建设，改名江南船坞，终清之世，造船一百余艘。江南船坞以外，尚有上海之求新制造厂，及汉口之扬子机器公司，亦兼营造船业。此期，外商设立之造船厂最著者，如光绪三十一年，英商在上海设立之耶松船坞（The Shanghai Dock & Engineering Co., Ltd），宣统二年，中日商在上海合办之东华造船株式会社，及光绪三十一年，瑞镕船厂之添改船坞，宣统元年之合并福尔根（Valean）扩充船厂。（乙）制纸。光绪二十五年，华商造纸厂设立，光绪三十二年，有龙华造纸厂、济南滦源造纸厂、广东盐步增源纸厂、广东官纸印刷局相继创制，宣统二年，武昌有白沙洲印刷局，三年，汉口谌家矶有财政局造纸厂，但均时作时辍，无发展可说。（丙）制糖业。宣统元年，俄商设制糖厂于东之阿什河（在吉林境内）地方。宣统三年，日本南满铁道会社设有产糖试验场，为日本在中国制糖的开端。其在南方设立的糖厂，有福州龙溪县之华祥、漳州广福之种植公司。以上略述清代二百余年的工业状况,其在前期工业,仍属于旧式的,没有甚么的进展,其在后期新兴工业,虽风起云涌,然受列强工业政策的支配,而得不到抬头的机会;中国物质文化事事不如人,即此一端,亦可概见。

第七节　清代之交通

清代的交通,可以分为国内的与国外的。关于国内的:(甲)河道。顺治元年,特设河道总督一人,驻扎济宁州,总理黄河运河事务,设分司驻扎各境。十六年,总河朱子锡疏言两河利害,条奏十事:(1)陈明南河夫役,(2)酌定淮工夫役,(3)查议通惠河工,(4)特议建设柳围,(5)严剔河工弊端,(6)厘核旷尽银两,(7)慎重河工职守,(8)申明河官专责,(9)申明激劝大典,(10)酌议拨补夫食。疏入,遂依计画而行。康熙十五年,高家堰及漕堤等处溃决,特遣尚书冀如锡前往察勘,悉心筹办。十七年,命撤回南北中河三分司,其河道工程委该地方监司府佐贰管理。二十三年,上南巡阅视河工。四十三年,疏浚戴村坝淤塞旧河,筑和尚林月堤,逼水仍归故道,以免东平州一带水患。四十七年疏浚苏、松、常、镇所属支河,并修建新旧闸坝。雍正四年,疏浚濮州之魏河、聊城之泄水河,并开浚鬲津、赵牛等河。五年,疏浚济南府属各河,又于东省安山湖开浚支河六道。乾隆元年谕:"治河之道,必将全河形势熟悉胸中,黄河自河南武陟至江南安东入海,长堤绵亘二千余里,旧设总河一人,驻扎清江浦,雍正七年,复设河东总河,诚虑鞭长不及,故俾南北分隶,各有责成;惟是河流日久变迁,旧险既去,新险复生,其间防浚事宜,有病在上流而应于下流治之者,有病在下流而应于上流治之者,若河臣于南北形势,未能洞悉,遇有开河筑堤等事,或至各怀意见，则上游下游，必有受弊之处，所关匪细。徐州府当南北之冲，为两河关键，最为要紧，将副总河移驻徐州，凡徐州两河开筑事宜，令其就近与南北河臣公同酌议举行。"十六年，乾隆南巡，周览河工；二十二年，两度南巡亲莅河干，指示一切疏泄捍御机宜。二十七年，命刘统勋、兆惠会同河臣，详勘湖河归江之路。终乾隆之世，可说均注重河道工程之整理（参阅《皇朝通志》卷九十六《食货略》）。当时河工之经费有修防之费，有俸饷之费，有役食之费，有岁报图册之费，司其出纳者有河道库，由河道总督报销。河工岁修经费，乾隆以前旧规，至多不得过五十万，嘉庆时增加经费至二百万两。（乙）路政。清代路政，于各省阨要之处设置驿站，以司邮递，州县官及驿丞掌之。驿站起自京师，达于各处省分四路：（1）东北路，自京师至盛京，以达于吉林、黑龙江。（2）东路，自京师至山东分为二路：一达于江宁、安徽、江西、广东；一达于江苏、浙江、福建。（3）中路，自京师至河南，分为二路：一达于湖北、湖南、广西；一达于云南、贵州。（4）西路，自京西分二路至山西：一由关内，一由关外，更自山西以达于西安、甘肃、四川。交通之组织有：（1）驿夫，驿夫有水驿陆驿两种：陆驿供刍牧舆台奔走之役，水驿供舟楫牵挽之役，视事繁简，以为工食之标准。平常所雇驿夫有定额，不敷用则临时雇用民夫，计里授值。（2）驿马，驿马多寡有定数，不许强索民马充用，驿马有死亡，发给补买之价，各有等差。（3）驿车，计人之多寡，物之轻重，以定应给之数，由兵部核给车票，沿途司驿官验票拨用官车，无官车者准扣雇。（4）驿船，江苏、安徽、浙江、湖北、湖南、四川、广东、广西均设船以供差使，修整均责成驿传道经理（参阅《清代通史》卷中三九八页）。清代路政简略如是，未能普遍全国，各省风气闭塞，以致文化不能发达。（丙）新式航业。驿船采用帆船，规模既小，交通力量有限，至新式轮船则由同治十一年起，据李文忠公奏稿载："购集坚捷轮船三只……自置轮船并承领闽厂轮船八号，现又添招股分向英国续购两号。"又邮传部第一次统计表："光绪二年，两江总督沈葆桢奏拨浙江等省官款，买并旂昌公司，增大小轮船十八号，而外洋船舶尽力排挤，李文忠于光绪三年二月，奏明沿江沿海各省，遇有海运官物，统归商船经理，并请苏浙海运漕米，分四五成，拨给该局承运，以顾商本，免为外人倾轧，赖此扶助，局基益坚定矣。"招商局为我国有名之航业公司，自清代末年设立以后，虽粗具规模而没有什么发展，不足与外人经营航业并驾齐驱。（丁）铁路。铁道建筑之始，实倡自外人，清同治二年(1863)，英人戈登统率常胜军攻下昆山，十二月进占苏州之际，英美侨居上海商人二十七行，联名请愿江苏巡抚李鸿章，欲筑上海至苏州间五十四英里之铁道，李氏不许。同治四年，英国商人杜兰德在北京宣武门外平地上，造小铁路里许试驶火车，是为铁路发现中国之始。步军统领以观者骇怪，立命毁之。至实行筑成营业铁路，则自同治十三年发起之淞沪铁路为始，创办者为英国实业公司怡和洋行。光绪二年，在南京定约以二十八万五千两买回，决意买回后毁灭之，卒由淞沪道台竣光命工匠掘毁路线，将一切材料运往台湾。光绪五年，成立唐胥铁路(由唐山煤井至胥各庄凡十八里)。光绪八年，展修至芦台，是为今日京奉铁路之基础。光绪二十年，自天津至昌黎之津渝铁道告成(参阅拙著《中国近代经济史纲》五五页)。自光绪二十二年后，列强向中国竞争铁路之建筑权，兹将线路里程列表如下：
(表见《中国铁道史》一三页)

龙州铁道	一二二里	
滇越铁道	九四〇里	计一二四二里——法国
安赤铁道	一八〇里	
东清干路	二八一六里	
东清支路	一八二〇里	计四六三六里——俄国
胶济铁路	八七八里	
胶沂铁路	七〇〇里	计一五七八里——德国

安奉铁道　五七〇里 ⎫
新奉铁道　一二〇里 ⎬ 计六九〇里——日本

滇缅铁道　三六〇里——英国

　　上表各路,龙州因事中辍,安赤、滇缅均没有兴工,胶沂后改高徐,由日本承继,后经我国收回主权,未有修筑,新奉于光绪三十三年四月已由中国赎回,并为京奉一段。所余滇越、东清、胶济、安奉四路法、俄、德、日各据其一,日俄战前,即经造成共长七千零二十四里,日俄战争结果,俄将东清支路长春以南之一千四百余里割与日本,改称为南满铁道,并安奉而统辖之。光绪二十二年冬,清廷特设铁路总公司,任盛宣怀为督办大臣,倡议大借洋款,其订立正式合同者,有芦汉(比合股公司),关内外(英中英公司),粤汉(美合兴公司),正太(俄华俄银行),汴洛(比合股公司),共计九千三百二十六里。订立草合同者,有苏杭甬(英中英公司),浦信(英中英公司),广九(英中英公司),津镇(英德合借),共计三千八百六十九里。当时俄战后,中国官商士庶感于铁道对于国防上有重大的关系,于是提倡筹款自办。官商合办之路,发轫于光绪十三年之阎津(今京奉天津至阎庄间之一段),其后并于关内外而借英款。官督商办之路始于粤汉湘段,西潼铁路继之。官办之路在日俄战前已见之于关东、淞沪、芦保、萍潭、西陵、京张六线。商办铁路之名始见于光绪五年之唐阎(今京奉唐山至阎庄间之一段),其始终能保存商办名义者,仅潮汕、小清河、南浔、新宁房山、粤汉粤段、齐昂、周长、绛县、贾汪十线,而潮汕资金有三分之一,南浔资金有十分之九,属诸日本借款,齐昂全系公款,所谓完全商办之路,其内容如是。(戊)邮政。清代邮传分为两项,《嘉庆会典》所谓铺递驿递是也。铺递以铺夫铺兵走递公文,驿递以马,除送公文外,并护送官物及官差,于京师置皇华馆,为全国纲领,直辖于兵部,特设车驾司,官长七人,主管所有京外驿务。另有文报局,用以递送地方政府公文,分普通文报局、特别文报局两种:普通文报局,各省省会及大商会均设立,特别文报局,惟台湾有之(参阅《中国邮电航空史》一五页),另有信局为民业邮政机关之处,营业范围不止国内各省重要都会市镇,且远及于南洋群岛。自清同治二年,北京总税务司署及上海镇江两海关附设邮政部,办理京镇沪间通信事宜,我国邮政遂以渐兴。光绪二十二年,总税务司英人赫德请办邮政局,隶总理衙门。三十二年,邮传部成立,改归部管理。宣统三年,各省总分局六百余处,代办局四千二百余所,并与数国订立往来互寄合同。(己)电政。电政在清末为海关总税务司附属事业,归总理各国事务衙门管辖,至光绪二十七年,总理衙门改组为外务部,乃受外务部监督,二十八年,收为官办,迨邮传部成立,遂划归邮传部管理,南北各线陆续添设,各处电线商股甚多,至宣统二年,各省官线七百余里,局所三百五十七处,统收归部办,总计全国电线十二万余里,局所共六百余处。无线电报创于光绪三十一年(1905),当袁世凯为北洋大臣时,于天津设立无线电报学校,招生学习各项技术,安设电机于海圻、海容、海筹、海琛四军舰,通信距离为百五十英里,并在南苑、天津、保定行营设机通报。海底电线,清代自办者凡三:(1)徐口线,自广东徐闻起,至琼州之海口,止光绪十年,由大北公司代设。(2)沪烟沽正线,自上海起经烟台至大沽止,光绪二十六年,为大北公司所设,经清政府收买。(3)烟沽沪线,自烟台至大沽,为清室借款所创设,自烟台至大连之海线,则与日本合办。电话自光绪七年英国伦敦东洋电话公司设电话于上海租界,各埠外商相继安设,清政府所经营者,始于天津官电局,庚子之乱全遭毁坏。光绪二十九年,电政大臣盛宣怀奏准于电报局附设电话,为官办电话之始。光绪三十一年,统一京津电话;其后太原开封及其他各地先后继设官办电话局,至商办电话,当推汉口、福州、厦门三电话公司为较早。宣统二年,订各省电话暂行章程,规定部办、省办、商办权限,如京、津、沪、粤等处为部办;江苏、安徽、南京、江西、贵州、河南、山东及长春、安东、齐齐哈尔、吉林等处为省办；福州、武昌、汉口等处为商办。据《淞南梦影录》载："上海之有德律风，始于壬午季夏，沿途树立木杆，上系铅线，线条与电报无异，惟其中机括不同，传递之法，只须向线端传语，无异一室晤言。"可见全国电话之设，以上海为最早也。

关于国外的交通，可以分为两种：一为水路，一为陆路。水路以广东为枢纽，可说广东为欧人东渐入中国之始点；欧人由大西洋港口开行，沿大西洋东岸向南行，经好望角向东行，横渡印度洋，经南洋群岛向东入南海而至广东，此条路线，在当时为中西交通唯一之路线。明末中国船舶之抵长崎者颇多，明灭清兴，船舶之来往益繁。自康熙元年（1662，日本宽文二年）至道光十九年（1839，日本天保十年）约百七十八年间，清代帆船之至日本者络绎不绝，此等船大都由南京、宁波、普陀山、温州、福州、台湾、厦门、漳州、广东等处前往，有时限定船数，航行时期及起帆地（参阅木宫泰彦著《中日交通史》汉译本卷下三二七页）。陆路方面，欧人之至北京者，第一条路线，由广东起程北上，中间经过长江流域一带地点，渡黄河，至涿州，再由涿州渡白河而至北京。第二条路线，为俄罗斯人所采用者，是由黑龙江下游行经满洲一带，入山海关而至北京。第三条路线，由肃州向东行经甘肃、陕西一带，入山西省境至太原，由太原行十日至涿州，再由涿州渡白河而至北京。清代交通机关没有大规模的发展，所以文化也没有迅速的进步啊。

第八节　清代之外交

清代之外交，可以分为两时期：一是自主的时期，一是被压迫的时期。在自主的时期，是自尊自大看不起外人，外国使臣之来中国的，都是卑恭屈节，不能以平等之礼相对待的。自鸦片战争以后，清廷在外交界上，就完全换了一个新局面，由这屈辱的不自主的被压迫的外交，酿成资本主义的列强对华侵略的重大阵营，不但为历史上开创一特别的关键，且为中国社会变化之主要动因，和中国文化变化之主要动因。日本中国史专家稻叶岩吉称："鸦片战争划定了近代中国与现代中国的界址。"（见稻叶岩吉著《近代支那史》第三二四页）我们亦可以说：鸦片战争《南京条约》订立，是划定了清代外交新局面的界址。兹将清代外交的概况，略述如下：

清代外交的创始，可说是与俄国为开端。俄国经略西伯利亚既告成功，乃继续南下，致与清廷发生冲突，时俄人屡侵黑龙江，然未审虚实。顺治年间，俄国曾再次遣使，以请互市为名，至北京侦探。一六六七年什尔喀河土酋罕特穆尔，恨清廷官吏待遇不厚，投降俄国；一六七〇年，清廷遣使至莫斯科，令交罕特穆尔，议无结果。一六八二年，清廷遣兵征据雅克萨之俄人，至议和告成。康熙二十六年(1687)，俄皇遣费阿多罗(Theador Golovin)为全权公使，向清帝乞和，清帝命索额图为公使，迭次会议。遂结《尼布楚条约》，其约文要点如下：

（1）将由北流入黑龙江的绰尔纳河，相近格尔必齐河为界，循河上流达外兴安岭以至于海，凡岭南一带流入黑龙江的溪河，尽属中国界，其岭北一带的溪河，尽属俄罗斯界。

（2）将流入黑龙江的额尔古纳河为界，河的南岸为中国属，河的北岸为俄罗斯属。其南岸的眉勒尔喀河口，所有俄罗斯房舍，悉行迁移北岸。

（3）雅克萨俄罗斯所治的城尽行毁除，凡俄国居民及用物，悉迁往俄境察罕汗地方。

（4）两国猎户人等不许越界，违者拿获，送所在官司治罪，若十数相聚持械捕猎杀人抢掠者，奏闻即行正法。

（5）以后一切行旅，有准令往还文票者，许其贸易不禁。

此约既订，俄人从前辛苦经营的黑龙江流域事业悉归乌有，而西伯利亚通东洋的航路亦被封锁。《尼布楚条约》实为清廷与他国第一次订结之条约，又为中国唯一的胜利条约，自此之后，俄人六十余年不敢再施侵略，且常派留学生来华留学，以沟通两国文化（据金兆梓《现代中国外交史》说及中俄两国自订此约以后，至《爱珲条约》之缔结，相安无事者，凡百七十年。夏天著《中国外交史及外交问题》说及自此之后，俄人六十余年不敢侵略）。《尼布楚条约》缔结之后，一七二七年，俄国复借口清廷与准部的纷争，因恰克图方面定国界问题，遣使会议于布拉河地方，缔结通商条约，是为《恰克图条约》，其要点如下：

（1）以恰克图为通商之地，俄国商队每三年得至北京贸易，每次不得超过二百人。

（2）俄国商队得在北京俄馆内驻留，但以八十日为限。

（3）俄国商队贸易免税。

一七二七年，中俄缔结《恰克图条约》之后，复于一七九二年补充新约，其要点如下：

（1）中国与俄国货物，原系两边商人自行定价，俄国商人应由俄国严加管束，彼此货物交易后，各令不爽约期，即行归结，勿令负欠，致启争端。

（2）此次通市，一切仍照旧章，两边人民交通事件，如盗贼人命，各就近查验缉获罪犯，会同边界官员审讯明确后，本处属下人由本处治罪；尔处属下人由尔处治罪，各行文知照示众。其盗窃之物，一倍或几倍赔偿，一切皆依照旧例办理。

此次所订条约，比较还算不致吃了大亏，自此以后，每次与外人缔结条约，统是受了束缚压迫而吃亏的。

（甲）屈服下之清廷外交与不平等条约的订立

英人以武力强求通商，又以不名誉之鸦片贸易，强中国人民之购买吸食，结果英政府派遣海陆军万五千人，军舰二十六艘攻广东，不克，沿海北进而陷定海，封锁宁波，更自定海北上，循成山岬入渤海，逼白河。清廷派崎善与英议和，继以琦善擅割香港予英，复弃和议而备战，英军占珠江，沿海北上，由吴淞溯江而进，攻掠南京。清廷大惧，命耆英、伊里布为全权大臣，与英使濮鼎查（Sir Pottinger）议和于南京，其中重要的条款如下：

（1）中国政府纳赔偿银二千一百万元与英政府。

（2）中国政府以香港全岛永远割让于英国。

（3）中国政府将广州、福州、厦门、宁波、上海五处开为通商口岸，准英国派领事居住，并准英商及其家属自由来往。

英商货物照例纳进口税后，准由中国商人贩运进内地各处，所过税关，不得加重课税。

（4）中英交际往来文书用平等款式。

《南京条约》公布后，比利时、荷兰、葡萄牙、西班牙各国，相率派领事或公使来中国，美法两国且派特命全权公使，要求与我国通商。道光二十四年（1844）正月，美国公使古升（Caleb Cushing）以国书通意清政府，清政府命耆英主其事，同年六月，与美使会于澳门，缔结中美修好条约。九月，法国特命公使拉格勒尼（Lagrene）与耆英会商，于是中法条约成立于黄埔。道光二十五年（1845），许比利时享英、美、法同等利益。其他各国亦援英例，与清廷缔结修好通商条约，而侵夺中国的权利。

《南京条约》既互换批准，清廷遂开放约中规定的五口，任各国自由贸易。惟广州人民目睹前此英人之暴慢，誓拒英人入城，广东英领事巴夏礼遂借机构衅，会其时有一法教士在广西遇害，咸丰七年，英军遂联合法军进陷广州城，要求加开商埠，改订约章。清廷不允，英法联军乃向北进，攻陷大沽，前锋达天津。清廷恐惧，派大学士桂良、吏部尚书花沙纳为议和全权大臣，英使持所拟定之中英新约五十六款，法使所拟定之中法新约四十二款,要挟照约签押。桂良、花沙纳于咸丰八年五月十六日会英法两大使,照所拟款项签押,英法联军遂撤退。兹将约中主要几款列下:

(一)中英《天津条约》。

(1)除广州、福州、厦门、宁波、上海五口通商外,更开放牛庄、登州、台湾、潮州、琼州五港为通商口岸;又长江一带,俟粤匪荡平后,许选择三口通商(后开镇江、九江、汉口三处)。

(2)英民犯罪,由领事惩办;中国民欺害英民,由中国地方官惩办;两国人民争讼事件,由中国地方官与英领事会同审判。

(3)《南京条约》成立后,输出入货品,课从价值百抽五之税;现在物价降落,课税亦宜减轻,由两国派员另定新税则;经此次协定税则后,每十年酌改一次。

(4)英商子口税,每百两纳二钱五分,各处通行。

(5)长江各埠俱准英船通商;中国各口俱准英水师驰入买取食物,或修理船只。

此次条约,把领事裁判权、协定税率、内河开放、最惠国等重大权利,都送与外人了。

(二)中法《天津条约》。

(1)两国官吏办公交涉,按品位准用平等礼式。

(2)除广州、福州、厦门、宁波、上海五口已开放外,更将琼州、潮州、台湾、淡水、登州、江宁六口一体开放,但江宁俟平粤匪后开放。

(3)各通商口岸准法国派领事居住,准法商携带家眷自由来往,并准法国派兵船停泊,以资弹压。

(4)法人有嫌怨中国人者,由领事详核调停,中国人有嫌怨法人者,领事亦详核调停;遇有争讼,领事不能调停者,移请中国协力查核,秉公完结。

（5）法商依此次新定税则，输纳货税，但以货值依时有低昂，税则亦应变更，自后每十年校订一次。

凡商船百五十吨以上者，每吨课钞银五钱，百五十吨以下者，每吨课钞银一钱。

若以后中国对于他国许与特惠旷典时，法国享最惠国之例。

当《天津条约》缔结之时，英法二公使必欲将批准条约在北京交换，清廷不欲实行。僧格林沁抵天津后，目击外人跋扈，乃急修武备，在白河两岸筑炮台，防敌舰进入。咸丰九年(1859)，英政府以布鲁斯(Bruce)为公使，法政府以布尔布隆(Bourboulon)为公使，至北京换约，五月抵河，不得入，致发生冲突，英法炮舰被击沉四艘，其余狼狈向上海退走，英法二使即向本国政府告急。英法政府派兵舰东来，联合由塘沽上陆，清军溃败，英法联军遂长驱入京，焚毁宫殿及圆明园。咸丰帝逃避热河，恭亲王出而主持和议，遂于咸丰十年九月十一、十二两日，次第签订中英、中法《北京条约》，除完全承认《天津条约》外，并加增侵夺中国权利的条约，兹择要附录于下：

（一）中英《北京条约》。

（1）中国政府允增开天津为通商口岸。

（2）中国政府割九龙司地方为英国领地。

（3）赔款改增为八百万两，总数还清后，英国始撤分屯中国各处之兵。

（二）中法《北京条约》。

（1）中国政府允增开天津为通商口岸。

（2）中国政府准法国宣教士在各省租买田地建筑自便。

（3）《天津条约》商船满百五十吨以上者，每吨课钞银五钱，兹改为每吨课钞银四钱。

（4）赔款改增为八百万两，总数还清后，法国始撤分屯中国之兵。

《北京条约》订立之后，俄国公使伊格那提业福（Igratiev）以调停和议有功，索乌苏里河以东之地为报酬，清廷遂以乌苏里江、兴凯湖、白棱湖、瑚布图河、珲春、图们江以东之九十万三千方哩之土地，尽行割让于俄国；咸丰十年，与之订立中俄《北京条约》。清廷外交之屈服不言而喻。

清廷外交之无能与屈服，举世皆知，列强遂进一步把清廷统治下的藩属，一一割削殆尽，而安南、琉球、暹罗、朝鲜，从此与清廷统一的帝国永远长辞。光绪二十年(1894)，朝鲜有东学党之乱，中日共同出兵靖乱，乱平，袁世凯以同时撤兵照会日使，日使以助韩改革内政为名，不允退，且转胁迫韩廷促中国撤兵。是年六月二十一日，日兵直逼韩王宫，挟韩王宣布废止中韩历年缔结之一切条约，并假称韩国托日本以兵力驱逐中国驻屯牙山的军队，同日击沉中国的兵舰，于是战衅遂开，两军接触，中国海陆两方皆节节失利，海军几全军覆没。清廷急以议和，乃派李鸿章为全权大臣，日本指定马关为议和地点，遂议定媾和条约二十一款，即光绪二十一年之《马关条约》，其要点如下：

（1）中国承认韩国为独立自主国，废绝该国向中国修贡献典礼。

（2）割让辽南、台湾全岛、彭湖群岛于日本。

（3）中国赔偿日本军费二万万两。

（4）两国从前条约一概作废，中国以与欧洲各国约章为基础，速与日本结通商行船及陆路通商章程；开沙市、重庆、苏州、杭州为通商口岸。

（5）日本臣民在中国各通商口岸城邑，得自由从事各种工业制造。日本臣民在中国制造货物，其一切税课及租栈利益，并享受一切之优例概免。

（6）日本暂占领威海卫，以担保本约之实行。俟第一第二两次赔款偿清，日本始撤回威海卫军队。

此约之损失,除丧失属地、割地偿金外,改换从前两国平等互惠之商约,而为片面不平等之商约,而此约尚有一款,为前此与各国所订各约中所无者,是日本臣民在中国各通商口岸城邑,得自由从事各种工业制造,并豁免其一切税课,为我国手工业及新兴工业之致命伤;各国援此最惠条款,可以自由在中国口岸城邑设立各种工厂,洋货充斥,国货摧残,民生国计同受其害。

各国与中国之始立约通商以外,首重传教,法国利用民教之不相安保护天主教,地方官吏之于各国教士奉命唯谨,凡民教有争讼,必伸教而压民,民之仇教者益深,而排外之情愈烈,拳匪乘之,以资号召,清廷奖之为义民,编之为义和团,而以载漪及庄亲王载勋统领之。匪势因此大张,所至杀教士,毁教堂,日使馆书记官杉山彬为董福祥部所杀,德公使克德林为载漪部下所杀。各国在京公使一面集兵自卫,一面电各国求援;英、美、德、法、日、俄、奥、意八国各派兵来华,先陷大沽炮台,直趋天津,光绪二十六年(1900)七月,八国联军由天津进犯北京,十九日,兵逼北京城下,那拉氏挟德宗仓皇西走。联军入京,占据焚掠,迫清廷缔约,即所谓《辛丑和约》,其丧权辱国的条件择要录下:

(1)中国皇帝,允付诸国偿款海关银四百五十兆两。

(2)中国政府,准划清各国使馆境界,使馆区域内全归公使管理,不准中国人住居;各国为保护公使馆,得置护卫兵于使馆区域。

(3)中国允将大沽炮台,及有碍北京至海滨间交通之各炮台一律拆毁。

(4)中国政府承认各国占领黄村、廊坊、杨村、天津、军粮城、塘沽、芦台、唐山、昌黎、滦州、秦皇岛、山海关等,以保北京至海滨无断绝交通之虞。

此次条约所贻国民最大之苦痛,是赔款的过巨,本利总额达到九亿八千二百二十三万八千一百五十两;赔款总额虽为关平银四百五十兆两,但以各国金币之兑价为标准,则赔款尚须贴水,损失更多,清廷外交之屈辱可以知了。

（乙）均势下之清廷外交与中国国势之逆转

自中日战争以后,列强开始对华划定势力的范围。列强虽避免以有形的瓜分手段对付中国,而势力范围的划定,遂陷中国于无形瓜分的境地。中日战争之役,日本欲据辽东半岛,而俄国联合德法共同干涉,盖恐日本独占辽东,则俄国在远东不能发展,所以一方面为本国利益,强迫日本返还辽东于中国;一方面以代索辽东居功,向中国要求重大报酬;惟恐列国大使窥破,俄皇遂以筹借国债的名义,派财政大臣与李鸿章秘密会议于莫斯科,迫令李鸿章画押,承认俄使喀西尼亚所拟定之草约,是为中俄密约。约中要点俄国得根据此条约,建筑东清铁路(即中东铁路),从此东三省地域,为俄国势力所及之地;后发布《东清铁道条例》,非但准许俄国有无限制之采矿权及设警察权,且得沿铁道分配军队,控制中国。日本返还辽东,德国与有其力,俄国得有酬报,为德国所不甘,于是德国遂遣使与俄国秘密议定:俄国乘日本海军尚未扩张之前,占领旅顺口,而德国先占胶州湾,以为俄国占领旅顺之口实。适值光绪二十三年(1897)十月间,山东曹州府巨野县人民为反抗教徒之鱼肉,乡民杀害德国教士二人,德国乘机派遣军舰入胶州湾,占青岛炮台,直入胶州湾,清廷与德公使订立租借胶州湾之条约,以九十九年为期,举凡山东全省之铁道矿山等利益,悉断送于德人,不啻以山东为德国的势力范围。当德国占领胶州湾,俄国为实行德俄密约,乃以德占领胶州湾为口实,强迫清廷租借旅顺、大连二港,英政府见俄国占据旅顺、大连,恐其在长江之势力将受影响,遂于光绪二十四年正月,向清廷要求扬子江沿岸各省之地不得租借割让与他国,不啻以长江各省为英国的势力范围。同时日本又要求福建不割让与他国,法国又要求广西、云南、广东三省不割让与他国。美国大总统麦荆来于光绪二十五年八月,先后向英、德、法、俄、日、意等国宣言开放中国门户,各国对此宣言表示赞成,自是中国形势一变,各国对华由单独的进取,改为无形控制中国的互进行动。列强自此以后,遂根据势力范围,而以政治的经济的文化的侵略政策,随时陷中国于倾覆的危险。元清时代,以一个国家以一个民族倾覆中国,中国尚容易以翻身,至多数国家、多数民族合力以对付中国,则中国不容易抬头。当晋代武帝统一中国,只顾维持一姓的基业,不注意关系国家民族的大问题,既内封宗室,种了内乱的祸根;又竭力削弱州郡的兵力,毁坏镇压外族的武器;八王之乱,兵戈骚扰,各地盗匪横行,加以外族变乱,遂成不可收拾的局面,所谓五胡乱华,就成了历史上重大的事变。清代末年,只打算维持一姓的基业,"宁赠友邦不与家奴"的政策,成为应付外交的手段,而且内乱接踵,盗匪横行,又益以列强的侵侮压迫,有如五胡的变乱,使国势成了逆转的局面。但是匈奴、羯、鲜卑、氐、羌,当时侵占的势力,只在现今山西、甘肃、陕西一部分的地方,而清末列强的并合势力,且包围全部的中国,古今异势,强弱异情,清代外交环境的恶劣,致影响它统治势力的崩溃,这是重要的一个原因。

第九节　清代之币制

清自太祖开国以后,历代皆铸铜钱,太宗天聪元年,铸天聪通宝钱二品,一为满文,一为汉字。顺治元年,置户部宝泉局、工部宝源局,铸顺治通宝钱。宝泉局,以户部汉右侍郎一人,督理京省钱法,满汉司官各一人,监督局务;宝源局,亦掌于汉右侍郎,置满汉监督官三人,专司出纳;户部将顺治通宝钱式颁发各省镇,有应鼓铸者,令定议开局。八年,增定钱制,每文重一钱二分五厘,又行钞贯之制,是年造钞一十二万八千一百七十二贯，自后岁以为额，十八年，即行停止。十四年，停各省鼓铸专归京局，更定钱制，每文重一钱四分。康熙元年，颁行康熙通宝钱，轻重如旧制。发各省局依式铸造，与顺治通宝钱相兼行。时以铸局既多，钱价过贱，户部议准停止各省鼓铸，唯听宝泉宝源两局制钱，流通行使。江宁为驻防重地，其局仍令暂留。六年，复开各省镇鼓铸，增置湖南、江苏、甘肃省局。十二年，定私销制钱禁例。雍正元年，铸雍正通宝颁行天下，令宝泉局岁铸新钱，与顺治、康熙大小制钱相兼行。继开云南省城及临安府、大理府、沾益州鼓铸局，又以钱重铜多，易滋销毁，著照顺治二年例，每文重一钱二分，通行各省，其现行一钱四分之钱，听一体行使。嗣后宝源局每卯用铜铅十万二千八百五十七斤有奇，铸钱一万二千四百九十八串。乾隆元年，铸乾隆通宝钱，颁行天下。三年，停山东局及云南、广西府局。七年，令宝泉宝源二局，每年各开铸钱币。查乾隆一代，铸钱至多（参阅《皇朝文献通考》卷十四，《皇朝通志》卷八十九）。又乾隆时曾屡发上谕，令各省官民，凡满一贯以上，必用银块，银块有约五十两为一锭者，有约十两为一锭者，有一二两或四五两为一锭者。用之时，则权其重量，其奇零不足之数则以碎银补之。然因各地之秤，大小不一，殊多不便，且又因银质而有足银（每百两中含纯银九十九两一钱五分）、纹银（每百两中含纯银九十三两五钱三分七厘四毛）、市银（各地市场通用之银）、票银（市银之一种，而凭中通用者）、九二宝（不及标准银者）、二八宝（标准银以上者）等之区别，在商场使用，甚形阻滞，不便流通，故到了开港通商后，常通用外国货币（参阅高桑驹吉著《中国文化史》五二五页）。清代银钱价格比值不同，如顺治初年，铸钱重一钱，每七文准银一分，而钱价日增，民未称便，户部因议铸重钱一钱二分，亦七文准银一分，旧重一钱者，则十四文准银一分。后又定钱值，每十文准银一分，千钱准银一两，永著为令；及改铸重钱一钱四分，其准银之值，新钱以十文，旧钱仍十四文。康熙时钱渐贵，银一两直不过八九百文。四十一年，以改铸钱为一钱，盗铸者多，复旧制一钱四分，千文准银一两，旧重一钱小制，每千文准银七钱。雍正七年，以直奉等处钱价过贱，因申定每银一两，只许换制钱千文。乾隆二十六年，以平粜钱易银，时一两二钱，仅易钱一千。嘉庆末年，银之需用渐多，由是银价一贵，钱价渐减；道光末叶，每两至易钱二千（参阅《清代通史》卷中四八二页）。清代末年，通用外国货币，损失利权甚大，光绪时，两广总督张之洞有见于此，乃设厂于广东，仿外国之制铸造银币，而奉天、吉林、直隶、江西、安徽、湖北、福建诸省，遂继起各设银元局，铸造一元、半元、二角、一角的五种货币，其后清廷乃收归各省的铸造权于户部，设东西南北中五厂，东厂在广东，西厂在江宁，南厂在福州，北厂在武昌，中厂在开封，此外各局悉废。统计清末流通的铸币总额如下：外国银圆一一四〇〇〇〇〇〇元，本国银圆四三〇〇〇〇〇〇元，银辅币一五〇〇〇〇〇〇〇〇元，铜圆总额值银一〇〇〇〇〇〇〇两。清代通商口岸，多用外国银圆，种类甚杂，皆自外国流入，如西班牙的棍洋，墨西哥的鹰洋，香港的杖人洋，日本的旧银圆，新加坡的大英通商银圆。大概因各国改革币制为金本位，一切旧式银圆，不适于用，所以都驱向中国。其流通的领域，如墨西哥洋用于上海，西班牙洋用于宁波、杭州、芜湖、香港，杖人洋及新加坡的银圆则行用于产棉区域。铜元之兴在泉币制度起一大变化，当前清洪杨起义时，各省官钱局皆停铸制钱，而军饷增加，财源困乏，加以海外生铜输入阻碍，铜价日昂，制钱铸造既归停顿，而民间熔解者又日益增多，市面流通日趋减少，遂发生钱荒。光绪二十三年，有江西道监察御史陈其璋始奏请鼓铸大小铜元三种：上品重四钱，中品二钱，下品一钱，以补制钱不足，但未能实现，直到光绪二十六年，两广总督李鸿章在粤设局先行铸造，为中国铜元制度的起源。二十七年，以粤省试铸铜圆成绩颇佳，乃谕令沿江沿海各省仿造，于是铜圆遂流通全国。光绪三十一年时，所订《整理圜法章程》内，原规定铜圆有当二十、当十、当五、当二四种；由户部颁发祖模,惟于正面加铸省名。当铜圆初开铸时,规定百枚换银币一元,但以初次进行,信用甚著,实际上银圆一元仅换得铜圆八十枚左右。据海关报告,光绪三十一年以前,胶州铜圆八十枚兑洋一元,安庆为九十五枚,苏州约八十八枚,杭州约九十枚,上海九十二枚至九十五枚之间,为铜圆价格最优的时代。然而货币制度以价格固定为原则,跌价固为恶劣情形,涨价亦非善象,故此项铜圆之涨价,适足以引起滥铸诸弊之发生;因为铸造利益甚大,各省竞相铸造,价格又落。上海价格至光绪三十一年十二月,每银圆可换铜圆百零七枚,三十二年,跌至一百十枚,至三十四年时跌至百二十枚(参阅侯厚培著《中国货币沿革史》一一九页)。清代之纸币,可分为清初与清末两时期。清代中叶如康熙、雍正、乾隆、嘉庆四朝,均以银为主币,而辅之以铜钱,钞票几不可见。清初入关时,民间流通的明代钞币已不多有,因国用不足,于顺治七年时,又造钞十二万八千一百七十二贯有奇。后以宋、元、明钞之法发生弊端,十八年时即行停止,直到咸丰二年始复有纸币的发行。咸丰初年发生内乱,频年用兵用度浩繁,无法应付,于是始发行银票钱票两种:银票分一百两、八十两、五十两三种,名曰官票;钱票即钱钞于京城内外,招商设立官银钱号,由部发给成本银两,并户工两局交库卯钱,以为票本。自是以后,钞票发行渐多,公立机关之发行者,则有大清银行、各省官银钞局;私立机关之发行者,则有各省之私立钱庄、钱号、普通商业银行,而在华之外国银行,如英之麦加利、汇丰,美之花旗、东方汇理,日之横滨、正金,荷兰之和兰,比利时之华比,俄之华俄等银行,皆取得发行钞票之自由权,以混乱中国的币制。大清银行发行之兑换券,有银两票、银元票、钱票三种,但因银两成色不一,银元种类繁多,所以各地分行所出之兑换券,均注明某处通用。钱票发行者,仅有北京之阜通、东南两号及济南大清银行分行。纸币所印行者,为一元、五元、十元、五十元、百元五种,及银两票一两、五两、十两、五十两、百两五种。纸币发行,自光绪三十一年起,至宣统三年闰六月止,各地大清银行分行银两票为五四三八九一〇两;银元票为一二四五九九〇七元,与大清银行兑换券同时行使者,尚有各省官银钱号发行的钞票。官银钱号设立于咸丰二年时,为推行银钱票的机关,至光绪末年时,各省设立者几遍全国,其发行之钞币有银两票、银元票、制钱票、铜元票等。发行之票面额各有不同,此项钞票信用尚佳,流通极广,清末时,民间交易视为主要币。除官设银行、银钱局发行钞票外,清末设立之商业银行,如中国通商银行、浙江兴业银行、四明商业银行、北洋保商银行,均获有发行钞票的特许权。清时黄金多用为装饰,甚少铸成金币通用民间,间有铸造金币,只太平天国与藩属新疆西藏而已。太平金币为洪秀全建都南京时所发行,每元值若干两,币面没有刻出,惟据估计大约每元代表银二十五两上下。新疆金币,清同治二年(1863)回民于甘肃作乱,传播各地,重五十格林,金币上两面均有回历一二九二年,即西历一八七四年,同治十三年。至光绪时,此项金币之一钱及二钱者,尚流行于新疆各地。西藏金币为西藏通行的一种金币,币面为藏文。以上略述清代币制的大概。

第十节　清代之官制

满洲攘夺中国政权后,官制多仿明代,而折衷于满洲国俗,兹先举中央政府的官制如下:(1)内阁。内阁掌辅弼天子,赞勷庶政,有大学士四人,满汉各二,赞理机务,表率百僚,兼殿阁及内部尚书衔;殿阁名凡六:保和殿、文华殿、武英殿、体仁阁、文渊阁、东阁是也。尚书协办大学士二人,满汉各一;学士十人,满六人,汉四人;侍读学士八人,满四人、蒙古二人,汉二人;侍读十六人,满十人,蒙古、汉军、汉人各二人;典籍六人,满洲、汉军、汉人各二人;中书一百二十四人,满七十人,蒙古十六人,汉军八人,汉人三十人;贴写中书四十六人,满四十人,蒙古六人。内阁权力最大,凡自各部提出来的表章,皆须经由内阁而仰天子亲裁,又由内阁指命各部。其后军机处设置后,大权集中于军机处,属于常例的敕令则由内阁颁出;至于密务枢机则归军机处,以指命内外;内阁竟等于虚设。(2)六部。吏部有尚书、左右侍郎,文选司、考功司、稽勋司、验封司、堂主事、司务厅事务、笔帖式等职官。户部有尚书、左右侍郎,十四司、堂主事、司务厅事务、笔帖式等职官。礼部有尚书、左右侍郎,仪制司、祠祭司、主客司、精膳司、铸印局、堂主事、司务厅事务、笔帖式等职官。兵部有尚书、左右侍郎,武选司、车驾司、职方司、武库司、堂主事、司务厅事务、馆所监督、笔帖式等职官。刑部有尚书、左右侍郎,十八司、堂主事、司务厅事务、笔帖式、提牢主事、司狱、赃罚库、律例馆等职官。工部有尚书、左右侍郎,营缮司、虞衡司、都水司、屯田司、节慎库、制造库、料估所司员、琉璃厂监督、木仓监督、皇木厂监督、街道厅、堂主事、司务厅事务、笔帖式等职官。(3)理藩院。清初虽以内阁及六部统治中国,其后经略塞外,遂置一理藩院,管辖内外蒙古、天山南北两路、西藏、青海。院有尚书、侍郎,旗籍司、王会司、典属司、柔远司、徕远司、理刑司、堂主事、司务厅司务、笔帖式、银库、蒙古翻译房、唐古忒学、稽察内馆外馆、分驻司员、围场总馆等职官。(4)都察院。掌察官吏的邪正,辨别政治的得失,而密奏于天子。院有左都御史、左副都御史、六科给事中、十五道监察御史等职官。(5)通政使司。掌接受各省文武的奏本而达之内阁,并司冤民的越诉。司有通政使、副使、参议、经历知事、笔帖式等职官。(6)大理寺。掌审查刑名的重案,凡审判重案,在京师则与刑部各司及都察院监察御史会同审判;地方案件则为之定谳。寺有卿、少卿、左右寺丞、左右评事、司务厅事务、笔帖式等职官。(7)内务府。掌理内府之政令,凡职员选除、财用出入、宴飨祭祀、馐馈服御、赏赉赐予、刑罚工作、教习训导之事。府有总管大臣、堂司员,广储司、织造监督会计司、掌仪司、都虞司、慎刑司、营造司、庆丰司等职官。(8)武备院。掌武备修造器械之事。院有卿、堂司员,北鞍库、南鞍库、甲库、毡库等职官。(9)上驷院。掌理御厩事务,院有卿、堂司员、左司右司等职官。(10)奉宸院。掌理园囿事务,院有卿、堂司员,南苑、织染局等职官。(11)太常寺。掌祭祀礼乐之事,寺有卿、少卿、寺丞、典簿、协律郎、读祝官、赞礼郎等职官。(12)太仆寺。掌牧马场之政令,寺有卿、少卿、左司、右司、主簿等职官。(13)光禄寺。掌祭飨宴劳酒醴膳馐之事,寺有卿、少卿,大官署、珍馐署、典簿、司库等职官。(14)鸿胪寺。掌朝会宾客吉凶行礼传赞之事,寺有卿、少卿、鸣赞、序班、主簿等职官。(15)国子监。掌教课之事,监有祭酒、司业、监丞、博士、助教、学正、学录等职官。(16)钦天监。掌察天文定气朔占候步推之事,监有监正、监副、时宪科、天文科、漏刻科等职官。(17)太医院。掌医术之政令,院有院使、院判、御医以下等官。(18)总理各国事务衙门。总理各国事务衙门乃文宗时和英法两国和议成后所创设(咸丰十一年,1861),管理为亲王大臣,无定员,凡与外国有关系的事件皆由此衙门办理,而取决于皇帝。德宗时,废总理衙门而置外务部,职掌全同。清代中央官制下的人员,虽分满汉协办,然实权多归满人。又定制设议政王大臣数员,皆以满臣充之,凡军国重务,不由阁臣票拟者,皆交议政大臣会议具奏;故清初之政令虽号称出自内阁,而国家实权仍在满洲大臣之手,汉人之为清廷大臣者,实不能参预也。

其次地方官制:(1)行省。行省制度创始于元,当时名行中书省,明清因之,以为地方最高级的行政区。中国历史上政区的划分,在汉曰州,在唐曰道,在宋曰路,元仿魏晋尚书行台之意,改中国为十一行省,地方权力渐重;清仿元制,官职则略依明法,分行政区为四级:最大者曰省,道次之,府又次之,厅州县为最下。其官级则县上有府,府上有道,道上有司,司上有督抚,凡五等。是为普通之行政区。此外若东三省、新疆、顺天府、蒙古、西藏、青海及土司等，则为特别之行政区。清统一中国，其地方区划除京师、盛京、吉林、黑龙江藩部而外，为省十有八，分置各府以领州县，州厅则参列其间，或直隶如府，或分治如县，而道又并合数府，或以府及直隶州为区域，以成四级行政之制。省为地方最高之行政区，省有总督、巡抚、布政、按察、提督、学政、道员，为行政之官。布政按察二司，虽沿袭明制，而督抚则与明有别。明之督抚因时而设，事毕复命，职亦消灭，清则地方常设之长官，而总督有管理二省或三省之地方。总督为地方最高级之长官，职权极为广大：有奏折咨请之权，制定省例之权，升调黜免文武官吏之权，监督文武官吏之权，节制绿营军队之权，上奏会计及监督藩库之权，第四审裁判之权，外国交涉之权。此外祭祀、典礼、旌表、赈恤、监督学务之职权，亦兼而有之。若兼任河道总督者，则有堤防疏浚之职；兼理盐政者，则又整治盐务之职。(2)巡抚。巡抚之职与总督略同，除上述八项外，更有巡抚特具者四项：如监理关税、总管盐政、监临乡试、管理漕政是也。其职务大略与总督平等，而权力则略小；至有兼总督者，则与总督等。(3)承宣布政司。清初每承宣布政使司，设左右布政使各一人，至康熙六年，各裁一人，其职权有七：如掌财政、调查户口、宣布朝廷命令(自布政达于府州县使人民周知)、监督及转免道府以下文官、干与一切政务(省内大政，督抚必与布政使参议决行，因其握民政之实权故)、干与裁判事务(布政使掌户婚田土之裁判，即其他案件及行秋审，布政使亦参预)、管理乡试事务是也。(4)提刑按察使司。本司长官为按察使，所掌之事，大要有五：如掌省内刑名案件，掌驿传之事，及大计之考察，乡考之监试，参与一切之政务是也。(5)提督学政。掌一省学校士习文风之政令。(6)道员。道员有特别职务之道员，有一般职务之道员；前者无守土之责，如督粮道、盐法道等；后者有守土之责，如分守道、分巡道二者。特别职务之道员，有督粮道、盐法道或盐茶道、河工道、驿传道、海关道、屯田道、茶马道、兵备道等。

　　道之官制,有分守道、分巡道之别。分守道掌钱谷,分巡道掌刑名。普通职权有二:弹压地方,守巡道虽系文官,而有命令军队之权,若有必要时,则移牒各地镇营,命其出兵,而亲行总率之。监督管内事务,各道职司风宪,综核官吏,为督抚布教令。刑名事件,除府所理流罪以上直达按察使外,其余案件,必申详于道。若直隶厅州之案件,则无论性质如何,皆必经道,然后达之按察使。是道对于下级官厅之审判,可谓为第二审之审判所。府之官制,府置知府一人,统辖管内一切职务,并指挥下级官厅事务,但与督抚司道不同,督抚司道,专在监督下级官厅,对于人民无直接的关系;知府系牧民之官,亲任抚育教养之责。至于征收租税,裁判案件,水旱灾荒之赈恤,典礼旌表之举行,亦知府职内之事。直隶州之官制,有知州一人,掌一州之政令,其规制与知府同,其所治州即以知州行知县事,此外州同州判,其职与府同知、通判同。县之官制,县置知县一人,掌一县之政令,平赋役,听狱讼,兴教化,厉风俗等,所谓亲民之官是也。僚属有县丞主簿,分掌粮马征税户籍巡捕之事;清初每县置县丞各官,多寡无定员。州之官制,州置知州一人,掌一州之政治,以县之地大事繁者,升而置之,所统辖一如县制。厅之官制,大约与州县同(参阅《清通考》卷八十四,《清通志》卷六十五,《清代通史》上四五三至四九五)。《清会典》卷四载:"吏部乃颁职于天下,凡京畿、盛京、吉林、黑龙江及十九省之属,皆受治于将军与尹与总督巡抚,而以达于部;将军与尹分其治于道,于府厅州县;总督巡抚分其治于布政司,于按察司,于分守分巡道司;道分其治于府,于直隶厅,于直隶州;府分其治于厅州县,直隶厅、直隶州复分其治于县,而治其吏户礼兵刑工之事。"清代地方官制,府厅州县制度甚为复杂,有权限不清之嫌。满洲盛时,各省大吏皆其族人掌握政权,据徐珂《清稗类钞》载:"至乾隆朝,则直省督抚满人为多,汉人仕外官者,能洊至两司,则已为极品矣。及季年,各省督抚凡二十有六,汉人仅华沅、孙士毅、奉承恩三人耳。"又载:"自定鼎以来至咸丰初,满人为督抚者十之六七,满督抚有殉节者,然无敢与抗;文宗崩,孝贞孝钦二后垂帘,恭亲王辅政,乃汰满用汉;同治初,官文恭公文总督湖广,自官罢而满人绝迹者三年,仅英翰擢至安徽巡抚耳。当同治己巳庚午间(同治八年至九年,1869—1870),各省督抚提镇,湘淮军功臣占其大半。及恭王去位,满人势复盛,光绪甲午后,满督抚又遍各省,遂讫于逊位。"观此,不但中央握有大权的大臣多属满人,而地方握有大权的大吏亦多属之满人。

　　清朝对于东三省,治法不同。奉天系陪都,设府尹,又有五部(除吏部),府尹但管汉人,旗人的民刑诉讼归五部中的户刑二部管理,而军事上则属之将军。光绪二年,乃以将军行总督事,府尹行巡抚事。吉林之行政组织,比诸盛京更为简略,只设吉林将军副都统以下八旗武官,将军驻吉林城,综理全省事务。黑龙江将军一人,驻齐齐哈尔城,副都统三人,分驻齐齐哈尔、墨尔根及黑龙江等处。省内无复掌民治的官厅,均以僚属文吏治之。至对于蒙古、新疆、西藏,亦用驻防制度。新疆于中俄伊犁交涉后,亦改为行省,而蒙藏则始终未能改省。外蒙古的驻防,有定边左副将军和参赞大臣,驻扎乌里雅苏台。科布多参赞大臣、帮办大臣,驻扎科布多。对于青海、蒙古,则有西宁办事大臣,驻扎西宁;而对内蒙古和西套蒙古无驻防。凡蒙旗都置札萨克(旗有旗长,盟有盟长,旗长世治其民,称札萨克),惟内属察哈尔、土默特无札萨克,直接归将军副都统管辖。对于新疆,有伊犁将军、统辖参赞、领队、办事大臣、协办诸大臣,分驻南北路各城。对于西藏,有驻藏办事大臣一人,帮办大臣一人,分驻前后藏。宣统三年,裁帮办大臣,设左右参赞。左参赞与驻藏大臣分驻前藏;右参赞驻后藏。西藏有自治及官治两种机关,自治即喇嘛,官治即中央简派的官吏。其他尚有土司的官制,云南、四川、贵州、广西僻野之地,苗傜民族栖息其间,文化甚低,一般行政制度难以实施。清初沿明之旧，分土司之官制为二种：（一）土官。分傜苗诸族领地为土州县，择其族酋长子孙，世袭知府州县之职，为土知府、土知州、土知县，即所谓土官。土司之文化稍进者，后改为普通官厅，名为改土归流，即改土官而为流官之义。（二）土司。土司为蛮族酋长，归降而有战功者，世袭与土官同；惟土官为文官，土司为武官，土司职位比土官略高，常戴指挥使、宣慰使之职衔。清代因统治的领地甚广，致地方官制甚为复杂。

第十一节　清代之军制

清初努尔哈赤起兵吞并各邻近部落，创制满洲八旗，是为清代兵制之始。旗兵分满洲八旗、蒙古八旗、汉军八旗。满洲八旗太祖高皇帝时就有。其初但分正黄、正白、正红、正蓝四旗。后来兵士增多，续添镶黄、镶白、镶红、镶蓝四旗。蒙古、汉军八旗，均系太宗时所置。每旗置都统一，副都统二，凡辖五参领，一参领辖五佐领，一佐领辖三百人。入关之后，八旗兵在京城的，谓之禁旅八旗，仍以都统、副都统指挥之。驻守各处的谓之驻防八旗，以将军、副都统指挥之。据《皇朝文献通考》卷一百七十九载："国初先编立四旗以统人众，寻以归服益广，乃增建为八旗，然犹统满洲、蒙古、汉军之众，而合于一也。迨其后户口日繁，又编蒙古八旗，设官与满洲等，继编汉军八旗，设官与满洲、蒙古等，合为二十四旗；其制以旗统人，即以旗统兵，盖凡隶于旗者，皆可以为兵，非如前代有金派召募充补之繁，而后收兵之用也。"可见旗兵很像一种征兵制。绿营则沿自明朝，是以汉人充选，用绿旗为标识，以别于八旗，所以谓之绿营，隶于提督总兵。绿营在京城者，有巡捕五营，而各省有督标（总督所属）、抚标（巡抚所属）、提标（提督所属）、镇标（总兵所属）、军标（成都将军所属)、河标(河道总督所属)、漕标(漕运总督所属)之分。各省绿营,分标而不相连属,惟总督节制抚、提、镇各标,提督节制镇标,皆为人的关系,其组织上各标下分营协而已。

　　乾隆以前,大抵出征则用八旗,平定内乱则用绿营。川楚教匪起后,绿营旗兵没有作战能力,反借乡兵应敌,于是在绿营之外,另募乡民为兵,谓之练勇。太平军起义后,仍借湘淮军讨平,于是勇营为全国兵力的重心。勇营的编制,以百人为一哨,五哨为一营。水师以三百八十八人为一营。法越之役和中日之战,勇营已不可恃,乃于勇营之外,挑选精壮,重加训练,是为练军。各省绿营亦减兵额,以所省的饷加厚饷额,挑选重练。练军之中最著名的,为甲午战役后所练的武卫军,分左右前后中五军,驻扎畿辅,而其改练新操最早的,则推张之洞总督湖广时所练的自强军。征兵之制,略仿行于清代末年,于各省设督练公所,挑选各州县壮丁有身家的入伍训练,为常备兵;三年放归田里,谓之续备兵,又三年退为后备兵,又三年则脱军籍。其军官之制,分三等九级,上等三级,为正副协都统,中等为正副协参领,下等为正副协军校。水师之制,清初分内河外海;江西、湖南、湖北战船,属于内河。山东、天津、福建战船,属于外海。江苏、浙江、广东,则两者兼有,以水师提督节制之。太平军起后,曾国藩首练水师,遂成立所谓长江水师,乱平以后另练南北洋海军(其详可参阅《中国海军志》、《东方兵事纪略》、《中东战纪》等书)。其时有五水师,北洋水师,属于北洋通商大臣(直隶总督所兼)所管辖;南洋水师,属于南洋通商大臣(两江总督所兼)所管辖;长江水师,属于长江水师提督所管辖;福建水师,属于闽浙总督所管辖;广东水师,属于两广总督所管辖。在北京有海军衙门,以统辖各水师,而总理海军事务。

　　清代隆盛时期,养兵不算太多,兹据乾隆时的兵额附列如下:八旗满洲兵五万九千五百三十名,八旗蒙古兵一万六千八百四十三名,八旗汉军兵二万四千五十二名,京城巡捕营兵一万名,直隶省兵三万九千四百二名,山东省兵一万七千五百四名,山西省兵二万五千七百五十二名,河南省兵一万一千八百七十四名,江南省兵四万八千七百四十七名,江西省兵一万三千九百二十九名,浙江省兵四万三十七名,湖北省兵一万七千七百九十四名,湖南省兵二万三千六百四名,四川省兵三万二千一百一十二名,陕甘省兵八万四千四百九十六名,广东省兵六万八千九十四名,广西省兵二万三千五百八十八名,云南省兵四万一千三百五十三名,贵州省兵三万七千七百六十九名(参阅《皇朝文献通考》卷一七九)。总计兵额六十三万六千四百八十名。各省兵额以陕西、甘肃、福建、广东为多。军律则以康熙、雍正、乾隆三朝为较严。至清驻防兵制,当略述者如下:驻防地大致可分三等:一为最重要之地,二为次要之地,三为又次要之地,皆以置官之大小为标准。其时所视为重要之地,如盛京、吉林、黑龙江、绥远、江宁、杭州、福州、广州、荆州、成都、西安、宁夏。次要之地,如熊岳、锦州、宁古塔、伯都纳、三姓、阿勒楚喀、拉林、黑龙江城、墨尔根、呼伦贝尔、山海关、察哈尔、热河、密云、青州、归化、京口、乍浦、凉州。又次要之地,如兴京、抚顺、凤凰城、辽阳、开原、铁岭、牛庄、广宁、复州、金州、岫岩、盖州、宁远、中前所、中后所、小凌河、义州、珲春、伊通、额木赫索罗、呼兰河、良乡、宝坻、固安、采育里、保定、雄县、沧州、永平、玉田、三河、顺义、喜峰口、罗文峪、冷口、张家口、独石口、昌平、喀喇河屯、桦榆沟、古北口、开封、庄浪,皆有驻防的八旗兵。最要驻防地,多为各省省会所在,设将军一人,统全省驻防的旗兵。各处驻防之兵多则四五千人,少则一二百人。驻防之兵无论骑兵步兵,皆合满洲、蒙古、汉军以为营;畿辅驻防二十五,兵八千七百五十八人;东三省各城驻防四十四,兵三万五千三百六十人;新疆驻防八,兵万五千一百四十人;各省驻防二十,兵四万五千五百四十人;又守陵寝兵、守围场兵、盛京、吉林守边门兵二千九百七十人;共驻防兵十万七千七百六十人。清代军政,五年一举,考察中外武职,以定黜陟。注上考者,荐举卓异;注下考者,纠劾该管官;不入举劾者,以中平注考,汇送兵部。部会都察院、兵科、京畿道察核题覆。填注考语,定以四格:曰操守、才能、骑射、年岁。纠以八法:曰贪、酷、罢软无为、不谨、年老、有疾、浮躁、才力不及。考绩虽然如此规定,然满兵、汉兵待遇是不同的。八旗养育兵,每名恩赏银一两五钱,银米统计为数不少。太平天国杨秀清、韦昌辉、石达开等,攻击满洲之无道特说及:"满兵双粮,汉兵单饷,一遇战阵,则汉兵前驱,满兵后殿。"待遇不平,致令满洲八旗兵以优厚的地位而日趋腐化。清末八旗兵全无作战能力,比之入关时的雄武,有天渊之别。

第十二节　清代之法制

法律须依时代而变迁,而后可酌订为社会需要的法律。中国历史变更法律手续太难,当编纂之始,沿袭前代成文的地方太多,致和事实不大适合,乃补之以例,又有所谓案。例太多了,人民不能通晓,而幕友吏胥等遂因以作弊。日本织田万说:"清国蹈袭古代遗制……用成《大清律》及《大清会典》二书,二书所载,为永久不变之根本法。且其性质以静止为主,不能随时变迁。故于法典之外为种种成文法,以与时势相推移,详其细目以便适用,而补苴法典之罅漏。"(见《清国行政法》法学研究社译本)清朝的法律编纂于顺治三年,全以《明律》为蓝本,名《大清律集解附例》。康熙十八年命刑部:"律外条例有应存者,详加酌定,刊刻通行。"名现行则例。二十八年,御史盛苻升请以现行则例载入《大清律》内,诏以尚书图纳、张玉书等为总裁,至四十六年,缮写进呈,只留览而不曾发布。雍正元年,诏大学士朱轼、尚书查郎阿等续成之,至五年而全成,名《大清律集解附例》。高宗即位,命律例馆总裁三泰等更加考正。五年,纂入定例一千条,公布施行,其后合律和条例为一书,遂称为《大清律例》(参阅《白话本国史》一〇一页)。据三泰的奏疏说:"我皇上(乾隆高宗)御极之元年,允尚书傅鼐陈奏,特命臣三泰等为总裁,臣等奉命遴选提调臣何瞻、纂修臣岳泰等,逐条考正,重加编辑;又详校定例,纂入一千四十九条,节次恭缮进呈,蒙皇上亲加鉴定,间有未协之处,悉经谕旨改正,特命刊布内外,永远遵行。"又据乾隆五年御制《大清律例序》说:"朕简命大臣,取律文及递年奏定成例,详悉参定,重加编辑,揆诸天理,准诸人情,一本于至公,而归于至当,折衷损益,为四百三十六门,千有余条,凡四十七卷,条分缕析,伦叙秩然。"此四十七卷是包括《律目》一卷,《名例》二卷,《吏律》二卷,《户律》八卷,《礼律》二卷,《兵律》五卷,《刑律》十五卷,《工律》二卷,《总例》七卷,《比引条例》一卷。乾隆二十七年,命和硕亲王、允禄、傅恒、张廷玉等撰《乾隆会典》一百卷,《会典凡例》说:"会典以典章会要为义,所载必经久常行之制,兹编于国家大经大法,官司所守,朝野所遵,皆总括纲领,勒为完书;其诸司事例,随时损益,一以典为纲,一以则为目,庶详略有体。"另有《乾隆会典则例》,在乾隆二十九年所撰,凡一百八十卷,《则例》与《会典》分离,惟以事例编纂,历代法制的沿革,可依《则例》而知。仁宗嘉庆时的法典,有《嘉庆会典》,此书是嘉庆十七年所撰,凡八十卷,卷数虽不及《乾隆会典》之多,而内容较为复杂。《嘉庆会典事例》,与《会典》同时所撰,凡九百二十卷,编纂的体裁,如凡例说:"此次事例,为卷九百二十,实为繁颐,若循旧例,分别诸司,门类过多,难以寻阅,是以各就一衙门之事例,皆分列数门,每门之下,析为子目,每目之下,仍按年编次,其门目皆标明每卷之首,俾一览了然。"清代刑法典自乾隆以后,有条例五年一小修,十年一大修的成例。在嘉庆时,注解《大清律》的,有胡肇楷嘉庆十年撰的《清律例辑注通纂》,沈秀水嘉庆十六年撰的《清律例统纂集成》。道光朝曾两次修纂条例,第一次在道光元年,第二次在道光四年。道光朝注解《清律》的人,有姚雨芗道光三年撰的《新修律例编纂集成》,潘德畲道光二十七年《清律例案语》。同治朝注解《大清律》的,有胡仰山同治九年撰《清律例刑案新纂集成》二十四册,任彭年同治十年撰《重修律例统纂集成》。光绪朝因受列强威吓压迫,不得不改良司法,适应潮流。光绪二十八年,清廷派吕海寰在上海修订各国商约,而直隶总督袁世凯亦会同湖广总督张之洞、两江总督刘坤一,奏保派员修订法律,同时并派沈家本、伍廷芳为修改法律大臣。自光绪二十八年至三十一年,此数年间,仅从修改旧律及译书着手(参阅江庸著《五十年来中国之法制》一文,杨鸿烈《中国法律发达史》下册八八六页),计当时译成之各国法律,如《德意志刑法》、《裁判法》、《俄罗斯刑法》、《日本现行刑法》、《改正刑法》、《陆军刑法》、《海军刑法》、《刑诉诉讼法》、《监狱法》、《裁判所构成法》、《刑法义解》、《法兰西刑法》。刑部恐新律扞格难行,乃将《大清律例》先行删节以备过渡之需,遂删除三百四十五条,于光绪三十四年告成,名《大清现行刑律》,在宣统元年颁行。这部法典篇目如下:《名例》三十九条,《职制》九条,《公式》十一条,《户役》十二条,《田宅》十条,《婚姻》十五条,《仓库》二十三条,《课程》四条,《钱债》三条,《市廛》五条,《祭祀》六条,《礼制》十九条,《宫卫》十五条,《军政》十八条,《关津》二条,《厩牧》十条,《邮驿》十五条,《贼盗》二十七条,《人命》二十条,《斗殴》二十一条,《骂詈》八条,《诉讼》十条,《受赃》十条,《诈伪》十一条,《犯奸》九条,《杂犯》十条,《捕亡》七条,《断狱》二十八条,《营造》八条,《河防》四条,统计三百八十九条,附例共计一千三百二十七条。这部《大清现行刑律》,在宣统二年四月谕令刊刻成书,颁行京外一体遵守,但不久革命军起,清政府推翻,实际上未有施行。《大清现行刑律》之修订,于当时法制虽无若何影响,然已渐注意于刑狱之改良,即是停止凌迟、戮尸、枭首三项,并免除缘坐刺字诸法及刑讯。

　　清代法院编制，有外省和中央的分别。外省司法机关最高者为按察使，掌省内刑名案件，府厅掌审判罪犯，监督州县厅；县掌审判检尸；又与县同等州厅的分司，或称巡检，关于户婚小事有审判权。中央司法机关最高者为大理寺，掌平反重辟，及京师五城、顺天府属、直省府州县死刑。有都察院，掌察核官常，整饬纲纪。有刑部，掌法律刑名。光绪三十二年，改刑部为法部，专司司法行政，设大理院以下各级审判厅。三十三年，颁行法院编制法。宣统元年，颁布各省城商埠各级审检厅编制大纲，是为司法与行政分立之始。清代自光绪筹备司法独立后，即创设一种复判制度，其概要如下：（一）复判之机关为大理院；（二）复判之范围，由府州县审拟解勘，例应专奏，或汇奏之死罪案件；（三）审判之程序，用书面审理，但引断及事实上发见疑误之处，得加询问；（四）判决之执行，判决后由大理院具奏，请旨饬下法部查照施行，奉旨后，即日径由该院将全案供勘缮册，咨报法部，由该部行文各省，分别照例办理。这复判制度一直影响到民国时代，成为复判暂行简章，后又修订成为复判章程。

　　清代《大清律例》凡四十七卷，全书二百二十六门，其名例律所载五刑十恶八议之目，颇属重要，兹列表如下：

五　刑

刑名	一等	二等	三等	四等	五等
笞	一十	二十	三十	四十	五十
杖	六十	七十	八十	九十	一百
徒	一年 （杖六十）	一年半 （杖七十）	二年 （杖八十）	二年半 （杖九十）	三年 （杖一百）

续　表

刑名	一等	二等	三等	四等	五等
流	二千里	二千五百里	三千里	三等均杖一百	
死	绞	斩	二等皆有立决监候之别， 其最重者为凌迟枭示		

另有所谓十恶者，即谋反、谋大逆、谋叛、恶逆、不道、大不敬、不孝、不睦、不义、内乱。有所谓八议者，即议亲、议故、议功、议贤、议能、议勤、议贵、议宾。十恶，为常赦所不原。八议，须先请旨准许，有司不得擅自勾问。五刑之外，有流徒加重者为充军，发边远安置。详谳之法分三种：在京者为朝审，在各省者为秋审，在暑月中者为热审。朝审事例，每年于霜降后十日，三法司会同九卿科道官，将刑部现监重囚逐一详录，分矜疑、缓决、情实三项具题，命下之日，矜疑者照例减等，缓决者仍行监禁，其情实者，刑部三复奏闻，临决之时，另本开列花名，候御笔勾除，方行处决。秋审于秋季总决狱内重囚，别为情实、缓决、可矜、留养四种；督抚率其属集囚之坐大辟者，亲讯而复核之，刑部总其成。凡情实者，皆缮黄册，以呈御览。热审之例，始于顺治八年，当时因天气炎热，恐罪囚淹毙，在京行之。乾隆时定热审杖减之例，展热审减等之限，热审之制，始渐确定。清代审讯犯人，利用刑具，表面虽有矜疑之条，而刑具招供，实际之受冤屈者至多，及其末年，法权因而丧失。道光二十三年(1843)将领事裁判权，明定于《中英五口通商章程》，中英、中法、中美《天津条约》先后订立，关于华洋刑事案件，有会同公平讯断的规定。光绪六年(1880)，《中美北京条约》更规定观审之权限，可以出席讯问、驳讯证人、抗议申辩、添传证人、再行传讯、详报上宪等。清代铸此大错，遗害不小，为中国法制史上的污玷。

第十三节　清代之宗教

古代帝王莫重于郊祀配天，清代亦然。太宗文皇帝始祀天于圜丘。世祖顺治元年定鼎燕京，亲祀南郊，告祭天地。圣祖康熙皇帝即位，遣官告祭昊天上帝，并以诸臣详议祀典；九年，祈谷于上帝；十二年，定祭祀时辰及别殿斋戒之例。世宗雍正登位，遣官告祭天地宗庙社稷。乾隆元年，祈谷于上帝，亲诣行礼。考清代帝于祀天之外，复祭祀日月星辰社稷宗庙。《皇朝文献通考》卷九十八载："古者建国之制，右社稷，左宗庙，于祀典为尊重，诚以非土不立，非谷不食，王者以土谷为重，为天下求福报功，故亲祭社稷，有事则告焉祈焉报焉，其义达于上下，故令郡县皆祀社稷，而民间亦有里社，自三代以下，虽颇有异同，其义率准诸此。国家稽古定制，典礼周详，享祀虔恪，诚千古不易之典也。"可知在朝廷之上有郊祀之礼，在郡县有祭社稷之礼，在民间有里社之礼，形成一个多神教的国家。佛教自明中叶以后大衰，至于清代，遂不复振，清代圣祖、高宗二帝，虽盛奖儒学，而佛教除保护喇嘛教外，未尝有所尽力；高宗时不许建立寺院，曾下限制僧庙之诏，凡民间男子年十六以下，女子四十以下者，皆不许出家，故佛教益趋于衰落；天台、华严、法相、真言、净土诸宗，只能保持其典型；然乡村愚民斋祷者尚多，政府所立之僧录、僧正诸司，因之不废；即读书人中，以经学家而研究佛典者亦颇不少，如王船山大治法相宗，彭绍升及罗有高笃信佛法，魏源兼修佛典，受菩萨戒，著《无量寿经会译》等书，杨文会深通法相、华严两宗，而以净土教学者著称，谭嗣同学于杨文会而著《仁学》，晚清士子兼修佛学者尤众。喇嘛教本佛教之支派，流布于西藏、青海、内外蒙古及满洲一带，清廷为怀柔藩部计，故加保护与尊崇，凡寺院之配置，及喇嘛僧之阶级与任免等诸制度，均令理藩院掌之；又于北京建雍和宫为喇嘛庙，且优待达赖喇嘛、班禅喇嘛。道教自明以后，已失其固有之教旨，而尚修养炼丹符箓之三术。清沿明制，京师置道录司，府置道纪司，州置道正司，县置道会司，以统理道士。回教即伊斯兰教，蔓延于天山南路、伊犁、甘肃、陕西、四川、山西及直隶诸省，西藏及蒙古则因喇嘛教盛行之故，未有信徒，其教派有黑帽回即黑山派与白帽回即白山派。回教徒与他教人不通婚姻，有死者以白布包而葬之，不用棺椁，每七日赴寺院礼拜一次以为例，最憎恶猪肉，行旅必自携炊具，不食常人之物，因恐其不清洁之故。当高宗乾隆既平定准噶尔后，以回教徒之不易驯服，遂将其教徒编入八旗军中，以笼络之。

基督教有新旧二教之分，旧教即罗马加特力教，在明末已先来中国。清初有 Lazarists 派及 Missions Etrangers 派的教士来中国布教，第十七世纪之末，中国各省信徒增加，最盛时信徒约及二十万人。康熙三十五年(1696)，华人在北京受洗礼者达六百三十人。康熙四十三年(1704)，教皇克列孟第十一(Pope Clement Ⅺ)在位，决意禁止中国奉教的人祭天、敬礼、祀祖，于一七〇四年十一月二十日，发布敕谕禁止，并遣铎罗(Charles Maillard de Tournon)东来，解决中国、印度一带关于仪式的争论；铎罗到中国后，康熙不以教谕为然，命铎罗等出京，并令各教士愿意照旧者，可领票传教，愿遵教皇谕旨者归国。铎罗不听康熙的命令，康熙遂把铎罗押送澳门，由葡萄牙人囚禁起来；一方面派耶稣教士至罗马，要求撤回前命，没有结果。一七一五年，教皇克列孟第十一又颁布教谕，重申禁令，并要教士宣誓遵奉；又派使臣麦渣巴尔巴(Charles Ambrosius Mezzabarba)至中国，一七二〇年抵澳门，旋至北京，见圣祖的决心，遂变通变法，在教书之后再加条件八项，加以容认。圣祖康熙死，雍正即位，依闽浙总督满宝之奏，除在北京从事于钦天监及其他职务者外，凡宣教士禁其留居澳门以外之内地；又改天主堂为公会所，严禁人民信教；乾隆时对于天主教取缔尤为严厉。嘉庆十三年（1808），英吉利人莫尔逊（Robert Morison）来广东及澳门传新教，而基督教又流传于各省，信徒之数颇见增加。鸦片战役以后，中外形势一变，天主教在中国的势力，遂由潜伏的时期，而达到抬头的机会。道光二十四年（1844），法国派遣全权委员拉古勒于北京将《黄埔条约》盖印，道光帝据其奏请，准自今以后，凡奉天主教者，不问内外国人，苟不违背清国法律，决不处以刑罚。然此奏章及上谕却不公布，凡宣教士不得许可，而欲于开港场以外布教者仍被禁止。道光十八年，处处有虐待教徒之事，至咸丰朝，官民之嫌忌西教者更甚于前。咸丰六年（1856），法国宣教士被捕于广西，不堪苦刑而死，因此法皇拿破仑第三命公使至北京交涉，要求赔偿，不得要领，法国乃与英联合派舰迫直隶天津，清廷乞和，订《中法条约》，其十三条规定如下："一切基督教会员，凡关于其身体财产宗教上惯例之自由执行，均受完全之保护。"继在《天津条约》追加四条，其关于布教者如下："依道光帝一八四六年三月二十日之诏敕，其从来向基督教徒所没收之教堂及慈善建设，均由法国公使各返还原有之主。而附属于此等之埋葬地及建筑地，亦均发还。"此时在清国布教之天主教宣教士，不问国籍为何国，皆受法国公使的保护，罗马教皇亦公认法国所得的权利；其余各国欲得中国布教的便利，皆训令教徒服从法国公使。当法国在中国获得保护天主教的权利时，德国亦欲向清廷获得此项权利，时俾斯麦亦自一八八三年以后采取殖民政策，遂赞助德国天主教会，以破坏法国保护的专有权。一八九七年，山东省杀害德国之宣教士二名，德国遂不依赖法国政府，自进而与清廷开谈判，结果乃至租借胶州湾。其后各地教案屡起，一波未平，一波又起，驻京之法国公使遂请求清廷给宣教士以传道的便宜，结果遂有光绪二十五年的上谕，对于天主教新教加以保护。欧洲天主教新教东传至中国后，中国社会风习伦理道德起了一新变化，然民间皈依者其数甚少，大部分人民多皈依佛教及多神教(关于西方宗教东传的事实,可参阅萧司铎所著的《天主教传行中国考》,黄伯禄所著的《正教奉褒》,北平故宫博物院印行之《文献丛编》第六辑,及英文方面 Prof. K. S. Latourette 所著的 *A History of Christian Missions in China*, 1929. 等书可得其详)。

第十四节　清代之美术

　　清代美术亦有可称述者:(甲)建筑。清代建筑以帝都为盛,其宫室的奢华,城郭的崇高,皆有名于当世。中世以后,圆明园、颐和园的建筑,尤擅建筑界的精华,欧美人士之游北京者,称清廷宫殿结构之美,为世界冠。(乙)绘画。清初以画著者,有王时敏(字逊之,太仓人,官至太常卿,康熙九年卒,年八十九岁),王鉴(字圆照,太仓人,官廉州知府,康熙十六年卒,年八十岁),王翚(字石谷,常熟人,康熙五十年卒,年八十六),王原祁(字茂京,官少司农,康熙五十四年卒,年七十四),恽格(字寿平,江苏武进人,康熙二十九年卒,年五十九),吴历(字渔山,常熟人,康熙五十七年卒,年八十八),称为六家。王石谷为王鉴所赏识,又得王时敏之指导,古今名迹无不学习,终合南北而为一,可谓一代大作家。王原祁学问最高,曾任《佩文斋书画谱》及《万寿盛典》之编修总裁,其画受祖父时敏及王廉州的指示。吴历师事王时敏,笔势苍莽,在六家为最胜,曾入耶稣教,赴欧洲,颇称道西洋画之巧妙,但其作品则受欧化甚少。雍正乾隆间的画家,以朱文震所称画中十哲为首,十哲之中,以高翔(字凤冈,江苏甘泉人),高凤翰(字西园,山东胶州人,官歙县丞,乾隆八年卒,年六十一),李世倬(字翰章,朝鲜人,官副都御史),张鹏翀(字天扉,嘉定人,官詹事,乾隆十年卒,年三十八),董邦达(字孚存,浙江富阳人,官礼部尚书,乾隆三十四年卒)五人为著。乾隆时,召耶稣会教士奥大利人细克帕夫(Ignatius Sickerparth)入内廷,使遍绘动物，他想以新的描法试之于中国画上，由是写生一派遂开拓出一段新境界。嘉庆道光间的画家，有董诰(字西京，官大学士，嘉庆二十三年卒，年七十九)，王学浩(字孟养，昆山人，乾隆五十一年举人，道光二年卒，年七十九)，张问陶(字乐祖，四川遂宁人，乾隆五十五年翰林，官莱州知府)，黄越(字左田，安徽当涂人，官户部尚书)，汤贻汾(字若渔，武进人，官浙江乐清协副将)，戴熙(字醇士，钱塘人，道光十二年翰林，官刑部侍郎)，张赐宁(字坤一，直隶仓州人，官河工州同)，皆有名。咸丰、同治至光绪间，最有名之画家当推沪上三熊，即张熊(字子祥，秀水人，卒年八十余)，朱熊(字梦泉，嘉兴人)，任熊(字渭长，浙江萧山人，卒年四十余)。其他尚有任熙(字伯年，山阴人)，吴嘉猷(字友如，江苏元和人)，吴滔(字伯滔，石门人)，陈元升(号纫斋，浙江定海人)。清末西洋画传入中国，市肆的铺设，学校的采用，多注重西法。(丙)书法。清代之以书传者，有顾炎武(字亭林，昆山人)，厉鹗(字大鸿，钱塘人)，毕沅(字纕衡，江苏镇洋人，乾隆五年状元，官湖广总督)，刘墉(字崇如，山东诸城人，乾隆十六年进士，官体仁阁大学士)，梁同书(字元颖，钱塘人，乾隆十七年进士)，翁方纲(字正三，大兴人，乾隆十七年进士，官鸿胪寺卿)，钱大昕(字及之，嘉定人，乾隆十九年进士，官少詹)，阮元(字伯元，江苏仪征人，乾隆五十四年进士，官体仁阁大学士)，吴荣光(字荷屋，广东南海人，嘉庆四年进士，官湖南巡抚)，何绍基(字子贞，湖南道州人，道光十六年进士，同治中卒，年七十五)，曾国藩(字涤生，湖南湘乡人，道光十八年进士，官两江总督)等。法帖以康熙之《懋勤殿帖》、乾隆《三希堂帖》各二十八卷，及嘉庆《成亲王诒晋斋帖》四卷为首。民间所刻者，有梁焦林之《秋碧堂帖》，笪重光的《东书堂帖》等，不胜枚举。(丁)雕铸。雕刻与冶铸，在清代亦颇发达。有所谓殿版者，刊镌之精，为民间所不及。篆刻在清大兴，浙人能其艺者尤多。顺治康熙间，吴门顾苓与徽州程邃以印章名世。自雍正乾隆至嘉庆，秦祖永所称七家，及西泠六家辈出，始分别篆刻的流派；近人著《印人传》，载清代印人的流别及其家数颇详。雕刻器物，如象牙塔，高数寸，圆寸余，雕镂细工，窗栏檐铎，层层周密，内设佛像，面面端整，称为鬼斧神工。冶铸如钟鼎军器，亦有度越前人之处。（戊）音乐。顺治初年之乐，仍沿明代之旧。康熙时始制定《律吕正义》，首明黄钟度分体积倍半相生相应之理，较古尺九寸得今尺七寸二分九厘，以定黄钟径圆长短之数，并绘图列说，以昭法守。乾隆时，重辑《律吕正义后编》，又续定《诸乐图说》。清代乐器有排箫、箫、笛、笙、篪、埙、琴、瑟、钟、磬、鼓等。其乐章分为祭祀乐：如圜丘、祈谷、常雩、方泽、太庙、社稷、日月、先农、先蚕、帝王庙、文庙、天神、地祇、太岁、泰山岱庙、嵩山中岳庙、长白山望祀。朝会乐：如元旦、冬至、万寿、上元、常朝、命将出师、凯旋、传胪。宴飨乐：如正月乡饮酒、十月乡饮酒、经筵赐宴、文武进士宴、宗室宴、千叟宴。导引乐：如排驾、导迎。行幸乐：如临雍、幸翰林院、幸盛京。历朝议复雅乐，旋兴旋废，考察历史，未有如清代行之最久者。

第十五节　清代之教育

清代教育，可以分做守旧和维新两个时期：（甲）守旧时期的教育。清代守旧时期的教育，大概依照明制，在未兴学堂以前，所谓学校，即科举之初基，与新教育殊异，然其学分大中小，官有教授教谕等，有似于学校教育。（子）太学。《清会典》卷三十一载："凡学皆设学官以课士，府曰教授，州曰学正，县曰教谕，皆以训导诲之。凡生员有廪膳生，有增广生，有附生，各视其大学中学小学以为额，奉恩诏则广额，巡幸亦如之，其永广之额，则视其事以为差。简学政以董教事，及按试严以关防，岁试各别其文之等第，以赏罚而劝惩之，取其童生之优者以入学。凡试生员，令学官册而送于院；试童生，令地方官册而送于院；乡试则录科各申以禁令，三年报满，各列所剔之弊，题而下于部以考核。凡教学必习其礼事,明其经训,示其程式,敦其士习,正其文体。凡生员食饩久者,各于其岁之额而贡于太学,曰岁贡;恩诏则加贡焉,曰恩贡;学官举其生员之优者,三岁,学政会巡抚试而贡之,曰优贡;十有二岁,乃各拔其学之尤者而贡之,曰拔贡。"清代太学的入学途径,有由学校直接编收的称监生,有由乡学选送的称贡生;贡生有岁贡、恩贡、拔贡、优贡、副贡的分别;另有军功的功贡生和捐纳的贡监生。国学的大学生,虽名贵游子弟之学,其实一般平民由黉序升录的,可以升堂入室,此是与古制不同的一点;国学原以培植高深学问的人才,乃反变为捐资筹款的途径,此是与古制不同的二点;贡送监生,竟有不必涉足监门,即行试用的,又有优秀生员特准在籍肄业,算做监生的,遂至空名挂籍,庠序荒芜,此是与古制不同的第三点。太学学科有五经、四书、性理、习字各科。乾隆二年,模仿宋儒胡瑗经义治事斋的办法,凡专修经义的,要依御纂《折中传说》切实研究;专修治事的,要将历代典礼、赋役、律令、边防、水利、天官、河渠、算法等科,穷其源流,考其利弊。至八旗学生,另设演射一科,训练武事。太学学级编制,在乾隆以前,班级员数无定额,乾隆二年以后,才规定六堂名额,每堂五十人,三十人为内肄业,二十人为外肄业;内肄业每人岁支膏火二十四两;外肄业每人岁支膏火六两;贡送学生非文优品端的,不得充补。八旗学生依各旗分堂肄习,由助教担任教授。考试沿用积分方法,平时有博士讲书、监生复书、上书、复背四种。月终考试一次,列一等的,给分数一分,二等半分,二等以下无分,一年统计满八分的,便算及格。三年期满,照所学分别试用。(丑)宗学。宗学是清代教养皇族的学校,所谓国学以教国子,宗学以教宗人是也。宗学分左右两翼,每翼各立一满学一汉学;每学王公一人总其事,正教长二人,副教长八人,清书教习二人,骑射教习二人。生员是皇族子弟十岁以上,十八岁以下的。功课定清书、汉书、骑射。每月考试,分别等第注册,春秋二季,宗人亲加考试,试以翻译及经义时务策各一道,优者奏闻引见,一二等赏给笔墨,三四等留学,五等告戒,六等黜退。另有觉罗官学旗学:清人宗法,由显宗宣皇帝本支传衍的,称为宗室;由显祖伯叔兄弟宗支传衍的,称为觉罗;除此两种以外,随从入关的,通称旗民。雍正七年,令每旗各立一衙门,管辖觉罗,即于衙门之旁,设立学校,令其读书学射,满汉兼习,学成得与旗人同应岁科考乡会试,及考用中书笔帖式等官,劣者报知宗人府,拘于本旗署内教训之,禁止出门,俟其改过乃释之。旗学设立于顺治元年,计有四所,每所伴读十人,勤加教习,每十日,向国子监考课一次。雍正时,又在八旗教场旁,设立八旗教场官学,一旗一所。此外更有景山附设官学、咸安宫附设官学、盛京官学、八旗蒙古官学各种。旗学学科,原定满汉文武兼习,雍正末年增算学一科,由官学选定高第三十余人,专聘教习十六人教授之。教授由满洲举人进士中考取,训导由副榜贡生考取。学生每十日向国子监考课一次,每月还要考试文章和骑射一次,更有五年一次考勤之例。(寅)乡学。清廷注意乡学,非以普及地方教育为主旨,乃所以表示大一统的雄图,据《皇朝文献通考》卷六十九载:"天下者郡国乡党之推也,士习者民风之本也。我朝文命覃敷,崇尚儒术,海内喁喁向风,说礼乐而敦诗书,士有言不充于理,而行不轨于正者,则乡理非之,何者?列圣之教泽,有以深入乎人心,而庠序之教化,有以表率乎民俗也。"这里所谓列圣教泽,就是指清皇统的深恩厚德,而汉人须喁喁向风,驯服于清统治的政权和教权之下的意思。清代乡学等级,原有省府州县卫各种,各种之中,又有大中小的不同,学生入学,不限定一级一级升进,只看居住地在甚么地方,便进甚么学校。学生名额,原定各级学校,优给廪膳生员为府学四十名,州学三十名,县学二十名,卫学十名,增广生员名额相等;附生名额,要看地方文化情形如何而定。生员名称照所属学校分别的,有府学生员、州学生员、县学生员各种,与明制约略相同。乡学教科:(1) 经籍,分《五经》、《性理大全》、《四子书》、《大学衍义》、《朱子全书》、钦定《孝经演义》、御制《性理精义》、御制《诗书春秋三经传说类纂》。(2) 文艺,分《文章正宗》、《古文渊鉴》、御制《律学渊源》。(3) 历史,分《资治通鉴纲目》、《历代名臣奏议》。考试分进学考试:是为着录取儒童入学设的,试四书题时文(八股)一道,小学论文一道;清末光绪时,罢废时文,考试经义、史论、时务策三种。月课:即平常考试,定例每月一次,学生三次缺考,便受戒饬,终身不到,便要除名。岁试:定三年一次,考试四书文二篇。科试:试四书文二道,经文一道,中间曾加试律诗五种。定例,岁试不在优等的,科试不得录送,数次考列四等以下的,还要退学。(卯) 书院。清代书院之设遍及各地。书院院长由各省抚臣学政选聘经明行修的宿儒充任;学生由有司选择乡里优秀子弟肄习其中,分年选科学习。据清《通考》卷七十载:"雍正十一年,命直省省城设立书院,各赐币金千两,为营建之费。谕内阁,各省学政之外,地方大吏每有设立书院,聚集生徒讲诵肄业者……择一省文行兼优之士读书其中,使之朝夕讲诵,整躬励行,有所成就,俾远近士子观感奋发,亦兴贤育才之一道也。"凡肄业于书院者,可得政府的津贴,在于存公银内支用;当时设立的书院有直隶、山东、山西、河南、江苏、江西、浙江、湖北、湖南、陕西、甘肃、四川、广东、广西、云南、贵州等省。(辰) 义学社学。义学是对省立之书院说的,在州县为义学,在乡为社学;凡是州县子弟年在十二岁以上、二十岁以下有志学文的,都可以入学,入学之后,便将名册报告主管官厅。据《文献通考》卷六十九载:"康熙九年,令各省置社学社师,凡府州县,每乡置社学一,选择文艺通晓行谊谨厚者,考充社师,免其徭役,给饩馔优膳,学正按临日造姓名册,申报考察。"诸生中贫乏无力者酌给薪水,各生由府州县董理,酌给膏火,每年将师生姓名册报学政。(乙) 维新时期的教育。(子) 普通教育。光绪感于外患的凭陵,清廷的衰弱,思变法而图自强,乃引用新党,颁行新政,其关于教育者如下:(1) 凡乡会试及生童岁科各试,向用八股文、四书文、律诗、律赋、小楷,改试策论。(2)设京师大学堂,各省府厅州县筹备高等学堂、中学堂、小学堂。(3)变通武科,废止弓刀石,改试枪炮。(4)设立学部。(5)设武备学堂。(6)命整顿翰林院,课编检以上各官以政治之学。(7)定学堂选举鼓励章程,凡由学堂毕业考取合格者,给予贡生、举人、进士等名称。(8)命各省选举学生,派往西洋各国讲求专门学业。(9)颁布学堂章程(参阅商务版拙著《中国近代政治史》九七页)。当时订立学堂章程,规定县设小学,府设中学,省设大学,大学毕业,咨送京师国学,为简单的四级制。光绪二十九年,颁布重订学堂章程,改定五级制,定为初等小学四年,高等小学四年,中学四年,高等学堂三年,大学三年;在京师的为国立,在各省的为省立。京师大学堂在改制以前,叫做头等学堂,与旧制国学约略相当。二十八年,从张百熙所奏,把京师大学提高为教育行政总机关,全国的教育事务渐归统一。京师大学课程,普通的,有经学、理学、中外掌故、诸子、初级算学、初级格致学、初级地理学、文学、体操学。选习的,有英语、法语、俄语、德语。专门的,有高等算学、高等格致、高等政治、高等地理、农学、矿学、工程、商学、兵学、卫生学。入学资格,以翰林院编检、各部院司员、候补府道州县大员、八旗世职子弟、各省武职子弟、各省资送卒业生为限。各省学堂,有上海之南洋公学,湖北之自强学堂,湖南之时务学堂,天津之中西头等、二等学堂,山西之山西大学等为著名。(丑)专门教育。(1)同文馆,为输进西方文化的起源。文宗咸丰十年,总理各国事务衙门把京师铸钱局改为馆舍,饬令八旗子弟,年在十三四岁以下的,入馆学习外国文。穆宗同治二年,更在京师添设法文、俄文两馆,德宗光绪二十二年,更添设东文学馆,并把俄罗斯文馆并入其中,总共有英、俄、法、日四国文字。每三年大考一次,考取前列的,加以录用,或派遣出洋留学。此外,各省设立方言馆、广方言馆,就中以上海所设成绩最佳。又武备学堂、实业学堂、师范学堂、法政学堂,各省亦相继设立。清代教育,虽开始萌芽,然注重形式，不注重精神；注重表面，不注重实质；还不能完全脱离科举时代的窠臼（清代教育制度欲明悉详细，可参阅《大清会典·礼部》，《清通考》卷四十七至六十七，毛邦伟编《中国教育史》三四二页至三七〇页，徐式圭著《中国教育史略》一七七页至二三〇页等）。

第十六节　清代之学术

清代学术，从旧学的立场来看，可说是达于成熟的时期；从新学的立场来看，可说是达于萌芽的时期。（甲）经学。顾炎武，在清代经学中，堪称开山之祖，同时太原阎若璩著《尚书古文疏证》，力攻晚出《古文》与《孔传》之伪，推求实证，开清代考证的先声；且《古文》之伪已明，渐开学者疑经的风气，而研究的兴味益浓。其时德清胡渭著《易图明辨》，证明河图洛书先天太极之学，皆出于养生家的依托，使理学之信仰根本动摇，与阎若璩之《疏证》皆有很深的影响。故顾炎武、阎若璩、胡渭三人，足为清初经学家的领袖。清儒之研究《易经》而有所著述者，如黄宗羲之《易学象数论》，李塨之《周易传注》，毛奇龄之《推易始末》，惠栋之《周易本义》，焦循之《周易通释》等。研究《书经》而有所著述者，如宋鉴之《尚书考辨》，江声之《尚书集注音疏》，王鸣盛之《尚书后案》，孙星衍之《尚书古今文注疏》，段玉裁之《古文尚书考异》，毛奇龄之《古文尚书冤辞》，刘逢禄之《尚书古今文集解》等。研究《诗经》而有所著述者，如朱鹤龄之《诗通义》，李黼平之《毛诗䌷义》，戴震之《毛郑诗考正》，庄存与之《毛诗说》，丁晏之《诗考补注》，包世荣之《毛诗礼征》，陈大章之《诗传名物集览》等。研究《春秋》而有所著述者，如方苞之《春秋通论》，毛奇龄之《春秋传》，惠士奇之《春秋说》等。研究礼经而有所著述者，如徐乾学之《读礼通考》，万斯言之《学礼质疑》，孔广森之《大戴礼补注》，胡培翚之《仪礼正义》，朱彬之《礼记训纂》，孙诒让之《周礼正义》，黄以周之《礼书通故》等。其他治《公羊》者，有孔广森之《公羊通义》，凌曙之《公羊礼说》，陈立之《公羊正义》；治《穀梁》者，有侯康之《穀梁礼证》，许桂林之《穀梁释例》，梅毓之《穀梁正义》；治《论语》者，有刘台拱之《论语骈枝》，包慎言之《论语温故录》，宋凤祥之《论语发微》，刘宝楠之《论语正义》；治《孟子》者，有黄宗羲之《孟子师说》，焦循之《孟子正义》，戴震之《孟子字义疏证》；均为有价值的著作。（乙）史学。清代以异族入主中国，对于汉族的思想言论自由极力压迫，屡兴文字大狱，故有清一代学者，大都抱定明哲保身的宗旨，相率从事于考据注释辑纂古书的工作。当代史学界多述而不作，史书的著述除《明史》以外，竟无巨帙，惟谱表舆地及地方志的著作，较为发达。清代史家，有万斯同撰《历代史表》五十三卷、《明史稿》三百十卷，顾炎武撰《天下郡国利病书》、《肇域志》、《二十一史年表》、《历代帝王宅京记》，黄宗羲撰《明儒学案》六十二卷，王夫之撰《宋论》十五卷，傅维鳞撰《明书》一百七十一卷，厉鹗撰《辽史拾遗》二十四卷，马骕撰《绎史》一百六十卷，张廷玉撰《明史》三百三十六卷，顾栋高撰《春秋大事表》五十卷，高士奇撰《左传纪事本末》五十三卷，郭伦撰《晋书》六十八卷，崔信撰《考信录》三十三卷，赵翼撰《二十二史札记》三十六卷，毕沅撰《资治通鉴》二百二十卷，章学诚撰《文史通义》八卷，陈鹤撰《明纪》六十卷，皮锡瑞撰《经学历史》十卷，柯劭忞撰《新元史》二百五十七卷，王鸣盛撰《十七史商榷》一百卷，钱大昕撰《二十一史考异》一百卷。其他《御批通鉴辑览》百六十卷，《续通典》六百五十卷，《续文献通考》二百五十二卷，《续通志》百四十四卷，《皇朝通典》一百卷，《皇朝文献通考》二百六十卷，《皇朝通志》二百卷等，均为有益史学之作。又《大清会典》、《大清通礼》、《大清一统志》、《蒙古源流》、《八旗通志》以及《东华录》，都是重要史料。（丙）天算学。清圣祖常召耶稣会教士进讲西洋的科学，并任用之为历政的顾问，因以改革明代的历法而编纂《康熙历法》，曾撰成《历象考成》、《数理精蕴》。是时梅文鼎及王锡阐亦通天文数理，梅文鼎为圣祖所信任，斟酌西洋之法，著《律算全书》；王锡阐著《晓庵新法》，江永著《慎修数学》，戴震撰《算经》，即其著者。西人汤若望于清初仍得顺治帝的信任，委为监副。康熙三年至八年，因中国官宪排挤之故，耶稣会人出钦天监，康熙帝使比国耶稣会士南怀仁(Verbiest)与中国人杨光先、吴明烜同测日影，以试中西历法的优劣，南怀仁得胜，于是清帝复其位，钦天监复归耶稣会士；清代所行之历，即参酌欧西之法而成者。（丁）医学。明末清初，天主教耶稣会士曾否努力输入西洋医学，无记载可考。路德新教徒入中国后，西洋医术始传入中国，最早者为种痘法，有说西班牙人于一千八百零三年(嘉庆八年)传入中国者。有说英国东印度公司医官皮尔孙(Alexander Pearson)于一千八百零五年(嘉庆十年)传种痘法于中国，皮尔孙在广州行医，曾著一小书说明种痘法，斯丹顿(George Staunton)代为译成华文，又传授其法于中国生徒。一千八百二十年(嘉庆二十五年)，东印度外科医生立温斯顿(Livingstone)与玛尔逊在澳门立一小医院，医治贫苦的中国人。一千八百二十七年(道光七年)，东印度公司医生戈列治(T. R. College)在澳门立一眼科医院，继又立一养病院，可容四十人，此为西国医院立于中国的开始。戈列治又在广州设立一小医院。道光十四年，美人派克(Peter Parker)设医院于广州，专理眼科；十八年与美国公理会士裨治文(Rev E. E. Bridgman)及戈列治共组广州医科传教会，派克氏为在中国教士兼医生的第一人。道光二十三年，英人罗克哈忒(William Lockhart)抵上海，立英租界山东路的医院，咸丰十一年又在北京立一医院，即后来协和医院的基础。自是以后，医生兼教士来华者日多。各地西式医院亦逐渐设立，如汕头英国长老会之医院、广州美国长老会之医院、奉天苏格兰联合自由会之医院、杭州大英医院、汉口英国医院、上海伦敦传教会医院、美国圣公会医院、济南齐鲁医院、淮阴仁济医院、北京协和医院等，均驰名中国（其详可参阅 K. S. Latourette, *A History of Christian Missions in China*; *Couling Encyclopaedia Sinica.* 及《欧化东渐史》）。国医学有乾隆时奉敕编成之《医宗金鉴》一书，其以医传名者，有喻昌、张登、张倬、魏之琇、徐大椿等。（戊）地理学。清代精于地理学者，有胡渭，胡渭素习《禹贡》，以伪《孔传》、孔颖达及蔡沈于地理多疏舛，乃传稽载籍及古今经解，于九州分域，山川脉络，古今同异之故，一一讨论详明。渭又以《禹贡》无图，不便检阅，乃参考各书，成图四十七。渭尝与阎若璩、顾祖禹、黄仪共修《一统志》。顾祖禹著《读史方舆纪要》百二十卷，据正史考订地理，于山川形势险要、古今用兵、战守攻取之迹，皆有所折衷（此书与梅文鼎《历算全书》、李清《南北史合钞》称为三大奇书）。西洋地理学，自康熙二十八年《尼布楚条约》订立以后，教士张比伦（Gerbillon）以亚洲地图进帝，说明满洲地理知识的缺乏，以后数次征抚蒙古，游历满洲，巡幸江南，皆命张氏随行，随地测定纬度。是时乾隆帝已有测量全国的计划，至四十七年四月十六日，乃明令测图实行工作，由保域（Bouvet）雷芝士（Regis）杜德慈（Tuatoux）诸神父先从长城测起，继测北直隶、满洲、黑龙江、山东、陕西、山西、江西、广东、广西、四川、云南、贵州等省，自康熙四十七年开始，至五十七年而全图绘毕，名为《皇舆全览图》。同治二年，武昌府刊印之《皇朝中外一统舆图》，及坊间所售各种图，皆以此为根据。（己）兵器学。清室入主中国，教士助清铸造铳炮。康熙十二年，吴三桂叛，比国教士南怀仁（E. Verbiest）于二三年间，共铸大小铁炮百二十门，分配于陕西、湖广、江西等省。二十年，更铸轻便欧式之神武炮三百二十门，又编《神武图说》一书，中分理论二十六，图解四十四，说明铳炮之详细而进呈于帝，遂赐以工部右侍郎之职衔。咸丰间，洪杨盘踞江、浙，李鸿章利用外洋输入火器，攻下苏州、常州，于是曾国藩等于同治四年，在上海设立江南制造厂制造枪炮，并附设兵工学校，培养工兵人才。中国的兵器学，自是以后始加以注意。

第十七节　清代之理学

　　清代之理学，是接续宋明理学心学的流派而说的。在思想上，孙奇逢、陆陇其、陆世仪、李二曲等，与宋明理学都有渊源。（甲）孙奇逢。奇逢字启泰，直隶容城人，生于明神宗万历十二年，殁于清圣祖康熙十四年，达九十二岁的高龄。晚年讲学于夏峰，著有《理学宗传》二十六卷、《理学传心纂要》八卷、《读易大旨》五卷、《夏峰先生集》六十卷。他的思想，注重体认天理，他说："圣贤为天地而立心，为生民而立命，其心及今犹为存在。"且演绎其理说："人者天地之心也，人失其为人，天地何以清宁，故为天地立心、生民立命者，圣贤之事也。明主不作，圣人已远，尧舜孔子之心，至今在此，非人也，天也。"他的学问，得力阳明为多，更和通朱子之学，可说是介于朱陆之间，而调和折衷的。《语录》说："明道曰：'天理二字，是自己体贴出来。'是无时无处，莫非天理之流行也。精一执中，是自己体贴出来；良知，是阳明自己体贴出来。能有此体贴，便是其创获，便是其闻道，恍惚疑似，依据不定，如何得闻。从来大贤大儒，各人有各人之体贴，是在深造自得之耳。"与魏莲陆书（魏氏保定人）申述纂辑宗传之旨有说："言阳明之言者，岂遂为阳明，须行阳明之行，心阳明之心始成为阳明。言紫阳之言者，岂遂为紫阳，须行紫阳之行，心紫阳之心，始成其为紫阳。我辈今日要真实为紫阳为阳明，非求之紫阳阳明也，各从自心自性上，打起全副精神。"可见他是偏于主观的唯心论者。（乙）李二曲。二曲字中孚，西安盩厔人，家贫无力就学，母彭氏教之识字，常向亲友借书，经史子集以至老佛，无不遍读。康熙四年，母死后，入道南书院讲学，继于无锡、江阴等地讲学。著有《全书》二十六卷，及《十三经纠谬》、《十七史纠谬》等书。他的思想得自心悟。《反身录》说:"学问之道,在定心,静而安,寂而不动,感而遂通,廓然大公,物来顺应,犹如照镜,不迎不随,此之谓能虑,此之谓得其止。"他尝因门人问朱陆异同时答复说:"陆之教人,一洗支离锢蔽之陋,在儒教中最为警切,使人言下爽畅醒豁,以自有所得;朱之教人也,循循有序,恪守洙泗家法,中正平实,极便初学,要之二先生,均于世教人心有大功,不可轻为低昂。中于先入之言,抑彼取此,不可为学也。"(见《全集》卷四《靖江要语》)又说:"孔子以博文约礼之训,上接虞廷精一之传,千载之下,渊源相承,确守不变,惟朱子为得其宗,生平自励励人,一以居敬穷理为主;穷理即孔门之博文,居敬即孔门之约礼,内外本末,一齐俱到,此正学也;故尊朱即所以尊孔也。然今人亦知辟象山,尊朱子,及考其所谓尊,则不过训诂文义而已矣。至于朱子,内外本末之兼谊,主敬禔躬实修之旨则缺如,吾不知其如何也。况下学循序之功,象山虽疏于朱子,然其为学也,先立其大者,峻义利之防,亦自不可得而掩之也;今日学朱者,能如是乎? 不能如是,而徒区区以语言文字之末,辟陆尊朱,则多见其不知量也。"(《全集》卷十五《富平问答》)可见他虽是折衷于朱陆,而心中是崇仰朱子的。有一次门人问《易》时,他说:"今且不必求《易》于《易》,而且求《易》于己;人当未与物接,一念不起,即此便是无极而太极,及事至念起,惺惺处,即此便是太极之动而阳;一念知敛处,即此便是太极之静而阴;无时无刻,而不以去欲存理为务,即此便是天行健,君子以自强不息;人欲净尽,而天理流行,即此便是乾之刚健,中正纯精。"(《全集》卷五《锡山语录》)他所说人欲净尽而天理流行,是染了佛家空无寂静之旨的。(丙)陆陇其。陇其字稼书,浙江平湖人,生于明毅宗崇祯三年,康熙九年进士及第,年四十一。初为江南嘉定令,后为直隶灵寿令,与诸生讲论,著《松阳讲义》十二卷,康熙三十一年卒。其他著作有《三鱼堂集》十二卷、《外集》六卷、《滕言》十二卷、《困勉录正续》三十七卷、《问学录》四卷、《读朱随笔》四卷、《谈礼志疑》六卷等书。陆子宗崇朱子,排弃王学，他的《学术辩》三篇，就是为破阳明明程朱而作的。此外学理的议论，有《太极理气》二论，本于周子的《太极图说》。《全集》卷一说："夫太极者，万理之总名也；在天则为命，在人则为性；在天则为元亨利贞，在人则为仁义礼智；以其有条而不紊，则谓之理；以其为人所共由，则谓之道；以其不偏不倚，无过不及，则谓之中；以其真实无妄，则谓之诚；以其纯粹而精，则谓之至善；以其至极而无以加，则谓之太极；名异而实是也。学者诚有志乎太极，惟于日用之间，时时存养，时时省察，不使一念之越乎理，不使一事之悖乎理，斯太极存焉矣。"《全集》卷一《理气论》说："天下未有无本而能变化无方者，未有无本而流行不歇者，而理气之本，果安在耶？今夫盈于吾身之内者，皆气也，而运于其气之内者，理也。"可见他不以理气为二元，而以理统摄气也。（丁）陆世仪。世仪字道威，江苏太仓人，生于明万历三十九年，少有经世之志，明亡后则于东林讲学，已归毗陵，又归太仓，亦讲学不辍。清朝屡想起用他，固辞不出；专修程朱学，终生从事于著述；康熙十一年，六十二岁卒。著有《思辨录》二十二卷、《后集》十三卷、《论学酬答》四卷、《儒宗理要》六十卷、《性善图说》一卷。他的思想，和程朱殆无出入，《思辨录》卷二说："居敬是主宰处，穷理是进步处，程子亦曰：涵养须用敬，进学则在于致知。"他认理气二者是不可分的，他以为性，就是气质，本然的性，不可称为性，性落到后天的形质时，始为有性可称的。《思辨录辑要后集》卷四说："诸儒中论性，莫如周子最明白最纯备，《通书》首章曰：诚者圣人之本，大哉！乾元，万物资始，诚之源也；乾道变化，各正性命，诚斯立焉；纯粹至善者也，故曰：一阴一阳之谓道，继之者善也，成之者性也，元亨诚之通，利贞诚之复，大哉！易也，性命之源乎！只就元亨利贞上看出，继善诚性处，不过一诚字，能全此实理者惟圣人，故曰：诚者圣人之本。"他以人之性，不同于物之性，能诚其性，可达于至善，由此可以看出人类品位的尊严。清儒理学一派之论理论气论性，皆居于主观的立场，而不是居于客观的立场的。至若清儒中之居于客观的立场，而论理性者，首推戴震。戴氏之言理，一反理学家的论调，他特别的见解，可分二端：（一）理有客观的存在。《孟子字义疏证》卷上说："理者察之而几微，必区以别之名也，是故谓之分理。在物之质曰肌理，曰腠理，曰文理。得其分则有条而不紊，谓之条理。"理学家之所谓理，是具于心，纯为主观的解释，戴氏之所谓理，不在于心，而在于事物。（二）理有普遍性。理有普遍的标准，凡天下万世所公认者，始可谓之理，其未至于公认之程度，是少数人的意见，非理也。《疏证》卷上说："心之同然者，始谓之理，谓之义，则未至于同然，存乎人之意见，非理也，非义也。凡一人以为然，天下万世皆曰：是不可易也，此谓之同然。"宋明清的理学家所谓理，是少数人头脑想出来的意见，非具有普遍性的理，合于世界真理的标准和宇宙自然的法则的，所以常陷于玄学家的圈套啊。

第十八节　清代之文学

　　清人入关，欲怀辑汉人，所以奖进文化，如开博学鸿词科，编纂图书等，皆足以令士大夫受其笼络，争自濯磨。（一）散文。清初散文有几个著名的作家，其中以王献定、魏禧、侯方域等人为尤著者。魏禧、侯方域、汪琬三人，又共称为清初三家，就散文而论，三人各有各的好处，清人评论他们的文道："魏如曹孟德，霸气笼冠一世；侯如孙仲谋，可以为敌；汪如刘玄德，偏安巴蜀而已。"（见胡怀琛编《中国文学史概要》一五二页引）魏禧之文，力模苏老泉，在唐宋八家中学之最善。冯少渠说："其文之曲折处在能纵，然其病正在此，波折太过，缪戾丛生。"（见《国朝廿四家文钞》）侯方域效韩、欧，遂成一代之名，其所著《壮悔堂文集》是才子之文，所长在叙事，唐宋所少见。徐凤辉说："方域步骤史迁，而才足以运之，故行文矫变不测，如健鹘摩空，如鲸鱼赴壑，读之目眩魂惊，令人叹绝。"(《国朝廿四家文钞》)汪琬论文章，以为学古文非学其辞，乃学其方法，可破一切古文家的谬见。清初和侯方域、魏禧、汪琬三家相颉颃的散文作家，还有彭士望、邵长蘅、施闰章、姜宸英、朱彝尊等。清代中年的文坛几乎被桐城派所占据，此派源于归震川，振于方苞、刘大櫆，及刘之弟子姚鼐出，而桐城派乃成立(方苞、刘大櫆、姚鼐都是桐城人)。当乾隆时，汉学战胜宋学，而姚鼐效宗宋儒，他以为义理考据辞章三者不可缺一，所谓辞章，乃文章而非文学。自后桐城高足弟子管异之、梅伯言、方东树、姚硕甫等，各以所得授徒友，绵延全国；同时非弟子而服膺桐城的，有鲁絜非等；其后又支出为江西、广西、湖南三大派，而其代表人物，又很为有声势的，其中尤以曾国藩为最。桐城派未兴之先，刘大櫆之其他门徒钱伯坰、鲁思，时时诵其师说于阳湖恽子居、武进张皋文，他们二人遂尽弃考据骈俪之业，而专力为古文辞，自后阳湖古文学大盛，世目为阳湖派。阳湖派以恽敬(子居)为领袖，但不及桐城之盛，后起者有秦小岘、陆继辂、董士锡、李兆洛诸人。二派同时并起，各以发源地称之。张皋文治经很深，恽子居精百家之言，都为一代大学问家。自曾国藩出，而桐城派遂高出一时，其时汉宋学俱衰，又值洪杨之乱，琐屑的考据，空虚的义理，没有人注意，而桐城派文切于实用，便于戎马倥偬之际，一经曾国藩提倡，遂风靡全国。曾国藩于学术铲除汉宋之争，于文学调剂桐城阳湖之别；他的幕下，有李元度、薛福成、吴敏树、黎庶昌、张濂卿、吴汝纶等，俱为当时著名作者。吴汝纶为京师大学堂总教习，文名尤盛，他又是桐城人，更为当时所推重(参阅谭正璧编《中国文学史大纲》一二七页，陈冠同编《中国文学史大纲》一六八页)。自鸦片战争五口通商而后，中国的政治社会都感觉不安，而文学无形发生剧变，首先发生变化的是龚自珍，有人批评他的文说"剑拔弩张，全是霸气"，就可想见他豪放的气概。以后康有为、梁启超不守常法的文学作品，以及南社诸人之民族主义的文学,接续产生不断,直至清亡而后止。清末章太炎作周秦文章,虽古雅而非平人所能学。林纾自居桐城派,文乃不类,他对于介绍外国文学却有功劳。其余文家如樊樊山、易实甫等,亦有文名。其时梁启超以浅近文言作文,开白话文之先声,学之者很多,影响于文学界颇大。(二) 骈文。清代骈文复盛,作者蜂起,称大家者甚多,尤侗(西堂)陈维崧(迦陵)最为卓出;胡天游(稚威)为文奥博,袁枚(简斋)能用骈文独抒己见,辩论是非。他如吴兆骞、吴其言、吴绮、张惠言、刘星辉、洪亮吉、孙星衍、孔广森、汪中,诸家骈文都辞华明达,称诵一时。(三) 诗。清代诗的创造力远不及唐宋,派别五花八门,不像明代作家,只知道模仿盛唐诗人。顾实于《中国文学大纲》说:“清人对于明人之弊,早已十分观破,故虽同是造化,而遥较工巧,几可作原物观也。”(见二九〇页)清代开国几个大诗人,就是钱谦益、吴伟业、龚鼎孳,世称为江左三大家,其中钱的诗格最高,吴的影响最大,龚的诗技能较小。钱谦益,字受之,号牧斋,常熟人(清顺治定江南,钱谦益出降为礼部侍郎),他的诗“沉郁藻丽,原本杜陵,清高逸致,远在梅村祭酒之上”。(见陈文述《颐道堂集》卷上)吴伟业,字骏公,号梅村,太仓人。明末进士,入清为国子祭酒。《四库全书提要》评《梅村集》说:“才藻艳发,吐纳风流,有藻思绮合,清丽芊眠之致。其中歌行一体,尤所擅长。格律本乎四杰,而情韵为深;叙述类乎香山,而风华为胜;韵协宫商,感均顽艳,一时尤为绝调。”梅村生于国步艰难社稷倾覆之后,为诗多所感慨。比钱谦益、吴伟业少后的大诗人是王士祯,士祯字贻上,号阮亭,又号渔洋山人,山东新城人,官至刑部尚书。著有《带经堂集》、《感旧集》、《古诗选》、《唐贤三昧集》等诗集。他对于做诗有鲜明的主张,就是神韵说,他以为“禅道惟在妙悟,诗道亦在妙悟”,这种主张出于严羽的《沧浪诗话》。与王士祯齐名者有朱彝尊,即竹垞,秀水人。康熙十八年,召试博学鸿词科,官翰林院检讨。纪晓岚说:“彝尊以布衣登馆阁,与一时名士掉鞅文坛,时王士祯工于诗而疏于文,汪琬工于文而疏于诗,阎若璩、毛奇龄工于考证而诗文皆次乘,独彝尊事事皆工,虽未必凌跨诸人,而兼有诸人之胜,核其著作,实不愧一代之词宗。"(见《四库简明目录》)朱彝尊于古诗特显其长,格律苍劲,但其诗比王渔洋稍为低下。立于钱谦益、吴伟业、王士祯、朱彝尊四家之间者,有施愚山、宋荔裳,顺治之际,声名并著,一时有南施北宋之目。愚山,字尚白,江南宣城人;荔裳,字玉叔,山东莱阳人,二人因其产地而作风不同。南方产之愚山,温柔敦厚;北方产之荔裳,雄健磊落。清初学宋诗而成名的,只有一查慎行。慎行字悔余,晚号初白,浙江海宁人,官翰林院编修。《四库全书提要》论他所著的诗说:"近体源出于陆游,古体出自苏东坡。"《瓯北诗话》说:"梅村后欲举一家,列唐宋诸公之后者,实难其人。唯查初白才气开展,工力纯熟,鄙意欲以继诸贤之后,而闻者已掩口胡卢,不知诗有真本领,未可以荣古虐今之见,轻为訾议也。"他教人作诗,注重诗之意,诗之气,诗之空,诗之脱;而不在于诗之辞,诗之直,诗之巧,诗之易;意义亦混杂不清。清代中叶的诗人有三大派,都是神韵派的反动。主张做诗注重格律的有沈德潜,主张做诗注重肌理的有翁方纲,主张做诗注重性灵的有袁枚。袁枚字子才,号简斋,浙江钱塘人,著有《小仓山房诗文集》等书;他又是一个骈文家,但是做起诗来,却不用典故。袁枚与阳湖赵翼、铅山蒋士铨,号称江左三大家。赵翼有《瓯北诗集》,蒋士铨有《忠雅堂集》,都是提倡性灵的诗派。洪亮吉曾批评他们说:"袁简斋如通天神狐,醉后露尾;赵云松如东方正谏,时带谐谑;蒋心余如剑侠入道,尚余杀机。"(见《洪北江诗话》)这是他们作诗的分别。清代中叶诗人比较著名的有三位:一是钱载,浙江秀水人,所著《箨石斋诗集》,自成一家。一是厉鹗,浙江钱塘人,所著《樊榭山房集》,以精深幽峭见长。一是舒位,直隶大兴人,所著《瓶水斋诗集》,才气特盛。清代自太平天国起义后,诗界的风气大为转变,即是宋诗运动,此时大诗人如郑珍的《巢径巢诗钞》,莫友芝的《侣亭诗》,

金和的《秋蟪吟馆诗钞》，江湜的《伏敔堂诗》，都能以苍劲的笔致，写乱离的情绪；而金和的诗，更能有散文化的妙用，完全是模仿宋诗的成功（参阅刘麟生《中国诗词概论》一二一页，胡适《五十年来中国之文学》十六至二十页）。其他诗人，有仁和龚自珍的《定庵诗集》。庄蔚心《宋诗研究》论他的诗："虽渊源两宋，实开宋人未有之境；七言绝句富丽深峻，才气横及，古人中无有能及之者。"（见是书二十三页）他的诗是富于创造性的。清代末年，以新思想新材料去做诗的，有黄遵宪。黄遵宪，广东嘉应人，他做的诗，有咏时事的，有咏新事物的，能用白话，能用散文，可说是诗学的革命（参阅陈子展《中国近代文学之变迁》第二十七页）。当时与黄遵宪主张相似的，有谭嗣同、梁启超诸人，能替旧诗体增加新的格式，对于中国诗的革新是有贡献的。（四）词。清代的词，可说是词的复兴时代。清初词人，不免染了明人的气习，到了朱彝尊，宗法姜、张，陈其年宗法苏、辛，风气一变。朱彝尊是浙派的先导，浙派词到了厉鹗、郭麐，可谓登峰造极。浙派末流不免失之堆砌，于是有常州派树反动的旗帜，张惠言、张琦是此派的领袖，周济、庄棫是此派的健将。浙派的流弊，为雕琢生涩；常州派的流弊，为空疏隐晦；所以项鸿祚与蒋春霖折衷于二派之间，而自成一派。清末词人，有郑文焯、朱祖谋，所撰的词，都可以称名家。（五）小说。清代小说和以前的小说比较，有两种变化：一种是进化，一种是退化。所谓进化，就是由宋元式的说话变为描写，如曹霑的《红楼梦》、吴敬梓的《儒林外史》，是取日常生活而描写的，至说话体所取的材料，是离奇曲折热闹非常的故事，两种相比，后者比前者好，所以说是进化。但《红楼梦》所写的是贵族的生活，《儒林外史》所写的多是文人的生活，都和民众不相干，所以说是退化。其他宋元式的说话小说，有《七侠五义》、《儿女英雄传》、《粉妆楼》、《二十年目睹之怪现状》、《老残游记》、《官场现形记》等。迨至清末，西洋小说的译本丛出，如侦探小说、冒险小说、历史小说、人情小说，均极盛行。（五）戏曲。清初戏曲，是承明代南曲之旧，通称为传奇，以孔尚任的《桃花扇》为有名，《桃花扇》以侯方域及金陵名妓李香君的恋爱故事为主，中间夹叙明代亡国的事实，凄恻动人。稍后有洪昇的《长生殿》，李渔的《十种曲》，蒋士铨的《藏园九种曲》，黄燮清的《倚晴楼七种曲》都有名，但不及《桃花扇》、《长生殿》好。同时民间的地方剧也盛行，有所谓湖广调行于湖北，西皮行于陕西，弋阳腔行于江西，徽调行于安徽，京调流行于北京。清末西洋戏剧输入中国，中国的戏曲界开始发生变化。

结　　论

　　以上就宋、元、明、清四代文化转变的趋势而叙述，举文化所包涵的政治、风习、家族制度、农业、商业、工业、交通、币制、官制、军制、法制、宗教、美术、教育、学术、理学、文学等类，而揭其要点论列之。每一朝代有一朝代的文化特点，为其他朝代所不及的，如宋代印刷术的发明，儒家思想的大转变；元代版图与交通制度的推广，戏曲小说的勃兴；明代与外国交通的锐进，和西方文化接触的频繁，中国医学的发展，造船工业的进步；清代经史典籍的搜罗，西方文艺科学的模仿，均为一代文化的特色。但在另一方面，我们感觉中国近世文化之徘徊不进，仍然与旧式的古板的落伍的文化绵延不绝，而为新文化诞生的阻力。中国几千年来的文化，从文化之间有优良者说来，其中亦有不可磨灭的价值存在，倘估量全部的文化，大部分已不能站在时代的前线，故排去不良的文化素质，而吸收世界的优良文化素质，以产生新异的进步的文化，是为今日的要图。近世的文化生活与我们的现在社会，距离不甚悬远，鉴往可以知来，从近世期的文化，提纲挈领而一一估量其价值与本来面目，这种工作，在学术上是很重要的。我们知道文化是社会生活的产物，社会变迁，文化当从而变迁；文化又是个人创造的产物，个人进步，文化当从而进步。生于今日不能以古代社会产生的文化为满足而牢守不移，又不能以现代世界产生的文化为满足而停顿不进。如果想了解人类社会生活的性质，及其可能的发展，必须了解文化之特殊要素，和支配人生前途的文化力量；文化在个人里，表现一种机能，在社会集体里,表现一种力量。人体的个体行为与团体行为,有许多是受文化的势力所约束的。丧失了文化机能的个人,与丧失文化力量的社会,变成文化的窒息状态,而断没有进展活动的可能;所以"现代人"的生活,可以说是文化的生活。没有文化的生活,是非人的生活;没有真正文化的生活,是可怜的生活。现代的国家,现代的民族,倘是没有唯人的真正的文化生活,这个国家和民族,真是陷于可怜可悲的命运了。中国的文化,开发于几千年前,中经周、秦、汉、唐的光荣时代;一千年来,文化没有什么特别的进展,以前所创造的文化,至现代渐次丧失其重要性,而有创造新异的优良的适应现代需要的文化的必要。倘是中国的民族不能振作复兴起来,甚或为帝国主义者的统治支配,则中国民族唯有生存于非人的生活、可怜的生活中,哪有创造新异的优良的文化的可能呢?文化是包括人类控制自然界和自己获得的能力,所以一方面,它是包含物质文明,如工具武器衣服房屋机器及工业制度的全体;他方面,是包括非物质的或精神的文明,如语言文学艺术宗教仪式道德法律和政治的全体(参阅美国 Charles A. Ellwood《文化进化论》汉译本一一页)。试问中国现代的物质的精神的文化,有哪一种可以值得保存呢? 有哪一种应宜淘汰呢? 中国现代物质的精神的文化,其仍适应于时代的需要,仍存有历史的价值者,应保存而发展之;否则应淘汰而不宜容许以阻碍国家的进步(其详可参阅拙著《中西文化论战之鳞爪》一书)。梁启超曾说过:"《坟典索丘》其书不传,姑勿论,即如《尚书》已起于三千七百年以前,夏代史官所记载。今世界所称古书,如摩西之《旧约全书》,约距今三千五百年,婆罗门之《四吠陀论》亦然,希腊和马耳之《诗歌》,约在今二千八九百年前,门梭之《埃及史》,约在二千三百年前,皆无能及《尚书》者;若夫二千五百年以上之书,则我中国今传者,尚十余种,欧洲乃无其一也。"但是估量中国的文化,虽开发为世界先,然千年来文化停滞不进(可说由宋代起),至今与欧西进步的文化较,退后不知几千里,故当"舍其旧而新是谋",以推陈出新的方法,使一切文化继续向前发展,而后足以维护民族的生存,而适应时代的需求。凡人类是具有创造文化的能力的,不过有等民族,他们的能力是比较的薄弱,智识是比较的幼稚,思想是比较的卑陋,没有平均的充分的发展而已,如中亚美利加的马耶人(Mayas)的建筑术甚为进步,而关于冶金的方法,则反比非洲的黑人为幼稚,他们对于家畜尚不知利用,而对于书画的艺术,则有可观(参阅张国仁著《世界文化史大纲》二五页)。中国的民族是具有创造能力的民族,证于中国文化开发于几千年前,就可以知道。有人以为中国现代的文化与欧美现代的文化比较,是一无所长的,这未免贱视中国民族本身的创造能力了。倘是中国民族所创造的文化,而均是一无所长的,则中国民族应为天演所淘汰了。我们认定中国民族有创造的伟大能力,然而中国民族本身要独立要自由,而后足以发展现代的文化,享受现代的文化生活。埃及的奴隶人能造金字塔,但恭祝胜利之声未有所闻;劳工者一群一队卧于铁道路车上,而铁道火车上之一种安全睡车(Pullman Car)则未能享受;铺路的工人,他们不能以搬运车转动于沥青之路。(参阅 *The New Basis of Civilization*, p. 96. by Simon N. Patten, Ph. D; LL. D.)中国的民族倘不能努力于复兴运动,而为帝国主义者所统治所支配,则中国民族未能享受真正的文化生活,中国现代文化的发展是没有多大的希望。我们中国的民族鉴于宋、元、明、清四代文化之停顿不进,未能追踪欧美文化的国家,今后当如何致力于新文化的创造啊。